AUDIOSCRIPTS
for

BASIC SPANISH GRAMMAR
Sixth Edition

GETTING ALONG IN SPANISH
Fifth Edition

SPANISH FOR BUSINESS AND FINANCE
Sixth Edition

SPANISH FOR LAW ENFORCEMENT
Sixth Edition

SPANISH FOR MEDICAL PERSONNEL
Sixth Edition

SPANISH FOR SOCIAL SERVICES
Sixth Edition

SPANISH FOR TEACHERS
Fifth Edition

SPANISH FOR COMMUNICATION
Fourth Edition

Ana C. Jarvis
Chandler-Gilbert Community College

Raquel Lebredo
California Baptist University

Francisco Mena-Ayllón
University of Redlands

Luis Lebredo

HOUGHTON MIFFLIN COMPANY   BOSTON   NEW YORK

Director, Modern Language Programs: E. Kristina Baer
Development Manager: Beth Kramer
Associate Development Editor: Rafael Burgos-Mirabal
Editorial Assistant: Nasya Laymon
Manufacturing Manager: Florence Cadran
Associate Marketing Manager: Tina Crowley-Desprez

Printed in the U.S.A.

ISBN: 0-395-96306-0

123456789-B+B-03 02 01 00 99

CONTENTS

Spanish for Business and Finance, Sixth Edition

Spanish for Law Enforcement, Sixth Edition

Spanish for Medical Personnel, Sixth Edition

Spanish for Social Services, Sixth Edition

Spanish for Teachers, Fifth Edition

Spanish for Communication, Fourth Edition

AUDIOSCRIPT
for
BASIC SPANISH GRAMMAR

Sixth Edition

Ana C. Jarvis
Raquel Lebredo
Francisco Mena-Ayllón

En el laboratorio: Lección preliminar I

I. Vocabulario

Repeat each word or phrase after the speaker.

Saludos y despedidas: Buenos días. (/) Buenas tardes. (/) Buenos noches. (/) Hola. (/) Hasta luego. (/) Hasta mañana. (/) Adiós. (/)

Títulos: doctor (/) profesor (/) señor (/) señora (/) señorita (/)

Expresiones útiles: ¿Cómo está usted? (/)
Muy bien, ¿y usted? (/)
¿Qué tal? (/)
Bien, ¿y tú? (/)
No muy bien. (/) Lo siento. (/)
Mucho gusto. (/)
El gusto es mío. (/) Pase. (/)
Por favor. (/) Tome asiento. (/)
Gracias. (/) Muchas gracias. (/)
De nada. (/)

Información personal: nombre (/) apellido (/)
apellido de soltera (/)
estado civil (/) soltero (/)
casado (/) separado (/)
divorciado (/) viudo (/)
nacionalidad (/)
norteamericano (/)
lugar de nacimiento (/) edad (/)
año (/) fecha de nacimiento (/)
ocupación (/) enfermero (/)
lugar donde trabaja (/)
dirección (/) domicilio (/)
calle (/) ciudad (/) número (/)
número de teléfono (/)
número de seguro social (/)
número de la licencia para
conducir (/) sexo (/)
femenino (/) masculino (/)

Los días de la semana: lunes (/) martes (/) miércoles (/) jueves (/) viernes (/) sábado (/) domingo (/)

Los meses: enero (/) febrero (/) marzo (/)
abril (/) mayo (/) junio (/)
julio (/) agosto (/) septiembre (/)
octubre (/) noviembre (/)
diciembre (/)

II. Práctica

A. You find yourself in the following situations. What would you say? Repeat the correct answer after the speaker's confirmation. Listen to the model.

MODELO: You meet Mr. Vega in the morning. (/)
Buenos días, señor Vega.

Now begin:

1. You meet Mr. Soto in the evening. (/)
Buenas noches, señor Soto. (/)
2. You ask Mrs. Peña how she is. (/)
¿Cómo está usted, señora Peña? (/)
3. You greet Mr. Gómez in the afternoon. (/)
Buenas tardes, señor Gómez. (/)
4. A friend thanks you for doing her a favor. (/)
De nada. (/)
5. You tell Mrs. López you're sorry. (/)
Lo siento, señora López. (/)
6. You say good-bye to Ana. (/)
Adiós, Ana. (/)
7. You tell Mr. Vargas to come in and take a seat. (/)
Pase y tome asiento, señor Vargas. (/)
8. You say "see you tomorrow" to a young woman. (/)
Hasta mañana, señorita. (/)
9. You greet your friend Teresa and ask how things are going. (/)
Hola Teresa. ¿Qué tal? (/)

B. Answer each of the addition problems you hear in Spanish. Repeat the correct answer after the speaker's confirmation. Listen to the model.

MODELO: tres y dos (/)
cinco

Now begin:

1. cuatro y tres (/) siete (/)
2. cinco y cuatro (/) nueve (/)
3. uno y tres (/) cuatro (/)
4. ocho y dos (/) diez (/)
5. catorce y uno (/) quince (/)
6. doce y diez (/) veintidós (/)
7. veinte y once (/) treinta y uno (/)
8. veinticuatro y catorce (/) treinta y ocho (/)

C. Say each of the acronyms you hear in Spanish. Repeat the correct answer after the speaker's confirmation. Listen to the model.

MODELO: USA (/)
u-ese-a

Now begin:

1. UCLA (/) u-ce-ele-a (/)
2. MIT (/) eme-i-te (/)
3. GNP (/) ge-ene-pe (/)
4. NSPCA (/) ene-ese-pe-ce-a (/)
5. OPEC (/) o-pe-e-ce (/)

D. The speaker will tell you what day of the week today is. Respond by saying what day tomorrow will be. Repeat the correct answer after the speaker's confirmation. Listen to the model.

MODELO: Hoy es lunes. (/)
Mañana es martes.

Now begin.

1. Hoy es sábado. (/) Mañana es domingo. (/)
2. Hoy es martes. (/) Mañana es miércoles. (/)
3. Hoy es jueves. (/) Mañana es viernes. (/)
4. Hoy es domingo. (/) Mañana es lunes. (/)
5. Hoy es viernes. (/) Mañana es sábado. (/)
6. Hoy es miércoles. (/) Mañana es jueves. (/)
7. Hoy es lunes. (/) Mañana es martes. (/)

E. The speaker will name several holidays. Name the date on which each holiday falls. Repeat the correct answer after the speaker's confirmation. Listen to the model.

MODELO: Flag Day (/)
el catorce de junio

Now begin:

1. New Year's Day (/) el primero de enero (/)
2. Valentine's Day (/) el catorce de febrero (/)
3. Saint Patrick's Day (/) el diecisiete de marzo (/)
4. Independence Day (/) el cuatro de julio (/)
5. Columbus Day (/) el doce de octubre (/)
6. Halloween (/) el treinta y uno de octubre (/)
7. Christmas (/) el veinticinco de diciembre (/)

F. The speaker will name several familiar objects. State the color or colors of each object in Spanish. Repeat the correct answer after the speaker's confirmation. Listen to the model.

MODELO: a violet (/)
morado

Now begin:

1. the sky (/) azul (/)
2. coffee (/) marrón (/)
3. snow (/) blanco (/)
4. a banana (/) amarillo (/)
5. a pumpkin (/) anaranjado (/)
6. coal (/) negro (/)
7. a pine tree (/) verde (/)
8. a cloudy sky (/) gris (/)
9. rosy cheeks (/) rosado (/)
10. the American flag (/) rojo, blanco y azul (/)

Fin de la Lección preliminar I

En el laboratorio: Lección preliminar II

I. Vocabulario

Repeat each word after the speaker. When repeating words that are cognates, notice the difference in pronunciation between English and Spanish.

Cognados: la conversación (/) la decisión (/) la idea (/) la lección (/) la libertad (/) el poema (/) el problema (/) el programa (/) el progreso (/) el secretario (/) el sistema (/) el teléfono (/) la televisión (/) la universidad (/)

Nombres: la amistad (/) la casa (/) el clima (/) el día (/) el dinero (/) el español (/) el hombre (/) el idioma (/) la lengua (/) la lámpara (/) el lápiz (/) el libro (/) la luz (/) la mano (/) el médico (/) la mesa (/) la mujer (/) la pluma (/) la puerta (/) la silla (/)

Verbo: ser (/)
Otras palabras y expresiones: de (/) de dónde (/) dónde (/)

II. Práctica

A. You will hear some nouns. Repeat each noun, adding the appropriate singular or plural definite article. Repeat the correct answer after the speaker's confirmation. Listen to the model.

MODELO: silla (/)
la silla

Now begin:

1. libro (/) el libro (/)
2. profesores (/) los profesores (/)
3. ciudades (/) las ciudades (/)
4. decisión (/) la decisión (/)
5. señor (/) el señor (/)
6. luces (/) las luces (/)
7. conversación (/) la conversación (/)
8. clima (/) el clima (/)

B. You will hear several singular nouns, each preceded by an indefinite article. Make the nouns and the articles plural. Repeat the correct answer after the speaker's confirmation. Listen to the model.

MODELO: un alumno (/)
unos alumnos

Now begin:

1. una lámpara (/) unas lámparas (/)
2. un hombre (/) unos hombres (/)
3. un día (/) unos días (/)
4. una casa (/) unas casas (/)
5. un lápiz (/) unos lápices (/)
6. una puerta (/) unas puertas (/)
7. una mujer (/) unas mujeres (/)
8. un médico (/) unos médicos (/)

C. Answer the questions, always using the second choice. Repeat the correct answer after the speaker's confirmation. Listen to the model.

MODELO: —¿Tú eres de Argentina o de los Estados Unidos? (/)
—**Yo soy de los Estados Unidos.**

Now begin:

1. ¿De dónde son ustedes, de Chile o de México? (/)
Somos de México. (/)
2. ¿El profesor es mexicano o norteamericano? (/)
Es norteamericano. (/)
3. ¿Tú eres profesora o enfermera? (/)
Soy enfermera. (/)
4. ¿Usted es de Arizona o de California? (/)
Soy de California. (/)
5. ¿Los lápices son rojos o negros? (/)
Son negros. (/)

D. Say the numbers you hear in Spanish. Repeat the correct answer after the speaker's confirmation. Listen to the model.

MODELO: 157 (/)
ciento cincuenta y siete

Now begin:

1. 85 (/) ochenta y cinco (/)
2. 26 (/) veintiséis (/)
3. 34 (/) treinta y cuatro (/)
4. 14 (/) catorce (/)
5. 12 (/) doce (/)
6. 67 (/) sesenta y siete (/)
7. 19 (/) diecinueve (/)
8. 143 (/) ciento cuarenta y tres (/)
9. 150 (/) ciento cincuenta (/)
10. 211 (/) doscientos once (/)
11. 292 (/) doscientos noventa y dos (/)
12. 179 (/) ciento setenta y nueve (/)

Fin de la Lección preliminar II

En el laboratorio: Lección 1

I. Vocabulario

Repeat each word after the speaker. When repeating words that are cognates, notice the difference in pronunciation between English and Spanish.

Cognados: la cafetería (/) el champán (/)
inteligente (/) el italiano (/)
mexicano (/) el restaurante (/)

Nombres: la cerveza (/) la comida (/)
la cuchara (/) la cuenta (/)
el francés (/) el inglés (/) el mantel (/)
la mañana (/) la muchacha (/)

la chica (/) el muchacho (/)
el chico (/) la noche (/) el refresco (/)
la servilleta (/) la tarde (/)
el tenedor (/) el vino (/)
el vino tinto (/)

Verbos: desear (/) estudiar (/) hablar (/)
necesitar (/) pagar (/) tomar (/)
trabajar (/)

Adjetivos: alemán (/) español (/) feliz (/)
francés (/) grande (/) guapo (/)
inglés (/)

Otras palabras
y expresiones: ¿a qué hora? (/) ¿cuántos? (/) en (/)
mucho (/) pero (/) ¿qué? (/)
¿Qué hora es? (/) sí (/) solamente (/)
sólo (/)

II. Práctica

A. Repeat each sentence, then substitute the new subject given by the speaker. Be sure the verb agrees with the new subject. Repeat the correct answer after the speaker's confirmation. Listen to the model.

MODELO: Yo estudio español. (/)
nosotros (/)
Nosotros estudiamos español.

Now begin:

1. Yo estudio español. (/)
nosotros (/) Nosotros estudiamos español. (/)
usted (/) Usted estudia español. (/)
ellos (/) Ellos estudian español. (/)
2. Ella trabaja en la cafetería. (/)
yo (/) Yo trabajo en la cafetería. (/)
ustedes (/) Ustedes trabajan en la cafetería. (/)
tú (/) Tú trabajas en la cafetería. (/)
3. Tú necesitas dinero. (/)
él (/) Él necesita dinero. (/)
nosotros (/) Nosotros necesitamos dinero. (/)
ellas (/) Ellas necesitan dinero. (/)
4. Nosotros tomamos refrescos. (/)
tú (/) Tú tomas refrescos. (/)
Elsa (/) Elsa toma refrescos. (/)
yo (/) Yo tomo refrescos. (/)
5. Él paga la cuenta. (/)
nosotros (/) Nosotros pagamos la cuenta. (/)
tú (/) Tú pagas la cuenta. (/)
ustedes (/) Ustedes pagan la cuenta. (/)

B. Answer the questions in the negative. Repeat the correct answer after the speaker's confirmation. Listen to the model.

MODELO: ¿Tú necesitas dinero? (/)
No, no necesito dinero.

Now begin:

1. ¿Tú hablas francés? (/)
No, no hablo francés. (/)
2. ¿Tú estudias alemán? (/)
No, no estudio alemán. (/)
3. ¿Tú deseas estudiar italiano? (/)
No, no deseo estudiar italiano. (/)
4. ¿Tú trabajas por la mañana? (/)
No, no trabajo por la mañana. (/)
5. ¿Tú tomas cerveza? (/)
No, no tomo cerveza. (/)

C. Change each phrase you hear according to the new cue. Repeat the correct answer after the speaker's confirmation. Listen to the model.

MODELO: señor español (/) señorita (/)
señorita española

Now begin:

1. mantel azul (/) manteles (/)
manteles azules (/)
2. servilleta blanca (/) servilletas (/)
servilletas blancas (/)
3. señores felices (/) señora (/)
señora feliz (/)
4. hombre casado (/) mujeres (/)
mujeres casadas (/)
5. señorita inteligente (/) chicos (/)
chicos inteligentes (/)
6. señor alemán (/) profesora (/)
profesora alemana (/)
7. muchacha guapa (/) muchacho (/)
muchacho guapo (/)
8. restaurante mexicano (/) comida (/)
comida mexicana (/)

D. Read the following numbers in Spanish. Repeat the correct answer after the speaker's confirmation. Listen to the model.

MODELO: 1581 (/)
mil quinientos ochenta y uno

Now begin:

1. 322 (/) trescientos veintidós (/)
2. 430 (/) cuatrocientos treinta (/)
3. 547 (/) quinientos cuarenta y siete (/)
4. 659 (/) seiscientos cincuenta y nueve (/)
5. 761 (/) setecientos sesenta y uno (/)

6. 878 (/) ochocientos setenta y ocho (/)
7. 985 (/) novecientos ochenta y cinco (/)
8. 1000 (/) mil (/)
9. 543 (/) quinientos cuarenta y tres (/)
10. 2715 (/) dos mil setecientos quince (/)
11. 5873 (/) cinco mil ochocientos setenta y tres (/)
12. 9108 (/) nueve mil ciento ocho (/)
13. 12920 (/) doce mil novecientos veinte (/)
14. 15008 (/) quince mil ocho (/)
15. 23192 (/) veintitrés mil ciento noventa y dos (/)

III. Para escuchar y entender

1. The speaker will make some statements. Circle **L** (**lógico**) if the statement is logical and **I** (**ilógico**) if it is illogical. The speaker will verify your response.

Now begin:

1. Teresa es de Madrid; es española. (/) Lógico.
2. Hans es de Berlín; es italiano. (/) Ilógico.
3. Pietro es de Roma; es francés. (/) Ilógico.
4. David y John hablan inglés. Son norteamericanos. (/) Lógico.
5. Julio Iglesias es alemán. (/) Ilógico.
6. Leonardo DiCaprio es muy guapo. (/) Lógico.

2. Listen carefully to the dialogue. It will be read twice.

CARLOS	—Ana, ¿tú trabajas en el restaurante?
ANA	—No, trabajo en la universidad.
CARLOS	—¿Trabajas por la mañana o por la tarde?
ANA	—Trabajo por la noche.
CARLOS	—Tú estudias idiomas, ¿no?
ANA	—Sí, estudio inglés y francés. ¿Y tú, Carlos?
CARLOS	—Yo no estudio idiomas...
ANA	—Pero hablas italiano, ¿no?
CARLOS	—Sí.

Now listen to the dialogue once again. (Dialogue)

Now the speaker will make some statements about the dialogue you just heard. Tell whether each statement is true (**verdadero**) or false (**falso**). The speaker will confirm the correct answer.

1. Ana trabaja en la universidad. (/) Verdadero.
2. Ana trabaja por la mañana. (/) Falso.
3. Carlos estudia inglés y francés. (/) Falso.
4. Carlos habla italiano. (/) Verdadero.
5. Ana no estudia idiomas. (/) Falso

3. Listen carefully to the dialogue. It will be read twice.

ANDRÉS	—Carmen, ¿qué necesitas?
CARMEN	—Necesito el mantel y seis servilletas.
ANDRÉS	—¿No necesitas las cucharas?
CARMEN	—Sí, y los tenedores. Andrés, ¿tú tomas cerveza?
ANDRÉS	—No, yo tomo refrescos.

Now listen to the dialogue once again. (Dialogue)

Now the speaker will ask you some questions about the dialogue you just heard. Answer each question, omitting the subject. The speaker will confirm the correct answer. Repeat the correct answer.

1. ¿Carmen habla con Andrés o con Jorge? (/) Habla con Andrés. (/)
2. ¿Carmen necesita seis manteles o seis servilletas? (/) Necesita seis servilletas. (/)
3. ¿Carmen necesita los libros o los tenedores? (/) Necesita los tenedores. (/)
4. ¿Ella necesita las cucharas o las plumas? (/) Necesita las cucharas. (/)
5. ¿Andrés toma cerveza or refrescos? (/) Toma refrescos. (/)

Fin de la Lección 1

En el laboratorio: Lección 2

I. Vocabulario

Repeat each word after the speaker. When repeating words that are cognates, notice the difference in pronunciation between English and Spanish.

Cognados:	el chocolate (/) el menú (/) el museo (/) el taxi (/) el té (/)
Nombres:	el amigo (/) la bebida (/) la botella (/) el café (/) la fiesta (/) el hijo (/) los hijos (/) el huevo (/) la leche (/) el mozo (/) el camarero (/)

el ómnibus (/) el autobús (/)
la papa (/) la patata (/) el pastel (/)
el pescado (/) el pollo (/)

Verbos: abrir (/) aprender (/) beber (/)
comer (/) deber (/) decidir (/)
escribir (/) leer (/) llamar (/)
llevar (/) recibir (/) tomar (/)
visitar (/) vivir (/)

Adjetivos: asado (/) bueno (/) caliente (/)
frío (/) frito (/) malo (/)

Otras palabras
y expresiones: a menudo (/) ¿a quién? (/) aquí (/)
¿de quién? (/) con (/) ¿con quién? (/)
o (/) ¿quién? (/) ¿quiénes? (/)
siempre (/) tarde (/) temprano (/)

II. Práctica

A. Answer the questions, always using the second choice. Omit the subject. Repeat the correct answer after the speaker's confirmation. Listen to the model.

MODELO: —¿Ana vive en la calle Cinco o en la calle Siete? (/)
— **Vive en la calle Siete.**

Now begin:

1. ¿Tú bebes café o té? (/)
Bebo té. (/)
2. ¿Ustedes escriben en inglés o en español? (/)
Escribimos en español. (/)
3. ¿Usted come en la cafetería o en el restaurante? (/)
Como en el restaurante. (/)
4. ¿Ustedes aprenden alemán o francés? (/)
Aprendemos francés. (/)
5. ¿Ellos deciden comer o beber? (/)
Deciden beber. (/)

B. Using the cues provided, say to whom the following items belong. Repeat the correct answer after the speaker's confirmation. Listen to the model.

MODELO: el libro (/) Susana (/)
Es el libro de Susana.

Now begin:

1. la casa (/) Antonio (/)
Es la casa de Antonio. (/)
2. los amigos (/) mi hijo (/)
Son los amigos de mi hijo. (/)
3. el amigo (/) Juan (/)
Es el amigo de Juan. (/)

4. la dirección (/) la profesora (/)
Es la dirección de la profesora. (/)
5. la hija (/) Estela (/)
Es la hija de Estela. (/)

C. Answer the questions, using the cues provided. Remember to use the personal **a** when needed. Repeat the correct answer after the speaker's confirmation. Listen to the model.

MODELO: —¿A quién visitas? (/) Rosa (/)
— **Visito a Rosa.**

Now begin:

1. ¿Qué visitan los profesores? (/) el museo (/)
Visitan el museo. (/)
2. ¿A quién visitas tú los domingos? (/)
la señora Vega (/)
Visito a la señora Vega. (/)
3. ¿Qué toman ustedes? (/) el ómnibus (/)
Tomamos el ómnibus. (/)
4. ¿Qué necesitan ellos? (/) dinero (/)
Necesitan dinero. (/)
5. ¿A quién necesitan ustedes? (/)
la profesora (/)
Necesitamos a la profesora. (/)

III. Para escuchar y entender

1. The speaker will make some statements. Circle **L** (**lógico**) if the statement is logical and **I** (**ilógico**) if it is illogical. The speaker will verify your response.

Now begin:

1. El camarero abre la botella de cerveza. (/) Lógico.
2. El pollo es una bebida muy buena. (/) Ilógico.
3. Deseo tomar papas fritas. (/) Ilógico.
4. Yo llevo a mi hija a la fiesta. (/) Lógico.
5. Nosotros siempre aprendemos el ómnibus. (/) Ilógico.
6. Ellos leen el menú. (/) Lógico.
7. El pescado recibe mucho dinero. (/) Ilógico.
8. Bebemos chocolate caliente. (/) Lógico.

2. Listen carefully to the dialogue. It will be read twice.

SERGIO —Eva, ¿dónde comen tú y Raúl?
EVA —Comemos en la cafetería los lunes, miércoles y viernes y en un restaurante los sábados y domingos.
SERGIO —¿Y dónde comen los martes y jueves?

EVA   —Los martes y jueves comemos en nuestra casa.

SERGIO   —¿En qué calle viven ustedes?

EVA   —Vivimos en la calle Victoria.

Now listen to the dialogue once again. (Dialogue)

Now the speaker will make some statements about the dialogue you just heard. Tell whether each statement is true (**verdadero**) or false (**falso**). The speaker will confirm the correct answer.

1. Eva come con Raúl. (/) Verdadero.
2. Eva y Raúl comen en la cafetería los lunes, miércoles y viernes. (/) Verdadero.
3. Eva y Raúl no comen en restaurantes. (/) Falso.
4. Eva y Raúl no comen los sábados y domingos. (/) Falso.
5. Sergio viven en la calle Victoria. (/) Falso.

3. Listen carefully to the dialogue. It will be read twice.

PEDRO   —¿Deseas beber café, Adela?

ADELA   —No, gracias, Pedro. Yo no bebo café, bebo té.

PEDRO   —¿A qué hora abren el restaurante?

ADELA   —A las nueve. ¿Llevamos a la hija de la señora Rojas?

PEDRO   —Sí.

Now listen to the dialogue once again. (Dialogue)

Now the speaker will ask you some questions about the dialogue you just heard. Answer each question, omitting the subject. The speaker will confirm the correct answer. Repeat the correct answer.

1. ¿Pedro habla con Adela o con Rosa? (/) Habla con Adela. (/)
2. ¿Adela bebe té o café? (/) Bebe té. (/)
3. ¿Abren el restaurante a las nueve o a las ocho? (/) Abren a las nueve. (/)
4. ¿Llevan a la hija o a la amiga de la señora Rojas? (/) Llevan a la hija de la señora Rojas. (/)

Fin de la Lección 2

En el laboratorio: Lección 3

I. Vocabulario

Repeat each word after the speaker. When repeating words that are cognates, notice the difference in pronunciation between English and Spanish.

Cognados: argentino (/) el club (/) el dólar (/) el estudiante (/) la familia (/) el hospital (/) el hotel (/) el metal (/) la profesión (/)

Nombres: el abuelo (/) el coche (/) el carro (/) el automóvil (/) el auto (/) el cuñado (/) los Estados Unidos (/) el hermano (/) la madera (/) la mamá (/) la madre (/) el novio (/) los padres (/) el papá (/) el padre (/) el primo (/) el sobrino (/) el suegro (/) el tío (/)

Verbos: dar (/) esperar (/) estar (/) ir (/) viajar (/)

Adjetivos: alto (/) bonito (/) cansado (/) enfermo (/)

Otras palabras y expresiones: a (/) ¿adónde? (/) ahora (/) ¿cómo? (/) ¿Cómo es? (/) ¿cuál? (/) mañana (/) ¿por qué? (/) porque (/)

II. Práctica

A. Answer the questions, always using the second choice. Omit the subject. Repeat the correct answer after the speaker's confirmation. Listen to the model.

MODELO: —¿Vas a la cafetería o a la universidad? (/)
    —**Voy a la universidad.**

Now begin:

1. ¿Ellas están en la universidad o en el museo? (/) Están en el museo. (/)
2. ¿Tú estás enfermo o estás bien? (/) Estoy bien. (/)

3. ¿El profesor da la lección dos o la lección tres? (/)
   Da la lección tres. (/)
4. ¿Ustedes van a Buenos Aires o a Caracas? (/)
   Vamos a Caracas. (/)
5. ¿Tú das tu dirección o tu número de teléfono? (/)
   Doy mi número de teléfono. (/)
6. ¿Ustedes están enfermos o están cansados? (/)
   Estamos cansados. (/)
7. ¿Tú vas al club o vas a la fiesta de Ana? (/)
   Voy a la fiesta de Ana. (/)
8. ¿Ustedes dan cincuenta dólares o cien dólares? (/)
   Damos cien dólares. (/)

B. Answer the questions, using the cues provided. Repeat the correct answer after the speaker's confirmation. Listen to the model.

MODELO: —¿Con quién vas a ir tú? (/)
           con Elena (/)
           — **Voy a ir con Elena.**

Now begin:

1. ¿Adónde van a ir ustedes? (/) a la universidad (/)
   Vamos a ir a la universidad. (/)
2. ¿Qué va a llevar Estela? (/) las bebidas (/)
   Va a llevar las bebidas. (/)
3. ¿A qué hora van a comer ustedes? (/) a las doce (/)
   Vamos a comer a las doce. (/)
4. ¿En qué calle van a vivir ellos? (/) la calle Victoria (/)
   Van a vivir en la calle Victoria. (/)
5. ¿Con quién vas a viajar tú? (/) con mi primo (/)
   Voy a viajar con mi primo.
6. ¿A quién va a llamar usted? (/) a mi suegro (/)
   Voy a llamar a mi suegro. (/)
7. ¿Con quién vas a estudiar? (/) con mi hermano (/)
   Voy a estudiar con mi hermano. (/)
8. ¿Adónde van a ir ellos? (/) a la fiesta de Eva (/)
   Van a ir a la fiesta de Eva. (/)

C. Answer the questions, using the cues provided. Repeat the correct answer after the speaker's confirmation. Listen to the model.

MODELO: —¿Paula es argentina? (/) sí (/)
           — **Sí, es argentina.**

Now begin:

1. ¿Carlos es argentino? (/) no (/)
   No, no es argentino. (/)

2. ¿De dónde es Carlos? (/) de Lima (/)
   Es de Lima. (/)
3. ¿Cómo es Carlos? (/) alto y guapo (/)
   Es alto y guapo. (/)
4. ¿Cómo está Carlos? (/) bien (/)
   Está bien. (/)
5. ¿Dónde está Carlos? (/) en el club (/)
   Está en el club. (/)
6. ¿Dónde es la fiesta de Carlos? (/) en el hotel Hilton (/)
   Es en el hotel Hilton. (/)
7. ¿Qué día es hoy? (/) viernes (/)
   Hoy es viernes. (/)

D. Answer the questions, using the cues provided. Repeat the correct answer after the speaker's confirmation. Listen to the model.

MODELO: —¿Adónde vas? (/) club (/)
           — **Voy al club.**

Now begin:

1. ¿A quién llamas? (/) señor López (/)
   Llamo al señor López. (/)
2. ¿De quién es el auto? (/) profesor Mena (/)
   Es del profesor Mena. (/)
3. ¿A quién llevas? (/) hijo de Marta (/)
   Llevo al hijo de Marta. (/)
4. ¿Adónde van los chicos? (/) universidad (/)
   Van a la universidad. (/)
5. ¿A quién esperan ustedes? (/) doctor Barrios (/)
   Esperamos al doctor Barrios. (/)
6. ¿De quién es el dinero? (/) cuñado de Ana (/)
   Es del cuñado de Ana. (/)

III. Para escuchar y entender

1. The speaker will make some statements. Circle **L** (**lógico**) if the statement is logical and **I** (**ilógico**) if it is illogical. The speaker will verify your response.

1. Está en el hospital porque está muy enfermo. (/)
   Lógico.
2. Es mi suegra. Es la mamá de mi papá. (/)
   Ilógico.
3. No va a trabajar porque está muy cansado. (/)
   Lógico.
4. Aurora es mi tía. Es la hermana de mi mamá. (/) Lógico.
5. El libro es de madera. (/) Ilógico.
6. Mi abuelo es el hijo de mi mamá. (/) Ilógico.
7. Hay una fiesta en el club. (/) Lógico.
8. Es de los Estados Unidos. Es de California. (/) Lógico.

2. Listen carefully to the narration. It will be read twice.

Mi amigo Carlos es de Cuba, pero ahora está en Miami. Es el hermano del profesor de español. Carlos es alto y muy guapo. Estudia en la universidad y trabaja en la cafetería. Hoy no trabaja porque está enfermo.

Now listen to the narration once again. (Narration)

Now the speaker will make some statements about the narration you just heard. Tell whether each statement is true (**verdadero**) or false (**falso**). The speaker will confirm the correct answer.

1. Carlos es mi amigo. (/) Verdadero.
2. Carlos está en Cuba. (/) Falso.
3. El hermano de Carlos es el profesor de español. (/) Verdadero.
4. Carlos es muy guapo. (/) Verdadero.
5. Carlos no trabaja. (/) Falso.
6. Carlos está enfermo. (/) Verdadero.

3. Listen carefully to the dialogue. It will be read twice.

TERESA —Pedro, ¿Anita es tu prima?
PEDRO —No, es mi hermana.

TERESA —Es muy bonita. Arturo es su novio, ¿no?
PEDRO —No, no es su novio. Es un amigo.
TERESA —¿Él va con ustedes a la fiesta de Marta?
PEDRO —Sí, Teresa, él va con nosotros. ¿Y tú?
TERESA —No, yo no voy. Estoy muy cansada.

Now listen to the dialogue once again. (Dialogue)

Now the speaker will ask you some questions about the dialogue you just heard. Answer each question, omitting the subject. The speaker will confirm the correct answer. Repeat the correct answer.

1. ¿Anita es la prima o la hermana de Pedro? (/)
   Es la hermana. (/)
2. ¿Cómo es Anita? (/)
   Es muy bonita. (/)
3. ¿Arturo es el novio de Anita? (/)
   No, es un amigo. (/)
4. ¿Quién da una fiesta? (/)
   Marta da una fiesta. (/)
5. ¿Arturo va a la fiesta de Marta? (/)
   Sí, va a la fiesta. (/)
6. ¿Quién está cansada? (/)
   Teresa está cansada. (/)

Fin de la Lección 3

En el laboratorio: Lección 4

I. Vocabulario

Repeat each word after the speaker. When repeating words that are cognates, notice the difference in pronunciation between English and Spanish.

Cognados: la clase (/) el supervisor (/)
Nombres: el aire acondicionado (/)
la biblioteca (/) el dueño (/)
la esposa (/) el esposo (/)
el gerente (/) el gimnasio (/)
la habitación (/) el cuarto (/)
la hora (/) la llave (/) la maleta (/)
la valija (/) el mercado (/)
la pensión (/) la piscina (/)
la alberca (/) la tienda (/)
Verbos: creer (/) llegar (/) tener (/) venir (/)
Adjetivos: barato (/) caro (/) mayor (/) mejor (/)
menor (/) peor (/) pequeño (/) poco (/)
solo (/)

*Otras palabras
y expresiones:* mal (/) más (/) menos (/) otro (/)
que (/) también (/) tan... como (/)
tener que (/)

II. Práctica

A. Answer the questions, using the cues provided. Omit the subject. Repeat the correct answer after the speaker's confirmation. Listen to the model.

MODELO: —¿Cuántos hijos tienes? (/)
tres (/)
—**Tengo tres hijos.**

Now begin:

1. ¿Cuántos hijos tienen ustedes? (/) cuatro (/)
   Tenemos cuatro hijos. (/)
2. ¿Tú tienes clases los viernes? (/) no (/)
   No, no tengo clases los viernes. (/)

3. ¿Qué días vienes a la universidad? (/) los martes y los jueves (/)
   Vengo los martes y los jueves. (/)
4. ¿Ustedes vienen a la universidad los sábados? (/) no (/)
   No, no venimos a la universidad los sábados. (/)
5. ¿Ana viene a la clase sola? (/) sí (/)
   Sí, viene a la clase sola. (/)
6. ¿Cuántas clases tiene Ana? (/) cinco (/)
   Tiene cinco clases. (/)
7. ¿Qué días no vienen los estudiantes a clase? (/) los domingos (/)
   No vienen los domingos. (/)
8. ¿Ustedes tienen que pagar hoy o mañana? (/) hoy (/)
   Tenemos que pagar hoy. (/)

B. Answer the questions in the affirmative, always using **mucho** or **mucha**, as appropriate. Repeat the correct answer after the speaker's confirmation. Listen to the model

MODELO: —¿Tienes hambre? (/)
        —**Sí, tengo mucha hambre.**

Now begin:

1. ¿Los chicos tienen sed? (/)
   Sí, tienen mucha sed. (/)
2. ¿El gerente tiene prisa? (/)
   Sí, tiene mucha prisa. (/)
3. ¿Ustedes tienen calor? (/)
   Sí, tenemos mucho calor. (/)
4. ¿Usted tiene sueño? (/)
   Sí, tengo mucho sueño. (/)
5. ¿Tienes frío? (/)
   Sí, tengo mucho frío. (/)
6. ¿Las muchachas tienen miedo? (/)
   Sí, tienen mucho miedo.

C. Answer the questions, always using the second choice. Omit the subject. Repeat the correct answer after the speaker's confirmation. Listen to the model.

MODELO: —¿Quién es más bonita: Rosa o Ana? (/)
        —**Ana es más bonita que Rosa.**

Now begin:

1. ¿Quién es más alto: Jorge o Carlos? (/)
   Carlos es más alto que Jorge. (/)
2. ¿Qué hotel es mejor: el hotel Ixtapa o el hotel Fiesta? (/)
   El hotel Fiesta es mejor que el hotel Ixtapa. (/)

3. ¿Cuál es más caro: el hotel Hilton o el hotel Marriott? (/)
   El hotel Marriott es más caro que el hotel Hilton. (/)
4. ¿Quién es menor: Teresa o Alina? (/)
   Alina es menor que Teresa. (/)
5. ¿Cuál es más pequeño: Brasil o Chile? (/)
   Chile es más pequeño que Brasil. (/)
6. ¿Quién es el mayor de tus hermanos: Sergio o Daniel? (/)
   Daniel es el mayor de mis hermanos. (/)

III. Para escuchar y entender

1. The speaker will make some statements. Circle **L** (**lógico**) if the statement is logical and **I** (**ilógico**) if it is illogical. The speaker will verify your response.

1. Voy a comer porque no tengo hambre. (/) Ilógico.
2. Necesito las maletas porque voy a viajar. (/) Lógico.
3. Yo tengo veinte años y Julio tiene dieciocho. Yo soy menor que él. (/) Ilógico.
4. La piscina tiene aire acondicionado. (/) Ilógico.
5. Tengo que trabajar porque necesito dinero. (/) Lógico.
6. Voy a abrir la puerta. Necesito la llave. (/) Lógico.
7. Es el hotel más barato porque es el mejor de la ciudad. (/) Ilógico.
8. El cuarto es más grande que el hotel. (/) Ilógico.

2. Listen carefully to the dialogue. It will be read twice.

—¿Cuántos hijos tiene Ana?
—Tiene dos hijos: Teresa y Carlos.
—Carlos es mayor o menor que Teresa?
—Es menor, pero es tan alto como ella.

Now listen to the dialogue once again. (Dialogue)

Now the speaker will make some statements about the dialogue you just heard. Tell whether each statement is true (**verdadero**) or false (**falso**). The speaker will confirm the correct answer.

1. Ana no tiene hijos. (/) Falso.
2. Carlos es el esposo de Ana. (/) Falso.
3. Teresa es mayor que Carlos. (/) Verdadero.
4. Teresa es más alta que Carlos. (/) Falso.

3. Listen carefully to the dialogue. It will be read twice.

—¿Te gusta tu habitación, Rosa?
—Sí, es la habitación más bonita del hotel.
—¿Es la más grande?
—No, la habitación de Rafael es la más grande.
—¿Deseas tomar un refresco, Rosa?
—No, gracias. No tengo sed.

Now listen to the dialogue once again. (Dialogue)

Now the speaker will make some statements about the dialogue you just heard. Tell whether each statement is true (**verdadero**) or false (**falso**). The speaker will confirm the correct answer.

1. Rosa tiene una habitación en el hotel. (/) Verdadero.
2. La habitación no es bonita. (/) Falso.
3. La habitación de Rosa es tan grande como la habitación de Rafael. (/) Falso.
4. Rosa no tiene sed. (/) Verdadero.

4. Listen carefully to the dialogue. It will be read twice.

—¡Nora tiene cuatro maletas!
—No tiene tantas maletas como mi esposa. Ella tiene siete...
—¿Cuándo llega tu esposa de Madrid, Alberto?
—Viene el martes por la tarde.

Now listen to the dialogue once again. (Dialogue)

Now the speaker will make some statements about the dialogue you just heard. Tell whether each statement is true (**verdadero**) or false (**falso**). The speaker will confirm the correct answer.

1. Nora tiene cuatro maletas. (/) Verdadero.
2. La esposa de Alberto tiene más maletas que Nora. (/) Verdadero.
3. La esposa de Alberto llega de París el martes. (/) Falso.
4. La esposa de Alberto viene por la noche. (/) Falso.

Fin de la Lección 4

En el laboratorio: Lección 5

I. Vocabulario

Repeat each word after the speaker. When repeating words that are cognates, notice the difference in pronunciation between English and Spanish.

Cognados: el concierto (/) la educación (/) importante (/) la oficina (/) las vacaciones (/)

Nombres: el almuerzo (/) la cárcel (/) la cena (/) el cine (/) el desayuno (/) la escuela (/) la iglesia (/) el jabón (/) el mes (/) el piso (/) la primavera (/) la revista (/) la semana (/) el teatro (/) la toalla (/)

Verbos: cerrar (/) comenzar (/) comprar (/) decir (/) desayunar (/) dormir (/) empezar (/) entender (/) hacer (/) pedir (/) perder (/) preferir (/) querer (/) servir (/) traer (/)

Adjetivo: próximo (/)

Otras palabras y expresiones: esta noche (/) primero (/) ya lo creo (/)

II. Práctica

A. Change the verb in each sentence according to the new subject. Repeat the correct answer after the speaker's confirmation. Listen to the model.

MODELO: Nosotros comenzamos temprano. (/) yo (/)
Yo comienzo temprano.

Now begin:

1. Nosotros preferimos viajar por la noche. (/) ustedes (/)
Ustedes prefieren viajar por la noche. (/)
2. Nosotros no cerramos los libros. (/) tú (/)
Tú no cierras los libros. (/)
3. Nosotros empezamos a las tres y media. (/) ella (/)
Ella empieza a las tres y media. (/)
4. Nosotros no queremos ir solos. (/) ellos (/)
Ellos no quieren ir solos. (/)
5. Nosotros perdemos mucho dinero. (/) usted (/)
Usted pierde mucho dinero. (/)

6. Nosotros no entendemos el alemán. (/) él (/)
   Él no entiende el alemán. (/)

B. Answer the questions, using the cues provided. Repeat the correct answer after the speaker's confirmation. Listen to the model.

MODELO: —¿Qué día es hoy? (/) sábado (/)
   —Hoy es sábado.

Now begin:

1. ¿Qué días tienes clases? (/) lunes y miércoles (/)
   Tengo clases los lunes y los miércoles. (/)
2. ¿Qué es muy importante? (/) educación (/)
   La educación es muy importante. (/)
3. ¿Cuándo vas a viajar? (/) mes próximo (/)
   Voy a viajar el mes próximo. (/)
4. ¿Adónde vas el domingo? (/) iglesia (/)
   El domingo voy a la iglesia. (/)
5. ¿Quiénes son más inteligentes? (/) mujeres (/)
   Las mujeres son más inteligentes. (/)

C. Change the verbs in each sentence to the present progressive. Repeat the correct answer after the speaker's confirmation. Listen to the model.

MODELO: —Yo tomo café. (/)
   —Yo estoy tomando café.

Now begin:

1. Él compra las toallas. (/)
   Él está comprando las toallas. (/)
2. Nosotros cerramos la habitación. (/)
   Nosotros estamos cerrando la habitación. (/)
3. Ustedes traen el jabón. (/)
   Ustedes están trayendo el jabón. (/)
4. Ellos escriben en español. (/)
   Ellos están escribiendo en español. (/)
5. Tú pagas el almuerzo. (/)
   Tú estás pagando el almuerzo. (/)
6. Yo leo una revista. (/)
   Yo estoy leyendo una revista. (/)

D. Say the ordinal number that corresponds to each cardinal number. Repeat the correct answer after the speaker's confirmation. Listen to the model.

MODELO: cuatro (/) **cuarto** (/)

Now begin:

nueve (/) noveno (/)
tres (/) tercero (/)
cinco (/) quinto (/)
uno (/) primero (/)

ocho (/) octavo (/)
seis (/) sexto (/)
diez (/) décimo (/)
dos (/) segundo (/)
siete (/) séptimo (/)

III. Para escuchar y entender

1. The speaker will make some statements. Circle **L** (**lógico**) if the statement is logical and **I** (**ilógico**) if it is illogical. The speaker will verify your response.

1. Voy a la piscina porque necesito comprar jabón. (/) Ilógico.
2. El almuerzo es a las diez de la noche. (/) Ilógico.
3. Alberto está leyendo una revista. (/) Lógico.
4. Voy a ir de vacaciones a la cárcel. (/) Ilógico.
5. El profesor está diciendo que la educación es importante. (/) Lógico.
6. Nosotros vamos a un concierto esta noche. (/) Lógico.
7. La casa tiene dos pisos. Y vivo en el tercer piso. (/) Ilógico.
8. Yo siempre desayuno por la noche. (/) Ilógico.

2. Listen carefully to the dialogue. It will be read twice.

PEDRO —Anita, ¿quieres ir con nosotros al cine mañana?
SILVIA —No, ella tiene que ir a la escuela.
PEDRO —¿Qué está haciendo Jorge? ¿Está estudiando?
SILVIA —No, está durmiendo.
PEDRO —Y tú, Silvia, ¿qué vas a hacer hoy?
SILVIA —Primero voy a la tienda porque necesito comprar toallas.
PEDRO —¿No vas a la universidad?
SILVIA —No, los jueves no tengo clases.

Now listen to the dialogue once again. (Dialogue)

Now the speaker will make some statements about the dialogue you just heard. Tell whether each statement is true (**verdadero**) or false (**falso**). The speaker will confirm the correct answer.

1. Anita va a ir al cine mañana. (/) Falso.
2. Anita no va a la escuela. (/) Falso.
3. Jorge está durmiendo. (/) Verdadero.
4. Silvia tiene que ir a la tienda hoy. (/) Verdadero.
5. Silvia necesita jabón. (/) Falso.
6. Silvia siempre va a la universidad los jueves. (/) Falso.

3. Listen carefully to the dialogue. It will be read twice.

ALINA   —¿Quieres ir al cine la próxima semana?
DELIA   —No, porque la próxima semana voy a un concierto en la universidad.
ALINA   —¿A qué hora empieza el concierto?
DELIA   —Comienza a las ocho.
ALINA   —Ah, Gloria y yo vamos a viajar a México en la primavera. ¿Quieres venir con nosotros, Delia?
DELIA   —No, Alina, no tengo dinero. Prefiero ir a California porque es más barato.

Now listen to the dialogue once again. (Dialogue)

Now the speaker will ask you some questions about the dialogue you just heard. Answer each question, omitting the subject. The speaker will confirm the correct answer. Repeat the correct answer.

1. ¿Adónde va a ir Alina la próxima semana? (/)
   Va a ir al cine. (/)
2. ¿Por qué no va Delia con Alina? (/)
   Porque va a ir a un concierto. (/)
3. ¿Dónde es el concierto? (/)
   Es en la universidad. (/)
4. ¿Adónde van a ir Gloria y Alina en la primavera? (/)
   Van a ir a México. (/)
5. ¿Por qué no va Delia a México?
   Porque no tiene dinero. (/)
6. ¿Adónde prefiere ir? (/)
   Prefiere ir a California. (/)
7. ¿Por qué prefiere ir a California? (/)
   Porque es más barato. (/)

Fin de la Lección 5

En el laboratorio: Lección 6

I. Vocabulario

Repeat each word after the speaker. When repeating words that are cognates, notice the difference in pronunciation between English and Spanish.

Cognados: alcohólico (/) el banco (/) el cheque (/) la excursión (/) la farmacia (/)

Nombres: la cama (/) la carta (/) el colchón (/) la estampilla (/) el sello (/) el timbre (/) la frazada (/) la manta (/) la cobija (/) el guía (/) la librería (/) los lugares de interés (/) el mar (/) la oficina de correos (/) el periódico (/) el diario (/) la playa (/) el pueblo (/) el regalo (/)

Verbos: almorzar (/) costar (/) poder (/) recordar (/) volar (/) volver (/)

Adjetivo: este (/)
Otras palabras
y expresiones: a casa (/) allí (/) cerca de (/) ¿Cómo se dice... ? (/) con vista al mar (/) más tarde (/) después (/) para (/) por noche (/) que viene (/)

II. Práctica

A. Answer the questions, using the cues provided. Repeat the correct answer after the speaker's confirmation. Listen to the model.

MODELO: —¿Cuándo puede volver usted? (/) mañana (/)
   —**Puedo volver mañana.**

Now begin:

1. ¿A qué hora vuelves a la farmacia? (/) a las dos y cuarto (/)
   Vuelvo a las dos y cuarto. (/)
2. ¿Cuándo pueden ustedes ir a la librería? (/) el lunes (/)
   Podemos ir el lunes. (/)
3. ¿Cuántas horas duermes tú? (/) ocho horas (/)
   Duermo ocho horas. (/)
4. ¿Qué días vuelan ustedes a San Francisco? (/) los sábados (/)
   Volamos a San Francisco los sábados. (/)
5. ¿Con quién vuelven ellos? (/) con Raúl (/)
   Vuelven con Raúl. (/)

13

B. Change the following negative statements to the affirmative. Repeat the correct answer after the speaker's confirmation. Listen to the model.

MODELO: Ellos nunca van al teatro. (/)
Ellos siempre van al teatro.

Now begin:

1. Ella nunca compra nada allí. (/)
   Ella siempre compra algo allí. (/)
2. No tenemos ningún regalo para ti. (/)
   Tenemos algunos regalos para ti. (/)
3. No hay nadie en la oficina de correos. (/)
   Hay alguien en la oficina de correos. (/)
4. Yo no voy a la excursión tampoco. (/)
   Yo voy a la excursión también. (/)

C. Answer the questions in the negative. Replace the direct objects with the appropriate direct object pronouns. Repeat the correct answer after the speaker's confirmation. Listen to the model.

MODELO: —¿Usted llama a Carlos? (/)
—No, no lo llamo.

Now begin:

1. ¿Quieres ver a tu amiga? (/)
   No, no quiero verla. (/)
   No, no la quiero ver. (/)
2. ¿Traes los libros mañana? (/)
   No, no los traigo mañana. (/)
3. ¿Sabes el número de teléfono de Rosa? (/)
   No, no lo sé. (/)
4. ¿Tú escribes las cartas? (/)
   No, no las escribo. (/)
5. ¿Tú tienes los sellos? (/)
   No, no los tengo. (/)
6. ¿Tú me llamas mañana? (/)
   No, no te llamo mañana. (/)
7. ¿Ellos los visitan a ustedes? (/)
   No, no nos visitan. (/)

III. Para escuchar y entender

1. The speaker will make some statements. Circle **L** (**lógico**) if the statement is logical and **I** (**ilógico**) if it is illogical. The speaker will confirm your response.

1. Voy al banco porque quiero comprar estampillas. (/) Ilógico.
2. El guía nos va a llevar a algunos lugares de interés. (/) Lógico.

3. Voy a comprar un colchón para mi cama. (/) Lógico.
4. Tenemos una habitación con vista al mar. (/) Lógico.
5. La leche es una bebida alcohólica. (/) Ilógico.
6. Voy de excursión a la farmacia. (/) Ilógico.
7. Necesito una frazada porque tengo frío. (/) Lógico.
8. Estamos en agosto. El mes que viene es diciembre. (/) Ilógico.

2. Listen carefully to the narration. It will be read twice.

Mi hijo Antonio es un muchacho muy inteligente. Estudia en la universidad por la mañana y trabaja en una librería por la tarde. El mes que viene va a volar a San Francisco para visitar a unos amigos que viven allí. Ahora Antonio está en la oficina de correos; está comprando estampillas para tres cartas. Más tarde va a ir a la tienda porque quiere comprar unos regalos para sus amigos de San Francisco.

Now listen to the narration once again. (Narration)

Now the speaker will make some statements about the narration you just heard. Tell whether each statement is true (**verdadero**) or false (**falso**). The speaker will confirm the correct answer.

1. Antonio estudia en la universidad por la mañana. (/) Verdadero.
2. Antonio trabaja en una farmacia por la tarde. (/) Falso.
3. Antonio va a volar a San Francisco la semana que viene. (/) Falso.
4. Antonio está comprando estampillas en la oficina de correos. (/) Verdadero.
5. Antonio va a ir al banco más tarde. (/) Falso.
6. Antonio va a comprar regalos para su mamá. (/) Falso.
7. Los amigos de Antonio viven en San Francisco. (/) Verdadero.

3. Listen carefully to the dialogue. It will be read twice.

BEATRIZ —Gustavo, ¿tú vas a Chile el mes que viene?
GUSTAVO —Sí, voy en una excursión y vuelo en agosto.
BEATRIZ —¿Cuesta mucho la excursión?
GUSTAVO —No, sólo cuesta ochocientos dólares.

BEATRIZ   —Es barata...
GUSTAVO   —Puedes ir conmigo.
BEATRIZ   —¡Ay no!, yo nunca vuelo porque tengo
                miedo.
GUSTAVO   —Ay, Beatriz, tienes que volar alguna
                vez.

Now listen to the dialogue once again. (Dialogue)

Now the speaker will ask you some questions about
the dialogue you just heard. Answer each question,
omitting the subject. The speaker will confirm the
correct answer. Repeat the correct answer.

1. ¿Adónde va Gustavo el mes que viene? (/)
    Va a Chile. (/)
2. ¿En qué mes vuelve de Chile? (/)
    Vuelve en agosto. (/)
3. ¿Cuánto cuesta la excursión a Chile? (/)
    Cuesta ochocientos dólares. (/)
4. ¿Beatriz piensa que la excursión es cara o que es
    barata? (/)
    Piensa que es barata. (/)
5. ¿Con quién puede ir Beatriz a Chile? (/)
    Puede ir con Gustavo. (/)
6. ¿Por qué no vuela nunca Beatriz? (/)
    Porque tiene miedo. (/)
7. ¿Qué tiene que hacer Beatriz alguna vez? (/)
    Tiene que volar alguna vez. (/)

Fin de la Lección 6

En el laboratorio: Lección 7

I. Vocabulario

Repeat each word after the speaker. When repeating
words that are cognates, notice the difference in
pronunciation between English and Spanish.

Cognados: la información (/) la novela (/)
                   el pasaporte (/) la reservación (/)
Nombres: la agencia de viajes (/)
                   el agente de viajes (/)
                   la avenida (/) el avión (/) la carne (/)
                   la embajada (/) la ensalada (/)
                   España (/) los folletos turísticos (/)
                   la oficina de turismo (/) el país (/)
                   el pasaje (/) el billete (/) el postre (/)
                   la sopa (/) la suerte (/) el viaje (/)
                   el vuelo (/)
Verbos: cancelar (/) conducir (/) manejar (/)
                   confirmar (/) conocer (/) conseguir (/)
                   nadar (/) poner (/) quedar (/) saber (/)
                   salir (/) seguir (/) traducir (/) ver (/)
Adjetivos: extranjero (/) helado (/)
Otras palabras
y expresiones: ¡Buen viaje! (/) de memoria (/)
                   entonces (/) tener suerte (/)

II. Práctica

A. Change each sentence, using the verb provided.
    Repeat the correct answer after the speaker's
    confirmation. Listen to the model.

    MODELO: Yo quiero carne. (/) pedir (/)
               Yo pido carne.

Now begin:

1. Ella escribe los números. (/) repetir (/)
    Ella repite los números. (/)
2. Yo no quiero nada. (/) decir (/)
    Yo no digo nada. (/)
3. Ellos beben café. (/) servir (/)
    Ellos sirven café. (/)
4. Nosotros necesitamos folletos. (/) conseguir (/)
    Nosotros conseguimos folletos. (/)
5. ¿Tú estás en la clase? (/) seguir (/)
    ¿Tú sigues en la clase? (/)
6. Usted trae la información. (/) pedir (/)
    Usted pide la información. (/)

B. Answer the questions, always using the first
    choice. Omit the subject. Repeat the correct
    answer after the speaker's confirmation. Listen to
    the model.

    MODELO: —¿Conduces un Ford o un
                  Chevrolet? (/)
               —**Conduzco un Ford.**

Now begin:

1. ¿Ves a tus amigos los sábados o los
    domingos? (/)
    Veo a mis amigos los sábados. (/)
2. ¿Sales a la siete o a las ocho? (/)
    Salgo a las siete. (/)
3. ¿Traduces al español o al inglés? (/)
    Traduzco al español. (/)

4. ¿Pones los libros en la mesa o en la silla? (/)
   Pongo los libros en la mesa. (/)
5. ¿Traes el libro de español o el libro de
   francés? (/)
   Traigo el libro de español. (/)
6. ¿Conoces México o España? (/)
   Conozco México. (/)
7. ¿Sabes inglés o francés? (/)
   Sé inglés. (/)
8. ¿Haces sopa o ensalada? (/)
   Hago sopa. (/)

C. Answer the questions, using the cues provided.
   Repeat the correct answer after the speaker's
   confirmation. Listen to the model.

   MODELO: —¿Qué me vas a traer? (/)
            los folletos turísticos (/)
            —**Te voy a traer los
            folletos turísticos.**

   Now begin:

1. ¿Quién les da a ustedes los pasajes? (/) el agente
   de viajes (/)
   El agente de viajes nos da los pasajes. (/)
2. ¿Qué le vas a decir a Mónica? (/) que es tarde (/)
   Le voy a decir que es tarde. (/)
3. ¿En qué idioma te hablan tus padres? (/)
   inglés (/)
   Me hablan en inglés. (/)
4. ¿Qué me traes mañana? (/) las maletas (/)
   Mañana te traigo las maletas. (/)
5. ¿Qué les sirves a ellos? (/) sopa y ensalada (/)
   Les sirvo sopa y ensalada. (/)
6. ¿Qué les vas a comprar a los chicos? (/)
   revistas (/)
   Les voy a comprar revistas. (/)

III. Para escuchar y entender

1. The speaker will make some statements.
   Circle **L** (**lógico**) if the statement is logical
   and **I** (**ilógico**) if it is illogical. The speaker
   will verify your response.

1. ¿No puedes viajar? Entonces tienes que cancelar
   la reservación. (/) Lógico.
2. Conseguimos folletos turísticos en la agencia de
   viajes. (/) Lógico.
3. No sabe conducir, pero maneja muy bien. (/)
   Ilógico.
4. El postre es sopa. (/) Ilógico.
5. Vamos a nadar en la piscina. (/) Lógico.
6. Voy a poner el dinero en el banco. (/) Lógico.

7. No conozco el poema. Lo sé de memoria. (/)
   Ilógico.
8. Si cancelan el vuelo no podemos viajar hoy. (/)
   Lógico.

2. Listen carefully to the narration, in which Ana
   will tell you about her plans. It will be read
   twice.

   Mañana a las seis salgo para California y voy a
   llevar a los chicos conmigo. Vamos a ir en
   autobús porque yo no conduzco. Vamos a
   California a menudo porque mis hermanos viven
   allí. Nosotros siempre los visitamos cuando
   vamos. No sé cuándo voy a volver.

Now listen to the narration once again. (Narration)

Now the speaker will ask you some questions about
the narration you just heard. Answer each question,
omitting the subject. The speaker will confirm the
correct answer. Repeat the correct answer.

1. ¿Para dónde sale Ana mañana?
   Sale para California. (/)
2. ¿A qué hora sale? (/)
   Sale a las seis. (/)
3. ¿A quiénes va a llevar con ella? (/)
   Va a llevar a los chicos. (/)
4. ¿Van en coche o en autobús? (/)
   Van en autobús. (/)
5. ¿Por qué van en autobús? (/)
   Porque Ana no conduce. (/)
6. ¿Van a California a menudo? (/)
   Sí, van a menudo. (/)
7. ¿Dónde viven los hermanos de Ana? (/)
   Viven en California. (/)
8. ¿Sabe Ana cuándo va a volver? (/)
   No, no sabe cuándo va a volver. (/)

3. Listen carefully to the dialogue. It will be read
   twice.

EVA   —¿María es agente de viajes?
PAQUITO   —Sí, trabaja en la agencia de viajes
           Internacional.
EVA   —¿Dónde queda la agencia?
PAQUITO   —En la Avenida de las Américas.
EVA   —¿Y Daniel? ¿Dónde trabaja?
PAQUITO   —En la Embajada Americana.
EVA   —¿Él puede conseguirme folletos en
           español?
PAQUITO   —Puede conseguirte algunos, pero
           están en inglés.
EVA   —¿Tú sabes el número de teléfono de
           Daniel, Paquito?
PAQUITO   —No, no lo sé.

Now listen to the dialogue once again. (Dialogue)

Now the speaker will ask you some questions about the dialogue you just heard. Answer each question, omitting the subject. The speaker will confirm the correct answer. Repeat the correct answer.

1. ¿María es profesora? (/)
   No, no es profesora; es agente de viajes. (/)
2. ¿Dónde queda la agencia de viajes Internacional? (/)
   Queda en la Avenida de las Américas. (/)

3. ¿Dónde trabaja Daniel? (/)
   Trabaja en la Embajada Americana. (/)
4. ¿Él puede conseguirle folletos a Eva? (/)
   Sí, puede conseguirle algunos. (/)
5. ¿Los folletos están en español? (/)
   No, están en inglés. (/)
6. ¿Paquito sabe el número de teléfono de Daniel? (/)
   No, no lo sabe. (/)

Fin de la Lección 7

En el laboratorio: Lección 8

I. Vocabulario

Repeat each word after the speaker. When repeating words that are cognates, notice the difference in pronunciation between English and Spanish.

Cognados:	la aspirina (/) el básquetbol (/) la bicicleta (/) el presidente (/) la raqueta (/) el tenis (/)
Nombres:	la bolsa de dormir (/) el caballo (/) la cabeza (/) la entrada (/) el entrenador (/) los esquíes (/) los esquís (/) la mochila (/) el niño (/) la página deportiva (/) el partido (/) los patines (/) la pelota (/) el pie (/) la raqueta de tenis (/) la tienda de campaña (/)
Verbos:	doler (/) esquiar (/) gustar (/) jugar (/) mandar (/) enviar (/) preguntar (/) prestar (/) regalar (/)
Otras palabras y expresiones:	allá (/) hacer falta (/) ir a esquiar (/) montar a caballo (/) montar en bicicleta (/) ¿para quién? (/) que (/) si (/)

II. Práctica

A. Answer the questions, using the cues provided. Repeat the correct answer after the speaker's confirmation. Listen to the model.

MODELO: —Qué te pide Jorge? (/)
   la pelota (/)
   —**Me pide la pelota.**

Now begin:

1. ¿Qué te pregunta el presidente? (/) mi dirección (/)
   Me pregunta mi dirección. (/)
2. ¿Qué les pides a tus tíos? (/) quinientos dólares (/)
   Les pido quinientos dólares. (/)
3. ¿Le pides dinero a tu mamá? (/) no, a mi papá (/)
   No, le pido dinero a mi papá. (/)
4. ¿Qué te preguntan los niños? (/) si pueden ir al cine (/)
   Me preguntan si pueden ir al cine. (/)
5. ¿Qué te pide en entrenador? (/) la página deportiva (/)
   Me pide la página deportiva. (/)

B. Repeat each statement or question, replacing **preferir** with **gusta más** or **gustan más** and the appropriate indirect object pronoun. Repeat the correct answer after the speaker's confirmation. Listen to the model.

MODELO: Yo prefiero la bicicleta gris. (/)
   Me gusta más la bicicleta gris.

Now begin:

1. Yo prefiero ese lugar. (/)
   Me gusta más ese lugar. (/)
2. ¿Tu prefieres montar a caballo? (/)
   ¿Te gusta más montar a caballo? (/)
3. Ella prefiere esos patines. (/)
   Le gustan más esos patines. (/)
4. Nosotras preferimos esta tienda de campaña. (/)
   Nos gusta más esta tienda de campaña. (/)

5. ¿Ustedes prefieren a ese entrenador? (/)
   ¿Les gusta más ese entrenador? (/)
6. Ellos prefieren estas casas. (/)
   Les gustan más estas casas. (/)

C. Give the Spanish equivalent of the demonstrative adjective that agrees with each noun mentioned by the speaker. Repeat the correct answer after the speaker's confirmation. Listen to the model.

MODELO: this (/) raqueta (/)
          esta raqueta

Now begin:

1. this (/) bolsa de dormir (/) esta bolsa de dormir (/)
   this (/) caballo (/) este caballo (/)
   these (/) bicicletas (/) estas bicicletas (/)
   these (/) patines (/) estos patines (/)
2. that (/) club (/) ese club (/)
   that (/) tienda de campaña (/) esa tienda de campaña (/)
   those (/) mochilas (/) esas mochilas (/)
   those (/) esquíes (/) esos esquíes (/)
3. that over there (/) pelota (/) aquella pelota (/)
   that over there (/) parque (/) aquel parque (/)
   that over there (/) niños (/) aquellos niños (/)
   that over there (/) raquetas (/) aquellas raquetas (/)

D. Repeat each sentence, changing the direct object to the corresponding direct object pronoun. Make all the necessary changes in the sentence. Repeat the correct answer after the speaker's confirmation. Listen to the model.

MODELO: Le traen el periódico. (/)
          Se lo traen.

Now begin:

1. Nos dan la entrada. (/)
   Nos la dan. (/)
2. Te compran el caballo. (/)
   Te lo compran. (/)
3. Le piden la raqueta. (/)
   Se la piden. (/)
4. Me sirven el café. (/)
   Me lo sirven. (/)
5. Les traen las mochilas. (/)
   Se las traen. (/)
6. Me mandan los esquíes. (/)
   Me los mandan. (/)

III. Para escuchar y entender

1. The speaker will make some statements. Circle **L** (**lógico**) if the statement is logical and **I** (**ilógico**) if it is illogical. The speaker will verify your response.

1. El caballo va a montar en bicicleta. (/) Ilógico.
2. Voy a tomar aspirinas porque me duelen los pies. (/) Lógico.
3. No puedo jugar al básquetbol porque no tengo raqueta. (/) Ilógico.
4. No podemos ir a esquiar porque no tenemos patines. (/) Ilógico.
5. Vamos a dormir en la tienda de campaña. (/) Lógico.
6. Necesitas las entradas para ir a ver el partido. (/) Lógico.
7. Voy a poner la bicicleta en la mochila. (/) Ilógico.
8. Aquel niño que está allá es mi abuelo. (/) Ilógico.

2. Listen carefully to the dialogue. It will be read twice.

ELSA   —Diego, ¿qué estás haciendo?
DIEGO   —Estoy leyendo el periódico.
ELSA   —¿Puedes prestármelo? Quiero leer la página deportiva.
DIEGO   —No, porque mamá quiere leerlo ahora.
ELSA   —Entonces voy a pedirle una revista a papá.
DIEGO   —Me hacen falta cien dólares. ¿Tú tienes dinero, Elsa?
ELSA   —No, pero puedes pedírselo a papá. Yo creo que él te lo da.

Now listen to the dialogue once again. (Dialogue)

Now the speaker will make some statements about the dialogue you just heard. Tell whether each statement is true (**verdadero**) or false (**falso**). The speaker will confirm the correct answer.

1. Diego está leyendo una revista. (/) Falso.
2. Diego le va a prestar el periódico a Elsa. (/) Falso.
3. Elsa quiere leer la página deportiva. (/) Verdadero.
4. La mamá de Diego quiere leer el periódico. (/) Verdadero.
5. Elsa va a pedirle una revista a su papá. (/) Verdadero.
6. A Diego le hacen falta cien dólares. (/) Verdadero.
7. Elsa tiene mucho dinero. (/) Falso.
8. Elsa cree que su papá le va a dar dinero a Diego. (/) Verdadero.

3. Listen carefully to the dialogue. It will be read twice.

RODOLFO —Graciela, ¿quieres ir a jugar al tenis conmigo?

GRACIELA —Sí, voy a preguntarle a David si puede prestarme su raqueta de tenis.

RODOLFO —Sí, el puede prestártela.

GRACIELA —¿Qué vas a hacer este sábado, Rodolfo?

RODOLFO —Voy a ir a esquiar con los niños. ¿Quieres ir con nosotros?

GRACIELA —No, no puedo. Voy a llevar a mis niños a un partido.

Now listen to the dialogue once again. (Dialogue)

Now the speaker will ask you some questions about the dialogue you just heard. Answer each question, omitting the subject. The speaker will confirm the correct answer. Repeat the correct answer.

1. ¿Qué quiere hacer Rodolfo hoy? (/)
   Quiere ir a jugar al tenis con Graciela. (/)
2. ¿Qué le va a pedir Graciela a David? (/)
   Le va a pedir la raqueta de tenis. (/)
3. ¿Qué le dice Rodolfo? (/)
   Le dice que David puede prestársela. (/)
4. ¿Qué va a hacer Rodolfo este sábado? (/)
   Va a ir a esquiar. (/)
5. ¿Con quién va a ir a esquiar? (/)
   Va a ir a esquiar con los niños. (/)
6. ¿Graciela va a ir con ellos a esquiar? (/)
   No, no va a ir con ellos a esquiar. (/)
7. ¿Qué van a hacer Graciela y sus hijos? (/)
   Van a un partido. (/)

Fin de la Lección 8

En el laboratorio: Lección 9

I. Vocabulario

Repeat each word after the speaker. When repeating words that are cognates, notice the difference in pronunciation between English and Spanish.

Cognados: el champú (/) generalmente (/) impaciente (/) el momento (/) el parque (/) el perfume (/) la terraza (/)

Nombres: el baño (/) el botiquín (/) el cepillo (/) el dormitorio (/) el espejo (/) la máquina de afeitar (/) la medianoche (/) el pantalón (/) los pantalones (/) el peine (/) el pelo (/) la peluquería (/) el peluquero (/) la tarjeta (/) la tarjeta de crédito (/) la tintorería (/) la ventana (/) el vestido (/)

Verbos: acordarse (/) acostarse (/) atender (/) bañarse (/) cortarse (/) doblar (/) lavarse (/) levantarse (/) llamarse (/) probarse (/) sentarse (/)

Adjetivos: corto (/) querido (/)

Otras palabras y expresiones: a la derecha (/) a la izquierda (/) ahora mismo (/) antes de (/) lavarse la cabeza (/) seguir derecho (/) todavía (/)

II. Práctica

A. Answer the questions, using the cues provided. Repeat the correct answer after the speaker's confirmation. Listen to the model.

MODELO: —Mi maleta es verde. ¿Y la de Eva? (/) blanca (/)
—La suya es blanca.

Now begin:

1. Mi dormitorio es pequeño. ¿Y el tuyo? (/) grande (/)
   El mío es grande. (/)
2. Mis maletas están en el dormitorio. ¿Y las de José? (/) aquí (/)
   Las suyas están aquí. (/)
3. Mis pantalones son negros. ¿Y los tuyos? (/) azules (/)
   Los míos son azules. (/)
4. Tu vestido está en la tintorería. ¿Y el mío? (/) también (/)
   El tuyo también. (/)
5. Los padres de Rita están en México. ¿Y los de ustedes? (/) en Honduras (/)
   Los nuestros están en Honduras. (/)
6. La profesora de ella es de Lima. ¿Y la de ustedes? (/) de Guatemala (/)
   La nuestra es de Guatemala. (/)

B. Answer the questions, using the cues provided. Repeat the correct answer after the speaker's confirmation. Listen to the model.

MODELO: —¿A qué hora te levantas tú? (/)
a las seis (/)
— Me levanto a las seis.

Now begin:

1. ¿Ustedes se acuestan temprano? (/) no, tarde (/)
No, nosotros nos acostamos tarde. (/)
2. ¿Dónde vas a vestirte? (/) en el dormitorio (/)
Voy a vestirme en el dormitorio. (/)
3. ¿Usted se baña por la mañana? (/) no, por la noche (/)
No, me baño por la noche. (/)
4. ¿Dónde se sientan ellos? (/) aquí (/)
Se sientan aquí. (/)
5. ¿Yo me quejo de algo? (/) no de nada (/)
No, no te quejas de nada. (/)
6. ¿Ustedes se acuerdan de Roberto? (/) sí (/)
Sí, nos acordamos de Roberto. (/)

C. Change the following statements to commands. Repeat the correct answer after the speaker's confirmation. Listen to the model.

MODELO: Debe hablar con el peluquero. (/)
Hable con el peluquero.

Now begin:

1. Debe doblar a la izquierda. (/)
Doble a la izquierda. (/)
2. Debe pedirle el champú. (/)
Pídale el champú. (/)
3. No debe darle el espejo. (/)
No le dé el espejo.
4. Debe ir a la tintorería. (/)
Vaya a la tintorería. (/)
5. Debe estar en la peluquería a las dos. (/)
Esté en la peluquería a las dos. (/)
6. No debe decírselo a la peluquera. (/)
No se lo diga a la peluquera. (/)

III. Para escuchar y entender

1. The speaker will make some statements. Circle **L** (**lógico**) if the statement is logical and **I** (**ilógico**) if it is illogical. The speaker will verify your response.

1. Necesito champú para lavarme la cabeza. (/)
Lógico.
2. Ana se va a probar el vestido verde. (/) Lógico.

3. La peluquera me atiende en el parque. (/) Ilógico.
4. Necesito la máquina de afeitar para abrir la ventana. (/) Ilógico.
5. Son las doce del día. Es medianoche. (/) Ilógico.
6. Nunca me acuerdo de tu número de teléfono. Lo sé de memoria. (/) Ilógico.
7. Siempre almorzamos en el baño. (/) Ilógico.
8. El peluquero usa un peine y un cepillo. (/) Lógico.
9. No voy a doblar. Voy a seguir derecho. (/) Lógico.
10. Siempre nos lavamos las manos antes de comer. (/) Lógico.

2. Listen carefully to the narration, in which Carlos will tell you what he does every day. It will be read twice.

Yo me levanto a las seis de la mañana. Me baño y me visto en diez minutos, me siento en la terraza, leo el periódico y tomo café. Salgo de mi casa a las siete para ir a trabajar. Vuelvo a mi casa a las seis de la tarde. Generalmente me acuesto a las once.

Now listen to the narration once again. (Narration)

Now the speaker will make some statements about the narration you just heard. Tell whether each statement is true (**verdadero**) or false (**falso**). The speaker will confirm the correct answer.

1. Carlos se levanta muy tarde. (/) Falso.
2. Carlos se baña por la noche. (/) Falso.
3. Carlos se baña y se viste en diez minutos. (/) Verdadero.
4. Carlos lee el periódico en el dormitorio. (/) Falso.
5. Carlos no toma nada por la mañana. (/) Falso.
6. Carlos sale de su casa a las siete. (/) Verdadero.
7. Carlos vuelve a su casa a la medianoche. (/) Falso.
8. Generalmente Carlos se acuesta a las once. (/) Verdadero.

3. Listen carefully to the dialogue. It will be read twice.

SEÑOR PAZ —Señorita López, escríbale una carta al señor Rodríguez y dígale que no puedo ir a México la semana próxima. Traiga los documentos de la señora Alba y póngalos en mi mesa.

SEÑORITA LÓPEZ —En este momento no puedo escribir la carta, señor Paz, porque tengo que ir al banco ahora mismo.

Now listen to the dialogue once again. (Dialogue)

Now the speaker will make some statements about the dialogue you just heard. Tell whether each statement is true (**verdadero**) or false (**falso**). The speaker will confirm the correct answer.

1. La señorita López tiene que escribirle una carta al señor Rodríguez. (/) Verdadero.
2. El señor Paz va a ir a México la semana próxima. (/) Falso.
3. El señor Paz quiere los documentos de la señora López. (/) Falso.
4. La señorita López tiene que poner los documentos en la mesa. (/) Verdadero.
5. La señorita López va a escribir la carta ahora. (/) Falso.
6. La señorita López tiene que ir al banco ahora mismo. (/) Verdadero.

4. Listen carefully to the dialogue. It will be read twice.

PILAR —¿Este perfume es tuyo, Nora?
NORA —No, el mío está en mi dormitorio.
PILAR —¿Y estos cepillos?
NORA —Son míos. Ah, ¿dónde está mi tarjeta de crédito?

PILAR —En la mesa. ¿Vas a ir a la peluquería mañana?
NORA —Sí, quiero cortarme el pelo.
PILAR —¿A qué hora vas a ir?
NORA —A las dos.

Now listen to the dialogue once again. (Dialogue)

Now the speaker will ask you some questions about the dialogue you just heard. Answer each question, omitting the subject. The speaker will confirm the correct answer. Repeat the correct answer.

1. ¿Dónde está el perfume de Nora? (/)
   Está en su dormitorio. (/)
2. ¿Los cepillos son de ella? (/)
   Sí, son de ella. (/)
3. ¿Dónde está la tarjeta de crédito de Nora? (/)
   Está en la mesa. (/)
4. ¿Adónde va a ir Nora mañana? (/)
   Va a ir a la peluquería. (/)
5. ¿Por qué quiere ir a la peluquería Nora? (/)
   Porque quiere cortarse el pelo. (/)
6. ¿A qué hora va a ir Nora a la peluquería? (/)
   Va a ir a las dos. (/)

Fin de la Lección 9

En el laboratorio: Lección 10

I. Vocabulario

Repeat each word after the speaker. When repeating words that are cognates, notice the difference in pronunciation between English and Spanish.

Cognados: el limité (/) la milla (/) el suéter (/)
el tomate (/) la velocidad (/)
Nombres: el abrigo (/) la aspiradora (/)
la cocina (/) el criado (/) la escoba (/)
el impermeable (/) el invierno (/)
la lata (/) el bote (/) la lavadora (/)
la lluvia (/) la niebla (/) el otoño (/)
el paraguas (/) la puerta de atrás (/)
la ropa (/) la salsa (/)
el supermercado (/) los tallarines (/)
los espaguetis (/) el verano (/)
Verbos: ayudar (/) barrer (/) cocinar (/)
entrar (/) limpiar (/) llover (/)
nevar (/) pasar (/) preparar (/)
Adjetivos: nublado (/) pasado (/)

*Otras palabras
y expresiones:* anoche (/) ayer (/)
¿Cuál es el límite de velocidad? (/)
por hora (/) los dos (/)
¿Qué tiempo hace hoy? (/)

II. Práctica

A. Answer the questions, using the cues provided. Repeat the correct answer after the speaker's confirmation. Listen to the model.

MODELO: —¿Quién te ayudó ayer? (/)
Roberto (/)
—Me ayudó Roberto.

Now begin:

1. ¿Cuándo cocinaste? (/) ayer (/)
   Cociné ayer. (/)

2. ¿Por dónde entraron ustedes? (/) por la puerta de atrás (/)
   Entramos por la puerta de atrás. (/)

3. ¿Cuándo barriste la cocina? (/) anoche (/)
   Barrí la cocina anoche. (/)

4. ¿Qué preparó usted ayer? (/) tallarines (/)
   Preparé tallarines. (/)

5. ¿A quién le escribieron los chicos? (/)
   a Teresa (/)
   Le escribieron a Teresa. (/)

6. ¿A qué hora volvieron ustedes anoche? (/)
   a las nueve (/)
   Volvimos a las nueve. (/)

7. ¿Cerraste la puerta o la ventana? (/)
   la puerta (/)
   Cerré la puerta. (/)

8. ¿Adónde fueron ustedes anoche? (/)
   al supermercado (/)
   Fuimos al supermercado. (/)

9. ¿A quién le diste el paraguas? (/)
   a Esteban (/)
   Le di el paraguas a Esteban. (/)

10. ¿Quién fue tu profesor el año pasado? (/)
    el doctor Mena (/)
    El doctor Mena fue mi profesor. (/)

B. Answer the questions, always using the first choice. Omit the subject. Repeat the correct answer after the speaker's confirmation. Listen to the model.

MODELO: —¿Entraron ustedes por la ventana o por la puerta? (/)
—**Entramos por la ventana.**

Now begin:

1. ¿Pasaste por mi casa a las diez o a las once? (/)
   Pasé por tu casa a las diez. (/)

2. ¿Fueron ellos a San Francisco por avión o por ómnibus? (/)
   Fueron por avión. (/)

3. ¿El límite de velocidad es de treinta o de cuarenta millas por hora? (/)
   Es de treinta millas por hora. (/)

4. ¿Pagaste cincuenta o sesenta dólares por el suéter? (/)
   Pagué cincuenta dólares por el suéter. (/)

5. ¿Vas a estar en México por un mes o por dos meses? (/)
   Voy a estar en México por un mes. (/)

6. ¿La lavadora es para tu mamá o para tu suegra? (/)
   Es para mi mamá. (/)

7. ¿Necesitas el suéter para ir al supermercado o para ir a la universidad? (/)
   Necesito el suéter para ir al supermercado. (/)

8. ¿Necesitan ustedes la aspiradora para mañana o para el sábado. (/)
   Necesitamos la aspiradora para mañana. (/)

9. ¿Ellos salieron para México o para Guatemala? (/)
   Salieron para México. (/)

C. Answer the questions, using the cues provided. Repeat the correct answer after the speaker's confirmation. Listen to the model.

MODELO: —¿Dónde hace mucho frío? (/)
Alaska (/)
—**Hace mucho frío en Alaska.**

Now begin:

1. ¿Dónde llueve mucho? (/) Oregón (/)
   Llueve mucho en Oregón. (/)

2. ¿Dónde hace mucho calor? (/) Arizona (/)
   Hace mucho calor en Arizona. (/)

3. ¿Cuándo hace mucho viento? (/) otoño (/)
   Hace mucho viento en otoño. (/)

4. ¿Dónde nieva mucho en invierno? (/)
   Chicago (/)
   En Chicago nieva mucho en invierno. (/)

5. ¿Está nublado hoy? (/) sí (/)
   Sí, hoy está nublado. (/)

III. Para escuchar y entender

1. The speaker will make some statements. Circle **L** (**lógico**) if the statement is logical and **I** (**ilógico**) if it is illogical. The speaker will verify your response.

1. Voy a preparar tallarines con salsa de tomate. (/)
   Lógico.

2. Está nevando porque hace mucho calor. (/)
   Ilógico.

3. Yo voy a ayudar a Mario porque él tiene que trabajar mucho. (/) Lógico.

4. Necesito un suéter y un abrigo porque hace mucho frío. (/) Lógico.

5. Necesito la lavadora porque voy a cocinar. (/)
   Ilógico.

6. ¡Qué lluvia! Necesito la escoba. (/) Ilógico.

2. Listen carefully to the dialogue. It will be read twice.

OLGA   —Raúl, ¿fuiste al concierto anoche?
RAÚL   —No, no fui por la lluvia. Estudié para la clase de francés y me acosté temprano.
OLGA   —¿Ana te dio mi libro de francés?

22

RAÚL	—Sí, me lo dio ayer. Ah, Olga, ¿compraste el abrigo para tu hermana?
OLGA	—Sí, lo compré ayer. Pagué doscientos dólares por él.
RAÚL	—Bueno, si quieres ir al cine paso por ti a las ocho.
OLGA	—Muy bien. Te espero a las ocho.

Now listen to the dialogue once again. (Dialogue)

Now the speaker will make some statements about the dialogue you just heard. Tell whether each statement is true (**verdadero**) or false (**falso**). The speaker will confirm the correct answer.

1. Raúl fue al concierto anoche. (/) Falso.
2. Anoche nevó. (/) Falso.
3. Raúl estudió para la clase de alemán. (/) Falso.
4. Raúl se acostó temprano. (/) Verdadero.
5. Ana le dio a Olga el libro de francés. (/) Verdadero.
6. Olga compró un abrigo para su hija. (/) Falso.
7. Olga pagó cien dólares por el abrigo. (/) Falso.
8. Raúl quiere ir al cine hoy. (/) Verdadero.
9. Raúl va a pasar por Olga a las ocho. (/) Verdadero.
10. Olga no va a ir al cine hoy. (/) Falso.

3. Listen carefully to the dialogue. It will be read twice.

MAMÁ	—Carlitos, hace mucho frío. ¿Dónde está tu abrigo?
CARLITOS	—No lo necesito, mamá. Me voy a poner el impermeable porque está lloviendo.
MAMÁ	—Puedes llevar el paraguas también. Ah, ¿ya volvió tu amigo de Arizona?
CARLITOS	—Sí, volvió anoche. Voy a ir a su casa ahora.
MAMÁ	—¿Ya barriste la cocina?
CARLITOS	—Sí, y fui al mercado y compré dos latas de salsa de tomate.
MAMÁ	—¿Dónde dejaste la aspiradora?
CARLITOS	—La dejé en mi cuarto.

Now listen to the dialogue once again. (Dialogue)

Now the speaker will ask you some questions about the dialogue you just heard. Answer each question, omitting the subject. The speaker will confirm the correct answer. Repeat the correct answer.

1. ¿Qué tiempo hace hoy? (/)
   Hace mucho frío y está lloviendo. (/)
2. ¿Carlitos se va a poner el abrigo o el impermeable? (/)
   Se va a poner el impermeable. (/)
3. ¿Qué dice la mamá que puede llevar también? (/)
   Dice que también puede llevar el paraguas. (/)
4. ¿Cuándo volvió el amigo de Carlitos de Arizona? (/)
   Volvió anoche. (/)
5. ¿Adónde quiere ir Carlitos ahora? (/)
   Quiere ir a la casa de su amigo. (/)
6. ¿Carlitos barrió la cocina o la terraza? (/)
   Barrió la cocina. (/)
7. ¿Adónde fue Carlitos? (/)
   Fue al mercado. (/)
8. ¿Qué compró? (/)
   Compró dos latas de salsa de tomate. (/)
9. ¿Dónde dejó la aspiradora? (/)
   La dejó en su cuarto. (/)

Fin de la Lección 10

En el laboratorio: Lección 11

I. Vocabulario

Repeat each word after the speaker. When repeating words that are cognates, notice the difference in pronunciation between English and Spanish.

Cognados:	el accidente (/) el favor (/) interesante (/) la paciencia (/)
Nombres:	el arroz (/) la basura (/) la cafetera (/) el cocinero (/) la cosa (/) el fregadero (/) el invitado (/)

la licuadora (/) la liquidación (/)
la venta (/) la marca (/) el piso (/)
la reunión (/) la junta (/)
la secadora (/) la tostadora (/)
los trabajos de la casa (/)

Verbos:	apagar (/) caminar (/) despedirse (/) divertirse (/) elegir (/) enseñar (/) mentir (/) morir (/)
Adjetivos:	aburrido (/) todo (/) todos (/)

Otras palabras
y expresiones: arroz con pollo (/) casi nunca (/)
¿cuánto tiempo? (/) debajo de (/)
ir caminando (/) ir a pie (/)
ir de compras (/) media hora (/)
otra vez (/) ¡Rápido! (/) según (/)
Ten paciencia. (/)

II. Práctica

A. Answer the questions, using the cues provided. Repeat the correct answer after the speaker's confirmation. Listen to the model.

MODELO: —¿Cuánto tiempo hace que vives
en La Habana? (/) tres años (/)
—**Hace tres años que vivo
en La Habana.**

Now begin:

1. ¿Cuánto tiempo hace que tu abuelo trabaja en la universidad? (/) veinte años (/)
Hace veinte años que mi abuelo trabaja en la universidad. (/)
2. ¿Cuánto tiempo hace que estudian español? (/) tres meses (/)
Hace tres meses que estudiamos español. (/)
3. ¿Cuánto tiempo hace que ellos caminan? (/) una hora (/)
Hace una hora que caminan. (/)
4. ¿Cuánto tiempo hace que enseñas? (/) cuatro años (/)
Hace cuatro años que enseño. (/)
5. ¿Cuánto tiempo hace que ustedes esperan el ómnibus? (/) media hora (/)
Hace media hora que esperamos el ómnibus. (/)
6. ¿Cuánto tiempo hace que no vas de compras? (/) dos semanas (/)
Hace dos semanas que no voy de compras. (/)
7. ¿Cuánto tiempo hace que tienen la venta? (/) cinco días (/)
Hace cinco días que tienen la venta. (/)
8. ¿Cuánto tiempo hace que estás haciendo los trabajos de la casa? (/) quince minutos (/)
Hace quince minutos que estoy haciendo los trabajos de la casa. (/)

B. Answer the questions, using the cues provided. Repeat the correct answer after the speaker's confirmation. Listen to the model.

MODELO: —¿Qué tuviste que hacer ayer? (/)
estudiar español (/)
—**Tuve que estudiar
español.**

Now begin:

1. ¿Qué trajeron ustedes de la tienda? (/) una secadora (/)
Trajimos una secadora. (/)
2. ¿Cuándo lo supiste? (/) anoche (/)
Lo supe anoche. (/)
3. ¿Quién trajo la lección? (/) los estudiantes (/)
Los estudiantes tradujeron la lección. (/)
4. ¿A qué hora vino el cocinero? (/) a las siete (/)
El cocinero vino a las siete. (/)
5. ¿Dónde pusieron ustedes la basura? (/) debajo del fregadero (/)
La pusimos debajo del fregadero. (/)
6. ¿Qué hizo usted ayer? (/) nada (/)
No hice nada. (/)
7. ¿Qué no quiso la niña? (/) el arroz con pollo (/)
La niña no quiso el arroz con pollo. (/)
8. ¿Condujiste ayer? (/) sí, otra vez (/)
Sí, conduje otra vez. (/)

C. The speaker will read some sentences in the present tense. Restate each one, changing the verb to the preterit. Repeat the correct answer after the speaker's confirmation. Listen to the model.

MODELO: Ellos piden café. (/)
Ellos pidieron café.

Now begin:

1. Ella me pide dinero. (/)
Ella me pidió dinero. (/)
2. Ellos lo repiten. (/)
Ellos lo repitieron. (/)
3. María elige una licuadora. (/)
María eligió una licuadora. (/)
4. Esteban te miente. (/)
Esteban te mintió. (/)
5. Ustedes se despiden de Ana. (/)
Ustedes se despidieron de Ana. (/)
6. Ella no se divierte. (/)
Ella no se divirtió. (/)
7. Usted sirve vino. (/)
Usted sirvió vino. (/)
8. Ella duerme bien. (/)
Ella durmió bien. (/)

D. Change the following commands from the negative to the affirmative. Repeat the correct answer after the speaker's confirmation. Listen to the model.

MODELO: No hables inglés. (/)
Habla inglés.

Now begin:

1. No pidas un postre. (/) Pide un postre. (/)
2. No vayas con él. (/) Ve con él. (/)
3. No se lo digas. (/) Díselo. (/)
4. No te sientes. (/) Siéntate. (/)
5. No abras la puerta. (/) Abre la puerta. (/)
6. No tengas cuidado. (/) Ten cuidado. (/)
7. No vengas hoy. (/) Ven hoy. (/)
8. No salgas ahora. (/) Sal ahora. (/)
9. No hagas eso. (/) Haz eso. (/)
10. No vuelvas mañana. (/) Vuelve mañana. (/)

III. Para escuchar y entender

1. The speaker will make some statements. Circle **L** (**lógico**) if the statement is logical and **I** (**ilógico**) if it is illogical. The speaker will verify your response.

1. Ellos se divirtieron mucho. La fiesta estuvo muy aburrida. (/) Ilógico.
2. Necesito la cafetera para hacer café. (/) Lógico.
3. Lavé la ropa. Ahora tengo que ponerla en la secadora. (/) Lógico.
4. Ponemos la basura en la tostadora. (/) Ilógico.
5. Vamos a ir de compras porque hoy hay un gran liquidación. (/) Lógico.
6. ¡Rápido! No tengo prisa. (/) Ilógico.
7. La reunión es debajo del fregadero. (/) Ilógico.
8. Apagué la luz y salí. (/) Lógico.

2. Listen carefully to the dialogue. It will be read twice.

ESTRELLA —Anita, hazme un favor: ve a casa de la señora Barrios y dile que no podemos ir a cenar con ellos el sábado.

ANITA —¿Puede ir Paco conmigo?

ESTRELLA —No, no lleves a Paco. Él tiene que hacer los trabajos de la casa ahora.

ANITA —Estrella, ¡ven tú conmigo!

ESTRELLA —Está bien. Espérame. Voy a cerrar las ventanas antes de irnos.

Now listen to the dialogue once again. (Dialogue)

Now the speaker will make some statements about the dialogue you just heard. Tell whether each statement is true (**verdadero**) or false (**falso**). The speaker will confirm the correct answer.

1. Anita tiene que ir a la casa de la señora Barrios el sábado. (/) Verdadero.
2. Estrella y Anita van a cenar con la señora Barrios. (/) Falso.
3. Anita quiere ir con Paco. (/) Verdadero.
4. Paco tiene que hacer los trabajos de la casa. (/) Verdadero.
5. Estrella no puede ir con Anita. (/) Falso.
6. Estrella va a cerrar las puertas. (/) Falso.

3. Listen carefully to the narration. It will be read twice.

Ayer por la tarde, Teresa no estuvo en su casa. Hubo una liquidación en la tienda Florida, y Teresa fue de compras allí. Compró un abrigo, un vestido y un suéter. No pudo ir a la peluquería porque tuvo que volver a su casa para hacer la cena. Hizo arroz con pollo y una ensa!ada. Después de cenar fue a una fiesta y se divirtió mucho.

Now listen to the narration once again. (Narration)

Now the speaker will ask you some questions about the narration you just heard. Answer each question, omitting the subject. The speaker will confirm the correct answer. Repeat the correct answer.

1. ¿Estuvo Teresa en su casa ayer por la tarde? (/) No, no estuvo. (/)
2. ¿En qué tienda hubo una liquidación? (/) En la tienda Florida. (/)
3. ¿Qué compró Teresa? (/) Compró un abrigo, un vestido y un suéter. (/)
4. ¿Por qué no pudo ir a la peluquería? (/) Porque tuvo que volver a casa. (/)
5. ¿Qué hizo para comer? (/) Hizo arroz con pollo y una ensalada. (/)
6. ¿Se divirtió Teresa en la fiesta? (/) Sí, se divirtió mucho. (/)

Fin de la Lección 11

En el laboratorio: Lección 12

I. Vocabulario

Repeat each word after the speaker. When repeating words that are cognates, notice the difference in pronunciation between English and Spanish.

Cognados:	el aeropuerto (/) el catálogo (/) la computadora (/) el par (/)
Nombres:	la cartera (/) el centro comercial (/) la joyería (/) la máquina de escribir (/) el probador (/) el sombrero (/) el traje de baño (/) la vidriera (/) el escaparate (/) la zapatería (/) los zapatos (/)
Verbos:	encontrarse con (/) mirar (/) quedarse (/) sentirse (/)
Adjetivo:	nuevo (/)
Otras palabras y expresiones:	anteayer (/) de vez en cuando (/) en casa (/) en esa época (/) escribir a máquina (/) ir de vacaciones (/) juntos (/) mirar vidrieras (/) pues (/) todo el día (/)

II. Práctica

A. Explain what these people used to do by changing the following sentences to the imperfect. Listen to the model.

MODELO: Mis abuelos hablan en español. (/)
Mis abuelos hablaban en español.

Now begin:

1. Yo voy a la universidad todos los días. (/)
   Yo iba a la universidad todos los días. (/)
2. Nosotros no vemos a nuestros amigos. (/)
   Nosotros no veíamos a nuestros amigos. (/)
3. Él es mi profesor. (/)
   Él era mi profesor. (/)
4. Ellos comen aquí a veces. (/)
   Ellos comían aquí a veces. (/)
5. Usted me escribe en inglés. (/)
   Usted me escribía en inglés. (/)
6. Yo barro el piso con la escoba. (/)
   Yo barría el piso con la escoba. (/)

B. Answer the questions, using the cues provided. Repeat the correct answer after the speaker's confirmation. Listen to the model.

MODELO: —¿Qué estabas haciendo tú cuando yo llamé? (/) almorzar (/)
—Estaba almorzando.

Now begin:

1. ¿Qué estaba haciendo Eva cuando la viste? (/) mirar vidrieras (/)
   Estaba mirando vidrieras. (/)
2. ¿Qué estaban haciendo ustedes cuando él llegó? (/) leer los catálogos (/)
   Estábamos leyendo los catálogos. (/)
3. ¿Qué estabas haciendo tú cuando vino tu mamá? (/) escribir a máquina (/)
   Estaba escribiendo a máquina. (/)
4. ¿Qué estaban haciendo los chicos cuando ustedes los vieron? (/) comprar zapatos (/)
   Estaban comprando zapatos. (/)
5. ¿Qué estaba haciendo Arturo cuando su hermano llegó? (/) probarse el traje de baño (/)
   Se estaba probando el traje de baño. (/)

C. Answer the questions, using the cues provided. Notice the use of the preterit or the imperfect. Repeat the correct answer after the speaker's confirmation. Listen to the model.

MODELO: —¿Qué hora era cuando él llegó? (/) las nueve (/)
—Eran las nueve cuando él llegó.

Now begin:

1. ¿Dónde comieron ustedes anoche? (/) en casa (/)
   Comimos en casa anoche. (/)
2. ¿Dónde vivían sus padres cuando eran niños? (/) en México (/)
   Mis padres vivían en México cuando eran niños. (/)
3. ¿Cuándo supo usted que tenía un examen? (/) esta mañana (/)
   Supe que tenía un examen esta mañana. (/)
4. ¿Dónde conoció usted a su novio? (/) en una fiesta (/)
   Conocí a mi novio en una fiesta. (/)
5. ¿Tú te sentiste mal toda la noche? (/) sí (/)
   Sí, me sentí mal toda la noche. (/)

6. ¿Qué dijeron sus padres? (/) que no podían venir (/)
   Mis padres dijeron que no podían venir. (/)
7. ¿Pudiste ir al aeropuerto ayer? (/) sí (/)
   Sí, pude ir al aeropuerto ayer. (/)
8. ¿Tú querías venir a clase hoy? (/) no, pero vine (/)
   No, yo no quería venir a clase hoy, pero vine. (/)
9. ¿Tú conocías a mi hermano? (/) no (/)
   No, no lo conocía. (/)
10. ¿A quién viste cuando ibas a la joyería? (/) a Luisa (/)
    Cuando iba a la joyería vi a Luisa. (/)

III. Para escuchar y entender

1. The speaker will make some statements. Circle **L** (**lógico**) if the statement is logical and **I** (**ilógico**) if it is illogical. The speaker will verify your response.

   1. No pude hablar con Roberto porque él no estaba en su casa cuando lo llamé. (/) Lógico.
   2. Voy a ponerme el traje de baño para ir a la playa. (/) Lógico.
   3. Puse la máquina de escribir en la cartera. (/) Ilógico.
   4. Los vi en el centro comercial. Estaban mirando vidrieras. (/) Lógico.
   5. Cuando llegamos al aeropuerto de Los Ángeles, no había ningún avión. (/) Ilógico.
   6. Pepe y yo almorzamos juntos en un escaparate. (/) Ilógico.
   7. Me quedé en casa porque no me sentía bien. (/) Lógico.
   8. Me quité los zapatos porque me dolían los pies. (/) Lógico.

2. Listen carefully to the dialogue. It will be read twice.

   ANA —Rosa, ¿qué estabas haciendo anoche cuando te llamé?
   ROSA —Estaba escribiendo unas cartas a máquina.
   ANA —No sabía que tú tenías una máquina de escribir.
   ROSA —Sí, mis abuelos me la compraron en agosto.
   ANA —¿Tienes una máquina de escribir? ¡Yo te dije que necesitabas una computadora!
   ROSA —¿Tú me la quieres comprar...? Ana, ¿llamaste a Teresa?
   ANA —Sí, la llamé, pero no estaba en la oficina.

Now listen to the dialogue once again. (Dialogue)

Now the speaker will make some statements about the dialogue you just heard. Tell whether each statement is true (**verdadero**) or false (**falso**). The speaker will confirm the correct answer.

1. Ana llamó a Rosa anoche. (/) Verdadero.
2. Rosa estaba leyendo cuando Ana la llamó. (/) Falso.
3. Ana le compró una máquina de escribir a Rosa. (/) Falso.
4. Según Ana, Rosa necesita una computadora. (/) Verdadero.
5. Ana no llamó a Teresa. (/) Falso.
6. Teresa no estaba en la oficina. (/) Verdadero.

3. Listen carefully to the dialogue. It will be read twice.

   ESTER —¿Qué hora era cuando tú te encontraste con tu hermano ayer, Hugo?
   HUGO —Eran las cuatro y media.
   ESTER —¿Fueron a la joyería?
   HUGO —Sí, yo compré un regalo para mi cuñada.
   ESTER —¿Qué hizo Marta?
   HUGO —Se quedó en casa todo el día. ¿Y qué hiciste tú, Ester?
   ESTER —Compré un traje de baño y después fui a mirar vidrieras.

Now listen to the dialogue once again. (Dialogue)

Now the speaker will ask you some questions about the dialogue you just heard. Answer each question, omitting the subject. The speaker will confirm the correct answer. Repeat the correct answer.

1. ¿Qué hora era cuando Hugo se encontró con su hermano? (/)
   Eran las cuatro y media. (/)
2. ¿Adónde fueron? (/)
   Fueron a la joyería. (/)
3. ¿Qué compró Hugo? (/)
   Compró un regalo para su cuñada. (/)
4. ¿Qué hizo Marta? (/)
   Se quedó en casa todo el día. (/)
5. ¿Qué compró Ester? (/)
   Compró un traje de baño. (/)
6. ¿Adónde fue después? (/)
   Fue a mirar vidrieras. (/)

Fin de la Lección 12

En el laboratorio: Lección 13

I. Vocabulario

Repeat each word after the speaker. When repeating words that are cognates, notice the difference in pronunciation between English and Spanish.

Cognados: elegante (/) la persona (/)
         el portugués (/) el tipo (/)
Nombres: el anillo (/) la sortija (/)
         el anillo de compromiso (/)
         el ascensor (/) el camisón (/)
         la chaqueta (/) el collar (/)
         la corbata (/) la escalera (/)
         la escalera mecánica (/)
         la ferretería (/) la galería de arte (/)
         la moda (/) la mueblería (/)
         el nieto (/) el oro (/) la panadería (/)
         la talla (/) el tiempo (/) el traje (/)
Verbos: conocer (/) funcionar (/) usar (/)
Adjetivo: mediano (/)
Otras palabras
y expresiones: ¿Cuanto tiempo hace que...? (/)
         sobre (/) de (/)

II. Práctica

A. The speaker will give you information that you will use to say how long ago everything took place. Repeat the correct answer after the speaker's confirmation. Listen to the model.

MODELO: Son las cinco. Nora llegó a las cuatro y media. (/)
         Hace media hora que Nora llegó.

Now begin:

1. Estamos en agosto. Conocí al profesor en junio. (/)
Hace dos meses que conocí al profesor. (/)
2. Son las nueve. Pedro vino a las seis. (/)
Hace tres horas que Pedro vino. (/)
3. Hoy es miércoles. Compré la chaqueta el lunes. (/)
Hace dos días que compré la chaqueta. (/)
4. Estamos en el año dos mil. Escribimos este libro en 1996. (/)
Hace cuatro años que escribimos este libro. (/)
5. Son las seis y veinte. Llegué a casa a las seis. (/)
Hace veinte minutos que llegué a casa. (/)

B. Answer the questions, using the cues provided. Repeat the correct answer after the speaker's confirmation. Listen to the model.

MODELO: —¿A qué hora se abre el banco? (/)
         a las diez (/)
         —**El banco se abre a las diez.**

Now begin:

1. ¿A qué hora se cierra la librería? (/) a las nueve (/)
La librería se cierra a las nueve. (/)
2. ¿Qué idioma se habla en Brasil? (/) portugués (/)
En Brasil se habla portugués. (/)
3. ¿Cómo se dice *"gold"* en español? (/) oro (/)
Se dice oro. (/)
4. ¿Se abren las mueblerías los domingos? (/) no (/)
No, las mueblerías no se abren los domingos. (/)
5. ¿A qué hora se almuerza aquí? (/) a las doce (/)
Aquí se almuerza a las doce. (/)
6. ¿Qué se usa para ir a la playa? (/) un traje de baño (/)
Se usa un traje de baño. (/)

III. Para escuchar y entender

1. The speaker will make some statements. Circle **L** (**lógico**) if the statement is logical and **I** (**ilógico**) if it is illogical. The speaker will verify your response.

1. Para dormir me pongo una chaqueta y una corbata. (/) Ilógico.
2. Adela compró un camisón en la cafetería. (/) Ilógico.
3. Me regalaron un collar de oro. (/) Lógico.
4. Hablaron de Picasso en la galería de arte. (/) Lógico.
5. El ascensor no funciona. Voy a usar la escalera mecánica. (/) Lógico.
6. Mi nieta es mayor que yo. (/) Ilógico.
7. El oro es un metal azul. (/) Ilógico.
8. Voy a comprar la sortija en la panadería. (/) Ilógico.

2. Listen carefully to the dialogue. It will be read twice.

NORA —Eva, el sábado conocí a Gustavo, el nieto de la señora Torres. ¿Tú lo conocías?

EVA —Sí, lo conocí en la reunión de la semana pasada. ¿Por qué no fuiste tú, Nora?

NORA —Yo no sabía que había una reunión.

EVA —Tampoco fuiste a la fiesta de Laura anoche.

NORA —Yo quería ir, pero mi novio no quiso llevarme. Prefirió quedarse en su casa mirando un partido de básquetbol.

EVA —Pues, Gustavo preguntó por ti... ¡Y él es más guapo que tu novio!

Now listen to the dialogue once again. (Dialogue)

Now the speaker will make some statements about the dialogue you just heard. Tell whether each statement is true (**verdadero**) or false (**falso**). The speaker will confirm the correct answer.

1. Nora conoció a la señora Torres el sábado. (/) Falso.
2. La señora Torres es la abuela de Gustavo. (/) Verdadero.
3. Nora no sabía que había una reunión. (/) Verdadero.
4. Nora no quiso ir a la fiesta de Laura. (/) Falso.
5. El novio de Nora quería ir a la fiesta. (/) Falso.
6. Al novio de Nora le gusta el básquetbol. (/) Verdadero.
7. Eva no conoce al novio de Nora. (/) Falso.

3. Listen carefully to the dialogue. It will be read twice.

MIGUEL —Silvia, ¿a qué hora se abren las tiendas aquí?

SILVIA —Se abren a las diez. ¿Por qué? ¿Quieres ir de compras?

MIGUEL —Sí, quiero comprar un regalo para mi esposa, pero no sé qué comprarle...

SILVIA —¿Por qué no le compras un collar de oro?

MIGUEL —¡No, Silvia...! Yo pensaba comprarle un vestido.

SILVIA —¿Sabes cuál es su talla? ¿Qué color le gusta?

MIGUEL —No... no...

SILVIA —¡Tú no sabes nada! ¡Voy contigo!

Now listen to the dialogue once again. (Dialogue)

Now the speaker will ask you some questions about the dialogue you just heard. Answer each question, omitting the subject. The speaker will confirm the correct answer. Repeat the correct answer.

1. ¿A qué hora se abren las tiendas? (/)
   Se abren a las diez. (/)
2. ¿Por qué quiere ir de compras Miguel? (/)
   Porque quiere comprar un regalo para su esposa. (/)
3. Según Silvia, ¿qué puede comprar Miguel para su esposa? (/)
   Puede comprarle un collar de oro. (/)
4. ¿Qué pensaba comprarle él? (/)
   Pensaba comprarle un vestido. (/)
5. ¿Miguel sabe cuál es la talla que usa su esposa? (/)
   No, no sabe qué talla usa. (/)
6. ¿Qué decide hacer Silvia? (/)
   Decide ir con él. (/)

Fin de la Lección 13

En el laboratorio: Lección 14

I. Vocabulario

Repeat each word after the speaker. When repeating words that are cognates, notice the difference in pronunciation between English and Spanish.

Cognados: la gasolina (/) imposible (/) el mecánico (/) el tanque (/)

Nombres: el aceite (/) el acumulador (/) la batería (/) el club automovilístico (/) el empleado (/) el freno (/)

la gasolinera (/)
la estación de servicio (/)
la goma (/) la llanta (/)
el neumático (/) la goma pinchada (/)
el limpiaparabrisas (/)
el parabrisas (/)
la pieza de repuesto (/)
el remolcador (/) la grúa (/)
el taller (/)

Verbos: arreglar (/) cambiar (/) cubrir (/) llenar (/) romper (/)

Adjetivos: abierto (/) cerrado (/) listo (/) vacío (/)

*Otras palabras
y expresiones:*   casi (/) en seguida (/)
                  recientemente (/) últimamente (/)

9. Ya vuelven. (/)
    Ya han vuelto. (/)
10. Ellas están listas. (/)
    Ellas han estado listas. (/)

II. Práctica

A. Answer the questions in the affirmative, using the past participle of the verb in the question as an adjective in your response. Repeat the correct answer after the speaker's confirmation. Listen to the model.

MODELO: —¿Terminaste la carta? (/)
          —Sí, ya está terminada.

Now begin:

1. ¿Cubriste el coche? (/)
   Sí, ya está cubierto. (/)
2. ¿Compraste la pieza de repuesto? (/)
   Sí, ya está comprada. (/)
3. ¿Pusiste el aceite en el coche? (/)
   Sí, ya está puesto. (/)
4. ¿Escribiste las cartas? (/)
   Sí, ya están escritas. (/)
5. ¿Serviste el café? (/)
   Sí, ya está servido. (/)

B. Change each sentence to the present perfect tense. Repeat the correct answer after the speaker's confirmation. Listen to the model.

MODELO: Yo llamo al club
          automovilístico. (/)
          **Yo he llamado al club
          automovilístico.**

Now begin:

1. Ella usa esa marca de aceite. (/)
   Ella ha usado esa marca de aceite. (/)
2. Nosotros cubrimos el parabrisas. (/)
   Nosotros hemos cubierto el parabrisas. (/)
3. ¿Usted llama la grúa alguna vez? (/)
   ¿Usted ha llamado la grúa alguna vez? (/)
4. Ellos cambian la goma pinchada. (/)
   Ellos han cambiado la goma pinchada. (/)
5. Yo se lo digo. (/)
   Yo se lo he dicho. (/)
6. ¿Qué haces? (/)
   ¿Qué has hecho? (/)
7. Lo ponen allí. (/)
   Lo han puesto allí. (/)
8. No lo veo. (/)
   No lo he visto. (/)

C. Restate the model sentence according to the new subjects. Repeat the correct answer after the speaker's confirmation. Listen to the model.

MODELO: Yo (/)
          **Yo no lo había hecho
          todavía.**

Now begin:

1. ustedes (/) Ustedes no lo habían hecho
   todavía. (/)
2. nosotras (/) Nosotras no lo habíamos hecho
   todavía. (/)
3. tú (/) Tú no lo habías hecho todavía. (/)
4. Eva (/) Eva no lo había hecho todavía. (/)
5. ellos (/) Ellos no lo habían hecho todavía. (/)
6. usted (/) Usted no lo había hecho todavía.

III. Para escuchar y entender

1. The speaker will make some statements. Circle **L** (**lógico**) if the statement is logical and **I** (**ilógico**) if it is illogical. The speaker will verify your response.

1. Voy a poner aceite en el tanque de la
   gasolina. (/) Ilógico.
2. Necesito una pieza de repuesto para mi
   corbata. (/) Ilógico.
3. El mecánico va a arreglar los frenos. (/) Lógico.
4. Tengo que comprar un acumulador nuevo porque
   la goma está pinchada. (/) Ilógico.
5. Voy a la estación de servicio porque necesito
   gasolina. (/) Lógico.
6. Voy a llamar un remolcador porque el
   limpiaparabrisas no funciona. (/) Ilógico.
7. Últimamente he tenido que llevar el coche al
   taller casi todos los días porque tiene muchos
   problemas. (/) Lógico.
8. El tanque está vacío; voy a llenarlo. (/) Lógico.

2. Listen carefully to the narration. It will be read twice.

Hace dos años que mis padres y yo llegamos a
esta ciudad. Nosotros ya la habíamos visitado
antes y nos gustó mucho. Yo siempre había
querido vivir en una ciudad grande. Estamos muy
contentos. Hemos comprado una casa muy bonita

y muy grande. Papá ha encontrado un trabajo muy bueno. El problema que hemos tenido es que mamá se ha roto una mano.

Now listen to the narration once again. (Narration)

Now the speaker will make some statements about the narration you just heard. Tell whether each statement is true (**verdadero**) or false (**falso**). The speaker will confirm the correct answer.

1. Hace dos meses que mis padres y yo llegamos a esta ciudad. (/) Falso.
2. Nosotros nunca habíamos visitado esta ciudad. (/) Falso.
3. Yo siempre había querido vivir en una ciudad grande. (/) Verdadero.
4. Estamos muy contentos en esta ciudad. (/) Verdadero.
5. Nuestra casa es muy fea. (/) Falso.
6. Nuestra casa es pequeña. (/) Falso.
7. Papá ha encontrado un trabajo. (/) Verdadero.
8. No hemos tenido ningún problema. (/) Falso.

3. Listen carefully to the dialogue. It will be read twice.

LUIS —Celia, al coche le hace falta un limpiaparabrisas nuevo.
CELIA —¡Ay! Luis, también le hacen falta una batería y dos llantas. Hace cinco años que las compramos.
LUIS —Llama a la estación de servicio y pregunta cuánto cuestan las llantas.
CELIA —Ya he llamado.

LUIS —¿Qué te ha dicho el mecánico?
CELIA —Que las llantas cuestan cien dólares y que puedo llevar el coche hoy. Lo va a arreglar todo en seguida.
LUIS —¡Ah! También llena el tanque, que está casi vacío, por favor.

Now listen to the dialogue once again. (Dialogue)

Now the speaker will ask you some questions about the dialogue you just heard. Answer each question, omitting the subject. The speaker will confirm the correct answer. Repeat the correct answer.

1. ¿Qué dice Luis que le hace falta al coche? (/) Dice que le hace falta un limpiaparabrisas nuevo. (/)
2. ¿Cuántas llantas le hacen falta al coche? (/) Le hacen falta dos llantas. (/)
3. ¿Le hace falta también una batería nueva? (/) Sí, también le hace falta una batería. (/)
4. ¿Cuánto tiempo hace que compraron las llantas? (/) Hace cinco años que compraron las llantas. (/)
5. ¿Qué debe preguntar Celia? (/) Debe preguntar cuánto cuestan las llantas. (/)
6. ¿Quién ha llamado a la estación de servicio? (/) Celia ha llamado a la estación de servicio. (/)
7. ¿Ha dicho el mecánico que puede arreglar el coche? (/) Sí, ha dicho que puede arreglar el coche. (/)
8. ¿Qué le ha pedido Luis a Celia? (/) Le ha pedido que llene el tanque. (/)

Fin de la Lección 14

En el laboratorio: Lección 15

I. Vocabulario

Repeat each word after the speaker. When repeating words that are cognates, notice the difference in pronunciation between English and Spanish.

Cognados: automático (/) el examen (/) el veterinario (/)
Nombres: la agencia de alquiler de automóviles (/) el barco (/) el cajero (/) el cajero automático (/) la cuenta (/) la motocicleta (/) la moto (/) el motor (/) el perro (/) la plata (/) el precio (/) el reloj (/) el tren (/) la vez (/)

Verbos: alquilar (/) cobrar (/) depositar (/) revisar (/) chequear (/) terminar (/)
Adjetivos: hermoso (/) peligroso (/)
Otras palabras y expresiones: cambiar un cheque (/) de cambios mecánicos (/) hasta (/) sin falta (/)

II. Práctica

A. Rephrase each sentence, using the future tense instead of the expression **ir a** + infinitive. Repeat the correct answer after the speaker's confirmation. Listen to the model.

MODELO: Vamos a salir muy tarde. (/)
Saldremos muy tarde.

Now begin:

1. Voy a llevar el coche a la gasolinera. (/)
   Llevaré el coche a la gasolinera. (/)
2. Ellas van a ir sin falta. (/)
   Irán sin falta. (/)
3. Va a haber una reunión. (/)
   Habrá una reunión. (/)
4. Tú vas a saberlo mañana. (/)
   Tú lo sabrás mañana. (/)
5. Ustedes no van a venir. (/)
   Ustedes no vendrán. (/)
6. Yo lo voy a poner en el banco. (/)
   Yo lo pondré en el banco. (/)
7. ¿Qué le va a decir ella? (/)
   ¿Qué le dirá ella? (/)
8. Vas a tener que trabajar. (/)
   Tendrás que trabajar. (/)

B. Answer the questions, always using the second choice. Repeat the correct answer after the speaker's confirmation. Listen to the model.

MODELO: —¿Comprarías un coche o una casa? (/)
—**Compraría una casa.**

Now begin:

1. ¿Ustedes irían al cine o al museo? (/)
   Nosotros iríamos al museo. (/)
2. ¿Tú servirías té o café? (/)
   Yo serviría café. (/)
3. ¿Usted saldría por la mañana o por la tarde? (/)
   Yo saldría por la tarde. (/)
4. ¿Usted alquilaría un coche de cambios mecánicos o un coche automático? (/)
   Yo alquilaría un coche automático. (/)
5. ¿Tu hermano compraría una moto o un coche? (/)
   Mi hermano compraría un coche. (/)
6. ¿Tu papá arreglaría el coche o lo vendería? (/)
   Mi papá lo vendería. (/)

C. Answer the questions in complete sentences, using the cues provided. Repeat the correct answer after the speaker's confirmation. Listen to the model.

MODELO: —¿Cómo van ellos? (/) coche (/)
—**Van en coche.**

Now begin:

1. ¿A quién esperas? (/) la cajera (/)
   Espero a la cajera. (/)
2. ¿A qué hora sales? (/) las ocho (/)
   Salgo a las ocho. (/)
3. ¿Cómo va a viajar? (/) autobús (/)
   Voy a viajar en autobús. (/)
4. ¿Dónde están los libros? (/) la mesa (/)
   Los libros están en la mesa. (/)
5. ¿De qué hablaban ustedes? (/) las vacaciones (/)
   Hablábamos de las vacaciones. (/)
6. ¿Dónde está la cajera? (/) la agencia (/)
   La cajera está en la agencia. (/)
7. ¿Quién es el más alto de la familia? (/)
   Carlos (/)
   Carlos es el más alto de la familia. (/)
8. ¿Vas a comenzar a arreglar el coche ahora? (/)
   sí (/)
   Sí, voy a comenzar a arreglar el coche ahora. (/)

III. Para escuchar y entender

1. The speaker will make some statements. Circle **L** (**lógico**) if the statement is logical and **I** (**ilógico**) if it is illogical. The speaker will verify your response.

1. Vamos al taller de mecánica en barco. (/) Ilógico.
2. Mi perro está enfermo. Lo voy a llevar al veterinario. (/) Lógico.
3. Voy a comprar un reloj de plata. (/) Lógico.
4. Muchas veces mi perro conduce el coche. (/) Ilógico.
5. Viajar en motocicleta es peligroso. (/) Lógico.
6. Voy a la agencia de alquiler de automóviles para alquilar un tren. (/) Ilógico.
7. Voy al banco para cambiar un cheque. (/) Lógico.
8. San Francisco es una ciudad hermosa. (/) Lógico.
9. Empezamos a las diez de la mañana y terminamos a las dos de la tarde. (/) Lógico.
10. El perro sabe el precio de las motocicletas. (/) Ilógico.

2. Listen carefully to the dialogue. It will be read twice.

ELSA —Jorge, ¿a qué hora llegarán ustedes a Lima?
JORGE —Llegaremos a las ocho de la noche.
ELSA —¿Van a ir en autobús o en coche?
JORGE —En coche.
ELSA —¿Cuándo empezarás a trabajar? ¿En enero?
JORGE —Yo creo que sí. ¡Ah! Elsa, ¿tú podrías llevar a mi perro al veterinario mañana?
ELSA —Tendrá que ser el lunes, porque tengo que llevar mi coche al mecánico.

32

Now listen to the dialogue once again. (Dialogue)

Now the speaker will make some statements about the dialogue you just heard. Tell whether each statement is true (**verdadero**) or false (**falso**). The speaker will confirm the correct answer.

1. Jorge va a viajar a México. (/) Falso.
2. Jorge y su familia llegarán a Lima a las ocho. (/) Verdadero.
3. Jorge va a viajar en avión. (/) Falso.
4. Jorge empezará a trabajar en marzo. (/) Falso.
5. Jorge llevará al perro al veterinario. (/) Falso.
6. Elsa podrá llevar al perro el lunes. (/) Verdadero.
7. Elsa tendrá que llevar su coche al mecánico. (/) Verdadero.

3. Listen carefully to the dialogue. It will be read twice.

ROSA —José, ¿podrías llevarme a la agencia de alquiler de automóviles?

JOSÉ —¿Para qué quieres ir? ¿Necesitas alquilar un coche?

ROSA —Sí, porque llevé el mío al mecánico y no estará listo hasta el jueves.

JOSÉ —¿Vas a alquilar un coche de cambios mecánicos o un coche automático?

ROSA —Voy a alquilar un coche automático. No sé manejar coches de cambios mecánicos.

JOSÉ —Yo podría enseñarte, Rosa.

ROSA —Sí, pero no podré aprender en un día.

JOSÉ —Es verdad. Si quieres puedo prestarte mi motocicleta.

ROSA —No, gracias. Las motocicletas son muy peligrosas. Prefiero el coche.

Now listen to the dialogue once again. (Dialogue)

Now the speaker will ask you some questions about the dialogue you just heard. Answer each question, omitting the subject. The speaker will confirm the correct answer. Repeat the correct answer.

1. ¿Adónde quiere ir Rosa? (/)
   Quiere ir a la agencia de alquiler de automóviles. (/)
2. ¿Para qué quiere ir a la agencia? (/)
   Quiere ir para alquilar un coche. (/)
3. ¿Adónde llevó Rosa su coche? (/)
   Lo llevó al mecánico. (/)
4. ¿Cuándo estará listo el coche de Rosa? (/)
   Estará listo el jueves. (/)
5. ¿Por qué no podrá Rosa alquilar un coche de cambios mecánicos? (/)
   Porque no sabe manejar coches de cambios mecánicos. (/)
6. ¿Qué podría hacer José? (/)
   Podría enseñarle a manejar coches de cambios mecánicos. (/)
7. ¿Qué no podrá hacer Rosa? (/)
   No podrá aprender en un día. (/)
8. ¿Qué podría prestarle José a Rosa? (/)
   Podría prestarle su motocicleta. (/)
9. ¿Qué dice Rosa de las motocicletas? (/)
   Dice que son muy peligrosos. (/)

Fin de la Lección 15

En el laboratorio: Lección 16

I. Vocabulario

Repeat each word after the speaker.

Nombres: el asiento (/) el boleto (/)
el descuento (/)
la estación de trenes (/)
el fin de semana (/)
el itinerario (/) el horario (/)
el rápido (/) el expreso (/)

Verbos: aconsejar (/) buscar (/) esperar (/)
mandar (/) negar (/) recomendar (/)
reservar (/) rogar (/) sugerir (/)

Adjetivos: bello (/) bueno (/) difícil (/) fácil (/)
largo (/) lento (/) mareado (/)
ocupado (/) rápido (/)

Otras palabras y expresiones: cuanto antes (/) por ciento (/)
sumamente (/)

II. Práctica

A. Say what Carmen wants everybody to do, using the present subjunctive and the cues provided. Repeat the correct answer after the speaker's confirmation. Listen to the model.

MODELO: ¿Qué quiere Carmen que yo
           haga? (/) reservar el asiento (/)
           **Quiere que usted reserve el
           asiento.**

Now begin:

1. ¿Qué quiere Carmen que haga Roberto? (/)
   comprar los boletos (/)
   Quiere que Roberto compre los boletos. (/)
2. ¿Qué quiere Carmen que haga María? (/) ir a la
   estación de trenes (/)
   Quiere que María vaya a la estación de
   trenes. (/)
3. ¿Qué quiere Carmen que hagan ustedes? (/) buscar
   el horario (/)
   Quiere que nosotros busquemos el horario. (/)
4. ¿Qué quiere Carmen que hagas tú? (/) darle un
   descuento (/)
   Quiere que yo le dé un descuento. (/)
5. ¿Qué quiere Carmen que hagan los chicos? (/)
   estar aquí a las dos (/)
   Quiere que los chicos estén aquí a las dos. (/)
6. ¿Qué quiere Carmen que haga mañana? (/) pedir
   un itinerario (/)
   Quiere que usted pida un itinerario mañana. (/)
7. ¿Qué quiere Carmen que haga Daniel? (/) viajar
   en el rápido (/)
   Quiere que Daniel viaje en el rápido. (/)
8. ¿Qué quiere Carmen que haga Teresa? (/)
   venir cuanto antes (/)
   Quiere que Teresa venga cuanto antes. (/)
9. ¿Qué quiere Carmen que hagan ustedes? (/) cerrar
   la puerta (/)
   Quiere que nosotros cerremos la puerta. (/)
10. ¿Qué quiere Carmen que hagan los
    estudiantes? (/) volver mañana (/)
    Quiere que los estudiantes vuelvan mañana. (/)

B. Rephrase each sentence, changing **muy +**
        adjective to the absolute superlative. Repeat the
        correct answer after the speaker's confirmation.
        Listen to the model.

MODELO: Mi novio es muy alto. (/)
           Mi novio es altísimo.

Now begin:

1. El boleto es muy caro. (/)
   El boleto es carísimo. (/)
2. El expreso es muy rápido. (/)
   El expreso es rapidísimo. (/)
3. El viaje fue muy largo. (/)
   El viaje fue larguísimo. (/)
4. La muchacha es muy lenta. (/)
   La muchacha es lentísima. (/)

5. La lección es muy difícil. (/)
   La lección es dificilísima. (/)
6. Ese hombre es muy bueno. (/)
   Ese hombre es buenísimo. (/)
7. Ellas están muy ocupadas. (/)
   Ellas están ocupadísimas. (/)
8. El fin de semana fue muy aburrido. (/)
   El fin de semana fue aburridísimo. (/)

III. Para escuchar y entender

1. The speaker will make some statements.
        Circle **L** (**lógico**) if the statement is logical
        and **I** (**ilógico**) if it is illogical. The speaker
        will verify your response.

1. Me gusta Costa Rica porque es un país muy
   bello. (/) Lógico.
2. No puedo ir el sábado porque yo trabajo los fines
   de semana. (/) Lógico.
3. Pagué menos porque me dieron un
   descuento. (/) Lógico.
4. El rápido es un tren muy lento. (/) Ilógico.
5. No es necesario estudiar porque el examen es
   sumamente difícil. (/) Ilógico.
6. El río Mississippi es larguísimo. (/) Lógico.
7. Voy a tomar el avión en la estación de
   trenes. (/) Ilógico.
8. Trabaja mucho. Siempre está ocupadísima. (/)
   Lógico.

2. Listen carefully to the narration. It will be read
        twice.

        Ayer Ana y yo fuimos a la estación de trenes para
        comprar dos boletos para Sevilla. Nos dieron un
        descuento del diez por ciento, pero no podemos
        viajar el fin de semana. Reservamos asientos y
        pedimos un itinerario. Vamos a volver a
        Barcelona el veinte de septiembre.

Now listen to the narration once again. (Narration)

Now the speaker will make some statements about the
narration you just heard. Tell whether each statement is
true (**verdadero**) or false (**falso**). The speaker will
confirm the correct answer.

1. Yo fui a la estación de trenes con Ana. (/)
   Verdadero.
2. Compramos dos boletos para Barcelona. (/)
   Falso.
3. No pudimos conseguir ningún descuento. (/)
   Falso.
4. No vamos a viajar el fin de semana. (/)
   Verdadero.

5. No pudimos reservar asientos. (/) Falso.
6. Pensamos volver a Barcelona en noviembre. (/) Falso.

3. Listen carefully to the dialogue. It will be read twice.

TERESA —Me duele la cabeza, Verónica. ¿Qué me aconsejas que haga?
VERÓNICA —Te sugiero que tomes dos aspirinas, Teresa. Y también te recomiendo que duermas por una hora.
TERESA —Bueno... voy a tomar las aspirinas, pero no puedo dormir porque estoy ocupadísima.
VERÓNICA —¿Tienes que trabajar este fin de semana?
TERESA —Sí, tengo que trabajar el sábado y el domingo.

Now listen to the dialogue once again. (Dialogue)

Now the speaker will make some statements about the dialogue you just heard. Tell whether each statement is true (**verdadero**) or false (**falso**). The speaker will confirm the correct answer.

1. A Teresa le duele la cabeza. (/) Verdadero.
2. Teresa le pregunta a Verónica qué le aconseja. (/) Verdadero.
3. Verónica le sugiere a Teresa que tome Tylenol. (/) Falso.
4. Verónica le recomienda a Teresa que duerma una hora. (/) Verdadero.
5. Teresa no quiere tomar aspirinas. (/) Falso.
6. Teresa no puede dormir porque está muy ocupada. (/) Verdadero.
7. Teresa no trabaja los fines de semana. (/) Falso.

4. Listen carefully to the dialogue. It will be read twice.

ANITA —Ernesto y yo vamos a viajar a Madrid por tren.
ROBERTO —Les recomiendo que vayan en el expreso. Es mucho más rápido.
ANITA —Ernesto quiere ir en avión, pero yo tengo miedo.
ROBERTO —¡Ay, Anita! ¡Es un vuelo corto!
ANITA —Sí, Roberto, pero a mí me gusta más el tren...

Now listen to the dialogue once again. (Dialogue)

Now the speaker will ask you some questions about the dialogue you just heard. Answer each question, omitting the subject. The speaker will confirm the correct answer. Repeat the correct answer.

1. ¿A qué ciudad piensan viajar Anita y Ernesto? (/)
Piensan viajar a Madrid. (/)
2. ¿Cómo les recomienda Roberto que viajen? (/)
Les recomienda que viajen en el expreso. (/)
3. ¿Por qué es mejor viajar en el expreso? (/)
Porque es mucho más rápido. (/)
4. ¿Cómo le gusta viajar a Ernesto? (/)
Le gusta viajar por avión. (/)
5. ¿El vuelo a Madrid es largo? (/)
No, es corto. (/)
6. ¿Cómo le gusta viajar a Anita? (/)
Le gusta viajar en tren. (/)

Fin de la Lección 16

En el laboratorio: Lección 17

I. Vocabulario

Repeat each word after the speaker. When repeating words that are cognates, notice the difference in pronunciation between English and Spanish.

Cognados: la calculadora (/) el contrato (/) especial (/) general (/) la literatura (/) necesario (/) posible (/) probable (/) reciente (/)
Nombres: el abogado (/) la beca (/) la conferencia (/) el consejero (/)

el examen final (/)
el examen parcial (/) la física (/)
la matrícula (/) la nota (/)
la química (/) el requisito (/)
Verbos: alegrarse de (/) firmar (/) matricularse (/) sentir (/) temer (/)
Adjetivos: claro (/) cuidadoso (/)
Otras palabras y expresiones: conviene (/) es difícil (/) es una lástima (/) es mejor (/) es seguro (/) ojalá (/) pronto (/) puede ser (/) sacar una nota (/)

II. Práctica

A. Restate each of the following sentences, inserting the cue at the beginning and making any necessary changes. Repeat the correct answer after the speaker's confirmation. Listen to the model.

MODELO: El cliente firma el contrato. (/)
Espero (/)
Espero que el cliente firme el contrato.

Now begin:

1. Roberto no puede venir hoy. (/) Temo (/)
Temo que Roberto no pueda venir hoy. (/)
2. Ellas tienen los libros. (/) Espero (/)
Espero que ellas tengan los libros. (/)
3. María está enferma. (/) Siento (/)
Siento que María esté enferma. (/)
4. Eso no es posible. (/) Temo (/)
Temo que eso no sea posible. (/)
5. Alberto llega temprano. (/) Me alegro de (/)
Me alegro de que Alberto llegue temprano. (/)
6. El abogado puede verme hoy. (/) Espero (/)
Espero que el abogado pueda verme hoy. (/)
7. Inés saca buenas notas en los exámenes finales. (/) Espero (/)
Espero que Inés saque buenas notas en los exámenes finales. (/)
8. Ellos traen la calculadora. (/) Me alegro de (/)
Me alegro de que ellos traigan la calculadora. (/)

B. Restate each of the following sentences, inserting the cue at the beginning and making any necessary changes. Repeat the correct answer after the speaker's confirmation. Listen to the model.

MODELO: Él conduce muy rápido. (/)
Es difícil (/)
Es difícil que él conduzca muy rápido.

Now begin:

1. Los chicos van a la playa. (/) No conviene (/)
No conviene que los chicos vayan a la playa. (/)
2. Vienes en seguida. (/) Es necesario (/)
Es necesario que vengas en seguida. (/)
3. Ella se viste en dos minutos. (/) Es imposible (/)
Es imposible que ella se vista en dos minutos. (/)

4. Nosotros traemos todos los regalos. (/) Es mejor (/)
Es mejor que nosotros traigamos todos los regalos. (/)
5. Yo vengo esta noche. (/) Puede ser (/)
Puede ser que yo venga esta noche. (/)
6. Él es muy cuidadoso. (/) Ojalá (/)
Ojalá que él sea muy cuidadoso. (/)
7. Los niños están enfermos. (/) Es una lástima (/)
Es una lástima que los niños estén enfermos. (/)
8. Ustedes hacen la comida ahora. (/) Es importante (/)
Es importante que ustedes hagan la comida ahora. (/)

C. Give the adverb that corresponds to each adjective. Repeat the correct answer after the speaker's confirmation. Listen to the model.

MODELO: especial (/)
especialmente

Now begin:

1. reciente (/) recientemente (/)
2. rápido (/) rápidamente (/)
3. fácil (/) fácilmente (/)
4. cuidadoso (/) cuidadosamente (/)
5. seguro (/) seguramente (/)
6. lento y claro (/) lenta y claramente (/)

III. Para escuchar y entender

1. The speaker will make some statements. Circle **L** (**lógico**) if the statement is logical and **I** (**ilógico**) if it is illogical. The speaker will verify your response.

1. Es difícil que un niño sepa mucho de física. (/) Lógico.
2. Necesito la calculadora para mi clase de física. (/) Lógico.
3. Para viajar en tren, necesito tomar un examen parcial. (/) Ilógico.
4. Le dieron una beca porque tenía "F" en todas sus clases. (/) Ilógico.
5. Tengo una C y una A. Puede ser que saque una B. (/) Lógico.
6. Es mejor tomar los requisitos cuanto antes. (/) Lógico.
7. Tomo solamente clases de química porque quiero ser abogada. (/) Ilógico.
8. Temo que el profesor me dé una A. (/) Ilógico.

2. Listen carefully to the dialogue. It will be read twice.

CARLOS —Eva, quiero que vayas conmigo a la playa hoy.

EVA —Temo no poder ir hoy, Carlos, porque los niños están enfermos.

CARLOS —Siento que estén enfermos. ¿Ya llamaste al médico?

EVA —Sí, pero es difícil que pueda venir hoy.

CARLOS —Es una lástima que no podamos ir a la playa. Ojalá que podamos ir la semana que viene.

Now listen to the dialogue once again. (Dialogue)

Now the speaker will make some statements about the dialogue you just heard. Tell whether each statement is true (**verdadero**) or false (**falso**). The speaker will confirm the correct answer.

1. Carlos quiere que Eva vaya al cine con él. (/) Falso.
2. Eva teme no poder ir hoy. (/) Verdadero.
3. Los niños están enfermos. (/) Verdadero.
4. Eva no llamó al médico. (/) Falso.
5. El médico va a venir hoy. (/) Falso.
6. Carlos quiere ir a la playa la semana que viene. (/) Verdadero.

3. Listen carefully to the dialogue. It will be read twice.

SRA. PAZ —Señor Díaz, es importante que los clientes firmen los contratos mañana.

SR. DÍAZ —Es mejor que los firmen hoy, señora Paz, porque mañana el director va a estar ocupadísimo.

SRA. PAZ —Es imposible que ellos vengan hoy, porque no hay vuelos esta tarde.

SR. DÍAZ —Puede ser que puedan venir en coche.

Now listen to the dialogue once again. (Dialogue)

Now the speaker will make some statements about the dialogue you just heard. Tell whether each statement is true (**verdadero**) or false (**falso**). The speaker will confirm the correct answer.

1. La señora Paz quiere que los clientes firmen el contrato mañana. (/) Verdadero.
2. El señor Díaz piensa que la señora Paz tiene razón. (/) Falso.
3. El director no va a hacer nada mañana. (/) Falso.
4. Los clientes no pueden venir esta tarde. (/) Verdadero.
5. Es posible que los clientes puedan venir en coche. (/) Verdadero.

4. Listen carefully to the dialogue. It will be read twice.

TOMÁS —Ester, ¿vas a ir a la conferencia de la doctora Soto?

ESTER —No, porque mañana tengo un examen parcial en literatura.

TOMÁS —Es una lástima que no puedas ir. Entonces voy con Aníbal.

ESTER —Temo que Aníbal no pueda ir contigo tampoco. Tiene que estudiar física.

TOMÁS —¡Ah sí! Y él necesita sacar muy buenas notas porque tiene una beca.

Now listen to the dialogue once again. (Dialogue)

Now the speaker will ask you some questions about the dialogue you just heard. Answer each question, omitting the subject. The speaker will confirm the correct answer. Repeat the correct answer.

1. ¿Quién va a dar una conferencia? (/) La doctora Soto va a dar una conferencia. (/)
2. ¿Por qué no va a ir Ester a la conferencia? (/) No va a ir porque tiene un examen parcial. (/)
3. ¿En qué clase tiene examen Ester? (/) Tiene examen en la clase de literatura. (/)
4. ¿Con quién quiere ir Tomás? (/) Quiere ir con Aníbal. (/)
5. ¿Por qué no puede ir Aníbal? (/) Porque tiene que estudiar física. (/)
6. ¿Por qué necesita Aníbal sacar buenas notas? (/) Porque tiene une beca. (/)

Fin de la Lección 17

En el laboratorio: Lección 18

I. Vocabulario

Repeat each word after the speaker. When repeating words that are cognates, notice the difference in pronunciation between English and Spanish.

Cognados: la ambulancia (/) el dentista (/)
la emergencia (/) el paramédico (/)

Nombres: el árbol (/) el consultorio (/)
el dolor (/) la inyección (/)
la muleta (/) la Navidad (/)
el paciente (/) la pierna (/)
la radiografía (/) la sala (/)
la sala de emergencia (/)
la sala de rayos X (/) el tiempo (/)
el tobillo (/)

Verbos: cuidar (/) dudar (/) enyesar (/)
fracturarse (/) romperse (/) pasar (/)
torcerse (/)

Adjetivo: seguro (/)

Otras palabras
y expresiones: en este momento (/)
poner una inyección (/)
todos los días (/)

II. Práctica

A. Restate each of the following sentences, inserting the cue at the beginning and making any necessary changes. Repeat the correct answer after the speaker's confirmation. Listen to the model.

MODELO: No dudo que el médico viene hoy. (/) Dudo (/)
Dudo que el médico venga hoy.

Now begin:

1. Estoy seguro de que ellos están en el consultorio. (/) No estoy seguro (/)
No estoy seguro de que ellos estén en el consultorio. (/)
2. Creo que ellos van a la sala de emergencia. (/) No creo (/)
No creo que ellos vayan a la sala de emergencia. (/)
3. No es verdad que ese dentista tenga muchos pacientes. (/) Es verdad (/)
Es verdad que ese dentista tiene muchos pacientes. (/)

4. Buscamos un médico que sea bueno. (/) Tenemos (/)
Tenemos un médico que es bueno. (/)
5. La enfermera me pone una inyección. (/) Necesito (/)
Necesito que la enferma me ponga una inyección. (/)
6. No hay nadie que pueda manejar la ambulancia. (/) Hay alguien (/)
Hay alguien que puede manejar la ambulancia. (/)
7. No creen que él sepa cuidar al niño. (/) Creen (/)
Creen que él sabe cuidar al niño. (/)
8. No estamos seguros de que ella tiene que usar muletas. (/) Estamos seguros (/)
Estamos seguros de que ella tiene que usar muletas. (/)
9. Hay muchas personas que quieren ser paramédicos. (/) No hay nadie (/)
No hay nadie que quiera ser paramédico. (/)
10. Es verdad que le van a enyesar el tobillo. (/) No es verdad (/)
No es verdad que le vayan a enyesar el tobillo. (/)

B. The speaker will say some nouns. Change each one to the diminutive form.

Now begin:

1. Ana (/) Anita (/)
2. hermano (/) hermanito (/)
3. Raúl (/) Raulito (/)
4. coche (/) cochecito (/)
5. hombre (/) hombrecito (/)
6. Adán (/) Adancito (/)
7. hija (/) hijita (/)
8. mujer (/) mujercita (/)
9. Carmen (/) Carmencita (/)
10. favor (/) favorcito (/)

III. Para escuchar y entender

1. The speaker will make some statements. Circle **L** (**lógico**) if the statement is logical and **I** (**ilógico**) if it is illogical. The speaker will verify your response.

1. Fueron al cine en una ambulancia. (/) Ilógico.
2. Se fracturó la pierna y se la van a enyesar. (/) Lógico.

3. La enfermera cuida a los pacientes. (/) Lógico.
4. Tiene que usar muletas porque le duele la cabeza. (/) Ilógico.
5. El veinticinco de julio es el día de Navidad. (/) Ilógico.
6. Lo llevaron a la sala de rayos X porque necesitaba un arbolito. (/) Ilógico.
7. El tobillo es parte de la pierna. (/) Lógico.
8. Estoy seguro de que ningún hospital tiene sala de emergencia. (/) Ilógico.

2. Listen carefully to the narration. It will be read twice.

La familia Martínez busca un dentista que sea bueno, que no cobre mucho y que viva cerca de su casa. El dentista que ellos tienen ahora no vive cerca, cobra mucho por sus servicios y tiene muchos pacientes. La señora Martínez duda que ellos encuentren un dentista que cobre menos por sus servicios.

Now listen to the narration once again. (Narration)

Now the speaker will make some statements about the narration you just heard. Tell whether each statement is true (**verdadero**) or false (**falso**). The speaker will confirm the correct answer.

1. La familia Martínez busca un dentista que sea bueno. (/) Verdadero.
2. El dentista que ellos tienen ahora cobra muy poco. (/) Falso.
3. El dentista de los Martínez vive muy cerca de ellos. (/) Falso.
4. El dentista de la familia Martínez tiene muchos pacientes. (/) Verdadero.
5. La señora Martínez está segura de que ellos pueden encontrar un dentista que cobre poco por sus servicios. (/) Falso.

3. Listen carefully to the dialogue. It will be read twice.

CARLOS —Rosa, ¿dónde está Raúl?
ROSA —Creo que está en la sala de rayos X.
CARLOS —¿Por qué?
ROSA —Tuvo un accidente y se fracturó el tobillo.
CARLOS —¿Crees que se lo van a enyesar?
ROSA —Sí, Carlos, estoy segura de que se lo van a enyesar.
CARLOS —¿Va a tener que usar muletas para poder caminar?
ROSA —Sí, dudo que pueda caminar sin ellas.

Now listen to the dialogue once again. (Dialogue)

Now the speaker will make some statements about the dialogue you just heard. Tell whether each statement is true (**verdadero**) or false (**falso**). The speaker will confirm the correct answer.

1. Raúl está en la sala de emergencia. (/) Falso.
2. Raúl tuvo un accidente. (/) Verdadero.
3. Raúl se fracturó el tobillo. (/) Verdadero.
4. Rosa duda que a Raúl le enyesen el tobillo. (/) Falso.
5. Carlos no sabe si Raúl va a tener que usar muletas. (/) Verdadero.
6. Rosa está segura de que Raúl puede caminar sin muletas. (/) Falso.

4. Listen carefully to the narration. It will be read twice.

Roberto está en la sala de emergencia del Hospital Central porque tuvo un accidente. Los paramédicos lo llevaron al hospital en una ambulancia. Cuando el médico lo vio le dijo que necesitaba una radiografía de la pierna y que la enfermera le iba a poner una inyección para el dolor. Roberto cree que debe llamar a sus padres para decirles que está en el hospital, pero él no está seguro de que ellos estén en casa.

Now listen to the narration once again. (Narration)

Now the speaker will ask you some questions about the narration you just heard. Answer each question, omitting the subject. The speaker will confirm the correct answer. Repeat the correct answer.

1. ¿Dónde está Roberto? (/)
   Está en el sala de emergencia. (/)
2. ¿En qué hospital está? (/)
   Está en el Hospital Central. (/)
3. ¿Quiénes lo llevaron al hospital? (/)
   Los paramédicos lo llevaron al hospital. (/)
4. ¿Qué le dijo el doctor que necesitaba? (/)
   Le dijo que necesitaba una radiografía. (/)
5. ¿Qué le iba a poner la enfermera? (/)
   Le iba a poner una inyección para el dolor. (/)
6. ¿Qué cree Roberto? (/)
   Cree que debe llamar a sus padres. (/)
7. ¿De qué no está seguro Roberto? (/)
   No está seguro de que sus padres estén en casa. (/)

Fin de la Lección 18

En el laboratorio: Lección 19

I. Vocabulario

Repeat each word after the speaker. When repeating words that are cognates, notice the difference in pronunciation between English and Spanish.

Cognados: horrible (/) el resultado (/)
el termómetro (/)
el testamento (/)

Nombres: el análisis (/) la autopista (/)
el ayudante (/) el cirujano (/)
la fiebre (/) el jarabe (/)
el oculista (/) la operación (/)
la cirugía (/) el pasajero (/)
la pastilla (/) el peso (/)

Verbos: bajar (/) chocar (/) sobrevivir (/)

Otras palabras
y expresiones: a menos que (/) antes de que (/)
en caso de que (/) en cuanto (/)
tan pronto como (/)
hacer ejercicio (/) hasta que (/)
para que (/) ponerse a dieta (/)
sin que (/)

II. Práctica

A. Restate each of the following sentences, inserting the cue at the beginning and making any necessary changes. Repeat the correct answer after the speaker's confirmation. Listen to the model.

MODELO: Siempre me llama tan pronto como llega. (/) Me va a llamar (/)
Me va a llamar tan pronto como llegue.

Now begin:

1. Siempre los llamo cuando sé el resultado. (/) Los voy a llamar (/)
Los voy a llamar cuando sepa el resultado. (/)
2. Siempre compro los termómetros cuando me dan el dinero. (/) Voy a comprar (/)
Voy a comprar los termómetros cuando me den el dinero. (/)
3. Ella siempre viene en cuanto están listos los análisis. (/) Ella va a venir (/)
Ella va a venir en cuanto estén listos los análisis. (/)
4. Nunca puedo hacer nada hasta que vienen los ayudantes. (/) No voy a poder hacer nada (/)
No voy a poder hacer nada hasta que vengan los ayudantes. (/)
5. Siempre traen las pastillas tan pronto como hablan con el médico. (/) Van a traer (/)
Van a traer las pastillas tan pronto como hablen con el médico. (/)
6. Siempre estamos aquí hasta que los niños bajan. (/) Vamos a estar aquí (/)
Vamos a estar aquí hasta que los niños bajen. (/)

B. Restate each of the following sentences, inserting the cue at the beginning and using the present perfect subjunctive. Make any other necessary changes. Repeat the correct answer after the speaker's confirmation. Listen to the model.

MODELO: El doctor ha llegado. (/)
Espero (/)
Espero que el doctor haya llegado.

Now begin:

1. Todos los pasajeros han sobrevivido. (/) Espero (/)
Espero que todos los pasajeros hayan sobrevivido. (/)
2. Tú no has traído el termómetro. (/) Siento (/)
Siento que tú no hayas traído el termómetro. (/)
3. Carlos se ha puesto a dieta. (/) No creo (/)
No creo que Carlos se haya puesto a dieta. (/)
4. Ellos han chocado en la autopista. (/) No es verdad (/)
No es verdad que ellos hayan chocado en la autopista. (/)
5. Ana ha vuelto del hospital. (/) Dudo (/)
Dudo que Ana haya vuelto del hospital. (/)
6. Yo he dicho que eso es horrible. (/) No es verdad (/)
No es verdad que yo haya dicho que eso es horrible. (/)
7. Nosotros lo hemos visto. (/) No es cierto (/)
No es cierto que nosotros lo hayamos visto. (/)
8. Le ha bajado la fiebre. (/) Me alegro de (/)
Me alegro de que le haya bajado la fiebre. (/)

III. Para escuchar y entender

1. The speaker will make some statements. Circle **L** (**lógico**) if the statement is logical and **I** (**ilógico**) if it is illogical. The speaker will verify your response.

1. Come mucho porque quiere perder peso. (/) Ilógico.
2. Necesito un termómetro para ver si tiene fiebre. (/) Lógico.
3. Si quieres hacer ejercicio puedes caminar todos los días. (/) Lógico.
4. No puedo tomar el examen a menos que haga el testamento. (/) Ilógico.
5. Me voy a romper la pierna en cuanto me tome la pastilla. (/) Ilógico.
6. Me van a hacer unos análisis para ver si soy divorciado. (/) Ilógico.
7. Voy a comprar jarabe en caso de que tengamos invitados. (/) Ilógico.
8. No vas a perder peso a menos que te pongas a dieta. (/) Lógico.

2. Listen carefully to the dialogue. It will be read twice.

TOMÁS —Julio, tienes que vender la casa antes de que vuelva tu esposa.

JULIO —No, Tomás. No puedo venderla sin que Susana firme los documentos.

TOMÁS —Pero para que ustedes puedan comprar esta casa, este mes, tendrás que vender ésta ahora.

JULIO —No podré hacerlo a menos que Susana vuelva esta semana.

Now listen to the dialogue once again. (Dialogue)

Now the speaker will make some statements about the dialogue you just heard. Tell whether each statement is true (**verdadero**) or false (**falso**). The speaker will confirm the correct answer.

1. Tomás cree que Julio debe vender la casa antes de que vuelva su esposa. (/) Verdadero.
2. Susana tiene que firmar los documentos. (/) Verdadero.
3. Julio y Susana quieren comprar otra casa este mes. (/) Verdadero.
4. Julio no tiene que vender la casa ahora. (/) Falso.
5. Julio no podrá vender la casa a menos que Susana vuelva el año próximo. (/) Falso.

3. Listen carefully to the dialogue. It will be read twice.

ALFREDO —Sonia, ¿sabes que hubo un accidente en la autopista? Chocaron dos autobuses.

SONIA —¡Ay, Alfredo! Espero que no haya muerto nadie.

ALFREDO —Sí, ojalá que hayan sobrevivido todos los pasajeros.

SONIA —Espero que Silvia no tenga problema para llegar a casa. Ella siempre viene por esa autopista.

Now listen to the dialogue once again. (Dialogue)

Now the speaker will make some statements about the dialogue you just heard. Tell whether each statement is true (**verdadero**) or false (**falso**). The speaker will confirm the correct answer.

1. Hoy no hubo ningún accidente en la autopista. (/) Falso.
2. Chocaron dos aviones. (/) Falso.
3. Sonia espera que no haya muerto nadie. (/) Verdadero.
4. Alfredo sabe que todos los pasajeros han sobrevivido. (/) Falso.
5. Silvia no sabe conducir. (/) Falso.

4. Listen carefully to the dialogue. It will be read twice.

DANIEL —Rita, ¿cómo está tu papá?

RITA —Está mucho mejor, Daniel. Ya le bajó la fiebre.

DANIEL —¿Sigue tomando las pastillas?

RITA —Sí. El médico le ha dicho que en cuanto salga del hospital tiene que bajar de peso.

DANIEL —Él necesita hacer ejercicio y ponerse a dieta.

RITA —¿Tu mamá ya fue a ver al cirujano?

DANIEL —Sí, y le dijo que necesitaba una operación.

Now listen to the dialogue once again. (Dialogue)

Now the speaker will ask you some questions about the dialogue you just heard. Answer each question, omitting the subject. The speaker will confirm the correct answer. Repeat the correct answer.

1. ¿Cómo está el papá de Rita? (/)
   Está mucho mejor. (/)
2. ¿Todavía tiene fiebre? (/)
   No, ya le bajó la fiebre. (/)
3. ¿Qué sigue tomando? (/)
   Sigue tomando las pastillas. (/)
4. ¿Qué le ha dicho el médico? (/)
   Le ha dicho que tiene que bajar de peso. (/)

5. ¿Qué necesita hacer? (/)
   Necesita hacer ejercicio y ponerse a dieta. (/)
6. ¿Quién fue a ver al cirujano? (/)
   La mamá de Daniel fue a ver al cirujano. (/)
7. ¿Qué necesita la mamá de Daniel? (/)
   Necesita una operación. (/)

Fin de la Lección 19

En el laboratorio: Lección 20

I. Vocabulario

Repeat each word after the speaker. When repeating
words that are cognates, notice the difference in
pronunciation between English and Spanish.

Cognados:	americano (/) el consultado (/)
	el crédito (/) la fotocopia (/)
Nombres:	la billetera (/) el correo (/)
	la cortina (/) la diligencia (/)
	la entrevista (/) el informe (/)
	el jefe (/) el paquete (/)
	el préstamo (/)
	el talonario de cheques (/)
Verbos:	asistir (/) devolver (/)
Otras palabras	
y expresiones:	como (/) echar al correo (/)
	hacer diligencias (/)
	pedir prestado (/)
	un montón de (/)

II. Práctica

A. Restate each of the following sentences,
inserting the cue at the beginning and making
any necessary changes. Repeat the correct answer
after the speaker's confirmation. Listen to the
model.

MODELO: Ella quiere que yo vaya con él. (/)
Ella quería (/)
**Ella quería que yo fuera
con él.**

Now begin:

1. Es una lástima que Antonio no asista a la
   reunión. (/) Fue una lástima (/)
   Fue una lástima que Antonio no asistiera a la
   reunión. (/)

2. No creo que él tenga la billetera. (/) No creí (/)
   No creí que él tuviera la billetera. (/)
3. Espero que paguen el préstamo. (/)
   Esperaba (/)
   Esperaba que pagaran el préstamo. (/)
4. Dudamos que el jefe le devuelva el informe. (/)
   Dudábamos (/)
   Dudábamos que el jefe le devolviera el
   informe.
5. No hay nadie que pueda traer las estampillas. (/)
   No había nadie (/)
   No había nadie que pudiera traer las
   estampillas. (/)
6. Necesito a alguien que recoja las cortinas. (/)
   Necesitaba (/)
   Necesitaba a alguien que recogiera las
   cortinas. (/)
7. No quiero que dejes el paquete allí. (/) No
   quería (/)
   No quería que dejaras el paquete allí. (/)
8. No creen que nosotros consigamos el crédito. (/)
   No creían (/)
   No creían que nosotros consiguiéramos el
   crédito. (/)

B. Restate each of the following sentences, inserting
the cue at the beginning and making any
necessary changes. Repeat the correct answer after
the speaker's confirmation. Listen to the model.

MODELO: Iré si tengo tiempo. (/)
Iría (/)
Iría si tuviera tiempo.

Now begin:

1. Le hablaré si lo veo. (/) Le hablaría (/)
   Le hablaría si lo viera. (/)
2. Compraremos la computadora si tenemos
   dinero. (/) Compraríamos (/)
   Compraríamos la computadora si tuviéramos
   dinero. (/)

42

3. Lo harán si yo quiero. (/) Lo harían (/)
   Lo harían si yo quisiera. (/)
4. Se lo diré si lo sé. (/) Se lo diría (/)
   Se lo diría si lo supiera. (/)
5. Vendremos si podemos. (/) Vendríamos (/)
   Vendríamos si pudiéramos. (/)
6. Me alegraré si me lo dice. (/) Me alegraría (/)
   Me alegraría si me lo dijera. (/)
7. Lo compraré si me lo traes. (/) Lo compraría (/)
   Lo compraría si me lo trajeras. (/)
8. Lo haremos si estamos en casa. (/) Lo
   haríamos (/)
   Lo haríamos si estuviéramos en casa. (/)

III. Para escuchar y entender

1. The speaker will make some statements.
   Circle **L** (**lógico**) if the statement is logical
   and **I** (**ilógico**) if it is illogical. The speaker
   will verify your response.

   1. Mi jefe trabaja para mí. (/) Ilógico.
   2. Voy a hacer una fotocopia del informe. (/)
      Lógico.
   3. Puse el dinero en la billetera. (/) Lógico.
   4. Me voy a poner una cortina para ir al correo. (/)
      Ilógico.
   5. Tengo que devolverle el dinero que ella me
      prestó. (/) Lógico.
   6. Él tiene muy buen crédito porque nunca paga sus
      cuentas. (/) Ilógico.
   7. El caballo va a tener una entrevista con el
      perro. (/) Ilógico.
   8. Como no tengo dinero voy a pedir un
      préstamo. (/) Lógico.

2. Listen carefully to the narration. It will be read
   twice.

   Roberto dice que, si tuviera dinero, iría de
   vacaciones a Colombia este verano. Como no
   tiene dinero piensa ir a California. Sara le dijo
   que le trajera algo de Disneylandia. Es una
   lástima que el año pasado no pudiera trabajar,
   porque no pudo ahorrar dinero. Si este año
   consigue un buen empleo podrá ir a Colombia el
   año próximo.

Now listen to the narration once again. (Narration)

Now the speaker will make some statements about the
narration you just heard. Tell whether each statement is
true (**verdadero**) or false (**falso**). The speaker will
confirm the correct answer.

1. Roberto no quiere ir a Sudamérica. (/) Falso.
2. Roberto iría a vivir a Colombia si tuviera
   dinero. (/) Falso.
3. Roberto piensa ir a California. (/) Verdadero.
4. Sara quiere que Roberto le traiga algo de
   Disneylandia. (/) Verdadero.
5. El año pasado, Roberto trabajó muchísimo. (/)
   Falso.
6. El año próximo Roberto podrá ir a Colombia si
   consigue un buen empleo. (/) Verdadero.

3. Listen carefully to the dialogue. It will be read
   twice.

PAPÁ —Tito, te dije que te bañaras y te vistieras
para ir conmigo a la oficina.
TITO —No tuve tiempo, papá. Tuve que estudiar.
PAPÁ —Yo te dije que estudiaras anoche. Si no
jugaras al béisbol todos los días, tendrías
más tiempo para estudiar.
TITO —Si me baño y me visto en seguida, puedo
ir contigo.
PAPÁ —Si pudiera te esperaría, pero tengo que
estar en la oficina a las dos, y ya son las
dos menos diez.

Now listen to the dialogue once again. (Dialogue)

Now the speaker will make some statements about the
dialogue you just heard. Tell whether each statement is
true (**verdadero**) or false (**falso**). The speaker will
confirm the correct answer.

1. Tito le dijo a su papá que se bañara y se
   vistiera. (/) Falso.
2. Tito tuvo que estudiar. (/) Verdadero.
3. A Tito no le gusta jugar al béisbol. (/) Falso.
4. Tito cree que, si se baña y se viste en seguida,
   puede ir con su papá. (/) Verdadero.
5. Si el papá de Tito pudiera esperar a su hijo, lo
   haría. (/) Verdadero.
6. El papá de Tito tiene una hora para llegar a la
   oficina. (/) Falso.

4. Listen carefully to the dialogue. It will be read
   twice.

JOSÉ —Tere, ayer te pedí que me compraras sellos
y no lo hiciste.
TERE —No pude. Mamá me pidió que hiciera un
montón de diligencias para ella.
JOSÉ —¿Qué te pidió que hicieras?
TERE —Primero me dijo que fuera a la tintorería a
recoger unas cortinas. Luego me pidió que
fuera al banco a pedir un nuevo talonario
de cheques.

JOSÉ	—¿Y por qué no fuiste al correo por la tarde?
TERE	—Porque papá me pidió que fuera con él a una entrevista que tenía.
JOSÉ	—Entonces puedes ir hoy al correo.
TERE	—Si pudiera lo haría, pero hoy tengo que ir al consulado americano y voy a estar allí todo el día.

Now listen to the dialogue once again. (Dialogue)

Now the speaker will ask you some questions about the dialogue you just heard. Answer each question, omitting the subject. The speaker will confirm the correct answer. Repeat the correct answer.

1. ¿Qué le pidió José a Tere ayer? (/)
   Le pidió que le comprara sellos. (/)
2. ¿Por qué no pudo comprarlos? (/)
   Porque su mamá le pidió que hiciera un montón de diligencias. (/)
3. ¿Por qué fue Tere a la tintorería? (/)
   Fue a recoger unas cortinas. (/)

4. ¿Qué le pidió a Tere su mamá que hiciera luego? (/)
   Le pidió que fuera al banco. (/)
5. ¿Para qué fue Tere al banco? (/)
   Fue para pedir un nuevo talonario de cheques. (/)
6. ¿El papá de Tere le pidió que fuera con él a la universidad? (/)
   No, le pidió que fuera con él a una entrevista. (/)
7. ¿Qué le dice José a Tere que puede hacer hoy? (/)
   Le dice que hoy puede ir al correo. (/)
8. ¿Qué le contesta Tere a José? (/)
   Le dice que si pudiera ir, lo haría. (/)
9. ¿Por qué no puede Tere ir al correo? (/)
   Porque tiene que ir al consulado americano. (/)
10. ¿Cuánto tiempo va a estar Tere en el consulado americano? (/)
   Va a estar allí todo el día. (/)

Fin de la Lección 20

AUDIOSCRIPT
for
GETTING ALONG IN SPANISH

Fifth Edition

Ana C. Jarvis
Raquel Lebredo

Introduction to Spanish Sounds

The following guide to Spanish pronunciation is designed to help you do the exercises in this tape program and to enhance your speaking ability. You will find the printed version of this guide in Appendix A of your manual.

You will hear a series of words related to a particular sound. Repeat each word after the speaker, imitating the pronunciation as closely as you can.

The Vowels

1. The Spanish **a** has a sound similar to the English *a* in the word *father*. Repeat:

Ana	casa	banana
mala	dama	mata

2. The Spanish **e** is pronounced like the English *e* in the word *eight*. Repeat:

este	René	teme
déme	entre	bebe

3. The Spanish **i** is pronounced like the English *ee* in the word *see*. Repeat:

sí	difícil	Mimí
ir	dividir	Fifí

4. The Spanish **o** is similar to the English *o* in the word *no,* but without the glide. Repeat:

solo	poco	como
toco	con	monólogo

5. The Spanish **u** is similar to the English *ue* sound in the word *Sue*. Repeat:

Lulú	un	su
universo	murciélago	

The Consonants

1. The Spanish **p** is pronounced like the English *p* in the word *spot*. Repeat:

pan	papá	Pepe
pila	poco	pude

2. The Spanish **c** in front of **a, o, u, l,** or **r** sounds similar to the English *k*. Repeat:

casa	como	cuna
clima	crimen	cromo

3. The Spanish **q** is only used in the combinations **que** and **qui** in which the **u** is silent and also has a sound similar to the English *k*. Repeat:

que	queso	Quique
quinto	quema	quiso

4. The Spanish **t** is pronounced like the English *t* in the word *stop*. Repeat:

toma	mata	tela
tipo	atún	Tito

5. The Spanish **d** at the beginning of an utterance or after **n** or **l** sounds somewhat similar to the English *d* in the word *David*. Repeat:

día	dedo	duelo
anda	Aldo	

   In all other positions, the **d** has a sound similar to the English *th* in the word *they*. Repeat:

medida	todo	nada
Ana dice	Eva duda	

6. The Spanish **g** also has two sounds. At the beginning of an utterance and in all other positions, except before **e** and **i**, the Spanish **g** sounds similar to the English *g* in the word *sugar*. Repeat:

goma	gato	tengo
lago	algo	aguja

   In the combinations **gue** and **gui**, the **u** is silent. Repeat:

Águeda	guineo	guiso
ligue	la guía	

7. The Spanish **j**, and **g** before **e** or **i**, sounds similar to the English *h* in the word *home*. Repeat:

jamás	juego	jota
Julio	gente	Genaro
gime		

8. The Spanish **b** and the **v** have no difference in sound. Both are pronounced alike. At the beginning of the utterance or after **m** or **n**, they sound similar to the English *b* in the word *obey*. Repeat:

Beto	vaga	bote
vela	también	un vaso

   Between vowels, they are pronounced with the lips barely closed. Repeat:

sábado	yo voy	sabe
Ávalos	eso vale	

9. In most Spanish-speaking countries, the **y** and the **ll** are similar to the English *y* in the word *yet*. Repeat:

yo	llama	yema
lleno	ya	lluvia
llega		

10. The Spanish **r** (**ere**) is pronounced like the English *tt* in the word *gutter*. Repeat:

cara	pero	arena
carie	Laredo	Aruba

The Spanish **r** in an initial position and after **l**, **n**, or **s**, and **rr** (**erre**) in the middle of a word are pronounced with a strong trill. Repeat:

Rita	Rosa	torre
ruina	Enrique	Israel
perro	parra	rubio
alrededor	derrama	

11. The Spanish **s** sound is represented in most of the Spanish-speaking world by the letters **s**, **z**, and **c** before **e** or **i**. The sound is very similar to the English sibilant *s* in the word *sink*. Repeat:

sale	sitio	solo
seda	suelo	zapato
cerveza	ciudad	cena

In most of Spain, the **z**, and **c** before **e** or **i**, is pronounced like the English *th* in the word *think*. Repeat:

zarzuela	cielo	docena

12. The letter **h** is silent in Spanish. Repeat:

hilo	Hugo	ahora
Hilda	almohada	hermano

13. The Spanish **ch** is pronounced like the English *ch* in the word *chief*. Repeat:

muchacho	chico	coche
chueco	chaparro	

14. The Spanish **f** is identical in sound to the English *f*. Repeat:

famoso	feo	difícil
fuego	foto	

15. The Spanish **l** is pronounced like the English *l* in the word *lean*. Repeat:

dolor	ángel	fácil
sueldo	salgo	chaval

16. The Spanish **m** is pronounced like the English *m* in the word *mother*. Repeat:

mamá	moda	multa
médico	mima	

17. In most cases, the Spanish **n** has a sound similar to the English *n*. Repeat:

nada	norte	nunca
entra	nene	

The sound of the Spanish **n** is often affected by the sounds that occur around it. When it appears before **b**, **v**, or **p**, it is pronounced like the English *m*. Repeat:

invierno	tan bueno	un vaso
un bebé	un perro	

18. The Spanish **ñ** (**eñe**) has a sound similar to the English *ny* in the word *canyon*. Repeat:

muñeca	leña	año
señorita	piña	señor

19. The Spanish **x** has two pronunciations, depending on its position. Between vowels, the sound is similar to the English *ks*. Repeat:

examen	boxeo
exigente	éxito

Before a consonant, the Spanish **x** sounds like the English *s*. Repeat:

expreso	excusa
exquisito	extraño

Linking

In spoken Spanish, the various words in a phrase or sentence are not pronounced as isolated elements, but are combined. This is called *linking*.

1. The final consonant of a word is pronounced together with the initial vowel of the following word. Repeat:

Carlos_anda	un_ángel
el_otoño	unos_estudiantes

2. The final vowel of a word is pronounced together with the initial vowel of the following word. Repeat:

su_esposo	la_hermana
ardua_empresa	la_invita

3. When the final vowel of a word and the initial vowel of the following word are identical, they are pronounced slightly longer than one vowel. Repeat:

Ana_alcanza	me_espera
mi_hijo	lo_olvida

The same rule applies when two identical vowels appear within a word. Repeat:

cooperación	crees
leemos	coordinación

4. When the final consonant of a word and the initial consonant of the following word are the same, they are pronounced as one consonant with slightly longer-than-normal duration. Repeat:

el lado   un novio   Carlos salta
tienes sed   al leer

End of Introduction to Spanish Sounds

Lección preliminar I

You will hear several brief dialogues. First they will be read without pauses. Then the speakers will read them again with pauses for you to repeat what you hear. Listen carefully.

Conversaciones breves

A.   —Buenos días, señorita Vega. ¿Cómo está usted?
      —Muy bien, gracias, señor Pérez. ¿Y usted?
      —Bien, gracias.

B.   —Buenas tardes, doctora Ramírez.
      —Buenas tardes, señora Soto. Pase y tome asiento, por favor.
      —Gracias.

C.   —Profesora Ortiz: el señor Méndez.
      —Mucho gusto.
      —El gusto es mío.

D.   —¿Qué fecha es hoy?
      —Hoy es el cuatro de enero.
      —¿Hoy es martes?
      —No, hoy es lunes.

E.   —Hola, ¿qué tal, Pepe?
      —Bien, ¿y tú? ¿Qué hay de nuevo?
      —No mucho.
      —Adiós.
      —Chau.

F.   —Hasta luego, María Inés.
      —Hasta la vista, Jorge. Saludos a Claudia.

Now repeat each phrase after the speakers. (Dialogues A–F)

Vocabulario

You will hear a list of words and phrases. Repeat each word or phrase after the speaker in the pause provided. After your response, you will hear the same word or phrase again. Repeat after the model once more.

Saludos y despedidas:	Buenas tardes. (/) Buenos días. (/) Adiós. (/) Chau. (/) ¿Cómo está Ud.? (/) Hasta la vista. (/) Hasta luego. (/) Hola. (/) Muy bien, ¿y usted? (/) ¿Qué hay de nuevo? (/) ¿Qué tal? (/)
Títulos:	doctor (/) profesor (/) señor (/) señora (/) señorita (/)
Expresiones de cortesía:	El gusto es mío. (/) Gracias. (/) Mucho gusto. (/) por favor (/)
Otras palabras y expresiones:	bien (/) conversaciones breves (/) hoy (/) mucho (/) muy (/) no (/) Pase. (/) ¿Qué fecha es hoy? (/) Saludos a... (/) Tome asiento. (/) y (/)

Fin de la Lección preliminar I

Lección preliminar II

You will hear several brief dialogues. First they will be read without pauses. Then the speakers will read them again with pauses for you to repeat what you hear. Listen carefully.

En el club

Por teléfono

A.

RECEPCIONISTA	—Club Náutico, buenos días.
UN SEÑOR	—Buenos días. ¿Está la señorita Ana Reyes?
RECEPCIONISTA	—¿De parte de quién?
UN SEÑOR	—De Mario Vargas.
RECEPCIONISTA	—Un momento, por favor.

B.

RECEPCIONISTA	—Bueno.
UNA SEÑORA	—¿Está el señor Calderón?
RECEPCIONISTA	—No, no está. Lo siento. ¿Algún mensaje?
UNA SEÑORA	—No, gracias. Llamo más tarde.

En la cafetería

C.

SRA. PAZ	—¿De dónde eres tú?
MARIBEL	—Yo soy de Quito. ¿De dónde son ustedes?
SRA. PAZ	—Nosotros somos de Bogotá.

D.

EMPLEADO	—¿Cuántas mesas hay aquí?
EMPLEADA	—Hay veinte mesas.
EMPLEADO	—¿Cuántas sillas hay?
EMPLEADA	—Hay ochenta sillas.

Now repeat each phrase after the speakers.
(Dialogues A–D)

Vocabulario

You will hear a list of words and phrases. Repeat each word or phrase after the speaker in the pause provided. After your response, you will hear the same word or phrase again. Repeat after the model once more.

Cognados:	la cafetería (/) el club (/) el recepcionista (/)
Nombres:	el club náutico (/) el empleado (/) el mensaje (/) la mesa (/) la silla (/) el teléfono (/)
Verbo:	ser (/)
Otras palabras y expresiones:	algún mensaje (/) aquí (/) Bueno (/) ¿cuántos? (/) de (/) de dónde (/) ¿De parte de quién? (/) ¿Está... ? (/) hay (/) Lo siento. (/) Llamo más tarde. (/) No está. (/) por teléfono (/) un momento (/)

Fin de la Lección preliminar II

Lección 1

Aprenda estas palabras

You will hear a list of words and phrases. Repeat each word or phrase after the speaker. After your response, you will hear the same word or phrase again. Repeat after the model once more.

la camarera (/) la mesera (/) el menú (/) la mesa (/)
la copa de vino (/) una botella de vino (/)
un vaso de agua (/) un helado (/) la crema (/)
el azúcar (/) una taza de café (/) el pollo (/)
el tenedor (/) la cuchara (/) el cuchillo (/)
la tarjeta de crédito (/) el mozo (/) el camarero (/)
el mesero (/) la cuenta (/) el plato (/) la ensalada (/)

Diálogo

You will hear a dialogue. First it will be read without pauses. Then the speakers will read it again with pauses for you to repeat what you hear. Listen carefully.

En el Restaurante El sombrero

ANA	—Deseo una ensalada mixta, sopa de verduras y bistec con papas fritas.
MOZO	—¿Qué desea tomar? ¿Vino blanco... ? ¿Vino tinto... ?
ANA	—No, una botella de agua mineral.
MOZO	—¿Y de postre? ¿Fruta? ¿Helado?

ANA	—Helado de vainilla.
MOZO	—¿Desea una taza de café?
ANA	—No, un vaso de té frío.
MOZO	—Muy bien, señorita.

Más tarde:

ANA	—¡Camarero! La cuenta, por favor.
MOZO	—Sí, señorita.
ANA	—¿Aceptan Uds. cheques de viajero?
MOZO	—No, no aceptamos cheques de viajero, pero aceptamos tarjetas de crédito.
ANA	—¿Qué hora es, por favor?
MOZO	—Son las dos y cuarto.
ANA	—Gracias.

Ana paga la cuenta y deja una propina.

Now repeat each phrase after the speakers. (Dialogue)

Vocabulario

Repeat each word or phrase after the speaker. After your response, you will hear the same word or phrase again. Repeat after the model once more.

Cognados: el cheque (/) la fruta (/) el restaurante (/) el té (/)

Nombres: el agua mineral (/) el bistec (/) el cheque de viajero (/) el helado de vainilla (/) la papa (/) la patata (/) las papas fritas (/) la sopa (/) la sopa de verduras (/) el té frío (/) las verduras (/) los vegetales (/)

Verbos: aceptar (/) dejar (/) desear (/) pagar (/) tomar (/)

Adjetivos: blanco (/) frío (/) frito (/) mixto (/) tinto (/)

Otras palabras y expresiones: con (/) de (/) de postre (/) más tarde (/) o (/) pero (/) ¿qué? (/) sí (/)

Vocabulario adicional

la banana (/) el plátano (/) el durazno (/) el melocotón (/) las fresas (/) la manzana (/) el melón (/) la naranja (/) la china (/) la pera (/) la piña (/) la sandía (/) el melón de agua (/) el tomate (/) la toronja (/) el pomelo (/) las uvas (/)

Fin de la Lección 1

Lección 2

Aprenda estas palabras

You will hear a list of words and phrases. Repeat each word or phrase after the speaker. After your response, you will hear the same word or phrase again. Repeat after the model once more.

el brindis (/) el vermut (/) el ron (/) el pastel (/) la torta (/) la langosta (/) el camarón (/) el pescado (/) el cangrejo (/) el pato (/) el cordero (/)

Diálogo

You will hear a dialogue. First it will be read without pauses. Then the speakers will read it again with pauses for you to repeat what you hear. Listen carefully.

En un restaurante elegante

Raúl lleva a su esposa, Nora, a cenar en un restaurante muy elegante.

MOZO	—Por aquí, por favor. Aquí está el menú. ¿Desean tomar algo?
RAÚL	—Sí, un vermut, por favor.
MOZO	—Muy bien, señor. En seguida regreso.
RAÚL	—¿Qué deseas comer, mi amor? El pescado y los mariscos son la especialidad de la casa.
NORA	—No me gusta el pescado. Cordero asado con papas al horno... o con puré de papas.
RAÚL	—Chuletas de cerdo con papas fritas y vegetales con salsa de queso.

Raúl y Nora deciden pedir las chuletas de cerdo con papas fritas y media botella de vino tinto.

| NORA | —Pastel de coco... torta al ron... pudín... ¿Qué te gusta? |
| RAÚL | —Me gusta el pastel de coco. Es muy sabroso. |

El mozo regresa, anota el pedido y despúes trae la comida y abre la botella de vino.

RAÚL   —¡Un brindis!
NORA   —¡Salud, dinero y amor!

Cuando terminan de cenar, conversan un rato y beben café. Después deciden ir a la casa de los padres de Nora.

Now repeat each phrase after the speakers. (Dialogue)

Vocabulario

Repeat each word or phrase after the speaker. After your response, you will hear the same word or phrase again. Repeat after the model once more.

Cognados: el coco (/) elegante (/)
      la especialidad (/) la lista (/)
      el pudín (/) el budín (/)
Nombres: el amor (/) la casa (/) la comida (/)
      la chuleta de cerdo (/) el marido (/)
      el dinero (/) la esposa (/)
      la mujer (/) el esposo (/)
      los mariscos (/) los padres (/)
      la papa al horno (/) el pedido (/)
      el puré de papas (/) el queso (/)

      la salsa (/) la salud (/)
      la torta al ron (/)
Verbos: abrir (/) anotar (/) beber (/) cenar (/)
      comer (/) conversar (/) decidir (/) ir (/)
      leer (/) llevar (/) pedir (/) regresar (/)
      terminar (/) traer (/)
Adjetivos: asado (/) medio (/) sabroso (/) rico (/)
Otras palabras
y expresiones: Aquí está el menú. (/) cuando (/)
      después de (/) en seguida (/)
      En seguida regreso. (/)
      media botella (/) mi amor (/)
      no me gusta (/) no te gusta (/)
      por aquí (/) también (/) tomar algo (/)
      un rato (/)

Vocabulario adicional

el arroz (/) los fideos (/) las cebollas (/) la lechuga (/) mixta (/) el bacalao (/) la langosta (/) el salmón (/) la trucha (/) la carne (/) las albóndigas (/) el guisado (/) el guiso (/) el pavo relleno (/) el pollo frito (/) el arroz con leche (/) el flan (/) las bebidas (/) la cerveza (/) el champán (/) la comida (/) mexicana (/) italiana (/) china (/) francesa (/) alemana (/) medio crudo (/) término medio (/) bien cocido (/)

Fin de la Lección 2

Lección 3

Aprenda estas palabras

You will hear a list of words and phrases. Repeat each word or phrase after the speaker. After your response, you will hear the same word or phrase again. Repeat after the model once more.

la familia (/) la madre (/) la mamá (/) el padre (/) el papá (/) la hija (/) los padres (/) el hijo (/) el novio (/) la novia (/) rubia (/) morena (/) alto y delgado (/) bajo y gordo (/) la Navidad (/) bailar (/) cansado (/) una copa de champán (/)

Diálogo

You will hear a dialogue. First it will be read without pauses. Then the speakers will read it again with pauses for you to repeat what you hear. Listen carefully.

En una fiesta

El profesor Gómez y su esposa dan una fiesta de Navidad en su casa. Él invita a muchos de sus estudiantes a la fiesta. Allí los muchachos y las chicas bailan y conversan.

Rosa y Julio están ahora en la sala. Ella es rubia, delgada y muy bonita. Él es de estatura mediana, moreno y guapo. Los dos son muy inteligentes.

JULIO   —¿De dónde eres tú, Rosa? ¿De Cuba?
ROSA   —No, yo soy norteamericana. Mis padres son de Cuba.
JULIO   —¿Ellos viven aquí ahora?
ROSA   —Sí, ahora toda la familia está aquí.
JULIO   —Y Luis... ¿es tu novio?
ROSA   —No, es el novio de mi hermana.
JULIO   —¿Bailamos?
ROSA   —Ahora no... estoy un poco cansada.
JULIO   —¿Vas a la fiesta de Mirta mañana?
ROSA   —Sí, voy con mis primos. ¿Con quién vas tú?
JULIO   —Yo voy solo. Oye, ¿deseas un vaso de cerveza?
ROSA   —No, una copa de champán, por favor.

Julio trae el champán.

ROSA —Julio, ¿tú vas a asistir a la conferencia del doctor Salgado el viernes?

JULIO —No, voy a ir al cine con un amigo. Las conferencias de él son muy aburridas.

Now repeat each phrase after the speakers. (Dialogue)

Vocabulario

Repeat each word or phrase after the speaker. After your response, you will hear the same word or phrase again. Repeat after the model once more.

Cognados:	inteligente (/) norteamericano (/)
Nombres:	el amigo (/) la amiga (/) la cerveza (/)
	la chica (/) la muchacha (/)
	el chico (/) el muchacho (/) el cine (/)
	la conferencia (/) el estudiante (/)
	la fiesta (/) la hermana (/)
	el hermano (/) el primo (/) la sala (/)

Verbos:	asistir (/) dar (/) estar (/) ir (/) vivir (/)
Adjetivos:	aburrido (/) bonito (/) guapo (/)
	muchos (/) todos (/)
Otras palabras y expresiones:	ahora (/) allí (/) ¿Bailamos? (/)
	de estatura mediana (/) los dos (/)
	mañana (/) ¡oye! (/) quién (/) solo (/)
	un poco (/)

Vocabulario adicional

la abuela (/) el abuelo (/) la nieta (/) el nieto (/)
la sobrina (/) el sobrino (/) la tía (/) el tío (/)
la cuñada (/) el cuñado (/) la nuera (/) la suegra (/)
el suegro (/) el yerno (/) la hermanastra (/)
el hermanastro (/) la hijastra (/) el hijastro (/)
la madrastra (/) el padrastro (/)

Fin de la Lección 3

Lección 4

Aprenda estas palabras

You will hear a list of words and phrases. Repeat each word or phrase after the speaker. After your response, you will hear the same word or phrase again. Repeat after the model once more.

el cuarto (/) la habitación (/) la cama chica (/)
la cama doble (/) el baño (/) la ducha (/) la bañadera (/)
la llave (/) el televisor (/) el botones (/) las maletas (/)
firmar (/) el registro (/) la piscina (/)

Diálogo

You will hear a dialogue. First it will be read without pauses. Then the speakers will read it again with pauses for you to repeat what you hear. Listen carefully.

En el hotel

El Sr. José Vega está en un hotel de Guadalajara, México. Ahora habla con el gerente.

GERENTE —¿En qué puedo servirle?

SR. VEGA —Necesito una habitación para tres personas.

GERENTE —¿Desea una cama doble y una cama chica?

SR. VEGA —Sí. El cuarto tiene baño privado, ¿no?

GERENTE —Sí, y también tiene televisor y aire acondicionado.

SR. VEGA —¿Cuánto cobran por noche?

GERENTE —Noventa dólares. ¿Por cuántas noches necesitan el cuarto?

SR. VEGA —Por dos noches.

GERENTE —¿Cómo desea pagar?

SR. VEGA —Con tarjeta de crédito.

GERENTE —Muy bien. Aquí tiene la llave. *(El Sr. Vega firma el registro.)*

SR. VEGA —Gracias. ¡Ah! Aquí vienen mi esposa y mi hijo.

SRA. VEGA —José, tenemos que ir a comer porque Paquito tiene mucha hambre.

SR. VEGA —¡Paquito! ¡Acabas de comer!

PAQUITO —¡Tengo hambre y tengo sed! ¡Y tengo calor! ¿Dónde está la piscina?

SR. VEGA —Tienes que esperar. *(Al gerente.)* ¿Es bueno el restaurante que queda en la esquina?

GERENTE —Sí, es uno de los mejores restaurantes de la ciudad y no es tan caro como otros.

SR. VEGA —Bien. ¿A qué hora debemos desocupar el cuarto?

GERENTE —Al mediodía. *(Llama al botones.)* ¡Jorge! Tienes que llevar las maletas de los señores al cuarto 125.

*El botones lleva las maletas al cuarto mientras
Paquito corre a la piscina.*

Now repeat each phrase after the speakers. (Dialogue)

Vocabulario

Repeat each word or phrase after the speaker. After your
response, you will hear the same word or phrase again.
Repeat after the model once more.

Cognados:	el dólar (/) el hotel (/) la persona (/) privado (/)
Nombres:	el aire acondicionado (/) la cama (/) la esquina (/) el gerente (/) el mediodía (/) la noche (/)
Verbos:	cobrar (/) correr (/) deber (/) desocupar (/) esperar (/) hablar (/) llamar (/) llevar (/) necesitar (/) quedar (/) tener (/) venir (/)
Adjetivos:	bueno (/) caro (/) chico (/) mejor (/) otro (/)

Otras palabras y expresiones:	¿A qué hora? (/) acabar de (/) Aquí tiene... (/) ¿cuánto? (/) ¿dónde? (/) ¿En qué puedo servirle? (/) mientras (/) para (/) por (/) por noche (/) porque (/) tan... como (/) tener calor (/) tener mucha hambre (/) tener que (/) tener sed (/)

Vocabulario adicional

la butaca (/) la cómoda (/) el escritorio (/)
la mesa de centro (/) la mesita de noche (/)
la reclinadora (/) la silla (/) el sofá (/) el tocador (/)
la cocina (/) el comedor (/) el dormitorio (/)
la recámara (/) la sala de estar (/) el salón de estar (/)
confirmar una reservación (/)
cancelar una reservación (/) hacer una reservación (/)
el servicio de habitación (/) el servicio de cuarto (/)

Fin de la Lección 4

Lección 5

Aprenda estas palabras

You will hear a list of words and phrases. Repeat each
word or phrase after the speaker. After your response,
you will hear the same word or phrase again. Repeat
after the model once more.

el desayuno (/) el almuerzo (/) la cena (/)
el periódico (/) el diario (/) la revista (/) la frazada (/)
la cobija (/) la manta (/) la almohada (/) la toalla (/)
el jabón (/) el equipaje (/) la calefacción (/)
la semana (/)

Diálogo

You will hear a dialogue. First it will be read without
pauses. Then the speakers will read it again with
pauses for you to repeat what you hear. Listen
carefully.

De vacaciones en Córdoba

*Ana y Eva están de vacaciones en Córdoba, España.
Ahora están en una pensión del centro. Están
hablando con el dueño de la pensión.*

ANA	—¿Cuánto cobran por un cuarto para dos personas?
EL DUEÑO	—Con comida, el precio es de 30.000 pesetas por semana.
EVA	—¿Eso incluye el desayuno, el almuerzo y la cena?
EL DUEÑO	—Sí. ¿Cuánto tiempo piensan estar aquí?
EVA	—Pensamos estar tres semanas en Córdoba.
ANA	—¿Tienen calefacción los cuartos?
EL DUEÑO	—Sí y además hay mantas en todas las habitaciones.
EVA	—Tenemos que pagar por adelantado?
EL DUEÑO	—Sí, señorita. ¿Llevo el equipaje a la habitación?
ANA	—Sí, por favor.

*En la habitación, que está en el segundo piso, las dos
chicas están conversando.*

EVA	—¿A qué hora empiezan a servir la cena?
ANA	—A las nueve. ¿Por qué? ¿Tienes hambre?
EVA	—No, pero quiero ir a la tienda porque necesito comprar jabón y una toalla.
ANA	—Vamos. Yo quiero periódicos y revistas. ¿A qué hora cierran la tienda?
EVA	—A las diez. ¿Adónde vamos de excursión la semana próxima? A Sevilla, ¿verdad?
ANA	—Bueno, si tenemos tiempo. Eva, ¿dónde está la llave del cuarto?

EVA —¿No está en tu bolso? ¡Ay, mujer! ¡Tú siempre pierdes las benditas llaves!

Now repeat each phrase after the speakers. (Dialogue)

Vocabulario

Repeat each word or phrase after the speaker. After your response, you will hear the same word or phrase again. Repeat after the model once more.

Nombres: el bolso (/) el centro (/) la comida (/) el dueño (/) la dueña (/) la mujer (/) la pensión (/) el piso (/) el precio (/) el tiempo (/) la tienda (/)

Verbos: cerrar (/) comprar (/) empezar (/) comenzar (/) pensar (/) perder (/) querer (/) servir (/)

Adjetivos: bendito (/) próximo (/) segundo (/) todos (/)

Otras palabras y expresiones: además (/) ¿adónde? (/) bueno (/) ¿cuánto tiempo? (/) de vacaciones (/) ¿Eso incluye... ? (/) ir de excursión (/) por adelantado (/) si (/) siempre (/) Vamos. (/) ¿Verdad? (/)

Vocabulario adicional

el café con leche (/) el cereal (/) el chorizo (/) la salchicha (/) el huevo (/) el jamón (/) la leche (/) la mantequilla (/) la margarina (/) la mermelada (/) el pan (/) el pan tostado (/) el panqueque (/) el tocino (/) los espaguetis (/) los tallarines (/) la hamburguesa (/) las papitas (/) el perro caliente (/) el sándwich de atún (/) el sándwich de pavo (/) el sándwich de jamón y queso (/) el sándwich de pollo (/) la sopa de arvejas (/) la sopa de guisantes (/) la sopa de lentejas (/)

Fin de la Lección 5

Repaso: Lecciones 1–5

Práctica oral

The speaker will ask you some questions. Answer each question, using the cue provided. The speaker will verify your response. Repeat the correct answer.

1. ¿Tú eres estudiante? (/) sí (/)
   Sí, soy estudiante. (/)
2. ¿Dónde estás ahora? (/) en la universidad (/)
   Estoy de la universidad. (/)
3. ¿De dónde eres? (/) de California (/)
   Soy de California. (/)
4. ¿De dónde son tus padres? (/) de México (/)
   Son de México. (/)
5. ¿Dónde vive tu familia? (/) aquí (/)
   Vive aquí. (/)
6. ¿Tus abuelos viven aquí también? (/) no (/)
   No, no viven aquí. (/)
7. ¿Tienes hermanos? (/) sí, un hermano y una hermana (/)
   Sí, tengo un hermano y una hermana. (/)
8. ¿Tu hermana tiene novio? (/) sí (/)
   Sí, tiene novio. (/)
9. ¿El novio de tu hermana es guapo? (/) sí, y muy inteligente (/)
   Sí, es guapo y muy inteligente. (/)
10. ¿Tienes muchos primos? (/) sí (/)
    Sí, tengo muchos primos. (/)
11. ¿Adónde vas tú los sábados? (/) a casa de mis amigos (/)
    Voy a casa de mis amigos. (/)
12. ¿Tienes hambre? (/) no (/)
    No, no tengo hambre. (/)
13. ¿Qué quieres comer? (/) bistec y ensalada (/)
    Quiero comer bistec y ensalada. (/)
14. ¿Qué quieres beber? (/) un vaso de agua mineral (/)
    Quiero beber un vaso de agua mineral. (/)
15. ¿Te gusta el pescado? (/) no (/)
    No, no me gusta el pescado. (/)
16. ¿Te gusta la langosta? (/) sí (/)
    Sí, me gusta la langosta. (/)
17. ¿Deseas comer chuletas de cordero o chuletas de cerdo? (/) chuletas de cerdo (/)
    Deseo comer chuletas de cerdo. (/)
18. ¿Qué quieres de postre? (/) helado de vainilla (/)
    Quiero helado de vainilla. (/)
19. ¿Es sabroso el pastel de coco? (/) sí, muy sabroso (/)
    Sí, es muy sabroso. (/)
20. ¿Qué quiere de postre tu hermano? (/) fruta (/)
    Quiere fruta. (/)
21. Después del postre, ¿bebes té o café? (/) café (/)
    Bebo café. (/)
22. ¿A qué hora cenan Uds. en su casa? (/) a las seis (/)
    Cenamos a las seis. (/)

23. ¿A qué hora regresas tú a tu casa? (/) a las cuatro (/)
Regreso a mi casa a las cuatro. (/)

24. ¿Tú lees un rateo después de cenar? (/) sí (/)
Sí, leo un rato después de cenar. (/)

25. ¿Lees periódicos o revistas? (/) revistas (/)
Leo revistas. (/)

26. ¿Tú das muchas fiestas en tu casa? (/) sí (/)
Sí, doy muchas fiestas en mi casa. (/)

27. ¿A quiénes invitas? (/) a mis amigos (/)
Invito a mis amigos. (/)

28. ¿Tus amigos son norteamericanos? (/) sí (/)
Sí, son norteamericanos. (/)

29. ¿Te gusta conversar o bailar? (/) conversar (/)
Me gusta conversar. (/)

30. ¿Tú bailas bien? (/) sí, muy bien (/)
Sí, bailo muy bien. (/)

31. ¿Cuántos televisores tienes en tu casa? (/) tres (/)
Tengo tres televisores. (/)

32. ¿Cuántas camas hay en tu cuarto? (/) una (/)
Hay una cama en mi cuarto. (/)

33. ¿Cuántos baños tiene tu casa? (/) dos (/)
Tiene dos baños. (/)

34. ¿Los baños tienen ducha o bañadera? (/) ducha y bañadera (/)
Tienen ducha y bañadera. (/)

35. ¿Tu casa tiene piscina? (/) no (/)
No, no tiene piscina. (/)

36. ¿Cuántas tarjetas de crédito tienes tú? (/) tres (/)
Tengo tres tarjetas de crédito. (/)

37. En un buen hotel, ¿cuánto cobran por noche? (/) cien dólares (/)
Cobran cien dólares por noche. (/)

38. Si vas a un hotel, ¿a qué hora tienes que desocupar el cuarto? (/) al mediodía (/)
Tengo que desocupar el cuarto al mediodía. (/)

39. ¿Hay un restaurante en la esquina de tu casa? (/) no (/)
No, no hay un restaurante en la esquina de mi casa. (/)

40. ¿Qué necesitas comprar en la tienda? (/) una toalla (/)
Necesito comprar una toalla. (/)

Para leer y entender

Listen to the reading, paying special attention to pronunciation and intonation. Make sure you understand and remember as much as you can. After listening to the story, answer the questions in your workbook.

Alicia Pérez de Alba vive en Los Ángeles, California, con su esposo Miguel y sus dos hijos: Ángel y Ana María.

Alicia es de Cuba y no habla muy bien el inglés. El resto de su familia vive en Miami.

Miguel es de San Bernardino y sus padres viven allí. Él trabaja como profesor de español en la escuela secundaria.

Ángel y su hermana van a la escuela primaria. El niño es alto y delgado y la niña es muy bonita. Él tiene once años y ella tiene nueve.

La casa de los Alba no es muy grande; tiene tres dormitorios y dos baños. No tiene aire acondicionado, pero tiene calefacción.

Los sábados, los Alba generalmente van a un restaurante italiano que queda en la esquina de su casa. No es un restaurante caro, pero es muy bueno y los ravioles, los espaguetis y la lasaña son deliciosos.

Los domingos por la mañana, Alicia y Miguel leen el periódico y los niños estudian. Por la tarde van a visitar a los padres de Miguel.

Lección 6

Aprenda estas palabras

You will hear a list of words and phrases. Repeat each word or phrase after the speaker. After your response, you will hear the same word or phrase again. Repeat after the model once more.

un cuarto exterior (/) un cuarto con vista a la calle (/)
una cuadra (/) la farmacia (/) la funda (/) la sábana (/)
el ómnibus (/) el autobús (/) el vestíbulo (/)
todos los días (/)

Diálogo

You will hear a dialogue. First it will be read without pauses. Then the speakers will read it again with pauses for you to repeat what you hear. Listen carefully.

En una pensión, en Madrid

En el vestíbulo de una pensión, Delia y David están conversando mientras esperan el autobús para ir de excursión a El Escorial.

DELIA	—David, ¿qué tal es tu habitación? ¿Es cómoda?
DAVID	—No es mala, pero es interior y yo prefiero las habitaciones exteriores.
DELIA	—¿Cambian las sábanas y las fundas todos los días... ?
DAVID	—Sí, las cambian diariamente, pero la almohada y el colchón son muy incómodos.
DELIA	—Y la calefacción no funciona nunca.
DAVID	—Es verdad... pero la comida es excelente.
DELIA	—¡Ya lo creo! Oye, ¿a qué hora cierran el Museo del Prado?
DAVID	—Probablemente lo cierran a las seis, pero no estoy seguro.
DELIA	—Entonces podemos ir hoy porque volvemos de la excursión a las dos.
DAVID	—Delia, ¿Armando va a llamarte esta noche?
DELIA	—Sí, me va a llamar a eso de las nueve. Mañana almuerzo con él.
DAVID	—Oye, ¿tú tienes una lista de lugares de interés?
DELIA	—Tengo una, pero no recuerdo dónde la tengo.
DAVID	—Hay tantos lugares que tenemos que visitar...
DELIA	—Sí. ¡Ah!, necesito comprar aspirinas. ¿Hay una farmacia cerca de aquí?
DAVID	—Hay una a tres cuadras de la pensión. Si quieres, voy contigo.
DELIA	—¡Ay, caramba! No podemos ir ahora porque ya viene el autobús a buscarnos.
DAVID	—Vamos; El Escorial nos espera.

Now repeat each phrase after the speakers. (Dialogue)

Vocabulario

Repeat each word or phrase after the speaker. After your response, you will hear the same word or phrase again. Repeat after the model once more.

Cognados:	la aspirina (/) excelente (/) exterior (/) interior (/) el museo (/) probablemente (/)
Nombres:	el colchón (/) el lugar (/) el lugar de interés (/)
Verbos:	almorzar (/) buscar (/) cambiar (/) funcionar (/) poder (/) preferir (/) recordar (/) visitar (/) volver (/)
Adjetivos:	cómodo (/) incómodo (/) malo (/) seguro (/) tantos (/)
Otras palabras y expresiones:	a... cuadras de (/) a eso de (/) ¡caramba! (/) cerca de (/) contigo (/) diariamente (/) entonces (/) es verdad (/) esta noche (/) nunca (/) ¿Qué tal es... ? (/) ya (/) ¡Ya lo creo! (/)

Vocabulario adicional

el castillo (/) la catedral (/) el guía (/) los jardines (/) el palacio (/) el monasterio (/) el monumento (/) el club nocturno (/) la discoteca (/) el estadio (/) el hipódromo (/) el parque (/) el parque de diversiones (/) el teatro (/) el zoológico (/)

Fin de la Lección 6

Lección 7

Aprenda estas palabras

You will hear a list of words and phrases. Repeat each word or phrase after the speaker. After your response, you will hear the same word or phrase again. Repeat after the model once more.

el aeropuerto (/) el avión (/) el bolso de mano (/) el maletín (/) la puerta de salida (/) el cigarrillo (/) no fumar (/) el pasaje (/) el billete (/) los pasajeros (/) subir al avión (/) abordar el avión (/) el pasaporte (/) fumar (/) el asiento (/) de ida (/) de ida y vuelta (/) pasado mañana (/)

Diálogo

You will hear a dialogue. First it will be read without pauses. Then the speakers will read it again with pauses for you to repeat what you hear. Listen carefully.

¡Buen viaje!

Alicia va a una agencia de viajes en Caracas porque quiere viajar a Chile el mes próximo. Ahora compra un pasaje y le pide información a la agente.

ALICIA	—Quiero un pasaje de ida y vuelta a Santiago.
AGENTE	—¿Primera clase o clase turista?
ALICIA	—Clase turista. ¿Cuándo hay vuelos?
AGENTE	—Los martes y jueves a las nueve de la mañana.
ALICIA	—Yo puedo viajar el 23, que es martes. ¿Cuándo debo hacer la reservación?
AGENTE	—¿Dice que quiere viajar el día 23? Debo reservarlo hoy mismo.
ALICIA	—¿Cuánto cuesta un billete de clase turista?
AGENTE	—100.500 bolívares.
ALICIA	—¿Sabe Ud. a cómo está el cambio de moneda?
AGENTE	—No, no lo sé, pero puedo averiguarlo.
ALICIA	—¿Necesito algún documento para viajar a Chile? ¿Pasaporte... visa... ?
AGENTE	—Necesita el pasaporte pero no necesita visa para viajar a Chile.
ALICIA	—¿Cuándo tengo que confirmar la reservación? ¿Pasado mañana?
AGENTE	—No, puede confirmarla el día 20.

La agente le da a Alicia unos folletos que tienen información sobre Chile. En el aeropuerto, Alicia habla con un empleado de la aerolínea.

ALICIA	—Quiero un asiento para el vuelo 406 a Santiago.
EMPLEADO	—¿Quiere un asiento de pasillo o un asiento de ventanilla?
ALICIA	—Un asiento de pasillo. ¡Ah! ¿Cuántos bolsos de mano puedo llevar conmigo?
EMPLEADO	—Uno. Aquí tiene los comprobantes para su equipaje.

En la puerta de salida:

"Última llamada. Pasajeros para el vuelo 406 a Santiago, favor de ir a la puerta de salida número seis para abordar el avión."

Now repeat each phrase after the speakers. (Dialogue)

Vocabulario

Repeat each word or phrase after the speaker. After your response, you will hear the same word or phrase again. Repeat after the model once more.

Cognados:	la aerolínea (/) el agente (/) el documento (/) la información (/) la visa (/) el visado (/)
Nombres:	la agencia de viajes (/) el asiento de pasillo (de ventanilla) (/) el billete (/) el comprobante (/) el folleto (/) la llamada (/) el mes (/) el viaje (/) el vuelo (/)
Verbos:	averiguar (/) costar (/) decir (/) reservar (/) saber (/) viajar (/)
Adjetivos:	algún (/) alguno (/) último (/) unos (/)
Otras palabras y expresiones:	¿A cómo está el cambio de moneda? (/) ¡Buen viaje! (/) la clase turista (/) conmigo (/) ¿cuándo? (/) favor de (/) hoy mismo (/) primera clase (/)

Vocabulario adicional

la aduana (/) el auxiliar de vuelo (/) hacer escala (/) la sala de equipaje (/) la sección de no fumar (/) la sección de fumar (/) la tarjeta de embarque (/)

Fin de la Lección 7

Lección 8

Aprenda estas palabras

You will hear a list of words and phrases. Repeat each word or phrase after the speaker. After your response, you will hear the same word or phrase again. Repeat after the model once more.

la luna (/) las estrellas (/) esquiar (/) la montaña (/) escalar (/) el caballo (/) andar a caballo (/) montar a caballo (/) la bolsa de dormir (/) pescar (/) la tienda de campaña (/) la mochila (/) hacer una caminata (/) cazar (/) nadar (/) patinar (/) los patines (/) la raqueta (/) la pelota (/)

Diálogo

You will hear a dialogue. First it will be read without pauses. Then the speakers will read it again with pauses for you to repeat what you hear. Listen carefully.

Los deportes y las actividades al aire libre

Andrés y Laura Echevarría viven en Buenos Aires. En este momento están mirando folletos de muchos lugares interesantes para planear sus vacaciones. Están tratando de decidir si van a ir a Bariloche a

esquiar o si van a ir a Chile a escalar montañas.
También tienen unos folletos de ciudades brasileñas.

ANDRÉS	—¿Qué te parece esta excursión? Te gusta? Podemos ir a Bariloche a esquiar en julio.
LAURA	—Es verdad... O podemos esperar hasta septiembre, ir a la finca de mis abuelos en Córdoba y montar a caballo.
ANDRÉS	—También podemos alquilar una cabaña o acampar junto a un lago y pescar...
LAURA	—¡Yo odio el pescado! ¡Tengo una idea! ¿Por qué no vamos a Río de Janeiro? Es una ciudad preciosa, con playas magníficas... ¡Me gusta mucho!
ANDRÉS	—¿A Río? Bueno... Pero para eso tenemos que esperar hasta noviembre o diciembre.
LAURA	—No, no estoy de acuerdo. En Río siempre hace calor.
ANDRÉS	—Entonces voy a preguntarle a mi hermano si puede prestarnos sus bolsas de dormir. Nos hacen falta para acampar en la playa.
LAURA	—O podemos ir a un hotel elegante, jugar al tenis...
ANDRÉS	—¿Y si le pido la tienda de campaña... ? Mi hermano me la presta...
LAURA	—Vamos a hacer eso. Nos va a costar menos.
ANDRÉS	—¡Perfecto! Oye, ¿quieres ver la pelea en la tele esta noche o prefieres ir al partido de básquetbol?
LAURA	—No... me duele un poco la cabeza. Voy a dormir un rato.

Now repeat each phrase after the speakers. (Dialogue)

Vocabulario

Repeat each word or phrase after the speaker. After your response, you will hear the same word or phrase again. Repeat after the model once more.

Cognados:	el básquetbol (/) el baloncesto (/) brasileño (/) la idea (/) interesante (/) magnífico (/) el momento (/) perfecto (/) la televisión (/) la tele (/) el tenis (/) las vacaciones (/)
Nombres:	la cabaña (/) la cabeza (/) la ciudad (/) el deporte (/) la finca (/) el lago (/) el partido (/) la pelea (/) la playa (/)
Verbos:	acampar (/) alquilar (/) doler (/) dormir (/) gustar (/) hacer (/) jugar (/) mirar (/) mostrar (/) odiar (/) planear (/) preguntar (/) prestar (/) tratar (/) ver (/)
Adjetivos:	este (/) precioso (/)
Otras palabras y expresiones:	actividades al aire libre (/) eso (/) esta noche (/) estar de acuerdo (/) hace calor (/) hacer falta (/) hasta (/) junto a (/) menos (/) para (/) ¿Qué te parece... ? (/)

Vocabulario adicional

el alpinismo (/) la canoa (/) la caña de pescar (/)
el esquí acuático (/) ir de caza (/) ir de pesca (/)
montar en bicicleta (/) remar (/) el béisbol (/)
la pelota (/) el campeón (/) la campeona (/) el equipo (/)
el fútbol (/) el fútbol americano (/) el jugador (/)
la jugadora (/) la natación (/) practicar (/)

Fin de la Lección 8

Lección 9

Aprenda estas palabras

You will hear a list of words and phrases. Repeat each word or phrase after the speaker. After your response, you will hear the same word or phrase again. Repeat after the model once more.

la barbería (/) el barbero (/) mirarse en el espejo (/)
el espejo (/) el pelo largo (/) el pelo corto (/)
el pelo lacio (/) el pelo rizado (/) el peine (/)
peinarse (/) la máquina de afeitar eléctrica (/)
el cepillo (/) cepillarse el pelo (/) el bigote (/)
la barba (/) la máquina de afeitar (/) la tijera (/)
el champú (/) el corte de pelo (/) la permanente (/)
el peinado (/) el rizador (/) el secador (/)

el desodorante (/) la pasta dentífrica (/)
la pasta de dientes (/)

Diálogo

You will hear a dialogue. First it will be read without pauses. Then the speakers will read it again with pauses for you to repeat what you hear. Listen carefully.

Un día con Adela y Mario

Hoy Adela y Mario se levantan muy temprano. Ella tiene turno en la peluquería antes de ir a la universidad y él tiene que ir a la oficina porque tiene una reunión a las ocho. Se bañan, se visten y salen de su casa a las siete y media. Esta noche van a ir al teatro con unos amigos a ver una comedia musical.

En la peluquería:

ADELA —Tengo turno para las ocho. Lavado, corte y peinado.

PELUQUERA —En seguida la atiendo. Siéntese. ¿Quiero café?

ADELA —Sí, déme una taza, por favor.

Adela bebe el café mientras espera. Después la peluquera le lava la cabeza.

PELUQUERA —Tiene el pelo largo.

ADELA —Sí, córtemelo. Me gusta el pelo corto.

PELUQUERA —También tiene el pelo seco. Use un buen champú con acondicionador.

Cuando Mario sale de la oficina, va al centro porque tiene que comprar varias cosas y hacer varias diligencias. A las cinco, Adela y Mario vuelven a su casa y se preparan para ir al teatro.

ADELA —Me voy a poner el vestido negro... ¿Dónde está mi perfume?

MARIO —En el botiquín. Oye, no encuentro mi máquina de afeitar.

ADELA —Puedes afeitarte con la mía; está en el otro baño.

MARIO —No, gracias, querida... La tuya no afeita muy bien. Quiero cepillarme los dientes. ¿Dónde está la pasta dentífrica?

ADELA —Yo la tengo.

Terminan de vestirse y se van. A las ocho menos cuarto llegan al teatro, donde se encuentran con sus amigos.

MARIO —La función empieza a las ocho. ¿Tú tienes las entradas?

ADELA —Yo tengo la mía y tú tienes la tuya en tu billetera.

MARIO —Es verdad... Oye, estás preciosa con ese peinado.

ADELA —Gracias. ¡Y tú te ves muy guapo! ¡Ah! Allí están Marisa y Sergio. ¿Entramos?

Después de la función, todos van a un café a tomar algo. Mario y Adela regresan a su casa a las doce y se acuestan a las doce y media.

Now repeat each phrase after the speakers. (Dialogue)

Vocabulario

Repeat each word or phrase after the speaker. After your response, you will hear the same word or phrase again. Repeat after the model once more.

Cognados:	la comedia (/) musical (/)
	el perfume (/)
Nombres:	el acondicionador (/) la billetera (/)
	el botiquín (/) la cosa (/)
	los dientes (/) la entrada (/)
	la función (/) el lavado (/)
	la oficina (/) la peluquería (/)
	el salón de belleza (/)
	el peluquero (/) la reunión (/)
	el turno (/) la cita (/) el vestido (/)
Verbos:	acostarse (/) afeitarse (/) atender (/)
	bañarse (/) cepillarse (/) cortar (/)
	encontrar (/) encontrarse con (/)
	entrar (/) irse (/) lavarse (/)
	levantarse (/) llegar (/) ponerse (/)
	prepararse (/) salir (/) sentarse (/)
	usar (/) verse (/) vestirse (/)
Adjetivos:	negro (/) querido (/) seco (/) varios (/)
Otras palabras	
y expresiones:	el mío (/) hacer diligencias (/)
	temprano (/) el tuyo (/)

Vocabulario adicional

el bronceador (/) el cepillo de dientes (/) la colonia (/) la crema para las manos (/) el esmalte para las uñas (/) la pintura de uñas (/) la hoja de afeitar (/) el lápiz de labios (/) el pintalabios (/) el maquillaje (/) el quitaesmalte (/) la acetona (/)

Fin de la Lección 9

Lección 10

Aprenda estas palabras

You will hear a list of words and phrases. Repeat each word or phrase after the speaker. After your response, you will hear the same word or phrase again. Repeat after the model once more.

el suéter (/) la cortina (/) la ventana (/) el refrigerador (/) la heladera (/) la nevera (/) hacer la cama (/) planchar (/)

pasar la aspiradora (/) la lavadora (/) la secadora (/)
doblar la ropa (/) la docena de huevos (/) la cebolla (/)
la zanahoria (/) el pan (/)

Diálogo

You will hear a dialogue. First it will be read without
pauses. Then the speakers will read it again with
pauses for you to repeat what you hear. Listen
carefully.

Los quehaceres de la casa

*La Sra. Barrios habla con Rosa, la muchacha que
viene a su casa tres veces por semana para ayudarla.
Rosa trabaja para la familia Barrios todos los
veranos.*

SEÑORA	—¿Fuiste al supermercado, Rosa?
ROSA	—Sí, compré todas las cosas de la lista que Ud. me dio.
SEÑORA	—Entonces tenemos todo lo necesario para la cena.
ROSA	—Preparé una ensalada de papas para el almuerzo. Está en el refrigerador.
SEÑORA	—¿Hay algo para comer ahora? No comí nada esta mañana.
ROSA	—¿Quiere un sándwich de jamón y queso?
SEÑORA	—Sí, gracias. ¿Me planchaste el vestido? Lo necesito para esta noche.
ROSA	—Sí, pero no lavé el suéter rojo.
SEÑORA	—Ése tenemos que mandarlo a la tintorería. Tienen que limpiarlo en seco.
ROSA	—Entonces voy a llevarlo esta tarde. Ahora voy a pasar la aspiradora y hacer la cama.
SEÑORA	—Está bien. ¡Ah! ¿Cuándo viene José a cortar el césped?
ROSA	—Mañana.

*Rosa sacude los muebles, cuelga la ropa en el ropero,
lava los toallas y las pone en la secadora. Despues
mira por la ventana y ve que el cielo está nublado.
Piensa que, como va a llover, no va a limpiar la
terraza.*

Now repeat each phrase after the speakers. (Dialogue)

Vocabulario

Repeat each word or phrase after the speaker. After your
response, you will hear the same word or phrase again.
Repeat after the model once more.

Cognados:	el supermercado (/) la terraza (/)
Nombres:	el cielo (/) la mañana (/)
	los muebles (/)
	los quehaceres de la casa (/) la ropa (/)
	el ropero (/) la tintorería (/) la vez (/)
	el verano (/)
Verbos:	ayudar (/) colgar (/) limpiar (/)
	llover (/) mandar (/) poner (/)
	preparar (/) sacudir (/) trabajar (/)
Adjetivos:	nublado (/) rojo (/)
Otras palabras	
y expresiones:	algo (/) como (/) cortar el césped (/)
	Está bien. (/) esta tarde (/)
	limpiar en seco (/) nada (/) por (/)
	que (/) todo lo necesario (/)

Vocabulario adicional

el aceite (/) los hongos (/) los champiñones (/)
la pimienta (/) los rabanitos (/) la remolacha (/)
el repollo (/) la sal (/) el vinagre (/) el abrelatas (/)
la cocina (/) la estufa (/) cocinar al horno (/)
hornear (/) el horno (/) el lavaplatos (/) el detergente (/)
la lejía (/) el cloro (/)

Fin de la Lección 10

Repaso: Lecciones 6–10

Práctica oral

The speaker will ask you some questions. Answer each
question, using the cue provided. The speaker will
verify your response. Repeat the correct answer.

1. ¿Qué documento necesita Ud. para viajar? (/)
   pasaporte (/)
   Necesito el pasaporte para viajar. (/)
2. ¿Desea Ud. un pasaje de ida o de ida y vuelta? (/)
   de ida (/)
   Deseo un pasaje de ida. (/)

3. ¿Desea Ud. un asiento en la sección de fumar o
   en la sección de no fumar? (/) en la sección de no
   fumar (/)
   Deseo un asiento en la sección de no fumar. (/)
4. ¿Qué día desea viajar Ud.? (/) el domingo (/)
   Deseo viajar el domingo. (/)
5. ¿Cuánto cuesta el pasaje? (/) mil quinientos
   pesos (/)
   El pasaje cuesta mil quinientos pesos. (/)
6. ¿Va a viajar Ud. con sus padres? (/) sí (/)
   Sí, voy a viajar con mis padres. (/)

7. ¿En qué aerolínea viaja Ud.? (/) Avianca (/)
   Viajo en Avianca. (/)

8. ¿Necesita Ud. tener visa para viajar? (/) sí (/)
   Sí, necesito tener visa para viajar. (/)

9. ¿Cuándo hay vuelos? (/) los martes y los
   jueves (/)
   Hay vuelos los martes y los jueves. (/)

10. ¿Adónde va a viajar Ud.? (/) Colombia (/)
    Voy a viajar a Colombia. (/)

11. ¿Cuándo debe hacer la reservación? (/) hoy
    mismo (/)
    Debe hacer la reservación hoy mismo. (/)

12. ¿Va Ud. a Santiago en ómnibus? (/) no, en
    avión (/)
    No, voy a Santiago en avión. (/)

13. ¿Su habitación es interior o con vista a la
    calle? (/) interior (/)
    Mi habitación es interior. (/)

14. ¿Es cómodo su colchón? (/) no, incómodo (/)
    No, es incómodo. (/)

15. ¿Cambian las sábanas y las fundas todos los días
    en la pensión? (/) no (/)
    No, no cambian las sábanas y las fundas todos
    los días en la pensión. (/)

16. ¿A qué hora se cierra el museo? (/) a las seis (/)
    El museo se cierra a las seis. (/)

17. ¿Hay una farmacia cerca de la pensión? (/) sí (/)
    Sí, hay una farmacia cerca de la pensión. (/)

18. ¿Sabe Ud. a qué hora se abre la
    farmacia? (/) no (/)
    No, no sé a qué hora se abre la farmacia. (/)

19. ¿Qué necesita comprar Ud. en la farmacia? (/)
    aspirinas (/)
    Necesito comprar aspirinas. (/)

20. ¿Qué va a hacer Ud. esta tarde? (/) jugar al
    tenis (/)
    Voy a jugar al tenis esta tarde. (/)

21. ¿Ud. va a ir a acampar en sus
    vacaciones? (/) sí (/)
    Sí, voy a ir a acampar en mis vacaciones. (/)

22. ¿Qué necesita para ir a acampar? (/) una tienda de
    campaña (/)
    Necesito una tienda de campaña. (/)

23. ¿Tiene Ud. una bolsa de dormir? (/) sí (/)
    Sí, tengo una bolsa de dormir. (/)

24. ¿Cuál es su deporte favorito? (/) el tenis (/)
    Mi deporte favorito es el tenis. (/)

25. ¿Prefiere Ud. el pelo corto? (/) no, largo (/)
    No, prefiero el pelo largo. (/)

26. ¿Quién le corta el pelo a Ud.? (/) el peluquero (/)
    El peluquero me corta el pelo. (/)

27. ¿Se lava Ud. la cabeza todos los días? (/) sí (/)
    Sí, me lavo la cabeza todos los días. (/)

28. ¿Cuándo tiene Ud. turno en la peluquería? (/)
    mañana (/)
    Tengo turno en la peluquería mañana. (/)

29. ¿Quiere Ud. este peine o ése? (/) ése (/)
    Quiero ése. (/)

30. Necesito el espejo. ¿Puede Ud. dármelo? (/) sí (/)
    Sí, se lo puedo dar. (/)

31. ¿Qué champú usa usted? (/) Prell (/)
    Uso Prell. (/)

32. ¿Esta tijera es suya? (/) sí (/)
    Sí, es mía. (/)

33. ¿A qué hora se levanta Ud.? (/) a las siete (/)
    Me levanto a las siete. (/)

34. ¿Se baña Ud. por la mañana o por la noche? (/)
    por la mañana (/)
    Me baño por la mañana. (/)

35. ¿Fue Ud. al supermercado hoy? (/) sí (/)
    Sí, fui al supermercado hoy. (/)

36. ¿Qué compró Ud.? (/) una docena de huevos y
    pan (/)
    Compré una docena de huevos y pan. (/)

37. ¿Qué preparó Ud. para el almuerzo? (/) ensalada
    de papas (/)
    Preparé ensalada de papas. (/)

38. ¿Le pasó Ud. la aspiradora a la
    alfombra? (/) sí (/)
    Sí, le pasé la aspiradora a la alfombra. (/)

39. ¿Cree Ud. que va a llover hoy? (/) sí (/)
    Sí, creo que va a llover hoy. (/)

40. ¿Cómo está el cielo? (/) nublado (/)
    El cielo está nublado. (/)

Para leer y entender

Marisa has a lot to do, and here she tells you about her
schedule for the next few days. Listen to her
description, paying special attention to pronunciation
and intonation. Make sure you understand and
remember as much as you can. After listening to the
story, answer the questions in your workbook.

Hoy es jueves, y el sábado a las dos de la tarde salgo
para Buenos Aires. Esta tarde voy a ir a la agencia de
viajes para comprar un pasaje de ida y vuelta. El pasaje
en clase turista cuesta mil doscientos dólares de Madrid
a Buenos Aires. ¡Ah! Hablando de dinero... tengo que ir
al banco y después a la farmacia.

Esta noche tengo que ir a la casa de Teresa, una chica
argentina. Ella me va a dar una lista de lugares de
interés. ¡Quiero visitarlos todos! Mi coche no funciona,
así que tengo que tomar el autobús. Mientras espero el
ómnibus, voy a escribirle a mi amigo José Luis en
Buenos Aires para decirle que lo veo la semana
próxima.

Mañana por la mañana voy a la peluquería. Tengo
turno para las nueve y media: lavado, corte y peinado.
Por la tarde voy a ir con Jorge a ver un partido de
fútbol y por la noche voy a ir al teatro con mi amiga
Elsa a ver una comedia musical.

Lección 11

Aprenda estas palabras

You will hear a list of words and phrases. Repeat each word or phrase after the speaker. After your response, you will hear the same word or phrase again. Repeat after the model once more.

barrer (/) la escoba (/) el recogedor (/) la palita (/) la basura (/) la lata de la basura (/) el fregadero (/) la pileta (/) la olla (/) la cacerola (/) el huevo frito (/) la sartén (/) la tostadora (/) pelar (/)

Diálogo

You will hear a dialogue. First it will be read without pauses. Then the speakers will read it again with pauses for you to repeat what you hear. Listen carefully.

Hoy tenemos mucho que hacer

Hace dos horas que Estela, Víctor y Juanita García están limpiando la casa porque anoche tuvieron una fiesta y hoy la casa está muy sucia. Ahora van a desayunar.

JUANITA —¿Qué preparo para el desayuno, mamá?
ESTELA —Haz tocino con huevos para tu papá y chocolate y tostadas para mí. ¿Qué vas a comer tú?
JUANITA —Cereal. ¿Cómo preparo los huevos? ¿Fritos, revueltos o pasados por agua?
ESTELA —Fritos. Y trae jugo de naranja también.

Después del desayuno:

ESTELA —Víctor, limpia el garaje, por favor.
VÍCTOR —Voy a barrerlo. Dame la escoba y el recogedor.
ESTELA —¿Vinieron a arreglar el televisor ayer?
VÍCTOR —Sí, vinieron, pero no pudieron arreglarlo. Vuelven mañana.

VÍCTOR —¡Juanitaaa! Saca la basura. Está debajo del fregadero.
JUANITA —Ahora no puedo. Estoy fregando las ollas y la sartén.
VÍCTOR —Estela, ¿pongo la carne en el horno?
ESTELA —No, no la pongas todavía. Yo lo hago después.

Más tarde, Estela y su hija conversan mientras ponen la mesa.

JUANITA —¿Se divirtieron mucho los invitados anoche?
ESTELA —Sí, y estuvieron aquí hasta la madrugada.
JUANITA —¿Tuvo éxito el flan que preparaste?
ESTELA —¡Ya lo creo! Todos me pidieron la receta.
JUANITA —Mamá, enséñame a cocinar. Quiero aprender a preparar algunos postres.
ESTELA —¿De veras? ¡Muy bien! Empezamos mañana. Tengo unas recetas muy buenas. ¡Ah! ¿Dónde están las servilletas de papel?
JUANITA —Las puse en el armario de la cocina. *(Llama.)* ¡Papá! ¡Ven a comer!

Now repeat each phrase after the speakers. (Dialogue)

Vocabulario

Repeat each word or phrase after the speaker. After your response, you will hear the same word or phrase again. Repeat after the model once more.

Cognados: el chocolate (/) el garaje (/)
Nombres: el armario (/) el invitado (/) la madrugada (/) el papel (/) la receta (/) la servilleta (/) la tostada (/) el pan tostado (/)
Verbos: aprender (/) arreglar (/) cocinar (/) desayunar (/) divertirse (/) enseñar (/) fregar (/)
Adjetivos: algunos (/) revuelto (/) sucio (/)
Otras palabras y expresiones: anoche (/) debajo de (/) ¿de veras? (/) pasado por agua (/) poner la mesa (/) sacar la basura (/) tener éxito (/) tener mucho que hacer (/) todo el mundo (/) todos (/)

Vocabulario adicional

la alfombra (/) ensuciar (/) los cubiertos (/) la jarra (/) el mantel (/) el tazón (/) la vajilla (/) asar (/) cocinar al vapor (/) freír (/) hervir (/)

Fin de la Lección 11

Lección 12

Aprenda estas palabras

You will hear a list of words and phrases. Repeat each word or phrase after the speaker. After your response, you will hear the same word or phrase again. Repeat after the model once more.

la blusa (/) la falda (/) la chaqueta (/) el pantalón (/)
los pantalones (/) el traje de baño (/) el abrigo (/)
los guantes (/) el sombrero (/) la cartera (/) la bolsa (/)
la vidriera (/) la vitrina (/) la chaqueta (/) la camisa (/)
la corbata (/) el cinto (/) el cinturón (/) el traje (/)

Diálogo

You will hear a dialogue. First it will be read without pauses. Then the speakers will read it again with pauses for you to repeat what you hear. Listen carefully.

De compras

Alicia y su esposo Julio se van a encontrar en el centro para ir de compras juntos. Hace media hora que Julio espera a Alicia y está un poco preocupado. Al fin, a eso de las tres, llega ella.

JULIO	—Pero dime, mi amor, ¿qué estabas haciendo?
ALICIA	—Estaba hablando con Andrea; por eso no pude venir antes.
JULIO	—¡Ah! Yo no sabía que estaba aquí. ¡Ya vino de Asunción! ¿Qué te trajo?
ALICIA	—Me trajo una blusa y a ti te trajo una camisa y una corbata.
JULIO	—¡Qué amable! ¡Oye! Hoy tienen una liquidación en la tienda La Elegante. ¿Vamos?
ALICIA	—Sí, vamos. Aquí tengo la lista de las cosas que queremos comprar.
JULIO	—¿No dijo Beto que necesitaba una camisa azul?
ALICIA	—Sí, podemos comprársela, ya que él no pudo venir con nosotros...
JULIO	—Dijiste que ibas a comprarle un regalo a tu papá...
ALICIA	—Sí, ¡Ah, Julio, por favor! Tienes que comprarte un traje nuevo. Yo creo que tú compraste éste cuando tenías quince años...
JULIO	—*(Se ríe.)* No, querida, cuando yo tenía quince años no usaba traje. Bueno, voy a buscar uno.

Con una empleada del departamento de ropa para señoras:

ALICIA	—¿Cuánto cuesta el vestido verde que está en la vidriera?
EMPLEADA	—Cuarenta dólares... Antes costaba ochenta. Es una ganga.
ALICIA	—Es barato... ¿Puedo probármelo?
EMPLEADA	—Sí. El probador está a la derecha. ¿Qué talla usa Ud.?
ALICIA	—Uso talla grande o mediana. También quiero probarme esta falda y esa blusa.

Alicia compró la falda y el vestido pero no compró la blusa porque le quedaba chica. Compró otras cosas, pagó y ya eran las cuatro cuando fue a buscar a Julio.

Now repeat each phrase after the speakers. (Dialogue)

Vocabulario

Repeat each word or phrase after the speaker. After your response, you will hear the same word or phrase again. Repeat after the model once more.

Cognado:	el departamento (/)
Nombres:	el departamento de ropa (artículos) para señoras (/) el empleado (/) la ganga (/) la liquidación (/) la venta (/) el probador (/) el regalo (/) la talla (/) la medida (/)
Verbos:	buscar (/) creer (/) probarse (/) reírse (/) usar (/) llevar (/)
Adjetivos:	amable (/) azul (/) barato (/) grande (/) mediano (/) nuevo (/) preocupado (/) verde (/)
Otras palabras y expresiones:	a la derecha (/) a la izquierda (/) al fin (/) antes (/) bueno (/) ir de compras (/) media hora (/) por eso (/) ¡Qué amable! (/) quedarle chico a uno (/) quedarle grande a uno (/) ya que (/)

Vocabulario adicional

la bufanda (/) el chaleco (/) la gorra (/) hacer juego (/)
el impermeable (/) el pañuelo (/) el paraguas (/)
quedarle ancho a uno (/) quedarle estrecho a uno (/)
las zapatillas (/) las pantuflas (/)

Fin de la Lección 12

Lección 13

Aprenda estas palabras

You will hear a list of words and phrases. Repeat each word or phrase after the speaker. After your response, you will hear the same word or phrase again. Repeat after the model once more.

el pijama (/) un par de calcetines (/) un par de medias (/)
el calzoncillo (/) la camiseta (/) un par de zapatos (/)
los anteojos de sol (/) la navajita (/) las botas (/)
las sandalias (/) las pantimedias (/) el camisón (/)
la bata de dormir (/) la bata (/) los aretes (/) los aros (/)
el collar (/) la cadena (/) el reloj de pulsera (/)
el anillo (/) la sortija (/)

Diálogo

You will hear a dialogue. First it will be read without pauses. Then the speakers will read it again with pauses for you to repeat what you hear. Listen carefully.

Todavía de compras

Después de dejar a Alicia, Julio fue a hablar con un empleado que estaba arreglando la vidriera para preguntarle en qué piso vendían ropa de caballeros.

JULIO	—Perdón, ¿dónde está el departamento de caballeros?
EMPLEADO	—En el tercer piso. Use el ascensor; la escalera mecánica no funciona.

En el departamento de caballeros:

JULIO	—Esta corbata me gusta mucho. ¿Cree Ud. que hace juego con el traje gris?
EMPLEADO	—Sí, señor. ¡Ah! Este traje es muy elegante y de muy buena calidad.
JULIO	—¿Es de lana?
EMPLEADO	—Sí, es de lana pura. Acabamos de recibirlo.
JULIO	—Los pantalones me quedan un poco largos.
EMPLEADO	—Nosotros podemos arreglárselos. Pueden estar listos para mañana. ¿Cuál es su número de teléfono?
JULIO	—792-37-45. ¿A qué hora se abre la tienda mañana?
EMPLEADO	—A las nueve.

Julio compró el traje y la corbata y también una chaqueta de cuero y ropa interior. Alicia llegó cuando él estaba pagando.

ALICIA	—*(A Julio.)* Compré pantimedias, un camisón, una bata y la camisa que quería Beto. ¡Todo a mitad de precio!
JULIO	—¡Qué bien! Yo compré un traje magnífico. Oye, te hace falta un par de sandalias, ¿no? Yo quiero comprarme zapatos.
ALICIA	—Yo no sabía que tú necesitabas zapatos. Vamos a la zapatería, entonces.

En la zapatería, Alicia habla con el empleado.

EMPLEADO	—¿Qué número calza Ud.?
ALICIA	—Yo calzo el treinta y ocho y medio.

Alicia compró las sandalias pero Julio no quiso comprar los zapatos porque no eran muy cómodos. De allí fueron a la joyería para comprarle unos aretes a Delia, la hermana de Julio. También compraron un reloj de pulsera para el papá de Alicia. Eran casi las ocho de la noche cuando por fin llegaron a su casa, cargados de paquetes.

ALICIA	—¡Caramba! Ya se cerraron las tiendas y otra vez me olvidé de comprar el regalo para Teresa y Daniel.
JULIO	—¡Ay, no! ¡Y su aniversario de bodas fue hace dos semanas!

Now repeat each phrase after the speakers. (Dialogue)

Vocabulario

Repeat each word or phrase after the speaker. After your response, you will hear the same word or phrase again. Repeat after the model once more.

Cognados: el par (/) puro (/)
Nombres: el aniversario de bodas (/)
el ascensor (/) el elevador (/)
la calidad (/) el cuero (/)
el departamento de artículos para caballeros (/)
la escalera mecánica (/) la joyería (/)
la lana (/) la mitad (/) el paquete (/)
la ropa interior (/) la zapatería (/)
Verbos: arreglar (/) calzar (/) olvidarse de (/)
vender (/)

Adjetivos: cargado de (/) gris (/) listo (/)
Otras palabras
y expresiones: a mitad de precio (/) casi (/) ¿cuál? (/)
     hacer juego, combinar con (/)
     llegar a casa (/) otra vez (/)
     Perdón. (/) por fin (/) ¡Qué bien! (/)
     ¿Qué número calza? (/)

Vocabulario adicional

el esmoquin (/) la pulsera (/) el vestido de noche (/)
los zapatos de tenis (/) la carnicería (/) la dulcería (/)
la frutería (/) la mueblería (/) la panadería (/)
la pescadería (/)

Fin de la Lección 13

Lección 14

Aprenda estas palabras

You will hear a list of words and phrases. Repeat each word or phrase after the speaker. After your response, you will hear the same word or phrase again. Repeat after the model once more.

la estación de servicio (/) la gasolinera (/) la grúa (/)
el remolcador (/) remolcar (/) la gasolina (/) el coche (/)
el carro (/) el automóvil (/) el capó (/) el mecánico (/)
el parabrisas (/) la ventanilla (/) el volante (/)
el maletero (/) la chapa (/) la matrícula (/) la placa (/)
la batería (/) el acumulador (/) el aceite (/) la goma (/)
la llanta (/) el neumático (/) el gato (/)

Diálogo

You will hear a dialogue. First it will be read without pauses. Then the speakers will read it again with pauses for you to repeat what you hear. Listen carefully.

Problemas con el coche

Carlos le pidió prestado el coche a su hermana, y como vio que el tanque estaba casi vacío, fue a la estación de servicio.

En la estación de servicio:

CARLOS	—Llene el tanque, por favor. Y ponga aceite, también.
EMPLEADO	—¿Qué marca de aceite usa Ud.?
CARLOS	—Penzoil. ¡Ah!, me hace falta un limpiaparabrisas nuevo.
EMPLEADO	—Ahora se lo cambio, y también voy a revisar la presión de aire de las llantas.

Carlos paga y se prepara para irse, pero el coche no arranca.

CARLOS	—(*Llama al empleado.*) ¡Señor! ¡El motor no arranca! ¿Hay un mecánico aquí?
EMPLEADO	—Sí, pero ya se ha ido; no trabaja esta tarde. ¿Es Ud. socio del Club Automovilístico?
CARLOS	—Sí, voy a llamarlos. Ellos pueden remolcar mi coche a un taller de mecánica.
EMPLEADO	—¿Cuánto tiempo hace que llevó el coche al mecánico?
CARLOS	—No sé. El coche es de mi hermana y yo ya le había dicho que tenía problemas.

En el taller de mecánica:

MECÁNICO	—(*Levanta el capó.*) Necesita una batería nueva, señor.
CARLOS	—También tengo una goma pinchada... Y los frenos no funcionan muy bien.
MECÁNICO	—Va a tener que dejar el coche aquí, señor.
CARLOS	—¿Cuándo va a estar listo?
MECÁNICO	—El lunes, si no necesita piezas de repuesto.
CARLOS	—¿No puede tenerlo listo para mañana?
MECÁNICO	—No, lo siento. El taller está cerrado los domingos.

Now repeat each phrase after the speakers. (Dialogue)

Vocabulario

Repeat each word or phrase after the speaker. After your response, you will hear the same word or phrase again. Repeat after the model once more.

Cognados:	el motor (/) el problema (/) el tanque (/)
Nombres:	el club automovilístico (/) los frenos (/) la goma pinchada (/)

la goma ponchada (/)
el limpiaparabrisas (/) la marca (/)
la pieza de repuesto (/)
la presión de aire (/) el socio (/)

Verbos: la socia (/) el taller de mecánica (/)
arrancar (/) levantar (/) llenar (/)
revisar (/) chequear (/)

Adjetivos: cerrado (/) vacío (/)

Otra expresión: pedir prestado (/)

Vocabulario adicional

la autopista (/) la bomba de agua (/) la carretera (/)
instalar (/) lleno (/) la milla (/) el portaguantes (/)
el guantero (/) la guantera (/) el ruido (/) sin plomo (/)
la velocidad máxima (/)

Fin de la Lección 14

Lección 15

Aprenda estas palabras

You will hear a list of words and phrases. Repeat each word or phrase after the speaker. After your response, you will hear the same word or phrase again. Repeat after the model once more.

un coche de dos puertas (/) un modelo compacto (/)
un coche convertible (/) conducir (/) manejar (/)
la licencia para conducir (/) la licencia para manejar (/)
señales de tráfico (/) puente angosto (/) ceda el paso (/)
comienza la autopista (/) alto (/) una vía (/)
ferrocarril (/) curva peligrosa (/) no tire basura (/)
desvío (/) peligro (/) prohibido estacionar (/)
paso de peatones (/)

Diálogo

You will hear a dialogue. First it will be read without pauses. Then the speakers will read it again with pauses for you to repeat what you hear. Listen carefully.

Alquilando un coche

Tom, un muchacho norteamericano, va con Elisa a una agencia de alquiler de automóviles para alquilar un coche.

TOM —Elisa, tú tendrás que hablar con el empleado de la agencia.

ELISA —¿Y por qué no quieres hablar tú?

TOM —Porque a veces no me entienden.

En la agencia:

ELISA —Queremos alquilar un coche.

EMPLEADO —¿Le gustaría un coche grande o un model compacto?

ELISA —Compacto, de dos puertas. ¿Cobran Uds. por los kilómetros?

EMPLEADO —Depende. Si lo alquila por día, sí; si lo alquila por semana, no.

ELISA —Queremos alquilar un coche automático por una semana.

TOM —Sería mejor alquilar un coche de cambios mecánicos. Gastan menos gasolina.

EMPLEADO —También tendrán que sacar seguro.

TOM —*(A Elisa.)* Es mejor estar asegurado. Manejar sin seguro es peligroso.

ELISA —Está bien. *(Al empleado.)* ¿Tenemos que pagar en efectivo?

EMPLEADO —Sería mejor pagar con tarjeta de crédito.

TOM —Mi licencia para manejar es de los Estados Unidos. ¿Es válida aquí?

EMPLEADO —Sí, señor. Ud. podrá usarla aquí sin problema.

ELISA —¡Tom! ¿Por qué no alquilamos aquel convertible rojo? ¡Es hermoso!

Al salir de la agencia, Elisa y Tom van al banco porque ella quiere cambiar un cheque y depositar dinero en su cuenta de ahorros. Después van a un café al aire libre a tomar algo.

ELISA —¿Vas a llamar a tu hermano por teléfono esta noche?

TOM —No, él y yo nos comunicamos por correo electrónico.

ELISA —¿Le mandaste la información que él quería?

TOM —Si, se la mandé por fax.

Now repeat each phrase after the speakers. (Dialogue)

Vocabulario

Repeat each word or phrase after the speaker. After your response, you will hear the same word or phrase again. Repeat after the model once more.

Cognados:	automático (/) el facsímil (/) el fax (/) el kilómetro (/)	
Nombres:	la agencia de alquiler de automóviles (/) el café al aire libre (/) el correo electrónico (/) el correo "e" (/) el "c-e" (/) la cuenta de ahorros (/) el seguro (/) la aseguranza (/)	
Verbos:	comunicarse (/) depender (/) depositar (/) entender (/) gastar (/)	
Adjetivos:	asegurado (/) hermoso (/) peligroso (/)	
Otras palabras y expresiones:	cambiar un cheque (/) cobrar por kilómetros (/)	

de cambios mecánicos (/)
en efectivo (/)
llamar por teléfono (/) por día (/)
por semana (/) sin (/)

Vocabulario adicional

el camión (/) la camioneta (/) chocar (/)
dar marcha atrás (/) estacionar (/) aparcar (/)
parquear (/) la zona de estacionamiento (/) a plazos (/)
ahorrar (/) al contado (/) anual (/) el billete (/)
la multa (/) el pago (/) por mes (/) mensual (/)
el recibo (/)

Fin de la Lección 15

Repaso: Lecciones 11–15

Práctica oral

The speaker will ask you some questions. Answer each question, using the cue provided. The speaker will verify your response. Repeat the correct answer.

1. ¿Cuánto tiempo hace que Ud. me espera? (/) media hora (/)
   Hace media hora que le espero (/)
2. ¿Dónde estaba Ud.? (/) en el departamento de caballeros (/)
   Estaba en el departamento de caballeros. (/)
3. ¿Usó Ud. la escalera mecánica o el ascensor? (/) el ascensor (/)
   Usé el ascensor. (/)
4. ¿Qué me dijo Ud. que necesitaba? (/) calcetines y camiseta (/)
   Le dije que necesitaba calcetines y camiseta. (/)
5. ¿Qué le trajo su novia? (/) una camisa y una corbata (/)
   Me trajo una camisa y una corbata. (/)
6. ¿Qué talla usa Ud.? (/) mediana (/)
   Uso talla mediana. (/)
7. ¿Dónde puso Ud. el traje? (/) en mi cuarto (/)
   Puse al traje en mi cuarto. (/)
8. ¿De quién son los anteojos de sol? (/) Carlos (/)
   Son de Carlos. (/)
9. ¿Dónde te arreglaron los pantalones? (/) en la tienda (/)
   Me arreglaron los pantalones en la tienda. (/)
10. ¿Compró Ud. sus zapatos en una liquidación? (/) no (/)
    No, no los compré en una liquidación. (/)
11. ¿Le quedan bien los zapatos? (/) no, grandes (/)
    No, me quedan grandes. (/)

12. ¿Qué número calza Ud.? (/) el ocho (/)
    Calzo el ocho. (/)
13. ¿Esta camisa hace juego con el traje azul? (/) sí (/)
    Sí, hace juego con el traje azul. (/)
14. ¿Va Ud. a comprar un vestido o una falda y una blusa? (/) vestido (/)
    Voy a comprar un vestido. (/)
15. ¿Dónde se probó Ud. la ropa? (/) probador (/)
    Me probé la ropa en el probador. (/)
16. ¿Usa Ud. pijama o camisón para dormir? (/) pijama (/)
    Uso pijama. (/)
17. ¿El pijama le queda bien o le queda grande? (/) bien (/)
    El pijama me queda bien. (/)
18. Ud. no fue a la tienda ayer. ¿Por qué? (/) no quise (/)
    No fui a la tienda porque no quise. (/)
19. ¿Es Ud. socio del club automovilístico? (/) sí (/)
    Sí, soy socio del club automovilístico. (/)
20. ¿Sabe Ud. cuál es el número de teléfono del club? (/) no (/)
    No, no sé cuál es el número de teléfono del club. (/)
21. ¿El tanque de su coche está vacío? (/) no, lleno (/)
    No, el tanque está lleno. (/)
22. ¿Qué marca de aceite usa Ud.? (/) Penzoil (/)
    Uso Penzoil. (/)
23. ¿Le gusta a Ud. conducir? (/) sí (/)
    Sí, me gusta conducir. (/)
24. En el coche, ¿dónde pone Ud. las maletas? (/) en el maletero (/)
    Pongo las maletas en el maletero. (/)

25. ¿Dónde compra Ud. gasolina? (/) en la estación de servicio (/)
    Compro gasolina en la estación de servicio. (/)
26. ¿Qué le hace falta al coche? (/) una batería nueva (/)
    Le hace falta una batería nueva. (/)
27. Mi coche no arranca y debo remolcarlo. ¿Qué voy a necesitar? (/) una grúa (/)
    Va a necesitar una grúa. (/)
28. ¿Tiene Ud. licencia para conducir? (/) sí (/)
    Sí, tengo licencia para conducir. (/)
29. ¿Su licencia es válida aquí? (/) sí (/)
    Sí, mi licencia es válida aquí. (/)
30. ¿Va Ud. a alquilar un coche de cambios mecánicos? (/) no, automático (/)
    No, voy a alquilar un coche automático. (/)
31. ¿Va a pagar Ud. con tarjeta de crédito? (/) no, en efectivo (/)
    No, voy a pagar en efectivo. (/)
32. ¿Qué preparó Ud. para el desayuno hoy? (/) huevos, chocolate y tostadas (/)
    Preparé huevos, chocolate y tostadas. (/)
33. ¿Cómo prefiere Ud. comer los huevos? (/) fritos (/)
    Prefiero comerlos fritos. (/)
34. ¿Tiene Ud. que limpiar el garaje hoy? (/) sí, está sucio (/)
    Sí, tengo que limpiar el garaje hoy porque está sucio. (/)
35. ¿Qué necesita para hacerlo? (/) la escoba y el recogedor (/)
    Necesito la escoba y el recogedor. (/)
36. ¿Sabe Ud. cocinar? (/) sí (/)
    Sí, sé cocinar. (/)
37. ¿Tiene Ud. muchas recetas? (/) no (/)
    No, no tengo muchas recetas. (/)
38. ¿Qué va Ud. a cocinar hoy? (/) pollo (/)
    Voy a cocinar pollo hoy. (/)
39. ¿Lo va a asar o lo va a freír? (/) asar (/)
    Lo voy a asar. (/)
40. ¿Ud. va a poner la mesa ahora? (/) no (/)
    No, no voy a poner la mesa ahora. (/)

Para leer y entender

Listen to the following reading, paying special attention to pronunciation and intonation. Make sure you understand and remember as much as you can. After listening to the story, answer the questions in your workbook.

Hace doce días que Teresa y su amiga Alicia llegaron de Guadalajara, adonde fueron de vacaciones. Fueron por avión, estuvieron allí dos semanas y el viaje les gustó mucho.

Cuando llegaron a Guadalajara las chicas decidieron alquilar un coche y los primeros días no tuvieron problemas, pero después de una semana tuvieron que llevar el coche a la estación de servicio porque no arrancaba. El empleado les dijo que necesitaban llamar una grúa para remolcar el coche a otra estación de servicio porque ellos no tenían mecánico allí. El coche necesitaba una batería nueva y los frenos no funcionaban; por eso Teresa y Alicia decidieron llamar a la agencia de autos y pedir otro coche.

En Guadalajara las chicas compraron muchas cosas para ellas y para su familia. Teresa compró un vestido bordado para ella y Alicia compró uno también. La mamá de Teresa le había pedido un par de zapatos y ella se los compró; también le compró una bolsa muy bonita. Su hermana quería una falda y una blusa y Teresa se las compró.

Todas las cosas que compraron eran bonitas y muy baratas. Las chicas han decidido que el próximo verano van a volver a México para visitar otra ciudades. Piensan ir a Acapulco y a Puerto Vallarta.

Lección 16

Aprenda estas palabras

You will hear a list of words and phrases. Repeat each word or phrase after the speaker. After your response, you will hear the same word or phrase again. Repeat after the model once more.

la estación de trenes (/) el horario de trenes (/)
el itinerario de trenes (/) el tren (/) la cola (/) la fila (/)
hacer cola (/) hacer fila (/) por ciento (/) norte (/)
oeste (/) este (/) sur (/) el coche-cama (/)
el coche-comedor (/) la litera alta (/) la litera baja (/)

Diálogo

You will hear a dialogue. First it will be read without pauses. Then the speakers will read it again with pauses for you to repeat what you hear. Listen carefully.

De viaje

Isabel y Gloria quieren visitar el sur de España. Ahora están haciendo cola en una estación de trenes en Barcelona.

En el despacho de boletos:

ISABEL	—¿Cuándo hay trenes para Sevilla?
EMPLEADO	—Por la mañana y por la noche. Yo les aconsejo que viajen por la noche.
ISABEL	—¿Por qué?
EMPLEADO	—Porque el tren de la noche es el expreso.
GLORIA	—Entonces déme dos pasajes de ida y vuelta para el expreso del sábado.
EMPLEADO	—Muy bien. Los billetes de ida y vuelta tienen un 20 por ciento de descuento.
ISABEL	—¿Tiene el tren coche-cama?
EMPLEADO	—Sí, señorita. Tiene coche-cama y coche-comedor.
GLORIA	—Queremos dos literas, una alta y una baja.
ISABEL	—¿No tenemos que transbordar?
EMPLEADO	—No, señorita.

El día del viaje:

GLORIA	—¿De qué andén sale el tren?
ISABEL	—Del andén número dos, pero tiene una hora de retraso.

Hace varios días que Isabel y Gloria están en Sevilla y ahora quieren visitar otras ciudades de España.

GLORIA	—Quiero que vayamos a Madrid porque quiero que conozcas a mi familia.
ISABEL	—¿Vamos en avión o en autobús?
GLORIA	—En avión. El viaje en autobús es larguísimo.
ISABEL	—No me gusta volar. Siempre me mareo cuando despega y cuando aterriza el avión.
GLORIA	—Te sugiero que tomes una pastilla para el mareo.

Una semana más tarde, en el aeropuerto de Barajas, en Madrid:

ISABEL	—*(A un empleado.)* Perdón, ¿cómo se llega al centro?
EMPLEADO	—Siga derecho por este pasillo hasta llegar a la salida. Allí doble a la izquierda y camine hasta la parada de autobuses.
GLORIA	—¿Qué autobús tenemos que tomar?
EMPLEADO	—El autobús número 4.
ISABEL	—Creo que será mejor tomar un taxi. *(Al empleado.)* ¿Hay una parada de taxis?
EMPLEADO	—Sí, a la derecha.
ISABEL Y GLORIA	—Gracias.

Now repeat each phrase after the speakers. (Dialogue)

Vocabulario

Repeat each word or phrase after the speaker. After your response, you will hear the same word or phrase again. Repeat after the model once more.

Nombres:	el andén (/) el billete (/) el boleto (/) el descuento (/) el despacho de boletos (/) la ventanilla (/) el expreso (/) el rápido (/) el mareo (/) el número (/) la parada de autobuses (/) la parada de taxis (/) la pastilla (/)
Verbos:	aconsejar (/) aterrizar (/) caminar (/) conocer (/) despegar (/) doblar (/) girar (/) marearse (/) sugerir (/) tomar (/) transbordar (/) volar (/)
Otras palabras y expresiones:	¿Cómo se llega a... ? (/) hasta llegar a (/) para (/) seguir derecho (/) tener... horas de retraso (/) tener... horas de atraso (/)

Vocabulario adicional

a tiempo (/) abrocharse el cinturón de seguridad (/) bajarse (/) diario (/) la frontera (/) las llegadas y salidas (/) perder el tren (/) ¿Por cuánto tiempo es válido el pasaje? (/) la tarifa (/) el tranvía (/)

Fin de la Lección 16

Lección 17

Aprenda estas palabras

You will hear a list of words and phrases. Repeat each word or phrase after the speaker. After your response, you will hear the same word or phrase again. Repeat after the model once more.

la suerte (/) la informática (/) la contabilidad (/)
la química (/) chau (/) las notas (/) la matemáticas (/)
la educación física (/) la literatura (/) la historia (/)
la geografía (/) el arte (/) graduarse (/) el título (/)

Diálogo

You will hear a dialogue. First it will be read without pauses. Then the speakers will read it again with pauses for you to repeat what you hear. Listen carefully.

En la universidad

Fernando es un muchacho puertorriqueño que vive en Nueva York con sus padres. Ahora está hablando con Adriana, una chica argentina que está en su clase de informática, una asignatura que ella encuentra fácil y que él encuentra muy difícil.

FERNANDO	—Hoy tengo que estudiar porque mañana tengo un examen parcial en mi clase de administración de empresas.
ADRIANA	—Es una lástima que tengas que estudiar porque esta noche hay una fiesta en el club internacional y podríamos ir juntos...
FERNANDO	—Ay no, por desgracia también tengo que escribir un informe para mi clase de sociología.
ADRIANA	—Esa clase es un requisito, ¿no? Yo tengo que tomarla en semestre que viene.
FERNANDO	—Si quieres tomarla con la Dra. Salcedo tienes que matricularte lo más pronto posible.
ADRIANA	—Espero que mis padres me puedan dar el dinero para pagar la matrícula.
FERNANDO	—Ojalá que la universidad te dé la beca que solicitaste.
ADRIANA	—Es difícil que me la dé porque, desgraciadamente, el semestre pasado no saqué muy buenas notas.
FERNANDO	—¿Cuál es tu especialización? ¿Contabilidad?
ADRIANA	—No sé todavía, pero probablemente va a ser química o física.
FERNANDO	—Bueno, Adriana, tengo que ir a la biblioteca a estudiar. Nos vemos mañana.
ADRIANA	—Chau, Fernando. Buena suerte en el examen.

Fernando espera sacar una A en el examen, pero teme que la profesora no le dé una buena nota en el semestre, porque él ha faltado mucho a clase.

Now repeat each phrase after the speakers. (Dialogue)

Vocabulario

Repeat each word or phrase after the speaker. After your response, you will hear the same word or phrase again. Repeat after the model once more.

Cognados:	argentino (/) la clase (/) el examen (/) la física (/) internacional (/) puertorriqueño (/) el semestre (/) la sociología (/) la universidad (/)
Nombres:	la administración de empresas (/) la asignatura (/) la materia (/) la beca (/) la biblioteca (/) la especialización (/) el examen parcial (/) el informe (/) la matrícula (/) la nota (/) el requisito (/)
Verbos:	esperar (/) estudiar (/) matricularse (/) sacar (/) solicitar (/) temer (/)
Adjetivos:	difícil (/) fácil (/) juntos (/) pasado (/)
Otras palabras y expresiones:	desgraciadamente (/) por desgracia (/) Es difícil. (/) Es una lástima. (/) lo más pronto posible (/) Nos vemos. (/) Ojalá... (/) que viene (/) sacar buenas notas (/) sacar malas notas (/)

Vocabulario adicional

la biología (/) la calculadora (/) la computadora (/)
el ordenador (/) el consejero (/) el diccionario (/)
la escuela elemental (/) la escuela primaria (/)
la escuela secundaria (/) el horario de clases (/)
la librería (/) la psicología (/) la tarea (/)
el trimestre (/)

Fin de la Lección 17

Lección 18

Aprenda estas palabras

You will hear a list of words and phrases. Repeat each word or phrase after the speaker. After your response, you will hear the same word or phrase again. Repeat after the model once more.

caerse (/) la bata (/) la curita (/) la ambulancia (/)
la fractura (/) el pecho (/) el estómago (/) la mano (/)
la cabeza (/) el corazón (/) los dedos (/) la rodilla (/)
el tobillo (/) la frente (/) los ojos (/) la nariz (/)
la boca (/) la lengua (/) el oído (/) la cara (/) el brazo (/)
la pierna (/) el pie (/) la espalda (/) los dedos del pie (/)

Diálogo

You will hear a dialogue. First it will be read without pauses. Then the speakers will read it again with pauses for you to repeat what you hear. Listen carefully.

En la sala de emergencia

Inés se cayó en la escalera del metro y su amiga Marisol la llevó al hospital. Estaban en la sala de espera cuando la enfermera vino para llevarla al consultorio.

ENFERMERA —Quítese la ropa y póngase esta bata, señorita. En seguida viene el médico.

Con el médico:

MÉDICO —¿Qué pasó, señorita? ¿Cómo se lastimó?
INÉS —Me caí en la escalera, me golpeé la cabeza y me corté la frente. Y me duele mucho el tobillo.
MÉDICO —¿Perdió Ud. el conocimiento?
INÉS —Por unos segundos.
MÉDICO —Bueno, voy a lavarle y desinfectarle la herida. ¿Le pusieron una inyección antitetánica alguna vez?
INÉS —Sí, hace cuatro meses. ¿Tendrá que darme puntos en la herida?
MÉDICO —No, no creo que sea necesario.
INÉS —¿Y el tobillo? ¿Cree Ud. que hay fractura?
MÉDICO —Necesitamos una radiografía. Ahora la llevarán a la sala de rayos X.

Después de ver las radiografías:

MÉDICO —Ud. se fracturó el tobillo. Tendremos que enyesarle la pierna y va a tener que usar muletas.
INÉS —*(A Marisol.)* ¿Conoces a alguien que pueda prestármelas?
MARISOL —Sí, conozco a una chica que tiene muletas, pero es mucho más alta que tú.
INÉS —Entonces dudo que pueda usarlas.
MÉDICO —No se preocupe, señorita. Puede conseguirlas aquí mismo.

Now repeat each phrase after the speakers. (Dialogue)

Vocabulario

Repeat each word or phrase after the speaker. After your response, you will hear the same word or phrase again. Repeat after the model once more.

Cognados: el hospital (/) la inyección (/)
Nombres: el consultorio (/) el enfermero (/)
la herida (/)
la inyección antitetánica (/)
el médico (/) el metro (/)
el subterráneo (/) las muletas (/)
la radiografía (/)
la sala de emergencia (/)
la sala de rayos X (/)
la sala de espera (/)
Verbos: desinfectar (/) dudar (/) enyesar (/)
fracturarse (/) romperse (/)
golpearse (/) lastimarse (/) pasar (/)
preocuparse (/) quitarse (/)
Otras palabras
y expresiones: alguien (/) alguna vez (/)
aquí mismo (/) dar puntos (/)
poner puntos (/)
perder el conocimiento (/)
desmayarse (/)
poner una inyección (/)
ser necesario (/) no ser necesario (/)

Vocabulario adicional

el accidente (/) el análisis (/) el cirujano (/) el cuello (/)
el dentista (/) el dolor (/) la garganta (/) la muñeca (/)
el oculista (/) el ortopédico (/) vendar (/)

Fin de la Lección 18

Lección 19

Aprenda estas palabras

You will hear a list of words and phrases. Repeat each word or phrase after the speaker. After your response, you will hear the same word or phrase again. Repeat after the model once more.

cien libras (/) el peso (/) pesar (/) la balanza (/) embarazada (/) sacar la lengua (/) anteayer (/) ayer (/) una cucharada (/) una cucharadita (/) el jarabe (/) las cápsulas (/) las píldoras (/) el termómetro (/)

Diálogo

You will hear a dialogue. First it will be read without pauses. Then the speakers will read it again with pauses for you to repeat what you hear. Listen carefully.

Elisa está enferma

Hoy Elisa va al médico porque no se siente bien. Tiene diarrea y náusea. En el consultorio, la enfermera le hace algunas preguntas.

ENFERMERA	—Tengo que hacerle algunas preguntas antes de que el doctor la vea.
ELISA	—Muy bien.
ENFERMERA	—¿Hay alguien en su familia que tenga diabetes o asma?
ELISA	—Mi mamá es diabética, pero no hay nadie que tenga asma.
ENFERMERA	—¿Hay alguien en su familia que haya muerto de un ataque al corazón?
ELISA	—Sí, mi abuelo.
ENFERMERA	—¿Qué enfermedades tuvo de niña?
ELISA	—Sarampión, rubéola y paperas.
ENFERMERA	—¿Ha sido operada alguna vez?
ELISA	—Sí, me operaron de apendicitis el año pasado.

La enfermera la pesa y después le toma la temperatura y la presión.

ENFERMERA	—¿Cuánto tiempo hace que no se siente bien?
ELISA	—Desde anteayer. Pasé dos días vomitando.
ENFERMERA	—Tiene la presión un poco alta y un poco de fiebre. ¿Qué otros síntomas tiene?
ELISA	—Me siento débil y me duele la espalda. Ojalá no haya pescado una pulmonía.
ENFERMERA	—No lo creo; probablemente sea gripe. ¿Está Ud. embarazada?
ELISA	—No, no estoy embarazada.

Con el médico:

MÉDICO	—Abra la boca y saque la lengua. Respire hondo. Otra vez.
ELISA	—Me duele el pecho cuando respiro y también me duelen los oídos.
MÉDICO	—Tiene una infección en el oído y también tiene síntomas de gastroenteritis. Voy a recetarle unas pastillas y un antibiótico.
ELISA	—Y para la diarrea, doctor?
MÉDICO	—Tome este líquido en cuanto llegue a su casa... Una cucharada cada cuatro horas.
ELISA	—¿Por cuánto tiempo tengo que tomar el antibiótico?
MÉDICO	—Hasta que lo termine.

Now repeat each phrase after the speakers. (Dialogue)

Vocabulario

Repeat each word or phrase after the speaker. After your response, you will hear the same word or phrase again. Repeat after the model once more.

Cognados:	el antibiótico (/) la apendicitis (/) el asma (/) la diabetes (/) diabético (/) la diarrea (/) la gastroenteritis (/) la infección (/) el líquido (/) la náusea (/) los síntomas (/) la temperatura (/)
Nombres:	el ataque al corazón (/) el infarto (/) la enfermedad (/) la fiebre (/) la gripe (/) las paperas (/) la presión (/) la pulmonía (/) la rubéola (/) el sarampión (/)
Verbos:	morir (/) operar (/) recetar (/) respirar (/) sentirse (/) vomitar (/)
Adjetivos:	alto (/) débil (/)
Otras palabras y expresiones:	antes de que (/) cada (/) de niño (/) desde (/) en cuanto (/) tan pronto como (/) hacer preguntas (/) hasta que (/) nadie (/) pescar una pulmonía (/)

respirar hondo (/) ser operado (/)
tener la presión alta (/)

la cirugía (/) ¡Qué se mejore! (/) sangrar (/)
sufrir del corazón (/) tener la presión baja (/)
tener tos (/) toser (/)

Vocabulario adicional

alérgico (/) el dolor de cabeza (/) empeorar (/) fuerte (/)
guardar cama (/) mejorarse (/) la operación (/)

Fin de la Lección 19

Lección 20

Aprenda estas palabras

You will hear a list of words and phrases. Repeat each word or phrase after the speaker. After your response, you will hear the same word or phrase again. Repeat after the model once more.

la oficina de correos (/) el correo (/) la ventanilla (/)
la carta (/) la tarjeta postal (/) la estampilla (/)
el sello (/) el sobre (/) el buzón (/)
el paquete de regalo (/) la fotocopiadora (/)
la fotocopia (/) fotocopiar (/) hacer fotocopias (/)
regalar (/) la felicitación

Diálogo

You will hear a dialogue. First it will be read without pauses. Then the speakers will read it again with pauses for you to repeat what you hear. Listen carefully.

Haciendo diligencias

Ayer la Sra. Torres le pidió a su hijo Luis que hiciera varias diligencias, de modo que él salió hoy muy temprano. Primero fue a la oficina de correos, que queda muy cerca de su casa.

En el correo:

LUIS —Quiero enviar este paquete a Lima por vía aérea y certificado.

EMPLEADO —Muy bien. Son cincuenta pesos. ¿Algo más?

LUIS —Sí, necesito estampillas para tres tarjetas postales.

EMPLEADO —El total es de cincuenta y tres pesos.

LUIS —Ah, ¿adónde debo ir para enviar un giro postal?

EMPLEADO —Vaya a la ventanilla número dos.

Como su mamá le había dado un cheque para que lo depositara en el banco, Luis tomó el autobús y fue al Banco Central.

En el banco:

LUIS —Quiero depositar este cheque en la cuenta corriente de Beatriz Torres.

CAJERO —¿Tiene Ud. el número de la cuenta?

LUIS —Sí. ¿Podría decirme cuál es el saldo de la cuenta.

CAJERO —No puedo darle esta información; la cuenta no está a su nombre.

LUIS —Mi madre también quiere alquilar una caja de seguridad. ¿Puede Ud. darme los papeles necesarios para que se los lleve a ella?

CAJERO —Si Ud. puede esperar unos minutos, la Srta. Paz lo atenderá en seguida.

Cuando Luis salió del banco fue primero a la biblioteca para devolver un libro y hacer unas fotocopias. Después fue a varias tiendas para comprarle un regalo de cumpleaños a su novia, pero no encontró nada que le gustara. Luis pensó que, si no tuviera que trabajar, podría ir a otras tiendas.

Now repeat each phrase after the speakers. (Dialogue)

Vocabulario

Repeat each word or phrase after the speaker. After your response, you will hear the same word or phrase again. Repeat after the model once more.

Cognado:	la oficina (/)
Nombres:	la caja de seguridad (/) el cajero (/) la cuenta (/) la cuenta corriente (/) el cumpleaños (/) el giro postal (/) el saldo (/)
Verbos:	devolver (/) enviar (/)
Adjetivo:	certificado (/)
Otras palabras y expresiones:	¿Algo más? (/) de modo que (/) por vía aérea (/)

el apartado postal (/) la casilla de correos (/)
el cajero automático (/) el casillero (/) el correo (/)
echar al correo (/) navegar la red (/) pagar cuentas (/)

recoger (/) solicitar un préstamo (/) la sucursal (/)
el talonario de cheques (/) el teléfono celular (/)

Fin de la Lección 20

Repaso: Lecciones 16–20

Práctica oral

The speaker will ask you some questions. Answer each question, using the cue provided. The speaker will verify your response. Repeat the correct answer.

1. ¿Le gusta a Ud. viajar? (/) sí, mucho (/)
   Sí, me gusta mucho viajar. (/)
2. ¿Le dan a Ud. algún descuento cuando viaja? (/) no (/)
   No, no me dan ningún descuento cuando viajo. (/)
3. ¿Prefiere Ud. viajar en tren, en ómnibus o en avión? (/) en avión (/)
   Prefiero viajar en avión. (/)
4. ¿Se marea Ud. cuando el avión despega o aterriza? (/) no (/)
   No, no me mareo cuando el avión despega o aterriza. (/)
5. ¿Ha visitado Ud. México? (/) sí (/)
   Sí, he visitado México. (/)
6. ¿Le gusta a Ud. que sus amigos conozcan a su familia? (/) sí (/)
   Sí, me gusta que mis amigos conozcan a mi familia. (/)
7. ¿Ya pagó Ud. la matrícula en la universidad? (/) sí (/)
   Sí, ya pagué la matrícula en la universidad. (/)
8. ¿Piensa Ud. solicitar una beca el próximo semestre? (/) no (/)
   No, no pienso solicitar una beca el próximo semestre. (/)
9. ¿Espera Ud. que su profesor le dé una buena nota o una mala nota este semestre? (/) buena (/)
   Espero que me dé una buena nota. (/)
10. ¿Qué asignatura le gusta más? (/) el español (/)
    Me gusta más el español. (/)
11. En su opinión, ¿el español es fácil o difícil? (/) difícil (/)
    En mi opinión, el español es difícil. (/)
12. ¿Cuál es su especialización? (/) administración de empresas (/)
    Mi especialización es administración de empresas. (/)
13. ¿Ya tomó Ud. todos los requisitos? (/) no todavía (/)
    No, todavía no tomé todos los requisitos. (/)
14. ¿Estudia Ud. en su casa o en la biblioteca? (/) en mi casa (/)
    Estudio en mi casa. (/)
15. ¿Cuándo va a graduarse Ud.? (/) el año próximo (/)
    Voy a graduarme el año próximo. (/)
16. ¿Qué enfermedades tuvo Ud. de niño? (/) paperas y sarampión (/)
    Tuve paperas y sarampión. (/)
17. ¿Hay alguien en su familia que sufra del corazón? (/) no (/)
    No, no hay nadie en mi familia que sufra del corazón. (/)
18. ¿Tiene Ud. la presión alta o normal? (/) normal (/)
    Tengo la presión normal. (/)
19. Cuando Ud. fue al médico, ¿le recetó pastillas o cápsulas? (/) cápsulas (/)
    Me recetó cápsulas. (/)
20. Cuando Ud. toma jarabe, ¿toma una cucharada o una cucharadita? (/) una cucharada (/)
    Cuando tomo jarabe, tomo una cucharada. (/)
21. ¿Cuándo debe Ud. volver al consultorio del médico? (/) la semana próxima (/)
    Debo volver la semana próxima. (/)
22. ¿Qué usa Ud. para saber si tiene fiebre? (/) un termómetro (/)
    Uso un termómetro para saber si tengo fiebre. (/)
23. ¿Cuánto pesa Ud.? (/) ciento cincuenta libras (/)
    Peso ciento cincuenta libras. (/)
24. ¿Se ha roto Ud. una pierna alguna vez? (/) no (/)
    No, nunca me he roto la pierna. (/)
25. ¿Qué toma Ud. cuando le duele la cabeza? (/) dos aspirinas (/)
    Cuando me duele la cabeza, tomo dos aspirinas. (/)
26. ¿Qué quería su amiga que Ud. hiciera? (/) unas diligencias (/)
    Quería que hiciera unas diligencias. (/)

27. ¿Adónde quería que Ud. fuera con ella? (/) al
    banco y a la tienda (/)
    Quería que fuera con ella al banco y a la
    tienda. (/)
28. ¿Qué querían sus padres que Ud. hiciera? (/)
    devolver los libros a la biblioteca (/)
    Querían que devolviera los libros a la
    biblioteca. (/)
29. Cuando Ud. envía cartas, ¿cómo las envía? (/) por
    vía aérea (/)
    Las envío por vía aérea. (/)
30. ¿Qué haría Ud. si no tuviera que estudiar? (/) salir
    con mis amigos (/)
    Si no tuviera que estudiar, saldría con mis
    amigos. (/)

Para leer y entender

Listen to the reading, paying special attention to
pronunciation and intonation. Make sure you
understand and remember as much as you can. After
listening to the story, answer the questions in your
workbook.

El viaje de José y Teresa

José Luis y su esposa Teresa visitaron el sur de España
el verano pasado. Fueron en tren porque a ella no le
gusta viajar en avión. Los padres de Teresa les
aconsejaron que viajaran en el tren de la noche, que es
el expreso.

En Granada, fueron a visitar a Ana María, la sobrina de
José Luis, que asiste a la universidad. Por desgracia, la
muchacha no pudo pasar mucho tiempo con ellos
porque tuvo que estudiar para un examen parcial en su
clase de administración de empresas. Ana María espera
que le den una beca para el año próximo.

Estuvieron en Granada por cuatro días y después fueron
a Sevilla. Allí, José Luis se cayó en la escalera del
hotel y se fracturó un brazo. Tuvieron que enyesárselo.
El médico le recetó unas cápsulas para el dolor. Al día
siguiente fueron a visitar a Carmen, una amiga de
Teresa, pero la muchacha no estaba en su casa; estaba
en el hospital porque la habían operado de apendicitis.
Carmen no se sentía muy bien y tenía un poco de
fiebre, pero se alegró mucho de ver a Teresa.

Por la tarde fueron a la oficina de correos para mandarle
un paquete a la mamá de José Luis. Era un regalo de
cumpleaños.

AUDIOSCRIPT
for
SPANISH FOR BUSINESS AND FINANCE

Sixth Edition

Ana C. Jarvis
Raquel Lebredo

Introduction to Spanish Sounds

The following guide to Spanish pronunciation is designed to help you do the exercises in this tape program and to enhance your speaking ability. You will find the printed version of this guide in Appendix A of your manual.

You will hear a series of words related to a particular sound. Repeat each word after the speaker, imitating the pronunciation as closely as you can.

The Vowels

1. The Spanish **a** has a sound similar to the English *a* in the word *father.* Repeat:

Ana	casa	banana
mala	dama	mata

2. The Spanish **e** is pronounced like the English *e* in the word *eight.* Repeat:

este	René	teme
déme	entre	bebe

3. The Spanish **i** is pronounced like the English *ee* in the word *see.* Repeat:

sí	difícil	Mimí
ir	dividir	Fifí

4. The Spanish **o** is similar to the English *o* in the word *no,* but without the glide. Repeat:

solo	poco	como
toco	con	monólogo

5. The Spanish **u** is similar to the English *ue* sound in the word *Sue.* Repeat:

Lulú	un	su
universo	murciélago	

The Consonants

1. The Spanish **p** is pronounced like the English *p* in the word *spot.* Repeat:

pan	papá	Pepe
pila	poco	pude

2. The Spanish **c** in front of **a, o, u, l,** or **r** sounds similar to the English *k.* Repeat:

casa	como	cuna
clima	crimen	cromo

3. The Spanish **q** is only used in the combinations **que** and **qui** in which the **u** is silent and also has a sound similar to the English *k.* Repeat:

que	queso	Quique
quinto	quema	quiso

4. The Spanish **t** is pronounced like the English *t* in the word *stop.* Repeat:

toma	mata	tela
tipo	atún	Tito

5. The Spanish **d** at the beginning of an utterance or after **n** or **l** sounds somewhat similar to the English *d* in the word *David.* Repeat:

día	dedo	duelo
anda	Aldo	

   In all other positions, the **d** has a sound similar to the English *th* in the word *they.* Repeat:

medida	todo	nada
Ana dice	Eva duda	

6. The Spanish **g** also has two sounds. At the beginning of an utterance and in all other positions, except before **e** and **i**, the Spanish **g** sounds similar to the English *g* in the word *sugar.* Repeat:

goma	gato	tengo
lago	algo	aguja

   In the combinations **gue** and **gui**, the **u** is silent. Repeat:

Águeda	guineo	guiso
ligue	la guía	

7. The Spanish **j**, and **g** before **e** or **i**, sounds similar to the English *h* in the word *home.* Repeat:

jamás	juego	jota
Julio	gente	Genaro
gime		

8. The Spanish **b** and the **v** have no difference in sound. Both are pronounced alike. At the beginning of the utterance or after **m** or **n**, they sound similar to the English *b* in the word *obey.* Repeat:

Beto	vaga	bote
vela	también	un vaso

   Between vowels, they are pronounced with the lips barely closed. Repeat:

sábado	yo voy	sabe
Ávalos	eso vale	

9. In most Spanish-speaking countries, the **y** and the **ll** are similar to the English *y* in the word *yet.* Repeat:

yo	llama	yema
lleno	ya	lluvia
llega		

10. The Spanish **r** (**ere**) is pronounced like the English *tt* in the word *gutter*. Repeat:

cara	pero	arena
carie	Laredo	Aruba

The Spanish **r** in an initial position and after **l**, **n**, or **s**, and **rr** (**erre**) in the middle of a word are pronounced with a strong trill. Repeat:

Rita	Rosa	torre
ruina	Enrique	Israel
perro	parra	rubio
alrededor	derrama	

11. The Spanish **s** sound is represented in most of the Spanish-speaking world by the letters **s**, **z**, and **c** before **e** or **i**. The sound is very similar to the English sibilant *s* in the word *sink*. Repeat:

sale	sitio	solo
seda	suelo	zapato
cerveza	ciudad	cena

In most of Spain, the **z**, and **c** before **e** or **i**, is pronounced like the English *th* in the word *think*. Repeat:

zarzuela	cielo	docena

12. The letter **h** is silent in Spanish. Repeat:

hilo	Hugo	ahora
Hilda	almohada	hermano

13. The Spanish **ch** is pronounced like the English *ch* in the word *chief*. Repeat:

muchacho	chico	coche
chueco	chaparro	

14. The Spanish **f** is identical in sound to the English *f*. Repeat:

famoso	feo	difícil
fuego	foto	

15. The Spanish **l** is pronounced like the English *l* in the word *lean*. Repeat:

dolor	ángel	fácil
sueldo	salgo	chaval

16. The Spanish **m** is pronounced like the English *m* in the word *mother*. Repeat:

mamá	moda	multa
médico	mima	

17. In most cases, the Spanish **n** has a sound similar to the English *n*. Repeat:

nada	norte	nunca
entra	nene	

The sound of the Spanish **n** is often affected by the sounds that occur around it. When it appears before **b**, **v**, or **p**, it is pronounced like the English *m*. Repeat:

invierno	tan bueno	un vaso
un bebé	un perro	

18. The Spanish **ñ** (**eñe**) has a sound similar to the English *ny* in the word *canyon*. Repeat:

muñeca	leña	año
señorita	piña	señor

19. The Spanish **x** has two pronunciations, depending on its position. Between vowels, the sound is similar to the English *ks*. Repeat:

examen	boxeo
exigente	éxito

Before a consonant, the Spanish **x** sounds like the English *s*. Repeat:

expreso	excusa
exquisito	extraño

Linking

In spoken Spanish, the various words in a phrase or sentence are not pronounced as isolated elements, but are combined. This is called *linking*.

1. The final consonant of a word is pronounced together with the initial vowel of the following word. Repeat:

Carlos‿anda	un‿ángel
el‿otoño	unos‿estudiantes

2. The final vowel of a word is pronounced together with the initial vowel of the following word. Repeat:

su‿esposo	la‿hermana
ardua‿empresa	la‿invita

3. When the final vowel of a word and the initial vowel of the following word are identical, they are pronounced slightly longer than one vowel. Repeat:

Ana‿alcanza	me‿espera
mi‿hijo	lo‿olvida

The same rule applies when two identical vowels appear within a word. Repeat:

cooperación	crees
leemos	coordinación

4. When the final consonant of a word and the initial consonant of the following word are the same, they are pronounced as one consonant with slightly longer-than-normal duration. Repeat:

el‿lado   un‿novio   Carlos‿salta
tienes‿sed   al‿leer

End of Introduction to Spanish Sounds

Lección preliminar

You will hear several brief dialogues. First they will be read without pauses. Then the speakers will read them again with pauses for you to repeat what you hear. Listen carefully.

Conversaciones breves

A.   —Buenos días, señor Martínez. ¿Cómo está usted?
—Muy bien, gracias, señorita Vega. ¿Y usted?
—Bien, gracias.

B.   —Buenas tardes, señora.
—Buenas tardes, señor. Pase y tome asiento, por favor. ¿En qué podemos servirle?

C.   —Buenas noches, señorita, y muchas gracias. Hasta mañana.
—De nada, para servirle. Adiós.

D.   —¿Con quién desea usted hablar?
—Con la jefa de compras.
—Lo siento, pero la línea está ocupada.
—Entonces llamo más tarde.

E.   —Agencia de Publicidad Morales, buenos días.
—Buenos días, señorita. Con el señor Romero, por favor. Soy la gerente de la empresa Alfa.
—Un momento, por favor.

F.   —¿Nombre y apellido?
—José Luis Torres Fuentes.
—¿Dirección?
—Calle Palma, número diez.
—¿Número de teléfono?
—Ocho-dos-ocho-cero-seis-uno-dos.
—¿Es usted casado, soltero... ?
—Soy divorciado.

Now repeat each phrase after the speakers.
(Dialogues A–F)

Vocabulario

Repeat each word or phrase after the speaker in the pause provided. After your response, you will hear the same word or phrase again. Repeat after the model once more.

Saludos y despedidas: adiós (/) buenas noches (/)
buenas tardes (/) buenos días (/)
¿Cómo está usted? (/)
Hasta mañana. (/) Bien. (/)
Muy bien, gracias. (/)

Títulos: señor (/) señora (/) señorita (/)
Nombres: el apellido (/) la calle (/)
la dirección (/) el domicilio (/)
el gerente (/) el gerente general (/)
el jefe de compras (/) el nombre (/)

Adjetivos: casado (/) divorciado (/) soltero (/)
Verbo: ser (/)
Otras palabras y expresiones: la agencia de publicidad (/) con (/)
¿Con quién desea usted hablar? (/)
las conversaciones breves (/)
De nada. (/)
¿En qué podemos servirle? (/)
¿En qué puedo servirle? (/)
Entonces llamo más tarde. (/)
La línea está ocupada. (/)
Lo siento. (/) Muchas gracias. (/)
el número de teléfono (/) Pase. (/)
para servirle (/) por favor (/)
un momento (/) y (/)

Fin de la Lección preliminar

Lección 1

Diálogo

You will hear a dialogue. First it will be read without pauses. Then the speakers will read it again with pauses for you to repeat what you hear. Listen carefully.

El viaje de negocios

La señora López, compradora de la firma Leatherworks de Nueva York, viaja a Monterrey, México.

Por teléfono:

EMPLEADA	—Aeroméxico, buenos días. ¿En qué puedo servirle?
SRA. LÓPEZ	—Buenos días. Deseo reservar un asiento para el vuelo a Monterrey de mañana, a las tres y veinte de la tarde.
EMPLEADA	—¿Pasaje de ida y vuelta o de ida solamente?
SRA. LÓPEZ	—De ida y vuelta.
EMPLEADA	—¿Cuándo desea regresar?
SRA. LÓPEZ	—El jueves, en el último vuelo de la tarde.
EMPLEADA	—Muy bien. ¿Sección de no fumar?
SRA. LÓPEZ	—Sí, por favor; yo no fumo.
EMPLEADA	—¿Desea un asiento de ventanilla o de pasillo?
SRA. LÓPEZ	—De ventanilla, por favor.
EMPLEADA	—Bien, fila ocho, asiento F.

En el mostrador de Aeroméxico:

SRA. LÓPEZ	—¿A qué hora anuncian el vuelo a Monterrey?
EMPLEADO	—Veinte minutos antes de la salida, por la puerta número veinticuatro.

En el avión:

SRA. LÓPEZ	—Señorita, por favor, necesito una almohada y una cobija.
AUXILIAR DE VUELO	—En seguida. ¿Desea un periódico o una revista?
SRA. LÓPEZ	—Un periódico mexicano, por favor.
AUXILIAR DE VUELO	—Cómo no.
SRA. LÓPEZ	—Y por favor, ¿qué hora es?
AUXILIAR DE VUELO	—Son las seis y cinco. Llegamos a Monterrey a las ocho y media.

Por el altoparlante:

—¡Atención a todos los pasajeros! Favor de llenar ahora la declaración de aduana para evitar demoras en el aeropuerto.

Now repeat each phrase after the speakers. (Dialogue)

Vocabulario

Repeat each word or phrase after the speaker. After your response, you will hear the same word or phrase again. Repeat after the model once more.

Cognados:	el aeropuerto (/) atención (/) México (/) mexicano (/) el minuto (/) la sección (/)
Nombres:	la aduana (/) la almohada (/) altoparlante (/) al altavoz (/) el asiento (/) el asiento de pasillo (/) el asiento de ventanilla (/) el auxiliar de vuelo (/) la cobija (/) la frazada (/) la manta (/) el comprador (/) la declaración de aduana (/) la demora (/) el empleado (/) la fila (/) la firma (/) la casa (/) el mostrador (/) el negocio (/) los negocios (/) el pasaje (/) el billete (/) el pasaje de ida (/) el billete de ida (/) el pasaje de ida y vuelta (/) el billete de ida y vuelta (/) el pasajero (/) el periódico (/) la puerta (/) la revista (/) la salida (/) la tarde (/) el viaje de negocios (/) el vuelo (/)
Verbos:	anunciar (/) desear (/) evitar (/) fumar (/) llegar (/) llegar a (/) llenar (/) rellenar (/) completar (/) necesitar (/) regresar (/) reservar (/) viajar (/)
Adjetivos:	todos (/) último (/)
Otras palabras y expresiones:	a (/) a las (/) ¿A qué hora? (/) ahora (/) ahorita (/) antes (/) antes de (/) cómo no (/) ¿cuándo? (/) de (/) en (/) en seguida (/) favor de (/) mañana (/) o (/) para (/) por (/) ¿qué? (/) ¿Qué hora es? (/) sí (/) solamente (/) sólo (/) Son las (/)

Vocabulario adicional

Para viajar en avión:

a la llegada (/) al llegar (/)
abrocharse el cinturón de seguridad (/) la aerolínea (/)
el aterrizaje (/) el baño (/) el servicio (/) el excusado (/)
el caballero (/) confirmar (/) la dama (/) debajo (/)
debajo de (/) el despegue (/) durante (/) la emergencia (/)
los equipos electrónicos (/) el pase de abordar (/)
la tarjeta de embarque (/) prohibido (/) reclinar (/)
la reservación (/) la reserva (/) el salvavidas (/) usar (/)

Fin de la Lección 1

Lección 2

Diálogo

You will hear a dialogue. First it will be read without pauses. Then the speakers will read it again with pauses for you to repeat what you hear. Listen carefully.

En el aeropuerto de Monterrey, México

A la llegada, la señora López habla con un empleado de la aerolínea.

SRA. LÓPEZ	—Perdón, señor, ¿dónde queda la aduana?
EMPLEADO	—En la planta baja, a la derecha. Debe bajar por la escalera.

En la aduana:

EMPLEADO	—¿Es usted ciudadana mexicana?
SRA. LÓPEZ	—No, soy extranjera.
EMPLEADO	—La fila de la izquierda, por favor.
SRA. LÓPEZ	—¿Abro el equipaje?
INSPECTOR	—Sí, por favor. ¿Algo que declarar?
SRA. LÓPEZ	—Sí, una computadora portátil, una cámara de vídeo y una cámara fotográfica.
INSPECTOR	—¿Son para su uso personal?
SRA. LÓPEZ	—Sí, señor.
INSPECTOR	—¿Bebidas alcohólicas, cigarrillos, medicinas?
SRA. LÓPEZ	—No, señor.
INSPECTOR	—Entonces no necesita pagar derechos.

A la salida de la aduana:

EMPLEADO	—Los comprobantes, por favor. ¿Dos bultos?
SRA. LÓPEZ	—Sí, la maleta grande y el bolso pequeño.
EMPLEADO	—Muy bien. Bienvenida a México.

La señora López llama a un maletero que pasa.

SRA. LÓPEZ	—Primero, a la casa de cambio, y después, a la parada de taxis.

En la casa de cambio:

SRA. LÓPEZ	—¿A cómo está el cambio?
EMPLEADA	—A diez quince pesos por dólar.
SRA. LÓPEZ	—Ahora el dólar sube o baja casi todos los días, ¿verdad?
EMPLEADA	—Sí, señora, la tasa de cambios no es estable.
SRA. LÓPEZ	—Bien, deseo cambiar doscientos dólares. ¿Aceptan cheques de viajero?
EMPLEADA	—Sí, señora. Debe firmar los cheques aquí y escribir la fecha de hoy.
SRA. LÓPEZ	—¿Necesita ver mi pasaporte?
EMPLEADA	—Sí, por favor.

El maletero lleva el equipaje de la señora López a la parada de taxis. La señora López toma un taxi.

Now repeat each phrase after the speakers. (Dialogue)

Vocabulario

Repeat each word or phrase after the speaker. After your response, you will hear the same word or phrase again. Repeat after the model once more.

Cognados:	la aerolínea (/) alcohólico (/) la cámara de video (/) el cheque (/) el dólar (/) estable (/) el inspector (/) la medicina (/) el medicamento (/) mexicano (/) el pasaporte (/) perdón (/) portátil (/) el taxi (/)
Nombres:	la bebida (/) el bolso (/) la bolsa (/) el maletín de mano (/) el bulto (/) la cámara fotográfica (/) la casa de cambio (/) el cheque de viajero (/) el cigarrillo (/) el ciudadano (/) el comprobante (/) el computador (/) el ordenador (/) el computador portátil (/)

el ordenador portátil (/)
los derechos (/) los aranceles (/)
el impuesto (/) el equipaje (/)
los velices (/) la escalera (/)
el extranjero (/) la fecha (/) la fila (/)
la maleta (/) la valija (/)
el maletero (/) la parada de taxis (/)
la planta baja (/)
la tasa de cambios (/)

Verbos: abrir (/) aceptar (/) bajar (/)
cambiar (/) deber (/) escribir (/)
firmar (/) llamar (/) llevar (/) mirar (/)
pagar (/) quedar (/) subir (/) tomar (/)
ver (/)

Adjetivos: bienvenido (/) grande (/) mi (/)
pequeño (/) su (/)

Otras palabras
y expresiones: ¿A cómo está el cambio? (/)
a la derecha (/) a la izquierda (/)
a la llegada (/)

¿Algo que declarar? (/) casi (/)
de la izquierda (/) de la derecha (/)
después (/) ¿dónde? (/) hoy (/)
para su uso personal (/) primero (/)
que pasa (/) todos los días (/)
¿verdad? (/)

Vocabulario adicional

la calculadora de bolsillo (/) el centavo (/)
el dinero en efectivo (/) la escalera mecánica (/)
la grabadora de vídeo (/) la videograbadora (/)
la casetera (/) libre de derechos (/)
libre de impuestos (/) la mercancía (/) las mercancías (/)
los géneros (/) la planta alta (/) el radio de batería (/)
el radio de pilas (/) la tabla de cotizaciones (/)
la tarjeta de crédito (/) la tarjeta de residente (/)
el televisor portátil (/)

Fin de la Lección 2

Lección 3

Diálogo

You will hear a dialogue. First it will be read without
pauses. Then the speakers will read it again with
pauses for you to repeat what you hear. Listen
carefully.

En el hotel

La señora López llama por teléfono al hotel Calinda
Roma para reservar una habitación.

EMPLEADO   —Hotel Calinda Roma, buenos días.
SRA. LÓPEZ   —Buenos días. Deseo reservar una
habitación por cuatro días, a partir de
hoy.
EMPLEADO   —¿Para cuántas personas?
SRA. LÓPEZ   —Para una persona. ¿Cuánto es?
EMPLEADO   —Trescientos cuarenta y cinco pesos
por día, más impuestos. ¿A qué
hora va a llegar al hotel?
SRA. LÓPEZ   —A las diez y media de la noche, más o
menos.
EMPLEADO   —Bien, para asegurar su reservación,
necesito los datos de su tarjeta de
crédito.
SRA. LÓPEZ   —Me llamo Sonia López y mi tarjeta es
una VISA, número 4723-5561-1096-
8289.
EMPLEADO   —¿Válida hasta cuándo?

SRA. LÓPEZ   —La fecha de vencimiento es junio del
año 2002.
EMPLEADO   —¿Cuál es su dirección, señora?
SRA. LÓPEZ   —Calle ciento veinticuatro, número
setecientos ochenta y nueve,
apartamento once, Nueva York.
EMPLEADO   —Muy bien, eso es todo.
SRA. LÓPEZ   —Por favor, ¿a qué distancia del
aeropuerto está el hotel?
EMPLEADO   —A unos ocho kilómetros.

A la llegada, en la recepción:

SRA. LÓPEZ   —Buenos noches, soy la señora López,
de los Estados Unidos.
EMPLEADO   —¡Bienvenida a Monterrey, señora
López! Su habitación está lista.
Ahora debe llenar la tarjeta de
huésped, por favor.
SRA. LÓPEZ   —¿En qué piso está mi habitación?
EMPLEADO   —En el cuarto piso.
SRA. LÓPEZ   —No da a la calle, ¿verdad? Aquí hay
mucho ruido.
EMPLEADO   —Sí, estamos situados en el centro de
la ciudad, pero su habitación es
interior. *(Llama a Antonio, el*
botones.) Antonio, a la recámara
434.

El botones toma las maletas de la señora López y la
llave de la habitación.

| BOTONES | —Por aquí, señora. *(Ambos van hacia el ascensor.)* |

En la habitación:

| BOTONES | —¿Necesita algo más, señora? |
| SRA. LÓPEZ | —Nada más, gracias. |

Al poco rato la señora López llama por teléfono a la recepción.

EMPLEADO	—Recepción.
SRA. LÓPEZ	—Soy la señora López.
EMPLEADO	—¿Quién?
SRA. LÓPEZ	—Soy la señora López y estoy en la habitación 434. El aire acondicionado no funciona bien.
EMPLEADO	—En seguida va para allá el botones para trasladar su equipaje a otra recámara. Lamentamos mucho el inconveniente.

Now repeat each phrase after the speakers. (Dialogue)

Vocabulario

Repeat each word or phrase after the speaker. After your response, you will hear the same word or phrase again. Repeat after the model once more.

| *Cognados:* | el apartamento (/) el crédito (/) el hotel (/) el inconveniente (/) interior (/) el kilómetro (/) la persona (/) la reservación (/) la reserva (/) situado (/) el teléfono (/) válido (/) |
| *Nombres:* | el aire acondicionado (/) el ascensor (/) el elevador (/) el botones (/) |

el centro de la ciudad (/) los datos (/)
la fecha de vencimiento (/)
la habitación (/) el cuarto (/)
la recámara (/) el huésped (/)
el impuesto (/) la llave (/) el piso (/)
la recepción (/) el ruido (/)
la tarjeta (/) la tarjeta de crédito (/)
la tarjeta de registro (/)
la tarjeta de huésped (/)

Verbos:	asegurar (/) dar (/) estar (/) funcionar (/) ir (/) lamentar (/) llamar (/) trasladar (/)
Adjetivos:	ambos (/) cuarto (/) listo (/) mucho (/) otro (/)
Otras palabras y expresiones:	a partir de (/) a partir del día (/) ¿a qué distancia? (/) al poco rato (/) ¿Algo más? (/) allá (/) ¿cuál? (/) ¿cuánto? (/) ¿cuántos? (/) da a la calle (/) en seguida va para allá (/) eso es todo (/) hacia (/) hasta (/) hay (/) ir a (/) más (/) mas o menos (/) Me llamo... (/) muy bien (/) nada (/) nada más (/) pero (/) por (/) por aquí (/) por día (/) ¿quién? (/) unos (/)

Vocabulario adicional

el agua caliente (/) el agua fría (/) las cortinas (/)
dejar una propina (/) desocupar la habitación (/)
la ducha (/) la regadera (/) el inodoro (/) el jabón (/)
el lavabo (/) limpio (/) prender la luz (/)
apagar la luz (/) la sábana (/)
el servicio de habitación (/) sucio (/) la televisión (/)
el televisor (/) la toalla (/)

Fin de la Lección 3

Lección 4

Diálogo

You will hear a dialogue. First it will be read without pauses. Then the speakers will read it again with pauses for you to repeat what you hear. Listen carefully.

Las comidas

Al día siguiente, por la mañana, la señora López va a la cafetería del hotel para tomar el desayuno.

MESERA	—Buenos días, señora. ¿Cuántos son?
SRA. LÓPEZ	—Yo sola.
MESERA	—Por aquí, por favor.
SRA. LÓPEZ	—¿Cuál es el desayuno típico mexicano?
MESERA	—Huevos, frijoles, tortillas... Aquí tiene el menú. ¿Café?
SRA. LÓPEZ	—¿El café mexicano es fuerte?
MESERA	—Es más fuerte que el café americano, pero no tan fuerte como el café expreso italiano.
SRA. LÓPEZ	—¿Tienen café descafeinado?

MESERO	—Sí, pero es café instantáneo.
SRA. LÓPEZ	—Entonces voy a tomar café con leche.
MESERA	—Muy bien, ¿y para comer?
SRA. LÓPEZ	—¿Cómo son los huevos rancheros?
MESERA	—Vienen con una salsa de tomate y chile.
SRA. LÓPEZ	—¿No hay tostadas u otro tipo de pan? ¡Tengo mucha hambre!
MESERA	—Sí, señora, pero aquí las tortillas son más populares que el pan.

En un restaurante, a la hora del almuerzo:

MESERO	—¿Desea usted tomar algo antes del almuerzo?
SRA. LÓPEZ	—No, ahora no. ¿Cuál es la especialidad de la casa?
MESERO	—Los mariscos y el pescado.
SRA. LÓPEZ	—El lenguado, ¿es fresco?
MESERO	—Todos los pescados son frescos: el lenguado, el huachinango, el mero, la corbina...
SRA. LÓPEZ	—¿Cuál es el mejor?
MESERO	—Todos son buenos, señora. Tan buenos como el lenguado o mejores.
SRA. LÓPEZ	—¿Qué es el huachinango?
MESERO	—Es el pargo de otros países, y el *red snapper* de los Estados Unidos.
SRA. LÓPEZ	—¿Con qué viene?
MESERO	—Con arroz y ensalada mixta o vegetales.
SRA. LÓPEZ	—Entonces, huachinango asado con vegetales y arroz.
MESERO	—¿Algo para tomar?
SRA. LÓPEZ	—Una copa de vino blanco Marqués de Riscal.

Cuando la señora López termina de comer, llama al mesero.

MESERO	—¿Café, postre?
SRA. LÓPEZ	—No, gracias. La cuenta, por favor. Tengo prisa. Tengo que estar en el Centro Comercial Delta a las tres.
MESERO	—Tiene tiempo, señora. De aquí al Centro Comercial demora menos de quince minutos.

La señora López paga la cuenta y deja la propina en la mesa.

Now repeat each phrase after the speakers. (Dialogue)

Vocabulario

Repeat each word or phrase after the speaker. After your response, you will hear the same word or phrase again. Repeat after the model once more.

Cognados:	americano (/) la cafetería (/) el chile (/) el ají (/) la especialidad (/) el menú (/) popular (/) el restaurante (/) el restorán (/) típico (/) el tomate (/) la tortilla (/) los vegetales (/)
Nombres:	el arroz (/) el café (/) el café con leche (/) el café expreso (/) el café solo (/) la casa (/) el centro comercial (/) la copa (/) la corbina (/) la cuenta (/) el desayuno (/) la ensalada (/) los Estados Unidos (/) el frijol (/) el huevo (/) el blanquillo (/) la leche (/) el lenguado (/) el marisco (/) el mero (/) la mesa (/) el mesero (/) el mozo (/) el camarero (/) el país (/) el pan (/) el pargo (/) el pagro (/) el huachinango (/) el pescado (/) el postre (/) la salsa (/) el tipo (/) la tostada (/) el pan tostado (/) el vino (/)
Verbos:	comer (/) dejar (/) demorar (/) leer (/) tener (/) terminar (/) tomar (/) beber (/) venir (/)
Adjetivos:	asado (/) descafeinado (/) fresco (/) fuerte (/) instantáneo (/) mejor (/) mixto (/) muchos (/) todos (/)
Otras palabras y expresiones:	a la hora del almuerzo (/) al día siguiente (/) aquí (/) aquí tiene... (/) ¿cómo? (/) ¿Cómo son...? (/) cuando (/) cuando termina de comer (/) entonces (/) menos de (/) por la mañana (/) que (/) tan... como (/) tener hambre (/) tener prisa (/) tener que (/) tomar algo (/) ya (/) yo solo (/)

Vocabulario adicional

Ensaladas:

la ensalada de aguacate (/) la ensalada de berro (/) la ensalada de lechuga (/) la ensalada de tomate (/)

Sopas:

la sopa de pollo y fideos (/)
la sopa de pescado con arroz (/)
la sopa de vegetales (/)

Pescados:

el atún (/) el bonito (/) el bacalao (/) el salmón (/)
la trucha (/)

Mariscos:

las almejas (/) los calamares (/) los camarones (/)
las gambas (/) el cangrejo (/) la langosta (/)

Aves:

el pato (/) el pavo (/) el guajolote (/) el guanajo (/)
el pollo (/)

Carnes:

el bistec (/) la carne de res (/) el cordero (/) el puerco (/)
el cerdo (/) la ternera (/)

Vegetales:

el apio (/) el bróculi (/) el brécol (/) los guisantes (/)
los chícharos (/) la papa (/) la patata (/) la zanahoria (/)

Modos de preparar la comida:

al gusto (/) al horno (/) horneado (/) al vapor (/)
bien cocido (/) bien cocinado (/) crudo (/) estofado (/)
guisado (/) frito (/) hervido (/) relleno (/)
término medio (/)

Fin de la Lección 4

Lección 5

Diálogo

You will hear a dialogue. First it will be read without pauses. Then the speakers will read it again with pauses for you to repeat what you hear. Listen carefully.

Comprando para importar a los Estados Unidos

Por teléfono:

RECEPCIONISTA	—Cueros de Nuevo León, S. A. (ese, a). Buenos días.
SRA. LÓPEZ	—Buenos días, señorita. Soy Sonia López, compradora de la firma Leatherworks, una cadena de tiendas al detalle de los Estados Unidos.
RECEPCIONISTA	—¿En qué podemos servirle, señora López?
SRA. LÓPEZ	—Necesito hablar con el jefe de ventas al por mayor.
RECEPCIONISTA	—Un momento, por favor. Voy a llamar a su oficina. *(Por el intercomunicador.)* Julia, la señora López, compradora de una firma americana, quiere hablar con el señor Fernández. *(Escucha un momento.)* Lo siento, señora López, pero el jefe de ventas está ocupado. Ahora está atendiendo a un cliente.
SRA. LÓPEZ	—Quiero hacer una cita para hablar con él hoy mismo, si es posible. Prefiero ir por la tarde.
RECEPCIONISTA	—Sí, está bien. Él está disponible a las tres. ¿Tiene la dirección?
SRA. LÓPEZ	—Sí, señorita. Muchas gracias y hasta luego.

A las tres y cinco de la tarde, en la oficina del señor Fernández:

SRA. LÓPEZ	—Estoy interesada en comprar artículos de cuero para mi firma en los Estados Unidos.
SR. FERNÁNDEZ	—Entonces, primero debe ver la gran variedad de artículos que fabricamos. Vamos al salón de exhibición y venta.

En el salón de exhibición:

SR. FERNÁNDEZ	—Bien, aquí tenemos prendas de vestir para hombres y mujeres. Al fondo están los accesorios.
SRA. LÓPEZ	—¿No tienen artículos de mejor calidad?
SR. FERNÁNDEZ	—Sí, señora. Si prefiere ver artículos más caros, vamos al otro salón.

SRA. LÓPEZ	—Aquí sí tienen lo que estoy buscando.
SR. FERNÁNDEZ	—Sí, todos estos artículos están fabricados en cueros de primera calidad.
SRA. LÓPEZ	—¿Los diseños son originales?
SR. FERNÁNDEZ	—Sí, son creaciones exclusivas de la casa.
SRA. LÓPEZ	—¿Los precios marcados son para ventas al detalle?
SR. FERNÁNDEZ	—Sí, señora. En las ventas al por mayor damos descuentos hasta del cincuenta por ciento, de acuerdo con la cantidad y con el costo de fabricación de cada artículo.
SRA. LÓPEZ	—Bien, yo voy a seleccionar varios artículos. Estoy anotando los modelos que prefiero. Después discutimos precios y condiciones.
SR. FERNÁNDEZ	—Comprendo, señora. Estamos a su disposición.
SRA. LÓPEZ	—El primer pedido va a ser pequeño. Queremos ver qué aceptación tienen sus productos en el mercado de los Estados Unidos.

Now repeat each phrase after the speakers. (Dialogue)

Vocabulario

Repeat each word or phrase after the speaker. After your response, you will hear the same word or phrase again. Repeat after the model once more.

Cognados: el accesorio (/) el artículo (/)
el cliente (/) la condición (/)
el costo (/) el coste (/) la creación (/)
exclusivo (/) la firma (/)
el intercomunicador (/) el modelo (/)
el momento (/) la oficina (/)
el producto (/) el recepcionista (/)
la variedad (/) varios (/)

Nombres: la cadena (/) la calidad (/)
la cantidad (/) la cita (/) el cuero (/)
el descuento (/) el diseño (/)
la fabricación (/) el hombre (/)
el jefe (/) el jefe de ventas (/)
el mercado (/) la mujer (/)
el pedido (/) la orden (/) el precio (/)
la prenda de vestir (/)
el salón de exhibición (/)
la sociedad anónima (S. A.) (/)
la tienda (/) la venta (/)

Verbos: anotar (/) atender (/) buscar (/)
comprar (/) comprender (/)
entender (/) discutir (/) escuchar (/)
fabricar (/) producir (/) hablar (/)
hacer (/) importar (/) preferir (/)
querer (/) seleccionar (/) vender (/)

Adjetivos: cada (/) caro (/) disponible (/)
este (/) estos (/) fabricado (/)
interesado (/) marcado (/)
ocupado (/)

Otras palabras
y expresiones: al detalle (/) al detal (/)
al por menor (/) al menudeo (/)
al fondo (/) al por mayor (/)
al mayoreo (/) de acuerdo (/)
de acuerdo con (/)
de primera calidad (/)
¿Está bien si... ? (/)
Estamos a su disposición. (/)
hoy mismo (/) lo que (/) la que (/)
por ciento (/) que (/) si es posible (/)
tener aceptación (/) Vamos. (/)

Vocabulario adicional

el almacén (/) el anticipo (/) barato (/) la compra (/)
la compraventa (/) conceder un crédito (/) el contrato (/)
la fábrica (/) la factoría (/) la marca de fábrica (/)
la materia prima (/) pagar a plazos (/)
pagar al contado (/) el precio de compra (/)
el precio de venta (/) la reunión (/) la junta (/)
la utilidad bruta (/) la utilidad neta (/)

Fin de la Lección 5

Repaso: Lecciones 1–5

Práctica oral

Listen to the following exercise. The speaker will ask you some questions. Answer the questions, using the cues provided. The speaker will confirm the correct answer. Repeat the correct answer.

1. ¿Desea usted un pasaje de ida y vuelta, señora? (/) no, de ida solamente (/)
No, deseo un pasaje de ida solamente. (/)
2. ¿Cuándo desea viajar usted? (/) mañana (/)
Deseo viajar mañana. (/)

3. ¿Cuándo quiere regresar usted? (/) el jueves (/)
Quiero regresar el jueves. (/)

4. ¿Desea usted un asiento de ventanilla o de pasillo? (/) de pasillo (/)
Deseo un asiento de pasillo. (/)

5. ¿Necesita usted algo? (/) sí, una almohada (/)
Sí, necesito una almohada. (/)

6. ¿Tiene usted algo que declarar? (/) sí, una computadora (/)
Sí, tengo que declarar una computadora. (/)

7. ¿Tiene usted bebidas alcohólicas? (/) no, solamente cigarrillos (/)
No, tengo cigarrillos solamente. (/)

8. ¿Tiene usted los comprobantes para su equipaje? (/) sí, aquí están (/)
Sí, aquí están los comprobantes. (/)

9. ¿Cuál es su equipaje? (/) esta maleta grande y estos bolsos (/)
Mi equipaje es esta maleta grande y estos bolsos. (/)

10. ¿Tiene usted su pasaporte? (/) sí, aquí está (/)
Sí, aquí está mi pasaporte. (/)

11. ¿Dónde cambian dólares? (/) en la casa de cambio (/)
Cambian dólares en la casa de cambio. (/)

12. ¿A cómo está el cambio de moneda, señor? (/) a diez pesos por dólar (/)
El cambio de moneda está a diez pesos por dólar. (/)

13. ¿Cuántas habitaciones desea usted, señora? (/) una (/)
Deseo una habitación. (/)

14. ¿Tiene usted reservación para hoy? (/) no (/)
No, no tengo reservación para hoy. (/)

15. ¿Va a pagar con cheques de viajero? (/) no, con tarjeta de crédito (/)
No, voy a pagar con tarjeta de crédito. (/)

16. ¿Hasta cuándo es válida su tarjeta de crédito? (/) junio del 2003 (/)
Mi tarjeta es válida hasta junio del 2003. (/)

17. ¿En qué piso está la habitación? (/) en el cuarto piso (/)
La habitación está en el cuarto piso. (/)

18. ¿Es una habitación interior? (/) no, da a la calle (/)
No, la habitación da a la calle. (/)

19. Deseo hablar con el jefe de ventas, ¿está aquí? (/) no, no está aquí ahora (/)
No, el jefe de ventas no está aquí ahora. (/)

20. ¿Es posible hacer una cita con él? (/) sí, para hoy a las tres (/)
Sí, es posible hacer una cita para hoy a las tres. (/)

21. ¿Qué artículos desea comprar usted? (/) prendas de vestir de cuero (/)
Deseo comprar prendas de vestir de cuero. (/)

22. Los precios marcados, ¿son para ventas al por mayor? (/) no, al menudeo (/)
No, los precios marcados son para ventas al menudeo. (/)

23. ¿Qué descuento dan ustedes en sus ventas al por mayor? (/) el cincuenta por ciento (/)
Damos el cincuenta por ciento de descuento. (/)

24. ¿Qué artículos son fabricados por ustedes? (/) todos (/)
Todos los artículos son fabricados por nosotros. (/)

25. ¿Los diseños de los modelos son originales? (/) sí, todos (/)
Sí, todos los diseños son originales. (/)

Lección 6

Diálogo

You will hear a dialogue. First it will be read without pauses. Then the speakers will read it again with pauses for you to repeat what you hear. Listen carefully.

Vendiendo para exportar desde los Estados Unidos

El señor Johnson, viajante de la firma Flagler Auto Parts, de Miami, visita al señor Rodríguez, administrador de Nuevos Servicentros, S. A., una cadena de talleres de reparación de automóviles de Caracas, Venezuela.

SR. JOHNSON —Estamos tratando de penetrar el mercado de Venezuela, y tenemos buenas ofertas para usted.

SR. RODRÍGUEZ —Ustedes venden silenciadores y tubos de escape, ¿verdad?

SR. JOHNSON —Sí, señor. Además vendemos repuestos para la reparación de los frenos y de los sistemas de suspensión de los carros.

SR. RODRÍGUEZ —En realidad, estamos satisfechos con nuestros suministradores locales, pero podemos hacer negocio. Todo depende de la calidad y precio de su mercancía.

SR. JOHNSON	—Sólo vendemos piezas de marcas acreditadas, y estoy seguro de que, en precios, nadie puede competir con nosotros.
SR. RODRÍGUEZ	—Bien, estoy interesado en las líneas de silenciadores y tubos de escape, y también en los amortiguadores Monroe.
SR. JOHNSON	—¿No usan ustedes los amortiguadores Gabriel? ¿Por qué?
SR. RODRÍGUEZ	—Porque aquí esa marca es poco conocida y casi ningún cliente la ordena. No queremos tener en existencia mercancías innecesarias.
SR. JOHNSON	—Pues esos amortiguadores son de primera calidad y tienen precios competitivos.
SR. RODRÍGUEZ	—Sí, pero nosotros siempre usamos los repuestos que los clientes nos indican.
SR. JOHNSON	—Bien, aquí tiene nuestras listas de precios. Éstos son los precios para el consumidor. Los talleres reciben descuentos según el volumen de la compra y la forma de pago.
SR. RODRÍGUEZ	—¿Estos precios son L. A. B. o C. S. F.?
SR. JOHNSON	—Estos son los precios de las piezas en nuestros almacenes en Caracas. Desde luego, el transporte de nuestros almacenes a sus talleres va por su cuenta.
SR. RODRÍGUEZ	—¿Qué descuento nos hacen en pedidos de mil unidades o más?
SR. JOHNSON	—En pedidos de ese volumen descontamos entre el veinticinco y el cuarenta por ciento del precio de lista.
SR. RODRÍGUEZ	—¿Cuáles son las condiciones de pago?
SR. JOHNSON	—Las de costumbre en la plaza: dos treinta, neto noventa. ¿Tienen ustedes crédito bancario?
SR. RODRÍGUEZ	—Sí, en Venezuela y en los Estados Unidos.
SR. JOHNSON	—¿Importan directamente de las fábricas?
SR. RODRÍGUEZ	—Sí, a veces. Las piezas cuestan menos en fábrica, pero el ahorro no compensa las dificultades para importarlas.
SR. JOHNSON	—Bien, ¿nos va a hacer algún pedido ahora?
SR. RODRÍGUEZ	—Creo que sus precios son buenos, pero necesito compararlos con los de nuestros suministradores actuales.
SR. JOHNSON	—Comprendo. ¿Cuándo vuelvo a visitarlo? ¿El jueves está bien?
SR. RODRÍGUEZ	—A ver... el jueves no voy a estar aquí, ni el viernes tampoco; puede venir el lunes próximo.

Now repeat each phrase after the speakers. (Dialogue)

Vocabulario

Repeat each word or phrase after the speaker. After your response, you will hear the same word or phrase again. Repeat after the model once more.

Cognados: el administrador (/) competitivo (/) la dificultad (/) directamente (/) la exportación (/) innecesario (/) la lista (/) local (/) el transporte (/) el volumen (/)

Nombres: el ahorro (/) el almacén (/) el amortiguador (/) el automóvil (/) el auto (/) el coche (/) el carro (/) la máquina (/) la cadena (/) la compra (/) las condiciones de pago (/) el consumidor (/) la fábrica (/) la factoría (/) el freno (/) el jueves (/) la línea (/) el lunes (/) la marca (/) la mercancía (/) la oferta (/) la pieza (/) la reparación (/) el repuesto (/) el silenciador (/) el sistema de suspensión (/) el suministrador (/) el taller de reparación (/) el tubo de escape (/) la unidad (/) el viajante (/) el agente viajero (/) el viernes (/)

Verbos: comparar (/) compensar (/) competir (/) costar (/) creer (/) depender (/) depender de (/) descontar (/) exportar (/) indicar (/) ordenar (/) penetrar (/) poder (/) recibir (/) trabajar (/) tratar (/) tratar de (/) usar (/) utilizar (/) visitar (/) volver (/)

Adjetivos: acreditado (/) actual (/) bancario (/) conocido (/) nuestro (/) primer (/) primero (/) próximo (/) satisfecho (/)

Otras palabras y expresiones: a veces (/) a ver (/) además (/) conmigo (/) desde (/) desde luego (/) en realidad (/) en existencia (/) entre (/) estar seguro (/)

la forma de pago (/)
hacer un pedido (/) ir por su cuenta (/)
las condiciones de costumbre en la
plaza (/) los de (/) los nuestros (/)
nadie (/) ni (/) ningún (/) ninguno (/)
poco (/) por ciento (/) ¿por qué? (/)
porque (/) según (/) siempre (/)
tampoco (/) todo (/)

Vocabulario adicional

Vocabulario automovilístico (I):

el acelerador (/) el acumulador (/) la batería (/)
la bujía (/) la caja de bolas (/) el cambio de aceite (/)

la carrocería (/) el chasis (/) el claxon (/) la bocina (/)
el pito (/) los cojinetes (/) la defensa (/)
el parachoques (/) el engrase (/) la lubricación (/)
la gasolina (/) el guantero (/) el guardabarros (/)
el guardafangos (/) el limpiaparabrisas (/)
el líquido de frenos (/) la llanta (/) el neumático (/)
la goma (/) la luz (/) el maletero (/) la cajuela (/)
el baúl (/) el motor (/) el motor de arranque (/)
el parabrisas (/) la transmisión (/) la vestidura (/)
la tapicería (/) el volante (/) el timón (/)

Fin de la Lección 6

Lección 7

Diálogo

You will hear a dialogue. First it will be read without pauses. Then the speakers will read it again with pauses for you to repeat what you hear. Listen carefully.

Medios de comunicación

La señora Sánchez, compradora de la firma Gaviña and Sons, de California, está en Colombia comprando café. Ahora llama a la telefonista del hotel para pedir información acerca de los medios de comunicación con que cuenta el hotel.

Por teléfono:

SRA. SÁNCHEZ —Señorita, necesito llamar a los Estados Unidos. ¿Cómo hago para llamar desde mi habitación?

TELEFONISTA —Primero marca el nueve, después el código de los Estados Unidos y, por último, el código del área y el número de teléfono al que desea llamar.

SRA. SÁNCHEZ —¿Cuánto carga el hotel por llamadas de larga distancia?

TELEFONISTA —Mil quinientos pesos, señora.

SRA. SÁNCHEZ —¿Y por las llamadas locales?

TELEFONISTA —Nada, señora. El servicio local es gratis.

SRA. SÁNCHEZ —Muy bien. Otra cosa, ¿dónde queda la oficina de correos más cercana? Necesito enviar unas cartas.

TELEFONISTA —A tres cuadras de aquí, pero puede echarlas en el buzón que está en el mostrador de la oficina. El hotel también le ofrece servicios de facsímiles y acceso a la *Internet.*

SRA. SÁNCHEZ —Magnífico. Necesito mandar un fax a mi oficina.

En el correo:

SRA. SANCHÉZ —Por favor, ¿sabe usted cuánto demora un paquete en llegar a su destinatario en Vernon, California?

EMPLEADO —Si lo envía por correo aéreo, le llega en tres días.

SRA. SÁNCHEZ —En cuanto al tamaño y al peso de los paquetes, ¿hay alguna regulación?

EMPLEADO —¿Qué contiene el paquete?

SRA. SÁNCHEZ —Muestras de café sin valor comercial, varios catálogos y folletos de propaganda.

EMPLEADO —Si envía los impresos en un paquete aparte, ahorra dinero, pues los impresos pagan una tarifa mucho menor.

SRA. SÁNCHEZ —¿Cuánto deben medir y pesar los paquetes de impresos?

EMPLEADO —Las medidas no deben exceder de 30 centímetros de largo, 20 de ancho y 10 de alto. Además, el paquete no debe pesar más de 5 kilos, más o menos 11 libras.

SRA. SÁNCHEZ	—Otra pregunta, ¿puedo enviar por correo bultos de mercancías con valor comercial?
EMPLEADO	—Sí, hasta 20 kilos de peso.
SRA. SÁNCHEZ	—Yo necesito enviar un paquete mucho más grande. ¿Conoce usted alguna agencia internacional de envío de paquetes?
EMPLEADO	—Nos está prohibido recomendar servicios privados, pero hay una que no está muy lejos de aquí.
SRA. SÁNCHEZ	—De todos modos, ¿sabe usted la dirección?
EMPLEADO	—No, no la sé, pero puede buscarla en la guía de teléfonos o pedirle información a la telefonista.
SRA. SÁNCHEZ	—Gracias, y una pregunta más. ¿Dónde puedo cobrar un cheque, digo, un giro postal internacional?
EMPLEADO	—En la tercera ventanilla, a la izquierda.
SRA. SÁNCHEZ	—Ah, sí, ya la veo. Donde dice "Giros y telegramas", ¿no?
EMPLEADO	—Sí, señora.

Now repeat each phrase after the speakers. (Dialogue)

Vocabulario

Repeat each word or phrase after the speaker. After your response, you will hear the same word or phrase again. Repeat after the model once more.

Cognados: el acceso (/) la agencia (/) el área (/) el centímetro (/) el cheque (/) comercial (/) la comunicación (/) el facsímil (/) el facsímile (/) el fax (/) la información (/) internacional (/) la Internet (/) la red (/) el kilo (/) el kilogramo (/) la regulación (/) la disposición (/) el servicio (/) el telegrama (/) la zona (/)

Nombres: el alto (/) el ancho (/) el buzón (/) la carta (/) el código (/) la clave (/) el correo aéreo (/)

el correo electrónico (/) la cosa (/) la cuadra (/) el destinatario (/) el dinero (/) el empleado (/) el folleto (/) el giro postal (/) la guía de teléfonos (/) el directorio telefónico (/) el hijo (/) el impreso (/) la larga distancia (/) el largo (/) la libra (/) la llamada (/) la medida (/) los medios (/) la mercancía (/) la mercadería (/) la muestra (/) la oficina de correos (/) el correo (/) el paquete (/) el peso (/) la pregunta (/) la propaganda (/) el tamaño (/) la tarifa (/) el telefonista (/) el operador (/) el valor (/) la ventanilla (/)

Verbos: ahorrar (/) cargar (/) cobrar (/) conocer (/) contener (/) decir (/) echar (/) enviar (/) mandar (/) exceder (/) marcar (/) medir (/) ofrecer (/) pedir (/) pesar (/) recomendar (/) saber (/)

Adjetivos: algún (/) alguno (/) cercano (/) menor (/) privado (/) prohibido (/) tercero (/)

Otras palabras y expresiones: a tres cuadras de aquí (/) acerca de (/) aparte (/) con que cuenta (/) de todos modos (/) digo (/) donde (/) en cuanto a (/) gratis (/) lejos (/) lejos de (/) ¡Magnífico! (/) nos (/) por último (/) pues (/) sin (/)

Vocabulario adicional

El correo:

el apartado postal (/) la casilla de correo (/) la carta certificada (/) el cartero (/) con acuse de recibo (/) la correspondencia (/) la entrega especial (/) entregar (/) la esquina superior derecha (/) la esquina superior izquierda (/) la estampilla (/) el sello (/) el timbre (/) el franqueo (/) el matasellos (/) el membrete (/) porte debido (/) porte pagado (/) el remitente (/) el sobre (/)

Fin de la Lección 7

Lección 8

Diálogo

You will hear a dialogue. First it will be read without pauses. Then the speakers will read it again with pauses for you to repeat what you hear. Listen carefully.

El transporte de pasajeros

La señora Soto, propietaria de una tienda de artesanías en Los Ángeles, California, está en Guadalajara en viaje de negocios. Para trasladarse de un lugar a otro de la ciudad, e ir a los pueblos cercanos, utiliza varios medios de transporte. En la acera, frente al hotel, saluda al primer transeúnte que encuentra y le pide información.

SRA. SOTO	—Por favor, señor, ¿qué autobús debo tomar para ir a Tlaquepaque?
TRANSEÚNTE	—Aquí, ninguno. Debe caminar dos cuadras hasta la Avenida de la Paz, cruzar la calle y tomar un autobús de la ruta 15, en la parada de la esquina.

Ya en el ómnibus le pregunta a otra pasajera.

SRA. SOTO	—Este autobús va a Tlaquepaque, ¿verdad?
PASAJERA	—No, señora. Debe hacer transferencia para la ruta 42.
SRA. SOTO	—¿Dónde hago la transferencia?
PASAJERA	—En la Plaza de la Bandera. Yo le aviso.
SRA. SOTO	—¿A quién le pido la transferencia?
PASAJERA	—Tiene que pedírsela al chofer en el momento de bajarse.
SRA. SOTO	—Y, ¿dónde tomo el otro autobús?
PASAJERA	—Camina media cuadra por el Boulevard Tlaquepaque y allí toma el autobús de la ruta 42.

Cuando la Sra. Soto desea regresar, los autobuses van muy llenos. Cuando ya le duelen los pies de estar parada esperando, decide tomar un taxi pero, antes de tomarlo, le pregunta al taxista cuánto le va a costar el viaje.

SRA. SOTO	—Por favor, ¿cuánto es hasta Guadalajara?
TAXISTA	—¿A qué parte de la ciudad?
SRA. SOTO	—Al centro, al Hotel Presidente, en la Avenida Juárez, 170.
TAXISTA	—Desde aquí el taxímetro va a marcar 90 pesos, más o menos.
SRA. SOTO	—Muy bien, vamos.

Al llegar a la ciudad la Sra. Soto decide alquilar un carro para manejarlo ella misma.

SRA. SOTO	—Quiero alquilar un coche compacto por tres días.
EMPLEADA	—¿Sabe manejar coches de cambio mecánico?
SRA. SOTO	—Sí, pero no me gustan. Prefiero uno automático.
EMPLEADA	—Lo siento. No tenemos disponible ningún coche pequeño de cambio automático.
SRA. SOTO	—¿Cuánto me cuesta uno mediano?
EMPLEADA	—Ése de cuatro puertas le sale en 350 pesos al día, más el seguro y el I.V.A. (iva), y aquél de dos puertas se lo puedo dejar en 300 pesos.
SRA. SOTO	—¿Qué es el I.V.A.?
EMPLEADA	—Es el impuesto al valor agregado.
SRA. SOTO	—¡Ah! ¿Tengo que comprar seguro? ¿No me cubre el seguro de los Estados Unidos?
EMPLEADA	—No, señora. Tiene que comprar un seguro local.
SRA. SOTO	—Pero puedo conducir con mi licencia de California, ¿verdad?
EMPLEADA	—Sí, si está aquí como turista o en viaje de negocios, puede manejar con su licencia extranjera.
SRA. SOTO	—¿Necesita verla?
EMPLEADA	—Sí, por favor, ¿puede mostrármela? Además necesito su tarjeta de crédito.

Now repeat each phrase after the speakers. (Dialogue)

Vocabulario

Repeat each word or phrase after the speaker. After your response, you will hear the same word or phrase again. Repeat after the model once more.

Cognados:	automático (/) el boulevard (/)
	el bulevar (/) el chofer (/)
	compacto (/) la información (/)
	la licencia (/) la ruta (/)
	el taxímetro (/) la transferencia (/)
	el turista (/)

Nombres:	la acera (/) la banqueta (/) la artesanía (/) el autobús (/) el ómnibus (/) el camión (/) la avenida (/) el cambio mecánico (/) la esquina (/) el impuesto al valor agregado (/) el I.V.A. (/) la parada (/) la parte (/) el pueblo (/) el taxista (/) el transeúnte (/)
Verbos:	alquilar (/) rentar (/) avisar (/) bajarse (/) caminar (/) cruzar (/) cubrir (/) decidir (/) doler (/) encontrar (/) gustar (/) manejar (/) conducir (/) guiar (/) marcar (/) mostrar (/) enseñar (/) saludar (/) tomar (/) coger (/) agarrar (/)
Adjetivos:	disponible (/) lleno (/) mediano (/) ningún (/) ninguno (/)
Otras palabras *y expresiones:*	al día (/) diario (/) al llegar (/) de un lugar a otro (/) ella misma (/)

frente (/) frente a (/)
los medios de transporte (/)
Se lo puedo dejar en... (/)

Vocabulario adicional

Vocabulario automovilístico (II):

el aceite (/) el aire (/) arrancar (/) la bomba de agua (/)
chequear (/) revisar (/) el estacionamiento (/)
estacionar (/) la gasolina sin plomo (/) la gasolinera (/)
la estación de servicio (/) el líquido de la transmisión (/)
la luz (/) las luces (/) el farol (/) parar (/)
el parquímetro (/) pinchado (/) ponchado (/)
el radiador (/) recalentarse (/) el remolcador (/) la grúa (/)
reparar (/) arreglar (/) el tanque (/) vacío (/)

Fin de la Lección 8

Lección 9

Diálogo

You will hear a dialogue. First it will be read without pauses. Then the speakers will read it again with pauses for you to repeat what you hear. Listen carefully.

El transporte de mercancías

El señor Paz averigua el coste del flete por los distintos medios de transporte disponibles.

En la estación del ferrocarril:

SR. PAZ —Necesito enviar un cargamento de productos de artesanía a Los Ángeles, California, y quiero saber cuáles son sus tarifas.

EMPLEADO —¿Qué tipo de artesanías desea transportar?

SR. PAZ —Alfarería, artículos de vidrio soplado y de cuero, y tejidos de lana, de algodón y de otras fibras.

EMPLEADO —La alfarería y el vidrio soplado son muy frágiles, por eso su tarifa es muy alta: 32,50 pesos por kilogramo de peso. Los demás pagan 825 pesos por metro cúbico de volumen.

SR. PAZ —¿Ustedes transportan la mercancía hasta Los Ángeles?

EMPLEADO —No, señor. Nosotros la llevamos hasta la frontera y allí la mercancía se transborda a ferrocarriles americanos.

SR. PAZ —Supongo que este transbordo aumenta el riesgo de roturas y averías y hace el seguro más caro...

EMPLEADO —Sí, un poco. Pero menos de lo que usted ahorra en el flete. Además, si el embalaje es bueno, apenas ocurren daños.

SR. PAZ —¿Tengo yo que tratar con la compañía de ferrocarriles americanos?

EMPLEADO —No, señor, nosotros nos responsabilizamos del transporte de la mercancía desde aquí hasta Los Ángeles, y nos encargamos de los trámites de aduana en la frontera.

El señor Paz llama por teléfono a la oficina de Camiones Correas, S. A. de C.V.

EMPLEADO —Camiones Correas. Ayude a México utilizando transportes nacionales. Buenos días.

SR. PAZ —Buenos días. ¿Ustedes transportan mercancías a los Estados Unidos?

EMPLEADO —Sí, señor, ¿qué se le ofrece?

SR. PAZ —Necesito transportar un cargamento de artesanías desde una fábrica de aquí a Los Ángeles. ¿Cuáles son sus tarifas?

EMPLEADO —¿Se trata de un volumen grande de mercancías?

SR. PAZ —Sí, pero creo que todo cabe en un camión grande. ¿Los suyos son grandes?

EMPLEADO —Sí, pero si no cabe todo, podemos dejarle un contenedor en la fábrica, ellos lo cargan, y nosotros nos encargamos de entregárselo en su establecimiento comercial en Los Ángeles.

SR. PAZ —¿Ustedes descargan la mercancía en nuestro almacén?

EMPLEADO —No, señor. La carga y descarga corren por el cliente.

SR. PAZ —¿Qué documentos debo entregarles?

EMPLEADO —Mire, mi jefe no está aquí ahora. Llame más tarde o, mejor, venga aquí y hable con él directamente.

SR. PAZ —Está bien. Llamo más tarde.

En la compañía del expreso aéreo:

SR. PAZ —Necesito enviar a Los Ángeles artículos de vidrio soplado que son muy frágiles.

EMPLEADA —Muy bien, señor. Enviamos paquetes a todo el mundo.

SR. PAZ —¿Cuál es la tarifa para ese tipo de artículo?

EMPLEADA —Bueno, de aquí a Los Ángeles es 57,75 pesos por kilogramo o por decímetro cúbico, de acuerdo con la relación entre peso y volumen.

SR. PAZ —Es casi el doble del transporte por tierra.

EMPLEADA —Sí, pero ahorra tiempo y los artículos van directamente de aquí a Los Ángeles.

SR. PAZ —Me pregunto si el ahorro en tiempo compensa el aumento en el coste.

EMPLEADA —Eso depende de su urgencia en recibir la mercancía.

SR. PAZ —Sí, sí. Bueno, voy a pensarlo. Gracias.

Now repeat each phrase after the speakers. (Dialogue)

Vocabulario

Repeat each word or phrase after the speaker. After your response, you will hear the same word or phrase **again**. Repeat after the model once more.

Cognados: la compañía (/) cúbico (/) el decímetro (/) el doble (/) el documento (/) la estación (/) expreso (/) frágil (/) el metro (/) nacional (/) la relación (/) la urgencia (/) el volumen (/)

Nombres: el ahorro (/) la alfafería (/) el algodón (/) el aumento (/) la avería (/) el camión (/) el cargamento (/) la carga (/) el contenedor (/) el daño (/) la descarga (/) el embalaje (/) el establecimiento (/) el ferrocarril (/) el tren (/) la fibra (/) el flete (/) la frontera (/) la lana (/) el mundo (/) el riesgo (/) la rotura (/) el tejido (/) el tiempo (/) la tierra (/) el trámite (/) el transporte por tierra (/) el transbordo (/) el trasbordo (/) el vidrio (/)

Verbos: aumentar (/) averiguar (/) ayudar (/) caber (/) cargar (/) descargar (/) encargarse (/) encargarse de (/) entregar (/) llevar (/) ocurrir (/) suceder (/) preguntarse (/) responsabilizarse (/) suponer (/) transportar (/) transbordar (/) trasbordar (/) tratar (/)

Adjetivos: aéreo (/) alto (/) distinto (/) soplado (/)

Otras palabras y expresiones: apenas (/) bueno... (/) correr con (/) los demás (/) más tarde (/) un poco (/) ¿Qué se le ofrece? (/) Se trata de... (/)

Vocabulario adicional

Otras palabras y expresiones relacionadas con el transporte de mercancías:

el barco (/) el buque (/) la camioneta (/) la carretera (/) cobrar o devolver (/) C.O.D. (/) el consignatario (/) costo, seguro y flete (/) C.S.F. (/) el itinerario (/) la guía (/) libre a bordo (/) L.A.B. (/) franco a bordo (/) F.A.B. (/) el peso bruto (/) el peso muerto (/) el peso neto (/) por vía aérea (/) por vía férrea (/) por vía marítima (/) la tara (/) la tonelada (/)

Fin de la Lección 9

Lección 10

Diálogo

You will hear a dialogue. First it will be read without pauses. Then the speakers will read it again with pauses for you to repeat what you hear. Listen carefully.

La señora Artiles, jefa de personal de la firma Pérez y Hermano, de Puerto Rico, contrata empleados de oficina.

Por teléfono:

EMPLEADA	—Agencia ABC, a sus órdenes.
SRA. ARTILES	—¿Es la agencia de empleos?
EMPLEADA	—Sí, señora. ¿En qué puedo servirle?
SRA. ARTILES	—Necesito un oficinista con experiencia y buenas referencias.
EMPLEADA	—Tengo dos candidatos: uno que trabajó en la oficina de una fábrica por dos años y otro que trabaja actualmente para un banco.
SRA. ARTILES	—Bien, los espero mañana a las nueve. Mi dirección es Calle Hostos, 54. Deben preguntar por la señora Artiles.

La primera entrevista:

RECEPCIONISTA	—Señora Artiles, llegó la oficinista que viene de la agencia de empleos.
SRA. ARTILES	—Si ya llenó la solicitud de empleo, dígale que pase. Buenos días.
CANDIDATA	—Buenos días, señora Artiles. Me llamo María Rodríguez.
SRA. ARTILES	—Mucho gusto, señorita Rodríguez. ¿Así que usted tiene experiencia en todo el trabajo de oficina?
CANDIDATA	—Sí, señora. Sé trabajar con los sistemas operativos de Windows y Macintosh. Tengo experiencia con varios programas de composición de textos y de manejo de base de datos para detallistas y para mayoristas. Además, soy bilingüe.
SRA. ARTILES	—¿Sabe utilizar los programas Excel y Access para la introducción de datos?
CANDIDATA	—Sí, señora, en la fábrica donde trabajé hasta el mes pasado, usé varios, incluidos los que usted mencionó.
SRA. ARTILES	—¿Por qué renunció a su empleo?
CANDIDATA	—Porque solicité un aumento y no me lo dieron.
SRA. ARTILES	—¿Cuándo fue eso?
CANDIDATA	—El día 30 del mes pasado, pero no fui a la agencia de empleos hasta el lunes.
SRA. ARTILES	—Bien. Aquí pagamos 450 dólares semanales. El horario de trabajo es de ocho de la mañana a cuatro y media de la tarde. A las doce, tiene treinta minutos para almorzar.
CANDIDATA	—¿Cuáles son los beneficios adicionales?
SRA. ARTILES	—Ofrecemos un seguro de salud y un plan de retiro para los empleados.
CANDIDATA	—¿En qué consiste el plan de retiro?
SRA. ARTILES	—Es un Keogh en el que nosotros ponemos una cantidad equivalente al 8 por ciento de su sueldo, y usted contribuye con una cantidad igual que le descontamos de su sueldo.
CANDIDATA	—El plan de salud, ¿ofrece opciones?
SRA. ARTILES	—Sí, puede escoger entre una HMO local y otro plan que es mucho más caro.
CANDIDATA	—Está bien. Otra pregunta. ¿Cuánto tiempo dan de vacaciones?
SRA. ARTILES	—Dos semanas al año.
CANDIDATA	—Por favor, ¿tiene una descripción del contenido de trabajo del puesto?
SRA. ARTILES	—Sí, señorita. La recepcionista le va a dar un paquete con todo el material que debe leer antes de firmar el contrato, si es que decidimos emplearla a usted.
CANDIDATA	—¿Cuándo voy a tener una respuesta al respecto?
SRA. ARTILES	—Mañana por la tarde.

Now repeat each phrase after the speakers. (Dialogue)

Vocabulario

Repeat each word or phrase after the speaker. After your response, you will hear the same word or phrase again. Repeat after the model once more.

Cognados: el banco (/) bilingüe (/)
el candidato (/) equivalente (/)
la experiencia (/) el material (/)
la opción (/) el personal (/) el plan (/)
el programa (/) la referencia (/)
el sistema operativo (/)
las vacaciones (/)

Nombres: el año (/) el beneficio adicional (/)
el beneficio marginal (/)
la composición de textos (/)
el procesamiento de textos (/)
el contrato (/) el detallista (/)
el minorista (/) el empleo (/)
la entrevista (/) el hermano (/)
el horario (/)
la introducción de datos (/)
la mañana (/) el mayorista (/)
el mes (/) el oficinista (/)
el programa de manejo de base (/)
el programa de administración de
base (/)
el programa de manejo de datos (/)
el programa de administración de
datos (/) el puesto (/) la posición (/)
la respuesta (/) el retiro (/)
la jubilación (/) la salud (/)
la semana (/) la solicitud (/)
el sueldo (/) el salario (/)
el trabajo (/)

Verbos: almorzar (/) consistir (/)
consistir en (/) contratar (/)
emplear (/) contribuir (/)
escoger (/) esperar (/) mencionar (/)

poner (/) preguntar (/) renunciar (/)
renunciar a (/) solicitar (/)

Adjetivos: igual (/) igual que (/) incluido (/)
pasado (/) semanal (/) a la semana (/)

*Otras palabras
y expresiones:* a sus órdenes (/) actualmente (/)
al año (/) anual (/) al respecto (/)
así que (/)
la descripción del contenido de
trabajo (/) Mucho gusto. (/)
Mucho gusto en conocerlo. (/)

Vocabulario adicional

Términos relacionados con un empleo:

a medio tiempo (/) a medio día (/)
a tiempo completo (/) archivar (/) el aspirante (/)
el postulante (/) la calificación (/)
la carta de recomendación (/) ganar (/) el jornal (/)
mensual (/) quincenal (/) el resumen (/) el resumé (/)
la vita (/) la hoja de vida (/) el tiempo extra (/)

Materiales y equipos de oficina:

el abrecartas (/) el archivo (/) el archivador (/)
el calculador (/) la banda elástica (/) la liga (/)
la goma (/) el bolígrafo (/) la chinche (/) la tachuela (/)
la copia (/) el escritorio (/) el buró (/) la grapa (/)
la presilla (/) la grapadora (/) la presilladora (/)
el impresor (/) el lápiz (/) la máquina copiadora (/)
la fotocopiadora (/) la máquina contestadora (/)
la máquina de escribir (/) el mensaje (/) la pizarra (/)
la tablilla de avisos (/) el reloj (/) la silla (/)
el sujetapapeles (/)

Fin de la Lección 10

Repaso: Lecciones 6–10

Práctica oral

Listen to the following exercise. The speaker will ask you some questions. Answer the questions, using the cues provided. The speaker will confirm the correct answer. Repeat the correct answer.

1. ¿Qué desea saber usted, señora? (/) los precios de los artículos de artesanía (/)
   Deseo saber los precios de los artículos de artesanía. (/)

2. ¿Es mejor enviar la lista de precios por correo aéreo o por correo electrónico? (/) por correo electrónico (/)
   Es mejor enviar la lista de precios por correo electrónico. (/)

3. ¿Desea hablar primero con el viajante? (/) no, con el cliente (/)
   No, deseo hablar primero con el cliente. (/)

4. ¿Puede volver más tarde? (/) no, el próximo lunes (/)
   No, puedo volver el próximo lunes. (/)

5. ¿Dan ustedes algún descuento? (/) no en pedidos pequeños (/)
No, no damos descuentos en pedidos pequeños. (/)

6. ¿Necesito ordenar los accesorios ahora? (/) sí, recibirlos en tres días (/)
Sí, necesito recibirlos en tres días. (/)

7. ¿Cuánto demora un paquete en llegar a Los Ángeles? (/) tres días (/)
Demora tres días. (/)

8. ¿Va por ferrocarril? (/) no, por avión (/)
No, va por avión. (/)

9. ¿Cuánto puede medir el paquete? (/) no más de treinta centímetros de largo (/)
El paquete no puede medir más de treinta centímetros de largo. (/)

10. ¿Cuánto puede pesar el paquete? (/) no más de cinco kilos (/)
El paquete no puede pesar más de cinco kilos. (/)

11. ¿Qué contiene el paquete? (/) catálogos y folletos (/)
El paquete contiene catálogos y folletos. (/)

12. ¿Puedo enviar bultos de mercancía por correo? (/) sí, hasta de veinte kilos de peso (/)
Sí, puede enviar bultos hasta de veinte kilos de peso. (/)

13. ¿Cuál es la tarifa para el vidrio soplado? (/) treinta y dos pesos por kilogramo (/)
La tarifa es treinta y dos pesos por kilogramo. (/)

14. ¿Por qué es tan alta la tarifa? (/) los artículos son muy frágiles (/)
La tarifa es tan alta porque los artículos son muy frágiles. (/)

15. ¿Ustedes transportan la mercancía hasta Los Ángeles? (/) no, hasta la frontera (/)
No, transportamos hasta la frontera. (/)

16. ¿Pueden ocurrir daños en la mercancía? (/) no, si el embalaje es bueno (/)
No, no pueden ocurrir daños si el embalaje es bueno. (/)

17. ¿El transporte por camión cuesta más? (/) no, menos (/)
No, el transporte por camión cuesta menos. (/)

18. ¿Quiere transportar usted un volumen grande de mercancías? (/) sí (/)
Sí, quiero transportar un volumen grande de mercancías. (/)

19. ¿Toda la mercancía cabe en un camión? (/) no (/)
No, toda la mercancía no cabe en un camión. (/)

20. ¿Ustedes descargan la mercancía? (/) no, corre por ustedes (/)
No, la descarga corre por ustedes. (/)

21. ¿Las fábricas de artículos de lana están muy lejos? (/) sí (/)
Sí, las fábricas están muy lejos. (/)

22. ¿Puedo alquilar un carro para ir a las fábricas. (/) sí (/)
Sí, puede alquilar un carro para ir a las fábricas. (/)

23. ¿Quiere alquilar un carro compacto? (/) no, mediano (/)
No, quiero alquilar un carro mediano. (/)

24. ¿Usted sabe manejar carros de cambios mecánicos? (/) no, automáticos (/)
No, sé manejar carros automáticos. (/)

25. ¿Mi seguro de los Estados Unidos me cubre aquí? (/) no, un seguro local (/)
No, necesita un seguro local. (/)

Lección 11

Diálogo

You will hear a dialogue. First it will be read without pauses. Then the speakers will read it again with pauses for you to repeat what you hear. Listen carefully.

La contabilidad de la empresa (I)

Tan pronto como el segundo candidato sale de la oficina de la señora Artiles, la secretaria la llama por el intercomunicador.

SECRETARIA —Señora Artiles, el señor Villalba la está esperando.

SRA. ARTILES —¿Cuánto hace que espera?

SECRETARIA —Hace unos pocos minutos que está aquí.

SRA. ARTILES —Bien. Hazlo pasar a mi oficina. Gracias.

SECRETARIA —En seguida. La señora Artiles lo espera en su oficina.

SR. VILLALBA —Buenos días, señora Artiles. Mi nombre es Jorge Villalba y represento a la firma Allied Business Consultants.

SRA. ARTILES —Buenos días y perdone la demora. No pude terminar antes la entrevista anterior, y después tuve que hacer una llamada.

SR. VILLALBA	—No importa. Por favor, dígame cuál es su problema.
SRA. ARTILES	—Quiero modernizar el sistema de contabilidad del negocio.
SR. VILLALBA	—¿Quién lleva la contabilidad de la firma?
SRA. ARTILES	—Los empleados de la oficina hacen los asientos de diario y los pases al mayor.
SR. VILLALBA	—¿Ellos también preparan los estados financieros?
SRA. ARTILES	—No, hasta ahora tenemos un arreglo con un contador que periódicamente prepara los balances de comprobación, los balances generales y los estados de pérdidas y ganancias.
SR. VILLALBA	—Bien, explíqueme las dificultades que tiene con su sistema contable actual.
SRA. ARTILES	—El problema es que el negocio creció mucho el año pasado y ahora estamos sufriendo demoras y errores costosos en los informes a los clientes.
SR. VILLALBA	—¿Y qué desea hacer ahora, reorganizar su oficina contable o encargar la contabilidad del negocio a una firma de contadores?
SRA. ARTILES	—Bueno, como le dije por teléfono a la persona con quien hablé, no quise tomar una decisión final sin antes consultar con ustedes.
SR. VILLALBA	—Hizo bien. Y en ese caso necesito evaluar sus necesidades. ¿Están aquí todos los libros?
SRA. ARTILES	—Si, se los pedí al contador y él los trajo ayer. Eva, no prepares hoy la nómina. Trae los libros de contabilidad y trabaja con el señor Villalba, por favor.

La señora Artiles le sirvió una taza de café al señor Villalba y siguieron hablando.

Now repeat each phrase after the speakers. (Dialogue)

Vocabulario

Repeat each word or phrase after the speaker. After your response, you will hear the same word or phrase again. Repeat after the model once more.

Cognados:	el error (/) el final (/) la necesidad (/) periódicamente (/) el problema (/) el secretario (/) el sistema (/)
Nombres:	el arreglo (/) la iguala (/) el asiento de diario (/) el asistente (/) el ayudante (/) el balance de comprobación (/) el balance general (/) el caso (/) la contabilidad (/) el contador (/) la empresa (/) el estado de pérdidas y ganancias (/) el estado financiero (/) la ganancia (/) el informe (/) el libro (/) el libro diario (/) el diario (/) el libro mayor (/) el mayor (/) la nómina (/) el pase al mayor (/) la pérdida (/) la taza (/)
Verbos:	consultar (/) crecer (/) encargar (/) evaluar (/) explicar (/) importar (/) modernizar (/) pasar (/) perdonar (/) reorganizar (/) representar (/) salir (/) seguir (/) servir (/) sufrir (/) traer (/)
Adjetivos:	anterior (/) contable (/) costoso (/) financiero (/)
Otras palabras y expresiones:	ayer (/) con quien (/) Hizo bien. (/) llevar la contabilidad (/) tan pronto como (/) en cuanto (/) tomar una decisión (/)

Vocabulario adicional

Términos relacionados con la contabilidad:

acreditar (/) el acreedor (/) el activo (/) adjunto (/)
el ajuste (/) el capital (/) conciliar (/) cuadrar (/)
el contador público titulado (/) la cuenta de cobrar (/)
la cuenta a pagar (/) la cuenta acreedora (/)
la cuenta corriente (/) la cuenta deudora (/) el debe (/)
debitar (/) la deuda (/) el deudor (/) el efectivo (/)
el egreso (/) la fecha de cierre (/)
la fecha de vencimiento (/) el folio (/) los fondos (/)
el gasto (/) los gastos de representación (/)
los gastos generales (/) los gastos varios (/) el haber (/)
el ingreso (/) el interés (/) el inventario (/)
el libro de actas (/) el libro de caja (/)
el libro de ventas (/) liquidar (/) pasar al mayor (/)
el pasivo (/) el saldo (/) el tenedor de libros (/)

Fin de la Lección 11

Lección 12

Diálogo

You will hear a dialogue. First it will be read without pauses. Then the speakers will read it again with pauses for you to repeat what you hear. Listen carefully.

La contabilidad de la empresa (II)

El señor Villalba está de nuevo en la compañía Pérez y Hermano. Hoy rinde informe de su gestión.

SR. VILLALBA —Señora Artiles, no vine ayer porque todavía estaba trabajando en el informe. Por cierto, la ayuda de la señora Pérez fue más valiosa de lo que esperaba.

SRA. ARTILES —Muy bien. ¿En qué consiste el informe?

SR. VILLALBA —Pues, usted necesita automatizar la contabilidad de su negocio.

SRA. ARTILES —¿Cómo?

SR. VILLALBA —Mediante el uso de computadoras.

SRA. ARTILES —¿Cómo funciona el sistema?

SR. VILLALBA —Primero, usted necesita hacer un inventario de toda la mercancía disponible y registrarlo en la computadora. Luego usted registra todos los pedidos según se reciben y la computadora rebaja las ventas automáticamente.

SRA. ARTILES —¿Cómo es posible eso?

SR. VILLALBA —Fácilmente. Cada caja registradora se conecta a la computadora. Entonces, cada vez que se hace una venta la computadora lee el U.P.C. de la etiqueta con la unidad óptica y registra la venta.

SRA. ARTILES —¿Cómo se preparan los estados financieros?

SR. VILLALBA —La computadora los prepara automáticamente. Usted "alimenta" la computadora con datos como el alquiler, el importe de la nómina, la electricidad, el teléfono, los impuestos, los gastos bancarios, etcétera, y la máquina hace la computación necesaria.

SRA. ARTILES —¿Y cómo se prepara la nómina?

SR. VILLALBA —Basta con conectar el reloj que marca las entradas y salidas de los empleados con la computadora. Ésta registra las asistencias, hace los descuentos por ausencias y los descuentos por concepto de retiro, impuestos, seguro social, etcétera.

SRA. ARTILES —¿Podemos hacer todo eso con las computadoras que tenemos ahora en servicio?

SR. VILLALBA —Me temo que no. Ustedes van a necesitar un equipo de computación más sofisticado y varias estaciones de trabajo. Además, van a necesitar algunos programas especialmente diseñados para trabajos contables, de nóminas, etcétera.

SRA. ARTILES —¿Nos va usted a recomendar los equipos y programas que necesitamos?

SR. VILLALBA —Sí, señora. Aquí tiene usted una lista y un presupuesto de la inversión.

SRA. ARTILES —¿Necesitamos otros dos programas para la computadora? ¿No le dijo la señora Pérez que ya teníamos un programa de composición de textos?

SR. VILLALBA —Sí, señora, pero es muy rudimentario y ya está obsoleto. Con este nuevo programa usted va a poder, entre otras cosas, automatizar los cobros y enviar a sus clientes y a sus proveedores circulares personalizadas, es decir, circulares que parecen cartas personales.

SRA. ARTILES —Y con el programa de hoja de cálculo, ¿qué podemos hacer?

SR. VILLALBA —Con ese programa sus computadoras les van a preparar las hojas de análisis de los estados financieros.

SRA. ARTILES —Bien, ahora vamos a hablar de los costos de inversión y de operación del nuevo sistema. Ya le dije que no deseaba gastar mucho.

SR. VILLALBA —Yo le aseguro que sus ahorros en gastos de operación van a compensar el costo de la inversión.

SRA. ARTILES —Sí, ya sé que estábamos gastando demasiado.

Now repeat each phrase after the speakers. (Dialogue)

Vocabulario

Repeat each word or phrase after the speaker. After your response, you will hear the same word or phrase again. Repeat after the model once more.

Cognados: automáticamente (/) la circular (/)
la computación (/) el concepto (/)
la electricidad (/) el inventario (/)
necesario (/) obsoleto (/)
la operación (/) personal (/)
personalizado (/) posible (/)
rudimentario (/) el Seguro Social (/)
sofisticado (/) el uso (/)

Nombres: el ahorro (/) el alquiler (/)
la asistencia (/) la ausencia (/)
la ayuda (/) la caja registradora (/)
el cobro (/) el descuento (/)
la entrada (/) el equipo (/)
el equipo de computación (/)
la etiqueta (/) el gasto (/)
la gestión (/) la hoja de cálculo (/)
la hoja de análisis (/) el importe (/)
la inversión (/) la máquina (/)
el presupuesto (/) el proveedor (/)
el reloj (/) la unidad óptica (/)
la vez (/)

Verbos: alimentar (/) automatizar (/)
conectar (/) gastar (/) parecer (/)
rebajar (/) registrar (/)

Adjetivos: diseñado (/) nuevo (/) valioso (/)
Otras palabras
y expresiones: de nuevo (/) otra vez (/) es decir (/)
demasiado (/) fácilmente (/) luego (/)
mediante (/) me temo que... (/)
por ciento (/) por concepto (/)
por concepto de (/)
rendir informe (/) según (/)
según se reciben (/)

Vocabulario adicional

Términos relacionados con la computadora:

el accesorio (/) compatible (/) el disco (/)
el disco de programación (/) el disquete (/)
el disco duro (/) el disco flexible (/) el escáner (/)
el escanógrafo (/) la generación (/) el gráfico (/)
la memoria (/) el módem (/) el monitor (/)
la página de la *Web* (/) la pantalla (/) el periférico (/)
poderoso (/) el programador (/) el ratón (/)
el soporte físico (/) el equipo (/) el soporte lógico (/)
los programas (/) la tecla (/) el teclado (/) la versión (/)

Fin de la Lección 12

Lección 13

Diálogo

You will hear a dialogue. First it will be read without pauses. Then the speakers will read it again with pauses for you to repeat what you hear. Listen carefully.

El impuesto sobre la renta

La señora Rivas y su contador preparan la declaración de impuestos.

Los ingresos:

CONTADOR —¿Cuál es su nombre completo, señora?
SRA. RIVAS —María Inés Rivas.
CONTADOR —Usted es cabeza de familia, ¿verdad, señora?
SRA. RIVAS —Sí, soy viuda y tengo dos hijos que viven conmigo.
CONTADOR —¿Sus hijos son menores de edad?
SRA. RIVAS —Mi hija es mayor de edad, pero estuvo estudiando en la universidad hasta que se graduó hace un mes.
CONTADOR —Entonces puede aparecer como dependiente suya. ¿Trabaja su hijo?
SRA. RIVAS —Tiene un trabajo de medio tiempo en la universidad donde estudia.
CONTADOR —Eso no cuenta. ¿Recibe usted un sueldo o trabaja por cuenta propia?
SRA. RIVAS —Soy una de las socias de un negocio. Recibo un sueldo y, además, parte de las utilidades a fin de año, si las hay.
CONTADOR —¿Trajo el comprobante de su sueldo y de los descuentos que le hicieron?
SRA. RIVAS —Sí, aquí está.
CONTADOR —¿Cobra usted alguna pensión?
SRA. RIVAS —Sí, desde que se murió mi esposo recibo una pensión de la compañía donde él trabajaba.
CONTADOR —Bien, ¿trajo el documento que acredita los beneficios recibidos por ese concepto?
SRA. RIVAS —Sí, aquí está.

CONTADOR	—¿Recibe usted rentas, comisiones o intereses de cuentas bancarias?
SRA. RIVAS	—Estos son los intereses de mi cuenta de ahorros y de un certificado de depósito a plazo fijo.
CONTADOR	—¿Tiene bonos, acciones... ?
SRA. RIVAS	—Tengo bonos municipales, pero están exentos de impuestos.
CONTADOR	—¿Algún otro ingreso? ¿Recibió regalos, premios, donaciones, legados, herencias?
SRA. RIVAS	—No, nada es eso.
CONTADOR	—¿Obtuvo alguna ganancia por la venta de su casa o de otros bienes muebles o inmuebles?
SRA. RIVAS	—Bueno, obtuve 600 dólares en la venta de muebles y otros artículos usados.
CONTADOR	—Si los vendió en menos de lo que le costaron no tiene que pagar impuestos.
SRA. RIVAS	—No sabía eso, y no sé cuánto costaron algunos de los muebles que vendí. Figúrese, eran de una abuela a la que nunca conocí.

Las deducciones:

CONTADOR	—Ahora vamos a hablar de las deducciones.
SRA. RIVAS	—Puedo deducir los intereses de la hipoteca de mi casa, ¿verdad?
CONTADOR	—Sí, y también los intereses de préstamos sobre la diferencia entre el valor de su casa y lo que debe de la hipoteca.
SRA. RIVAS	—¿Puedo deducir los gastos médicos?
CONTADOR	—Sí, si exceden del siete y medio por ciento de su ingreso bruto ajustado.
SRA. RIVAS	—¿Y las contribuciones a la iglesia y a las instituciones de caridad?
CONTADOR	—Sí, como usted usa la planilla 1040, puede deducirlas, pero necesita los recibos de las donaciones de más de 250 dólares. Los cheques cancelados no son prueba suficiente.
SRA. RIVAS	—¿Qué más puedo descontar?
CONTADOR	—El dinero que depositó en el Keogh, pero no en la cuenta individual de retiro, porque usted gana más de 35.000 dólares.
SRA. RIVAS	—¿Qué es un Keogh?
CONTADOR	—Es una cuenta de retiro en la cual depositan dinero el empleado y el empleador.
SRA. RIVAS	—¿Puedo descontar algo más?
CONTADOR	—Sí. ¡Lo que me va a pagar a mí por hacerle los impuestos!

SRA. RIVAS	—Bien. Mañana vuelvo. ¿A qué hora se abre la oficina?
CONTADOR	—A las nueve.

Now repeat each phrase after the speakers. (Dialogue)

Vocabulario

Repeat each word or phrase after the speaker. After your response, you will hear the same word or phrase again. Repeat after the model once more.

Cognados: la comisión (/) completo (/) la contribución (/) conveniente (/) la deducción (/) el dependiente (/) la diferencia (/) la donación (/) la institución (/) el interés (/) la invitación (/) médico (/) municipal (/) la pensión (/) tradicional (/) la universidad (/)

Nombres: la abuela (/) la acción (/) los bienes inmuebles (/) los inmuebles (/) los bienes raíces (/) los bienes muebles (/) el bono (/) el cabeza de familia (/) la caridad (/) el certificado de depósito (/) la cuenta (/) la cuenta individual de retiro (/) la declaración de impuestos (/) la planilla de contribución sobre ingresos (/) el empleador (/) el patrón (/) el esposo (/) la esposa (/) el fin (/) la herencia (/) los hijos (/) la hipoteca (/) la iglesia (/) el ingreso (/) el ingreso bruto ajustado (/) el ingreso neto (/) el legado (/) los muebles (/) la planilla (/) la forma (/) el premio (/) el préstamo (/) la prueba (/) el recibo (/) el regalo (/) la renta (/) el socio (/) la utilidad (/) el viudo (/) la viuda (/)

Verbos: acreditar (/) aparecer (/) conocer (/) contar (/) deber (/) deducir (/) depositar (/) estudiar (/) figurarse (/) ganar (/) graduarse (/) morir (/) morirse (/) fallecer (/) obtener (/) conseguir (/) vivir (/)

Adjetivos: cancelado (/) recibido (/) suficiente (/) usado (/) de uso (/)

Otras palabras y expresiones: a plazo fijo (/) el comprobante (/) el comprobante del sueldo y de los descuentos (/) el cual (/) desde que (/) mayor de edad (/) medio tiempo (/) menor de edad (/) ni tampoco (/)

sobre (/) sólo (/)
trabajar por cuenta propia (/)

Vocabulario adicional

Términos relacionados con la declaración de impuestos:

alquilar (/) arrendar (/) casado (/) conjunto (/)
el contribuyente (/) debido (/) vencido (/)
la deducción general (/) el desempleo (/)
deducible (/) el dividendo (/)

la escala de impuestos (/) la evasión fiscal (/)
en exceso (/) en exceso de (/) la exclusión (/)
la exención (/) el impuesto a la propiedad (/)
el impuesto estatal (/) el impuesto del estado (/)
el impuesto sobre la venta (/)
los ingresos sujetos a impuestos (/) la miscelánea (/)
mensual (/) al mes (/) la multa (/)
la pensión alimenticia (/) el recargo adicional (/)
el reembolso (/) registrar (/) el renglón (/) reportar (/)
separado (/) soltero (/) el subtotal (/)

Fin de la Lección 13

Lección 14

Diálogo

You will hear a dialogue. First it will be read without pauses. Then the speakers will read it again with pauses for you to repeat what you hear. Listen carefully.

En la agencia de publicidad

El señor Sosa, condueño del Bazar Quisqueya, visita una agencia de publicidad.

SR. SOSA —Mi socia y yo estamos interesados en hacerle propaganda a nuestro negocio.

AGENTE —¿Cuál es su giro?

SR. SOSA —Somos importadores y distribuidores de ropa para hombres y mujeres, pero ahora hemos agregado un nuevo renglón: ropa para niños.

AGENTE —¿Quieren hacerles publicidad a todas sus importaciones o solamente a este nuevo renglón?

SR. SOSA —Solamente a la ropa de niños. La ropa para adultos se vende bien.

AGENTE —Sus prendas de vestir, ¿son fabricadas exclusivamente para ustedes?

SR. SOSA —Sí, señor. Tenemos un contrato con una fábrica que nos confecciona artículos diseñados por nosotros, y que llevan nuestra marca.

AGENTE —¿Tienen la marca registrada?

SR. SOSA —Bueno, ya hicimos la solicitud a la Oficina de Marcas y Patentes, pero todavía no hemos recibido respuesta.

AGENTE —¿Cuánto tiempo hace que introdujeron su nuevo renglón en el mercado?

SR. SOSA —Hace más de seis meses, pero no hemos tenido suerte, a pesar de que nuestra ropa de niños es de primera calidad.

AGENTE —¿Cuál es el volumen de ventas actual?

SR. SOSA —Bueno, nuestras ventas varían notablemente con la estación. Durante el verano las ventas no sobrepasaron los $100.000 mensuales.

AGENTE —¿Qué prendas de vestir distribuyen ustedes?

SR. SOSA —Chaquetas de hombre y de mujer, que se venden únicamente en invierno, y vestidos y carteras que tienen mercado todo el año.

AGENTE —La fábrica que produce para ustedes, ¿tiene capacidad instalada para poder servir grandes pedidos?

SR. SOSA —Sí, señor. Ésta es una industria manufacturera típica, y la mano de obra es barata en la República Dominicana.

AGENTE —Bien, mi consejo es empezar por mejorar la apariencia de sus productos y hacer resaltar sus características especiales.

SR. SOSA —Nuestros productos son de magnífica calidad, pero hay mucha competencia. Nunca había visto tantas marcas nuevas en el mercado.

AGENTE —¿Cómo son las etiquetas de sus productos?

SR. SOSA —Son etiquetas de tela, con la marca, el país de origen y otras indicaciones que exige la ley.

AGENTE —Bien. Hay que cambiarlas; hay que agregarles un logo y un lema. Además, cada artículo se debe presentar envuelto en un plástico transparente.

SR. SOSA —Yo solamente había pensado en contratar anuncios en los periódicos y revistas de circulación local.

AGENTE —Señor, como usted ha visto, la calidad sola no vende. Hacen falta calidad, presentación y publicidad.

SR. SOSA	—Yo también había pensado en organizar una campaña de promoción en varias tiendas, precedida de anuncios en los periódicos y revistas y en la radio.
AGENTE	—¿Y en la televisión?
SR. SOSA	—La publicidad por televisión es muy cara.
AGENTE	—Es cara, pero es efectiva. Nosotros podemos diseñar para ustedes una campaña masiva, con muchas opciones en cuanto al costo.
SR. SOSA	—Me parece una magnífica idea.

Now repeat each phrase after the speakers. (Dialogue)

Vocabulario

Repeat each word or phrase after the speaker. After your response, you will hear the same word or phrase again. Repeat after the model once more.

Cognados: el agente (/) el bazar (/) efectivo (/) exclusivamente (/) la idea (/) la industria (/) el logo (/) el logograma (/) masivo (/) el origen (/) la patente (/) el plástico (/) la presentación (/) principalmente (/) la radio (/) la República Dominicana (/) la televisión (/) típico (/) transparente (/)

Nombres: el anuncio (/) la apariencia (/) la campaña de promoción (/) la capacidad (/) la característica (/) la cartera (/) la circulación (/) la tirada (/) la competencia (/) el consejo (/) el condueño (/) la estación (/) el giro (/) el importador (/) la indicación (/) el invierno (/) el lema (/) la ley (/) la mano de obra (/) la marca registrada (/) el país (/) la prenda de vestir (/) la publicidad (/) la propaganda (/) el renglón (/) la línea (/) la ropa (/) la tela (/) el verano (/) el vestido (/)

Verbos: agregar (/) confeccionar (/) diseñar (/) distribuir (/) empezar (/) comenzar (/) exigir (/) introducir (/) mejorar (/) organizar (/) presentar (/) sobrepasar (/) variar (/)

Adjetivos: barato (/) envuelto (/) instalado (/) manufacturero (/) mensual (/) al mes (/) precedido (/) solo (/) tanto (/)

Otras palabras y expresiones: a pesar de (/) a pesar de que (/) durante (/) hacer falta (/) hacer resaltar (/) notablemente (/) nunca (/) tener suerte (/) únicamente (/) venderse bien (/)

Vocabulario adicional

Términos relacionados con la publicidad:

anunciar (/) a toda plana (/) la autopista (/) el cartel (/) el consumidor (/) la demostración (/) el día de semana (/) el día de trabajo (/) el día hábil (/) el día laborable (/) el dibujo (/) la edición (/) el ejemplar (/) en blanco y negro (/) en colores (/) filmar (/) el fin de semana (/) el medio publicitario (/) las páginas amarillas (/) la película (/) el filme (/) publicar (/) quincenal (/) el sondeo de opinión pública (/) la encuesta (/) sugestivo (/) sugerente (/) la valla (/)

Fin de la Lección 14

Lección 15

Diálogo

You will hear a dialogue. First it will be read without pauses. Then the speakers will read it again with pauses for you to repeat what you hear. Listen carefully.

Abriendo cuentas

El señor Santana habla con un oficial del Banco Popular, de Hialeah, Florida, porque quiere abrir una cuenta corriente.

SR. SANTANA	—Buenos días. Deseo abrir una cuenta corriente.
EMPLEADA	—Siéntese, por favor. ¿Tiene usted alguna otra cuenta en este banco?
SR. SANTANA	—No, tengo mi cuenta en el Trust Bank de West Palm Beach, donde yo vivía, pero me mudé a este barrio ayer.
EMPLEADA	—¿Quiere abrir una cuenta individual o una cuenta conjunta?

SR. SANTANA	—Una cuenta individual, pero me gustaría poner como beneficiarios a mis hijos.
EMPLEADA	—Bien. Entonces, por favor, llene esta planilla y firme estas dos tarjetas. ¿Cuánto va a depositar?
SR. SANTANA	—Ahora voy a depositar $500 en efectivo y mañana, después de cerrar mi cuenta en el otro banco, depositaré un cheque de caja por el saldo de esa cuenta.
EMPLEADA	—Usted sabe que pagamos intereses sobre el saldo de las cuentas corrientes, ¿verdad?
SR. SANTANA	—Sí, ya lo sé. Pero también cobran cuarenta centavos por cada cheque girado.
EMPLEADA	—Sí, señor. Y también por la impresión de los cheques.
SR. SANTANA	—Me gustaría ver los modelos de cheques personalizados.
EMPLEADA	—En seguida se los mostraré. Usted tendrá sus cheques dos semanas después de seleccionar un modelo.

La Sra. Días está en el mismo banco para abrir una cuenta de ahorros.

SRA. DÍAZ	—Mi banco quebró y necesito abrir una cuenta de ahorros.
EMPLEADO	—¿Usted tenía su cuenta en el Center Bank que se declaró en quiebra?
SRA. DÍAZ	—Sí, pero no perdí nada.
EMPLEADO	—Claro, las cuentas de hasta $100.000 están aseguradas por una agencia del gobierno federal. Bien. ¿Qué tipo de cuenta quiere abrir?
SRA. DÍAZ	—Una cuenta conjunta, a nombre mío y de mi hija.
EMPLEADO	—Debe llenar estas formas, y después usted y su hija deberán firmar estas tarjetas.
SRA. DÍAZ	—Mi hija vendrá a firmarlas más tarde. Por favor, ¿qué interés están pagando en las cuentas del mercado de valores?
EMPLEADO	—El tres y un cuarto por ciento y el siete por ciento en los certificados de depósito a plazo fijo, de dieciocho meses o más.
SRA. DÍAZ	—No me convendría tener todo mi dinero inmovilizado.
EMPLEADO	—Entonces necesitará abrir dos cuentas.

Now repeat each phrase after the speakers. (Dialogue)

Vocabulario

Repeat each word or phrase after the speaker. After your response, you will hear the same word or phrase again. Repeat after the model once more.

Cognados:	el beneficiario (/) federal (/) individual (/) el modelo (/)
Nombres:	el barrio (/) el vecindario (/) el cheque de caja (/) la cuenta (/) la cuenta conjunta (/) la cuenta corriente (/) la cuenta de cheques (/) la cuenta del mercado de (/) dinero (/) el efectivo (/) el gobierno (/) la impresión (/) la quiebra (/) la insolvencia (/) el saldo (/)
Verbos:	cerrar (/) declararse (/) gustar (/) mudarse (/) perder (/) quebrar (/) declararse en quiebra (/) sentarse (/)
Adjetivos:	asegurado (/) girado (/) inmovilizado (/)
Otras palabras y expresiones:	claro (/) por supuesto (/) convenirle a uno (/) el mismo (/) ya lo sé (/)

Vocabulario adicional

Para hacer las transacciones bancarias:

a nombre mío (/) en mi nombre (/) a plazo fijo (/)
el banquero (/) el billete (/) el billete de banco (/)
el billete falso (/) el cajero automático (/)
la calderilla (/) la moneda fraccionaria (/) el menudo (/)
el suelto (/) la casa matriz (/) la oficina principal (/)
el cheque al portador (/) el cheque sin fondos (/)
la chequera (/) el talonario de cheques (/)
cobrar un cheque (/) cambiar un cheque (/)
el depositante (/) el depositario (/)
el estado de cuenta (/) extender un cheque (/)
girar un cheque (/) la moneda (/) el retiro (/)
sacar dinero (/) el sobregiro (/) la sucursal (/)

Fin de la Lección 15

Repaso: Lecciones 11–15

Práctica oral

Listen to the following exercise. The speaker will ask you some questions. Answer the questions, using the cues provided. The speaker will confirm the correct answer. Repeat the correct answer.

1. ¿Qué desea hacer usted? (/) modernizar mi sistema de contabilidad (/)
   Deseo modernizar mi sistema de contabilidad. (/)
2. ¿Quién prepara el balance general? (/) el contador (/)
   El contador prepara el balance general. (/)
3. ¿Tiene usted aquí todos los libros? (/) sí (/)
   Sí, tengo todos los libros aquí. (/)
4. ¿Quiénes prepararon los estados financieros? (/) mis empleados (/)
   Mis empleados prepararon los estados financieros. (/)
5. ¿Cómo preparan ustedes los estados financieros? (/) con la computadora (/)
   Preparamos los estados financieros con la computadora. (/)
6. ¿Qué datos debo poner en la computadora? (/) el alquiler y los impuestos (/)
   Debe poner el alquiler y los impuestos en la computadora. (/)
7. ¿Con qué marcan ustedes las entradas y las salidas de los empleados? (/) el reloj (/)
   Marcamos las entradas y las salidas con el reloj. (/)
8. ¿Su computadora sirve para hacer esto? (/) no (/)
   No, mi computadora no sirve para hacer esto. (/)
9. ¿Qué problema tiene usted con sus programas? (/) son muy rudimentarios (/)
   Nuestros programas son muy rudimentarios. (/)
10. ¿Qué desea usted poder hacer con el nuevo programa? (/) mandarles circulares a los clientes (/)
    Deseo poder mandarles circulares a los clientes con el nuevo programa. (/)
11. ¿Cuál es su giro? (/) importamos productos de cuero (/)
    Importamos productos de cuero. (/)
12. ¿Cuál es el volumen de sus ventas? (/) varía con al estación (/)
    El volumen de nuestras ventas varía con la estación. (/)
13. ¿Qué artículos confeccionan y distribuyen ustedes? (/) carteras y vestidos (/)
    Confeccionamos y distribuimos carteras y vestidos. (/)
14. ¿Necesita usted preparar sus impuestos? (/) sí, este mes (/)
    Sí, necesito preparar mis impuestos este mes. (/)
15. ¿Es usted trabajador por cuenta propia? (/) no (/)
    No, no soy trabajador por cuenta propia. (/)
16. ¿Recibe usted un sueldo? (/) sí, y parte de las utilidades (/)
    Sí, recibo un sueldo y parte de las utilidades. (/)
17. ¿Tiene usted los comprobantes de su sueldo? (/) no, no aquí (/)
    No, no tengo los comprobantes de mi sueldo aquí. (/)
18. ¿Recibe usted rentas? (/) sí, y comisiones (/)
    Sí, recibo rentas y comisiones. (/)
19. ¿Tiene usted bonos? (/) sí, municipales (/)
    Sí, tengo bonos municipales. (/)
20. ¿Recibió usted regalos o una herencia? (/) no, nada (/)
    No, no recibí nada. (/)
21. ¿Vendió usted algunos bienes inmuebles? (/) no (/)
    No, no vendí ningún bien inmueble. (/)
22. ¿Tiene usted algún dependiente? (/) sí, dos (/)
    Sí, tengo dos dependientes. (/)
23. ¿Quiénes son sus dependientes? (/) mis hijos (/)
    Mis hijos son mis dependientes. (/)
24. ¿Tiene usted alguna cuenta en el banco? (/) sí, corriente) (/)
    Sí, tengo una cuenta corriente. (/)
25. ¿Es una cuenta individual? (/) no, conjunta (/)
    No, es una cuenta conjunta. (/)

Lección 16

Diálogo

You will hear a dialogue. First it will be read without pauses. Then the speakers will read it again with pauses for you to repeat what you hear. Listen carefully.

Solicitando préstamos

José, un estudiante de Puerto Rico, necesita que le den un préstamo para poder pagar sus estudios.

JOSÉ	—Necesito un préstamo para pagar la matrícula y los demás gastos de la universidad.
EMPLEADO	—¿Dónde estudia?
JOSÉ	—Estudio administración de empresas en la Universidad de Arizona, pero este año no me dieron beca.
EMPLEADO	—¿Cuánto ganan sus padres?
JOSÉ	—Mi padre murió el año pasado. Mi madre gana bastante, más de ochenta mil dólares al año.
EMPLEADO	—Lo siento, pero usted no califica para este tipo de préstamo.
JOSÉ	—Es que mi madre quiere que estudie aquí, en Puerto Rico, y no me quiere dar dinero para irme a Arizona.
EMPLEADO	—Yo le aconsejo que hable con su mamá para tratar de resolver el problema.

Elena, una joven recién graduada, pide un préstamo para poner un negocio.

ELENA	—Necesito un préstamo para abrir un pequeño negocio.
OFICIAL DEL BANCO	—¿Conoce usted la disposiciones de la Administración de Pequeños Negocios?
ELENA	—Sí, y también he obtenido asesoramiento legal, económico y financiero. Espero calificar para un préstamo.
OFICIAL DEL BANCO	—¿Qué negocio piensa abrir?
ELENA	—Una tienda de ropa para niños.
OFICIAL DEL BANCO	—¿Cuánto dinero necesita?
ELENA	—Cincuenta mil dólares.
OFICIAL DEL BANCO	—Necesitará muchos empleados su establecimiento?
ELENA	—No, por ahora solamente dos.

Elena y su novio Carlos deciden comprar una casa porque van a casarse.

CARLOS	—Necesitamos tomar cuarenta mil dólares en hipoteca sobre un condominio que vamos a comprar.
OFICIAL DEL BANCO	—¿Es un condominio nuevo o ya fue habitado?
CARLOS	—Ya fue habitado. Los dueños viven allí ahora.
OFICIAL DEL BANCO	—¿Ustedes quieren asumir la hipoteca original?
ELENA	—No, los intereses están mas bajos ahora que cuando los dueños lo compraron.

OFICIAL DEL BANCO	—¿Están interesados en un interés fijo o variable?
CARLOS	—Fijo, a treinta años. Queremos aprovechar que los intereses están bajísimos.
OFICIAL DEL BANCO	—¿Cuáles son sus ingresos?
CARLOS	—Yo trabajo en las oficinas del condado y gano veintiocho mil dólares anuales. Ella gana veintiséis mil dólares trabajando en una tienda de ropa.

Tres meses después, Elena solicita un préstamo personal.

ELENA	—Vengo a solicitar un préstamo personal. Necesito dos mil dólares para pagar algunas deudas.
OFICIAL DEL BANCO	—¿Tiene usted casa propia?
ELENA	—Sí, mi esposo y yo tenemos un condominio.
OFICIAL DEL BANCO	—Entonces le sugiero que pida un préstamo sobre la diferencia entre el valor del condominio y lo que debe de la hipoteca.
ELENA	—¿Qué ventajas tiene ese tipo de préstamo?
OFICIAL DEL BANCO	—Para usted tiene dos ventajas: paga un interés menor y puede deducir el interés pagado del impuesto federal.
ELENA	—El problema es que nosotros compramos la casa hace tres meses.
OFICIAL DEL BANCO	—Entonces tenemos que descartar esta opción. Llene esta planilla y ya le diremos si califica para un préstamo personal.
ELENA	—¿Necesito un aval u otro tipo de garantía?
OFICIAL DEL BANCO	—Eso depende de lo que usted gana.

Now repeat each phrase after the speakers. (Dialogue)

Vocabulario

Repeat each word or phrase after the speaker. After your response, you will hear the same word or phrase again. Repeat after the model once more.

| *Cognados:* | el condominio (/) económico (/) el estudiante (/) la garantía (/) legal (/) variable (/) |
| *Nombres:* | la administración de empresas (/) la administración de negocios (/) la Administración de Pequeños |

Negocios (/) el asesoramiento (/)
el aval (/) la beca (/) el condado (/)
la deuda (/) la disposición (/)
el dueño (/) el propietario (/)
la madre (/) la matrícula (/) el niño (/)
el novio (/) el oficial del banco (/)
el padre (/) los padres (/) la ventaja (/)

Verbos: aconsejar (/) aprobar (/)
aprovechar (/) asumir (/) calificar (/)
casarse (/) descartar (/) esperar (/)
negar (/) resolver (/) sugerir (/)

Adjetivos: bajo (/) fijo (/) habitado (/)

*Otras palabras
y expresiones:* allí (/) poner un negocio (/)
abrir un negocio (/) recién (/)
recientemente (/) tener casa propia (/)

Vocabulario adicional

Vocabulario relacionado con los préstamos:

la aprobación (/) la identificación (/) insolvente (/)
el interés compuesto (/) la liquidez (/) el prestamista (/)
el presupuesto (/) el rendimiento (/) tasar (/)
el testigo (/) el tipo de interés (/) la tasa de interés (/)

Fin de la Lección 16

Lección 17

Diálogo

You will hear a dialogue. First it will be read without pauses. Then the speakers will read it again with pauses for you to repeat what you hear. Listen carefully.

Comprando una casa

La señora Bernal, corredora de bienes raíces, habla con la señora Abreu, que está interesada en comprar una casa.

SRA. ABREU —Estoy interesada en esta casa que anuncian en el periódico de hoy.

SRA. BERNAL —¿Quiere que la lleve a verla?

SRA. ABREU —Sí, ya la vi por fuera y me gustó mucho, pero temo que sea demasiado cara para mí.

SRA. BERNAL —El dueño pide $320.000 por ella. Dice que no está dispuesto a rebajarla, pero si le gusta ¿por qué no le hace una oferta?

SRA. ABREU —Para comprarla tengo que vender mi casa. ¿Ustedes pueden encargarse de la venta?

SRA. BERNAL —Sí, señora. ¿Cuánto piensa pedir por su casa?

SRA. ABREU —Según el tasador, la propiedad vale unos $220.000, y todavía debo unos $86.000.

SRA. BERNAL —Bien. Le aconsejo que pida $225.000, para que usted pueda negociar el precio que desea.

SRA. ABREU —Me parece una buena idea. ¿A cuánto llegarían los gatos relacionados con la venta de mi casa?

SRA. BERNAL —Si la vende en $220.000 nuestra comisión será de $13.200 y los gastos de cierre serán unos $1.200, incluidos gastos legales y el traspaso de la escritura.

SRA. ABREU —Entonces me quedará un saldo a mi favor de poco más de $119.000. Bien, ¿cuándo puedo ver la otra casa?

SRA. BERNAL —Siento no poder llevarla ahora mismo, pero puedo llevarla esta tarde.

En la casa:

SRA. BERNAL —Como usted ve, la casa está situada en un barrio muy elegante. La mayor parte de sus vecinos serán profesionales y ejecutivos de empresas.

SRA. ABREU —La fachada es muy bonita y el jardín está muy bien cuidado.

SRA. BERNAL —Me alegro de que le guste. La casa está construida en varios niveles. La sala y el comedor están hundidos.

SRA. ABREU —Me gusta mucho la chimenea de piedra en el salón de estar.

SRA. BERNAL —Esta casa fue construida a la orden, sin sacrificar la calidad al ahorro.

SRA. ABREU —Sí, las alfombras son de primera, y el piso de la cocina y de los baños es de losas de cerámica, ¿verdad?

SRA. BERNAL —Sí, lo único de linóleo en la casa es el piso del cuarto de lavar.

SRA. ABREU	—Es una lástima que las cortinas del comedor estén manchadas. ¿Cómo está el techo?
SRA. BERNAL	—Estos techos de tejas duran muchísimo, pero de todos modos, el propietario ordenó recientemente una inspección del techo y de comején.
SRA. ABREU	—Está recién pintada, ¿verdad?
SRA. BERNAL	—Sí, y también remodelaron la cocina. Ahora tiene una cocina eléctrica y tiene dos hornos: uno convencional y otro de microondas.
SRA. ABREU	—La lavadora de platos también es nueva, ¿verdad?
SRA. BERNAL	—Sí, señora.

Dos días después, en la oficina de la Sra. Bernal:

SRA. ABREU	—Bien, quiero comprar la casa. ¿Qué entrada tendría que dar para comprarla?
SRA. BERNAL	—El banco generalmente requiere un mínimo de veinte por ciento. Si el dueño acepta su oferta de $310.000, entonces la entrada sería de $62.000. Tendrá que solicitar un préstamo de casi $250.000 si no quiere dar una entrada más grande.
SRA. ABREU	—Ya consulté con mi banco y califico para un préstamo de hasta $265.000. ¿Cuánto tendría que pagar mensualmente si la hipoteca es de $200.000?
SRA. BERNAL	—A ver... al nueve y tres cuartos por ciento, por treinta años... serían $1.718,31, más los gastos de seguro y contribución.
SRA. ABREU	—¡Ojalá que acepten la oferta!

Now repeat each phrase after the speakers. (Dialogue)

Vocabulario

Repeat each word or phrase after the speaker. After your response, you will hear the same word or phrase again. Repeat after the model once more.

Cognados:	eléctrico (/) elegante (/) el garaje (/) la inspección (/) el linóleo (/) el mínimo (/) el profesional (/) el profesionalista (/) recientemente (/)
Nombres:	la Administración Federal de Hipotecas (/) la alfombra (/) el baño (/) la calefacción (/)

la chimenea (/) la cocina (/)
el comedor (/) el comején (/)
la termita (/) la contribución (/)
el corredor de bienes raíces (/)
el cuarto de lavar (/) la entrada (/)
la cuota inicial (/) el enganche (/)
la escritura (/) la fachada (/)
los gastos de cierre (/) el horno (/)
el jardín (/) la lavadora de platos (/)
el lavaplatos (/) la losa (/)
la baldosa (/) la microonda (/)
el nivel (/) la oferta (/) la piedra (/)
la propiedad (/) la sala (/)
la sala de estar (/) el salón de estar (/)
el tasador (/) el techo (/) la teja (/)
el traspaso (/) el vecino (/)

Verbos:	alegrarse (/) durar (/) negociar (/) remodelar (/) requerir (/) sacrificar (/) sentir (/) lamentar (/) temer (/) traspasar (/) valer (/)
Adjetivos:	bonito (/) lindo (/) caro (/) construido (/) cuidado (/) hundido (/) manchado (/) mil (/) pintado (/)
Otras palabras y expresiones:	A ver... (/) ahora mismo (/) cerca (/) cerca de (/) construido a la orden (/) hecho a la orden (/) de primera (/) demasiado (/) es lástima (/) es una lástima (/) estar dispuesto (/) hasta (/) la mayor parte (/) lo único (/) mensualmente (/) al mes (/) ¡Ojalá! (/) poner a la venta (/) por fuera (/) recién (/) se vende (/)

Vocabulario adicional

Para hablar de la vivienda

El exterior:

los árboles frutales (/) el césped (/) el zacate (/)
el estuco (/) el ladrillo (/) la madera (/) el patio (/)
la piscina (/) la alberca (/)
el sistema de riego automático (/)

El interior:

el apartamento (/) el departamento (/)
el cuarto principal (/) los electrodomésticos (/)
el enchufe (/) el gabinete (/) el estante (/) la lámpara (/)
la lavadora (/) el refrigerador (/) la secadora (/)

el inmueble (/) se alquila (/) tasar (/)

Fin de la Lección 17

Lección 18

Diálogo

You will hear a dialogue. First it will be read without pauses. Then the speakers will read it again with pauses for you to repeat what you hear. Listen carefully.

Alquilando un local comercial

Roberto y Anita alquilan un local para su negocio.

ROBERTO	—Señorita, venimos por el anuncio de los locales de negocio en el centro comercial de la calle Ocho.
CORREDORA	—¿Ya han visto los locales? ¿Cuál les interesa?
ROBERTO	—Estamos interesados en el número 27 de la planta baja.
CORREDORA	—Ése ya está alquilado. ¿Les interesaría el 127? Está en el primer piso, exactamente sobre el que ustedes quieren.
ROBERTO	—No creo que nos convenga. ¿No tiene otro que esté en la planta baja?
CORREDORA	—El número 18 está vacío, pero es mucho más grande y más caro.
ANITA	—¿Cuánto mide ese local?
CORREDORA	—Veinte por treinta; es decir, 600 pies cuadrados.
ANITA	—¿Cuánto piden de alquiler?
CORREDORA	—Tres dólares y veinticinco centavos por pie cuadrado con un contrato por un mínimo de tres años.
ROBERTO	—Anita, por favor, préstame tu calculadora.
CORREDORA	—No se moleste en sacar la cuenta; son $1.950 mensuales.
ANITA	—*(A Roberto.)* ¿Qué te parece?
ROBERTO	—Anita, recuerda que no queremos pagar más de 1.500 de alquiler.
ANITA	—Sí, pero dudo que encontremos un lugar mejor para la tienda.
ROBERTO	—*(A la corredora.)* ¿Podemos ir a verlo?
CORREDORA	—Sí, cómo no. Voy a buscar la llave.

En el centro comercial:

ROBERTO	—¿Cuál es el número 18?
ANITA	—Es aquél, a la derecha. ¡Qué bien situado está! Cerca de la salida de una de las escaleras rodantes.

CORREDORA	—Sí, y de este lado van a poner una juguetería y del otro una tienda de galleticas. Ésos son dos lugares que todos los niños quieren visitar.
ROBERTO	—Dudo que esa proximidad nos convenga. Son muchos los padres que evitan esas tiendas cuando traen a sus hijos.
ANITA	—Sí, pero acuérdate de que la mayoría de los regalos para niños son juguetes, ropa y dulces. Así lo encuentran todo en un solo lugar.
ROBERTO	—Quizás tengas razón.

Otra vez en la oficina:

ROBERTO	—Nos quedamos con el local. ¿Cuáles son las condiciones?
CORREDORA	—Las de costumbre: tres meses en fondo y los pagos por adelantado.
ROBERTO	—¿Cuándo podemos firmar el contrato?
CORREDORA	—Primero deben llenar esta planilla. Necesitamos que nos autoricen para investigar su crédito.
ANITA	—Podemos adaptar el espacio a nuestras necesidades, ¿verdad?
CORREDORA	—Sí, claro, si no afectan a la estructura del edificio.
ANITA	—Solamente necesitamos probadores, escaparates de exhibición y algunos entrepaños.

Now repeat each phrase after the speakers. (Dialogue)

Vocabulario

Repeat each word or phrase after the speaker. After your response, you will hear the same word or phrase again. Repeat after the model once more.

Cognados:	el calculador (/) la estructura (/) exactamente (/) la proximidad (/)
Nombres:	el centro comercial (/) los dulces (/) el edificio (/) el entrepaño (/) el estante (/) la escalera rodante (/) la escalera mecánica (/) el escaparate (/) la vidriera (/) la galletica (/) la galleta (/) la galletita (/) la juguetería (/) el lado (/) el local (/) el espacio (/) el lugar (/) la mayoría (/) el pie (/) el probador (/)

Verbos:	acordarse (/) adaptar (/) afectar (/) autorizar (/) convenir (/) dudar (/) interesar (/) investigar (/) molestar (/) molestarse (/) prestar (/) quedarse con (/)
Adjetivos:	alquilado (/) cuadrado (/) vacío (/) desocupado (/)
Otras palabras y expresiones:	aquél (/) en fondo (/) en depósito (/) de enganche (/) por adelantado (/) ¡qué... ! (/) sacar la cuenta (/) sobre (/) tener razón (/)

Establecimientos comerciales:

la barbería (/) la carnicería (/) la dulcería (/)
la farmacia (/) la ferretería (/) la florería (/)
la gasolinera (/) la estación de servicio (/)
los almacenes (/) los grandes almacenes (/)
la tienda por departamentos (/) la joyería (/)
la lavandería (/) la mueblería (/) la panadería (/)
la peluquería (/) el salón de belleza (/) la perfumería (/)
la pescadería (/) el supermercado (/)
el taller de mecánica (/) la zapatería (/)

Fin de la Lección 18

Vocabulario adicional

Para alquilar un local:

el arrendamiento (/) el arrendatario (/) la constancia (/)
convenir en (/)

Lección 19

Diálogo

You will hear a dialogue. First it will be read without pauses. Then the speakers will read it again with pauses for you to repeat what you hear. Listen carefully.

Vendiendo y comprando seguros

Un agente visita a la señora Aguirre para venderle un seguro de vida.

AGENTE	—¿Tiene usted hijos, señora Aguirre?
SRA. AGUIRRE	—Sí, tengo dos hijos.
AGENTE	—Espero que haya pensado qué será de ellos cuando usted les falte.
SRA. AGUIRRE	—No creo que haya pensado mucho en esa eventualidad. Soy bastante joven todavía.
AGENTE	—Pero cuando usted sea mayor, el seguro de vida le costará más.
SRA. AGUIRRE	—Tengo 45 años. ¿Cuánto me costaría el seguro ahora?
AGENTE	—Por cada mil dólares de cobertura, pagaría una prima de un dólar y noventa centavos.
SRA. AGUIRRE	—¿La cobertura incluye la muerte por cualquier motivo?
AGENTE	—Sí, excepto por suicidio durante los dos años después de la firma de la póliza.
SRA. AGUIRRE	—Déjeme una copia de la póliza y literatura. Tan pronto como las lea lo llamaré.

El señor Caro compra un seguro de automóviles.

SR. CARO	—Necesito un seguro para mi coche.
AGENTE	—¿Quiere un seguro contra todo riesgo o uno que cubra solamente la responsabilidad civil?
SR. CARO	—Uno que cubra lo que exige la ley. El coche es muy viejo y no vale la pena asegurarlo contra robos o contra los daños que sufra.
AGENTE	—En este estado, una póliza que cubra la responsabilidad civil es suficiente.
SR. CARO	—¿Qué cubre la póliza más barata de ese tipo?
AGENTE	—Hasta $15.000 por daños a las personas, con un máximo de $30.000 por accidente, y $5.000 por daños a propiedad. Esta póliza sólo cubre al conductor y a los pasajeros del otro coche.
SR. CARO	—¿Y qué pasa en caso de que mi seguro no alcance para pagar los gastos médicos?
AGENTE	—Entonces usted es responsable por la diferencia; por eso le recomiendo que compre una póliza con mayor cobertura, por si hay que pagar atención médica y hospitalaria.
SR. CARO	—¿Cuánto me costaría una cobertura de responsabilidad civil de $50.000 por persona?
AGENTE	—¿Quién va a manejar el coche?

SR. CARO	—Solamente yo. Bueno, mi novia lo maneja algunas veces.
AGENTE	—¿Cuántos años hace que ustedes tienen licencia de conducir?
SR. CARO	—Yo, cuatro años... y mi novia, tres.
AGENTE	—¿Han tenido ustedes algún accidente?
SR. CARO	—Yo choqué hace dos meses, pero el juez declaró culpable al otro chofer.
AGENTE	—¿Han pagado multas por violaciones de las leyes del tránsito?
SR. CARO	—Mi novia ha pagado dos por no hacer caso a las señales de parada, y yo una por pasar con la luz roja y otra por exceso de velocidad.
AGENTE	—Lo siento. No podemos venderle una póliza. Usted tiene demasiadas violaciones y esto es un riesgo para nosotros. Usted tendría que llamar a la oficina que se encarga de los conductores que están en su situación para que lo aseguren.

La señora Llano quiere comprar un seguro para su negocio.

AGENTE	—¿Es suyo el edificio?
SRA. LLANO	—No, yo solamente soy una de las propietarias del negocio.
AGENTE	—En ese caso puede comprar un seguro que cubra los equipos, muebles y enseres, y la mercancía de su negocio.
SRA. LLANO	—Me interesa un seguro contra robos y contra incendio.
AGENTE	—Yo le aconsejo que asegure su negocio contra todo riesgo.
SRA. LLANO	—¿Qué cubre la póliza contra todo riesgo?
AGENTE	—Tenemos un seguro comprensivo que incluye restitución de pérdidas por daños causados por robos, fuegos, motines, inundaciones y otros fenómenos naturales como nevadas, tornados, huracanes, etcétera.
SRA. LLANO	—¿No incluye terremotos?
AGENTE	—No, señora. Ése es un seguro aparte, y nuestra compañía no lo ofrece ahora.
SRA. LLANO	—Y si un trabajador o un cliente sufre lesiones u otros daños en nuestro establecimiento, ¿está nuestra responsabilidad civil cubierta por esa póliza?
AGENTE	—Sí, señora.

Now repeat each phrase after the speakers. (Dialogue)

Vocabulario

Repeat each word or phrase after the speaker. After your response, you will hear the same word or phrase again. Repeat after the model once more.

Cognados:	el accidente (/) comprensivo (/) la copia (/) la eventualidad (/) excepto (/) el huracán (/) la literatura (/) la póliza (/) precisamente (/) responsable (/) la restitución (/) el suicidio (/) el tornado (/) la violación (/)
Nombres:	la cobertura (/) los enseres (/) el exceso de velocidad (/) el fenómeno natural (/) la fuerza mayor (/) la firma (/) el fuego (/) el incendio (/) la inundación (/) la lesión (/) la luz (/) el motín (/) el motivo (/) la muerte (/) la multa (/) la nevada (/) la prima (/) la responsabilidad civil (/) el robo (/) la señal de parada (/) el terremoto (/) el temblor (/) el trabajador (/) el tránsito (/) la vida (/)
Verbos:	aconsejar (/) alcanzar (/) asegurar (/) chocar (/) faltar (/) incluir (/)
Adjetivos:	causado (/) cubierto (/) culpable (/) joven (/) mayor (/) rojo (/) viejo (/)
Otras palabras y expresiones:	algunas veces (/) la atención médica y hospitalaria (/) bastante (/) contra (/) declarar culpable (/) en caso de que (/) hacer caso (/) hay que (/) para que (/) a fin de que (/) por cualquier motivo (/) ¿Qué será de... ? (/) valer la pena (/)

Vocabulario adicional

Para hablar de los seguros:

a favor de (/) el asegurado (/) el subscriptor (/) el asegurador (/) la indemnización (/) la invalidez (/) la probabilidad de vida (/) la reclamación (/) la renta vitalicia (/) el rescate (/) el seguro de accidentes de trabajo (/) el seguro de grupo (/) el seguro colectivo (/) el seguro de salud (/) el seguro dotal (/) la tercera persona (/) el tercero (/)

Fin de la Lección 19

Lección 20

Diálogo

You will hear a dialogue. First it will be read without pauses. Then the speakers will read it again with pauses for you to repeat what you hear. Listen carefully.

En el bufete de una abogada

La señora Reyes tuvo un accidente y quiere poner una demanda.

SRA. REYES	—Quiero ponerle una demanda a la compañía Alfa.
ABOGADA	—¿Por qué motivo?
SRA. REYES	—Un camión de la empresa chocó mi coche por detrás.
ABOGADA	—¿Hubo heridos? ¿Quiénes iban en el coche?
SRA. REYES	—Yo iba en el coche con mi esposo. Él sufrió una herida en la frente y ahora le duele la cabeza todos los días.
ABOGADA	—¿Y a usted no le pasó nada?
SRA. REYES	—A mí me duele mucho el cuello ahora, y estoy muy nerviosa.
ABOGADA	—Lo mejor sería que fueran a ver a un médico especialista que les voy a recomendar. ¿Dice usted que el camión le pegó a su coche por detrás?
SRA. REYES	—Sí, yo había parado en un semáforo. El chofer estaba borracho.
ABOGADA	—¿Está usted segura?
SRA. REYES	—Sí, le hicieron la prueba del alcohol y resultó positiva.
ABOGADA	—Bien. En la demanda pediremos el pago de los daños causados al coche, los gastos médicos de usted y de su esposo y compensaciones por los sufrimientos de ambos.
SRA. REYES	—¿Cuánto cree que podamos obtener?
ABOGADA	—Por lo menos veinte mil dólares para cada uno.
SRA. REYES	—¿Cuáles son sus honorarios? ¿Necesito adelantarle alguna suma?
ABOGADA	—Ahora usted pagará sólo los gastos. Después, cuando ganemos el caso, yo recibiré el treinta por ciento de la cantidad que les sea adjudicada.
SRA. REYES	—¿Y si no ganamos?

ABOGADA	—Si no ganan, no me debe nada. ¿Puedo tratar de llegar a un arreglo con la compañía antes del juicio?
SRA. REYES	—Sí, creo que sería preferible evitar el juicio, si usted cree que podemos obtener un arreglo equitativo.

Ese mismo día, el señor Cruz habla con otro abogado porque quiere hacer testamento.

SR. CRUZ	—Doctor, deseo hacer testamento. Viajo mucho y no querría que mis hijos tuvieran problemas con la herencia si me pasara algo.
ABOGADO	—Hace bien, señor Cruz. Si usted muriera intestado sus herederos tendrían muchísimos problemas.
SR. CRUZ	—Los pleitos de abintestato son largos y caros, ¿no?
ABOGADO	—Exactamente. Bueno, ¿cuáles son sus bienes?
SR. CRUZ	—Mi casa, mi participación en un negocio de importación, algunos bonos y dinero invertido en varios fondos mutuos.
ABOGADO	—¿A quiénes desea dejar sus bienes?
SR. CRUZ	—A mis hijos, a partes iguales.
ABOGADO	—Necesita nombrar un albacea, que administrará la herencia desde el momento en que usted fallezca hasta que se repartan sus bienes.
SR. CRUZ	—Bien. Otra cosa: también me gustaría firmar un documento para que, si estoy muriéndome sin remedio, no me prolonguen la vida inútilmente.
ABOGADO	—Muy bien. ¿Piensa usted donar sus órganos cuando muera?
SR. CRUZ	—Sí.
ABOGADO	—Entonces tiene que firmar estos documentos.

Now repeat each phrase after the speakers. (Dialogue)

Vocabulario

Repeat each word or phrase after the speaker. After your response, you will hear the same word or phrase again. Repeat after the model once more.

Cognado: el alcohol (/) la compensación (/)
el especialista (/) intestado (/)
el órgano (/) la participación (/)
positivo (/) preferible (/)

Nombres:	el abintestato (/) el abogado (/)
	el albacea (/) los bienes (/)
	el bufete (/) la cabeza (/) el cuello (/)
	la demanda (/) el pleito (/)
	el fondo mutuo (/) la frente (/)
	el heredero (/) la herida (/)
	los honorarios (/) el juicio (/)
	la prueba (/) el semáforo (/)
	el sufrimiento (/) la suma (/)
	el testamento (/)
Verbos:	adelantar (/) administrar (/) donar (/)
	ganar (/) nombrar (/) pasar (/)
	pegar (/) prolongar (/) repartir (/)
	resultar (/)
Adjetivos:	adjudicado (/) borracho (/)
	equitativo (/) grave (/) invertido (/)
	largo (/) mismo (/) nervioso (/)
Otras palabras	
y expresiones:	a partes iguales (/) algo (/)
	hacer bien (/) inútilmente (/)
	¿Hubo heridos? (/) lo mejor (/)
	llegar a un arreglo (/)
	poner una demanda (/) demandar (/)
	por detrás (/) sin remedio (/)

Vocabulario adicional

Personas que participan en un juicio:

el abogado acusador (/) el acusado (/) el reo (/)
el demandado (/) el fiscal (/) el juez (/) el jurado (/)
el perito (/) el experto (/) el policía (/) la policía (/)
el testigo (/)

Algunos delitos:

el asalto (/) el asesinato (/) el delito mayor (/)
el delito grave (/) el delito menor (/)
el delito menos grave (/) la entrada ilegal (/)
la extorsión (/) el fraude (/) el homicidio (/)
manejar bajo los efectos del alcohol (/) el robo (/)
el soborno (/) la mordida (/) la venta de drogas (/)
la posesión de drogas (/)

Los veredictos:

culpable (/) inocente (/)

Fin de la Lección 20

Repaso: Lecciones 16–20

Práctica oral

Listen to the following exercise. The speaker will ask you some questions. Answer the questions, using the cues provided. The speaker will confirm the correct answer. Repeat the correct answer.

1. ¿Necesita usted un préstamo? (/) sí (/)
   Sí, necesito un préstamo. (/)
2. ¿Para qué necesita usted el préstamo? (/) abrir un negocio (/)
   Necesito el préstamo para abrir un negocio. (/)
3. ¿Qué negocio piensa abrir usted? (/) tienda de ropa (/)
   Pienso abrir una tienda de ropa. (/)
4. ¿Necesita usted asesoramiento? (/) sí, legal y económico (/)
   Sí, necesito asesoramiento legal y económico. (/)
5. ¿Tiene usted algunas deudas? (/) no, ninguna (/)
   No, no tengo ninguna deuda. (/)
6. ¿Dónde desea usted poner la tienda? (/) centro comercial (/)
   Deseo ponerla en un centro comercial. (/)
7. ¿Desea usted ponerla cerca de una dulcería? (/) no, juguetería (/)
   No, deseo ponerla cerca de una juguetería. (/)
8. ¿Necesita usted un local muy grande? (/) no (/)
   No, no necesito un local muy grande.
9. ¿Necesita usted hacer muchos cambios en el local? (/) no, sólo poner entrepaños y probadores (/)
   No, sólo necesito poner entrepaños y probadores. (/)
10. ¿Puede usted pagar el alquiler por adelantado? (/) sí (/)
    Sí, puedo pagar el alquiler por adelantado. (/)
11. ¿Podemos investigar su crédito? (/) sí (/)
    Sí, pueden investigar mi crédito. (/)
12. ¿Piensa usted comprar una casa? (/) sí, también (/)
    Sí, también pienso comprar una casa. (/)
13. ¿Qué entrada quiere dar usted? (/) el mínimo (/)
    Quiero dar el mínimo de entrada. (/)
14. ¿Qué tipo de casa quiere usted? (/) bonita, con jardín (/)
    Quiero una casa bonita, con jardín. (/)
15. ¿Cómo debe ser la cocina? (/) eléctrica, y tener un horno de microondas (/)
    La cocina debe ser eléctrica y tener un horno de microondas (/)

16. ¿Desea usted alfombras en los baños? (/) no,
pisos de losas de cerámica (/)
No, deseo pisos de losas de cerámica. (/)

17. ¿Desea usted una casa construida en un solo
nivel? (/) no, en varios (/)
No, deseo una casa construida en varios
niveles. (/)

18. ¿Va usted a asegurar la casa? (/) sí (/)
Sí, voy a asegurar la casa. (/)

19. ¿Qué tipo de seguro desea? (/) contra todo
riesgo (/)
Deseo un seguro contra todo riesgo. (/)

20. ¿Desea usted comprar un seguro para su
negocio? (/) sí, también (/)
Sí, también deseo comprar un seguro para mi
negocio. (/)

21. ¿Qué debe cubrir el seguro? (/) los enseres y la
mercancía (/)

El seguro del negocio debe cubrir los enseres y la
mercancía. (/)

22. ¿Contra qué quiere asegurar su negocio? (/) contra
robos y contra incendios (/)
Quiero asegurarlo contra robos y contra
incendios. (/)

23. ¿Desea también un seguro contra huracanes? (/)
no, contra terremotos (/)
No, quiero un seguro contra terremotos. (/)

24. ¿Le interesaría hacer un testamento? (/) sí, los
pleitos de abintestato son largos (/)
Sí, me interesaría, porque los pleitos de
abintestato son largos. (/)

25. ¿A quiénes desea dejarles sus bienes? (/) mi
esposa y mis hijos (/)
Deseo dejarles mis bienes a mi esposa y a mis
hijos. (/)

AUDIOSCRIPT
for
SPANISH FOR LAW ENFORCEMENT

Sixth Edition

Ana C. Jarvis
Luis Lebredo

Introduction to Spanish Sounds

The following guide to Spanish pronunciation is designed to help you do the exercises in this tape program and to enhance your speaking ability. You will find the printed version of this guide in Appendix A of your manual.

You will hear a series of words related to a particular sound. Repeat each word after the speaker, imitating the pronunciation as closely as you can.

The Vowels

1. The Spanish **a** has a sound similar to the English *a* in the word *father.* Repeat:

Ana	casa	banana
mala	dama	mata

2. The Spanish **e** is pronounced like the English *e* in the word *eight.* Repeat:

este	René	teme
déme	entre	bebe

3. The Spanish **i** is pronounced like the English *ee* in the word *see.* Repeat:

sí	difícil	Mimí
ir	dividir	Fifí

4. The Spanish **o** is similar to the English *o* in the word *no,* but without the glide. Repeat:

solo	poco	como
toco	con	monólogo

5. The Spanish **u** is similar to the English *ue* sound in the word *Sue.* Repeat:

Lulú	un	su
universo	murciélago	

The Consonants

1. The Spanish **p** is pronounced like the English *p* in the word *spot.* Repeat:

pan	papá	Pepe
pila	poco	pude

2. The Spanish **c** in front of **a, o, u, l,** or **r** sounds similar to the English *k.* Repeat:

casa	como	cuna
clima	crimen	cromo

3. The Spanish **q** is only used in the combinations **que** and **qui** in which the **u** is silent and also has a sound similar to the English *k.* Repeat:

que	queso	Quique
quinto	quema	quiso

4. The Spanish **t** is pronounced like the English *t* in the word *stop.* Repeat:

toma	mata	tela
tipo	atún	Tito

5. The Spanish **d** at the beginning of an utterance or after **n** or **l** sounds somewhat similar to the English *d* in the word *David.* Repeat:

día	dedo	duelo
anda	Aldo	

   In all other positions, the **d** has a sound similar to the English *th* in the word *they.* Repeat:

medida	todo	nada
Ana dice	Eva duda	

6. The Spanish **g** also has two sounds. At the beginning of an utterance and in all other positions, except before **e** and **i,** the Spanish **g** sounds similar to the English *g* in the word *sugar.* Repeat:

goma	gato	tengo
lago	algo	aguja

   In the combinations **gue** and **gui,** the **u** is silent. Repeat:

Águeda	guineo	guiso
ligue	la guía	

7. The Spanish **j,** and **g** before **e** or **i,** sounds similar to the English *h* in the word *home.* Repeat:

jamás	juego	jota
Julio	gente	Genaro
gime		

8. The Spanish **b** and the **v** have no difference in sound. Both are pronounced alike. At the beginning of the utterance or after **m** or **n,** they sound similar to the English *b* in the word *obey.* Repeat:

Beto	vaga	bote
vela	también	un vaso

   Between vowels, they are pronounced with the lips barely closed. Repeat:

sábado	yo voy	sabe
Ávalos	eso vale	

9. In most Spanish-speaking countries, the **y** and the **ll** are similar to the English *y* in the word *yet.* Repeat:

yo	llama	yema
lleno	ya	lluvia
llega		

10. The Spanish **r** (**ere**) is pronounced like the English *tt* in the word *gutter*. Repeat:

cara	pero	arena
carie	Laredo	Aruba

The Spanish **r** in an initial position and after **l**, **n**, or **s**, and **rr** (**erre**) in the middle of a word are pronounced with a strong trill. Repeat:

Rita	Rosa	torre
ruina	Enrique	Israel
perro	parra	rubio
alrededor	derrama	

11. The Spanish **s** sound is represented in most of the Spanish-speaking world by the letters **s**, **z**, and **c** before **e** or **i**. The sound is very similar to the English sibilant *s* in the word *sink*. Repeat:

sale	sitio	solo
seda	suelo	zapato
cerveza	ciudad	cena

In most of Spain, the **z**, and **c** before **e** or **i**, is pronounced like the English *th* in the word *think*. Repeat:

zarzuela	cielo	docena

12. The letter **h** is silent in Spanish. Repeat:

hilo	Hugo	ahora
Hilda	almohada	hermano

13. The Spanish **ch** is pronounced like the English *ch* in the word *chief*. Repeat:

muchacho	chico	coche
chueco	chaparro	

14. The Spanish **f** is identical in sound to the English *f*. Repeat:

famoso	feo	difícil
fuego	foto	

15. The Spanish **l** is pronounced like the English *l* in the word *lean*. Repeat:

dolor	ángel	fácil
sueldo	salgo	chaval

16. The Spanish **m** is pronounced like the English *m* in the word *mother*. Repeat:

mamá	moda	multa
médico	mima	

17. In most cases, the Spanish **n** has a sound similar to the English *n*. Repeat:

nada	norte	nunca
entra	nene	

The sound of the Spanish **n** is often affected by the sounds that occur around it. When it appears before **b**, **v**, or **p**, it is pronounced like the English *m*. Repeat:

invierno	tan bueno	un vaso
un bebé	un perro	

18. The Spanish **ñ** (**eñe**) has a sound similar to the English *ny* in the word *canyon*. Repeat:

muñeca	leña	año
señorita	piña	señor

19. The Spanish **x** has two pronunciations, depending on its position. Between vowels, the sound is similar to the English *ks*. Repeat:

examen	boxeo
exigente	éxito

Before a consonant, the Spanish **x** sounds like the English *s*. Repeat:

expreso	excusa
exquisito	extraño

Linking

In spoken Spanish, the various words in a phrase or sentence are not pronounced as isolated elements, but are combined. This is called *linking*.

1. The final consonant of a word is pronounced together with the initial vowel of the following word. Repeat:

Carlos‿anda	un‿ángel
el‿otoño	unos‿estudiantes

2. The final vowel of a word is pronounced together with the initial vowel of the following word. Repeat:

su‿esposo	la‿hermana
ardua‿empresa	la‿invita

3. When the final vowel of a word and the initial vowel of the following word are identical, they are pronounced slightly longer than one vowel. Repeat:

Ana‿alcanza	me‿espera
mi‿hijo	lo‿olvida

The same rule applies when two identical vowels appear within a word. Repeat:

cooperación	crees
leemos	coordinación

4. When the final consonant of a word and the initial consonant of the following word are the same, they are pronounced as one consonant with slightly longer-than-normal duration. Repeat:

el‿lado   un‿novio   Carlos‿salta
tienes‿sed   al‿leer

End of Introduction to Spanish Sounds

Lección preliminar

You will hear several brief dialogues. First they will be read without pauses. Then the speakers will read them again with pauses for you to repeat what you hear. Listen carefully.

Conversaciones breves

A. —Décima Estación de Policía, buenos días. ¿En qué puedo servirle?
—Buenos días. El teniente Donoso, por favor.
—Un momento, por favor.

B. —Buenas tardes, señora. Soy María Inés Fabio.
—Buenas tardes, señorita Fabio. Pase y tome asiento, por favor. ¿Cómo está usted hoy?
—Bien, gracias. ¿Y usted?
—Muy bien. ¿Qué se le ofrece?

C. —Buenas noches, sargento, y muchas gracias por la información.
—De nada, señora. Para servirle. Adiós.

D. —Hola, Mario. ¿Qué hay de nuevo?
—Nada, agente.
—Bueno, hasta luego.
—Hasta luego.

E. —¿Nombre y apellido?
—Roberto Santacruz.
—¿Dirección?
—Avenida Magnolia, número treinta.
—¿Número de teléfono?
—Cuatro-veintiocho-noventa y dos-sesenta y tres.
—¿Estado civil? ¿Es usted soltero, casado... ?
—Soy divorciado.

Now repeat each phrase after the speakers.
(Dialogues A–E)

Vocabulario

Repeat each word or phrase after the speaker. After your response, you will hear the same word or phrase again. Repeat after the model once more.

Cognados:	la avenida (/) la conversación (/)
	la información (/) el momento (/)
Saludos y despedidas:	Adiós. (/) Buenos días. (/)
	Buenas tardes. (/) Buenas noches. (/)
	¿Cómo está usted? (/)
	Hasta luego. (/) Hola. (/)
	¿Qué hay de nuevo? (/)
Expresiones de cortesía:	De nada. (/) No hay de qué. (/)
	¿En qué puedo servirle? (/)
	¿En qué podemos servirle? (/)
	¿Qué se le ofrece? (/) Gracias. (/)
	Muchas gracias. (/) para servirle (/)
	por favor (/)
Títulos:	agente (/) sargento (/) señor (/)
	señora (/) señorita (/)
Nombres:	el apellido (/) la dirección (/)
	el domicilio (/)
	la estación de policía (/)
	la jefatura de policía (/)
	la comisaría (/) el estado civil (/)
	el nombre (/)
	el número de teléfono (/)
Verbo:	ser (/)
Adjetivos:	breve (/) casado (/) décimo (/)
	divorciado (/) soltero (/)
Otras palabras y expresiones:	Bien. (/) bueno (/) con (/) hoy (/)
	muy (/) nada (/) Pase. (/) por (/)
	Tome asiento. (/) y (/)

Fin de la Lección preliminar

Lección 1

Diálogo

You will hear a dialogue. First it will be read without pauses. Then the speakers will read it again with pauses for you to repeat what you hear. Listen carefully.

En una estación de policía

Son las dos de la tarde. El señor Pérez llama por teléfono para notificar un accidente.

SR. PÉREZ	—Yo no hablo inglés, pero deseo avisar de un accidente.
TELEFONISTA	—¿Dónde? Yo hablo un poco de español.
SR. PÉREZ	—Aquí, frente a mi casa, en la calle Central, entre Florida y Terracina.
TELEFONISTA	—Despacio, por favor.
SR. PÉREZ	—Calle Central, entre Florida y Terracina. Te-e-erre-a-ce-i-ene-a.
TELEFONISTA	—Muy bien, gracias. ¿Hay personas heridas?
SR. PÉREZ	—Sí, hay dos heridas graves: una mujer anciana y una niña pequeña.
TELEFONISTA	—Bien. Ahora necesito sus datos personales. ¿Quién habla? Necesito su nombre y apellido, por favor.
SR. PÉREZ	—José Antonio Pérez.
TELEFONISTA	—¿Domicilio?
SR. PÉREZ	—Calle Central, mil quinientos cuarenta y seis, apartamento siete.
TELEFONISTA	—¿Número de teléfono?
SR. PÉREZ	—Siete-setenta y tres-cincuenta y nueve-cero-ocho.
TELEFONISTA	—Enseguida mando para allá a los paramédicos y un carro patrullero. Muchas gracias por su información.
SR. PÉREZ	—De nada.

En persona, la señora Vera denuncia un robo.

SRA. VERA	—Yo no hablo inglés, pero necesito ayuda. Deseo hablar con un policía.
SR. PÉREZ	—¿Habla español? Un momento.
AGENTE LÓPEZ	—Buenos días, señora. ¿Qué desea usted?
SRA. VERA	—Deseo denunciar un robo.
AGENTE LÓPEZ	—Un momento. Usted necesita hablar con el sargento Viñas, de la Sección de Robos, pero primero necesita llenar un informe de robo.

La señora Vera llena el reporte de robo.

Now repeat each phrase after the speakers. (Dialogue)

Vocabulario

Repeat each word or phrase after the speaker. After your response, you will hear the same word or phrase again. Repeat after the model once more.

Cognados:	el accidente (/) al apartamento (/) central (/) el paramédico (/) la persona (/) la policía (/) el policía (/) el reporte (/) el sargento (/) la sección (/) la división (/) el teléfono (/)
Nombres:	la ayuda (/) la calle (/) el carro patrullero (/) la casa (/) el dato personal (/) el español (/) el herido (/) el informe (/) el inglés (/) la mujer (/) la niña (/) el niño (/) el robo (/) la tarde (/) el telefonista (/) el operador (/)
Verbos:	avisar de (/) notificar (/) deletrear (/) denunciar (/) desear (/) hablar (/) llamar (/) llenar (/) mandar (/) enviar (/) necesitar (/)
Adjetivos:	anciano (/) grave (/) herido (/) mi (/) pequeño (/) su (/)
Otras palabras y expresiones:	ahora (/) aquí (/) de (/) despacio (/) ¿dónde? (/) en (/) en persona (/) enseguida (/) entre (/) frente a (/) hay (/) muy (/) para (/) para allá (/) pero (/) por teléfono (/) primero (/) ¿qué? (/) ¿quién? (/) ¿quiénes? (/) sí (/) un poco de (/)

Vocabulario adicional

Actividades delictivas:

asaltar (/) el asalto (/) asesinar (/) el asesinato (/) el chantaje (/) chantajear (/) contrabandear (/) el contrabando (/) la estafa (/) estafar (/) la falsificación (/) falsificar (/) el fuego intencional (/) el incendio intencional (/) el homicidio (/) la infracción de tránsito (/) pegar fuego (/) dar fuego (/) incendiar (/) secuestrar (/) el secuestro (/) la violación (/) violar (/)

Fin de la Lección 1

Lección 2

Diálogo

You will hear a dialogue. First it will be read without pauses. Then the speakers will read it again with pauses for you to repeat what you hear. Listen carefully.

Con un agente hispano, en una calle de la ciudad

Una señora solicita información.

SEÑORA	—Usted habla español, ¿verdad?
AGENTE	—Sí, señora. ¿En qué puedo servirle?
SEÑORA	—Por favor, ¿dónde queda el Banco de América?
AGENTE	—En la calle Magnolia, entre las avenidas Roma y París.
SEÑORA	—¿Cómo llego allá?
AGENTE	—Debe seguir derecho hasta llegar a la calle Magnolia. Allí dobla a la izquierda.
SEÑORA	—¿Cuántas cuadras debo caminar por Magnolia?
AGENTE	—Unas cinco o seis cuadras.
SEÑORA	—Muchas gracias por la información.
AGENTE	—Para servirle, señora.

El agente habla con un muchacho en bicicleta.

AGENTE	—Un momento, por favor. ¿Por qué no llevas puesto el casco de seguridad?
MUCHACHO	—El casco es muy incómodo, señor.
AGENTE	—En este estado la ley exige el uso del casco y, además, los cascos salvan muchas vidas. ¿Dónde vives?
MUCHACHO	—Vivo una cuadra de aquí, en la calle Madison.
AGENTE	—Bien, debes regresar a tu casa a pie y buscar el casco.
MUCHACHO	—¿Debo dejar mi bicicleta aquí?
AGENTE	—No, debes caminar y llevar tu bicicleta de la mano.

El agente ve a una niña que anda sola por la calle y habla con ella.

AGENTE	—Niña, ¿por qué andas sola?
NIÑA	—Yo ya soy grande...
AGENTE	—No, todavía eres muy pequeña para andar sola por la calle.
NIÑA	—No es muy tarde...
AGENTE	—Sí, es tarde. ¿Dónde vives?
NIÑA	—Vivo en la calle California, número doscientos sesenta y siete, apartamento dieciocho.
AGENTE	—Bien, vamos. Yo necesito hablar con tu mamá.

Más tarde el agente habla con la mamá de la niña.

MADRE	—¡Ay, Dios mío! ¿Qué sucede? ¿Qué pasa con la niña?
AGENTE	—Nada, señora, pero su hija es muy pequeña para andar sola por la calle.
MADRE	—Desde luego, pero no me hace caso.

Now repeat each phrase after the speakers. (Dialogue)

Vocabulario

Repeat each word or phrase after the speaker. After your response, you will hear the same word or phrase again. Repeat after the model once more.

Cognados:	el banco (/) la bicicleta (/) hispano (/) el uso (/)
Nombres:	el casco de seguridad (/) la ciudad (/) la cuadra (/) el estado (/) la hija (/) el hijo (/) la ley (/) la mamá (/) la madre (/) el muchacho (/) la vida (/)
Verbos:	andar (/) caminar (/) buscar (/) deber (/) dejar (/) doblar (/) voltear (/) exigir (/) llegar (/) llegar a (/) llevar (/) quedar (/) regresar (/) salvar (/) solicitar (/) suceder (/) pasar (/) ver (/) vivir (/)
Adjetivos:	este (/) grande (/) incómodo (/) muchos (/) solo (/) tu (/) unos (/)
Otras palabras y expresiones:	a (/) a la izquierda (/) a la derecha (/) a pie (/) a una cuadra de aquí (/) a veces (/) además (/) allá (/) allí (/) ¡Ay, Dios mío! (/) ¿cómo? (/) ¿cuántos? (/) de la mano (/) desde luego (/) en bicicleta (/) hasta (/) llevar puesto (/) más tarde (/) No me hace caso. (/) por (/) ¿por qué? (/) que (/) seguir derecho (/) tarde (/) todavía (/) Vamos. (/) ¿verdad? (/) ya (/)

En la ciudad:

el banco (/) el cine (/) la escuela (/)
la estación de bomberos (/) la estatua (/)
el monumento (/) la farmacia (/) la botica (/)
la gasolinera (/) la estación de servicio (/) el hospital (/)

el hotel (/) la iglesia (/) el mercado (/)
el supermercado (/) el mercado al aire libre (/)
el tianguis (/) la oficina de correos (/)
la estación de correos (/) la parada de autobuses (/)
la parada de guaguas (/) la parada de ómnibus (/)
el parque (/) el restaurante (/) el teatro (/)

Fin de la Lección 2

Lección 3

Diálogo

You will hear a dialogue. First it will be read without pauses. Then the speakers will read it again with pauses for you to repeat what you hear. Listen carefully.

Con el agente Smith

El agente Smith habla con dos miembros de una pandilla.

AGENTE SMITH	—*(Al mayor de ellos.)* ¿Qué hacen ustedes en la calle a esta hora?
JOSÉ	—Nada. ¿Por qué?
AGENTE SMITH	—Porque hay un toque de queda para las personas menores de edad y ustedes deben estar en su casa antes de la medianoche.
MARIO	—Nosotros siempre estamos en esta esquina con nuestros amigos.
AGENTE SMITH	—Vamos a la comisaría. Voy a llamar a sus padres.

Los muchachos protestan, pero suben al carro patrullero del agente sin problema.

A las seis de la mañana, el agente Smith habla con un hombre que está en el patio de una casa desocupada.

AGENTE SMITH	—Buenos días, señor. ¿Por qué está usted en el patio de una casa desocupada?
HOMBRE	—Soy el jardinero del señor Rodríguez. El dueño va a vender la casa.
AGENTE SMITH	—Su identificación, por favor.
HOMBRE	—Mi tarjeta verde, ¿está bien?
AGENTE SMITH	—Necesito una identificación con su fotografía.

HOMBRE	—Bien, aquí está mi licencia de conducir.
AGENTE SMITH	—Muy bien, muchas gracias por su cooperación.
HOMBRE	—A sus órdenes, agente.

El agente Smith arresta a un ladrón.

AGENTE SMITH	—¡Policía! ¡Alto! ¡Alto o disparo! ¡Quieto!

Now repeat each phrase after the speakers. (Dialogue)

Vocabulario

Repeat each word or phrase after the speaker. After your response, you will hear the same word or phrase again. Repeat after the model once more.

Cognados:	la cooperación (/) la fotografía (/) la identificación (/) el problema (/)
Nombres:	el amigo (/) el dueño (/) la esquina (/) el hombre (/) la hora (/) el jardinero (/) el ladrón (/) la ladrona (/) la licencia de conducir (/) la licencia para manejar (/) la medianoche (/) el menor de edad (/) el miembro (/) los padres (/) la pandilla (/) el patio (/) la tarjeta (/) el toque de queda (/)
Verbos:	arrestar (/) prender (/) dar (/) disparar (/) estar (/) hacer (/) ir (/) protestar (/) subir (/) vender (/)
Adjetivos:	desocupado (/) mayor (/) verde (/)
Otras palabras y expresiones:	a esta hora (/) a sus órdenes (/) al (/) ¡Alto! (/) antes de (/) del (/) ¿Está bien? (/) o (/) porque (/) que (/) ¡Quieto! (/) siempre (/) sin (/)

Vocabulario adicional

La familia hispánica:

la abuela (/) el abuelo (/) la esposa (/) la mujer (/)
el esposo (/) el marido (/) la hermana (/) el hermano (/)
la hija (/) el hijo (/) los hijos (/) la madre (/) la nieta (/)
el nieto (/) el padre (/) los parientes (/) el primo (/)
la sobrina (/) el sobrino (/) la tía (/) el tío (/)

Los parientes políticos:

la cuñada (/) el cuñado (/) la nuera (/) la suegra (/)
el suegro (/) el yerno (/)

Otros miembros de la familia:

la hermanastra (/) el hermanastro (/) la hijastra (/)
el hijastro (/) la madrastra (/) el padrastro (/)

Otros tipos de relaciones:

la ahijada (/) el ahijado (/) la madrina (/) la novia (/)
el novio (/) los padres de crianza (/) el padrino (/)
la prometida (/) el prometido

Fin de la Lección 3

Lección 4

Diálogo

You will hear a dialogue. First it will be read without pauses. Then the speakers will read it again with pauses for you to repeat what you hear. Listen carefully.

Llamadas telefónicas

La telefonista de la Comisaría Cuarta recibe una llamada de emergencia.

TELEFONISTA	—Departamento de Policía, buenas noches.
SEÑORA	—¡Por favor! ¡Necesito ayuda urgente!
TELEFONISTA	—¿Qué sucede, señora?
SEÑORA	—Hay un hombre extraño en el patio de mi casa y estoy sola con mis hijos. Tengo mucho miedo.
TELEFONISTA	—Bien. ¿Cuál es su dirección?
SEÑORA	—Avenida Tercera, número setecientos nueve, entre las calles Once y Trece. A dos cuadras del hospital.
TELEFONISTA	—Enseguida mando un carro patrullero. Si el hombre trata de entrar debe prender la luz.
SEÑORA	—¡Tiene que mandar a alguien pronto! Mi esposo tiene un revólver en la casa...
TELEFONISTA	—¿Está usted entrenada en el uso de armas de fuego?
SEÑORA	—No, señora.
TELEFONISTA	—Entonces, usar el revólver es más peligroso para usted que para él.

	¿Cómo es el hombre? ¿Es alto o bajo?
SEÑORA	—Es alto y creo que es blanco.
TELEFONISTA	—¿Cómo está vestido?
SEÑORA	—Con ropa oscura. El pantalón es azul o negro y la camisa es azul... no tan oscura como el pantalón.
TELEFONISTA	—¿Lleva sombrero?
SEÑORA	—Una gorra roja. ¿Cuándo vienen los agentes?
TELEFONISTA	—Ya están en camino.

La telefonista recibe otra llamada.

SEÑOR	—Llamo para avisar que hay un hombre y una mujer en la casa de mis vecinos y ellos están de vacaciones y no vienen hasta la semana próxima.
TELEFONISTA	—El hombre y la mujer, ¿están dentro o fuera de la casa?
SEÑOR	—Dentro. La casa está oscura, pero ellos tienen una linterna.
TELEFONISTA	—¿Cómo son ellos?
SEÑOR	—El hombre es de estatura mediana y la muchacha es un poco más bajita que él.
TELEFONISTA	—¿Son jóvenes?
SEÑOR	—Sí, pero ella parece mucho menor que él. Ella debe tener menos de veinte años.
TELEFONISTA	—Muy bien. Ahora necesito la dirección de la casa de sus vecinos.

Now repeat each phrase after the speakers. (Dialogue)

Vocabulario

Repeat each word or phrase after the speaker. After your response, you will hear the same word or phrase again. Repeat after the model once more.

Cognados:	el departamento (/) la emergencia (/) el hospital (/) mucho (/) la pistola (/) el revólver (/) urgente (/)
Nombres:	el arma de fuego (/) la camisa (/) el esposo (/) el marido (/) la gorra (/) los hijos (/) la linterna (/) la llamada (/) la luz (/) el pantalón (/) los pantalones (/) la ropa (/) la semana (/) el sombrero (/) el vecino
Verbos:	creer (/) entrar (/) entrar en (/) parecer (/) prender (/) recibir (/) tener (/) tratar (/) tratar de (/) usar (/) venir (/)
Adjetivos:	alto (/) azul (/) bajo (/) bajito (/) chaparro (/) blanco (/) cuarto (/) entrenado (/) extraño (/) joven (/) menor (/) negro (/) oscuro (/) otro (/) peligroso (/) próximo (/) rojo (/) telefónico (/) vestido (/)
Otras palabras y expresiones:	alguien (/) ¿Cómo es? (/) ¿cuál? (/) ¿cuándo? (/) de estatura mediana (/)

de vacaciones (/) dentro (/) entonces (/) fuera (/) más... que (/) más... de (/) menos que (/) menos de (/) pronto (/) si (/) tan... como (/) tener... años (/) tener mucho miedo (/) tener que (/) Ya están en camino. (/)

Vocabulario adicional

La ropa:

la corbata (/) el saco (/) el traje (/) las botas (/) a rayas (/) el abrigo (/) el botón (/) la capucha (/) el impermeable (/) la camiseta (/) los shorts (/) el zapato de tenis (/) el suéter (/) el zapato (/)

Más ropa:

la blusa (/) floreado (/) de mangas cortas (/) a cuadros (/) el cuello (/) de mangas largas (/) el abrigo de piel (/) sin mangas (/) de lunares (/) el cinturón (/) el cinto (/) la falda (/) la sandalia (/) estampado (/) el vestido (/) los guantes (/) la bolsa (/) la cartera (/) la chaqueta (/) el bolsillo (/)

Fin de la Lección 4

Lección 5

Diálogo

You will hear a dialogue. First it will be read without pauses. Then the speakers will read it again with pauses for you to repeat what you hear. Listen carefully.

Buenos vecinos

Los lunes y miércoles, el agente Martí ayuda a establecer programas especiales. Hoy está hablando con un grupo de vecinos que quieren organizar un programa de vigilancia en el barrio.

AGENTE MARTÍ	—¿Quieren saber la mejor manera de prevenir los robos, los secuestros y otros delitos? ¡Tener un vecindario unido!
SR. LIMA	—El problema es que casi todos estamos mucho tiempo fuera de la casa.
AGENTE MARTÍ	—Entonces tenemos que comenzar por identificar a las personas que generalmente están es su casa durante el día.
SRA. PAZ	—Mi mamá, por ejemplo, está en casa cuidando a los niños mientras yo trabajo.
AGENTE MARTÍ	—Su mamá y las demás personas que no trabajan deben tratar de observar cualquier actividad no usual en el barrio. Si notan algo sospechoso deben llamar a la policía inmediatamente.
SR. VEGA	—¿Al nueve, uno, uno?
AGENTE MARTÍ	—No, ese número es sólo para emergencias. Deben tener, en un lugar visible, el número de la estación de policía más cercana.
SR. ALBA	—También tenemos que tomar otras medidas para evitar los robos.

AGENTE MARTÍ	—Lo primero es cerrar las puertas con llave, y no dejar ventanas abiertas. Es una buena idea instalar cerrojos de seguridad en las puertas.
SR. LIMA	—Nosotros siempre encendemos la luz del portal por la noche.
AGENTE MARTÍ	—Buena idea, y la puerta de la calle debe tener un agujerito para mirar quién está tocando el timbre.
SRA. PAZ	—¡Y si es un extraño no entra en la casa!
SRA. CASO	—Yo pienso que lo más importante es proteger a los niños...
AGENTE MARTÍ	—En primer lugar, los niños no deben estar solos en su casa y, cuando regresan de la escuela, deben tener un lugar adonde ir si hay problemas. ¡Ah! Son las seis. Es la hora de la cena. Regreso el próximo lunes.
SRA. CASO	—Si es posible, nosotros preferimos tener la próxima reunión el miércoles.

Now repeat each phrase after the speakers. (Dialogue)

Vocabulario

Repeat each word or phrase after the speaker. After your response, you will hear the same word or phrase again. Repeat after the model once more.

Cognados: la actividad (/) especial (/) generalmente (/) el grupo (/) la idea (/) importante (/) inmediatamente (/) posible (/) el programa (/) usual (/) visible (/)

Nombres: el agujerito (/) la cena (/) el cerrojo de seguridad (/) el delito (/) el extraño (/) el lugar (/) la manera (/) el modo (/) el número (/) el portal (/) la puerta (/) la puerta de la calle (/) la reunión (/) la junta (/) el secuestro (/) el tiempo (/)

el vecindario (/) el barrio (/) el vecino (/) la ventana (/)

Verbos: ayudar (/) cerrar (/) comenzar (/) empezar (/) cuidar (/) encender (/) prender (/) establecer (/) evitar (/) identificar (/) instalar (/) mirar (/) notar (/) observar (/) organizar (/) pensar (/) preferir (/) prevenir (/) proteger (/) querer (/) saber (/)

Adjetivos: abierto (/) cercano (/) cualquier (/) ese (/) esa (/) primero (/) sospechoso (/) todos (/) unido (/)

Otras palabras y expresiones: a donde (/) adonde (/) algo (/) casi (/) cerrar con llave (/) cuando (/) durante (/) en casa (/) en primer lugar (/) lo más importante (/) lo primero (/) los demás (/) mientras (/) no usual (/) para (/) por ejemplo (/) sólo (/) solamente (/) también (/) tocar el timbre (/) tomar medidas (/) la vigilancia del barrio (/)

Vocabulario adicional

La casa:

el baño (/) el escusado (/) el comedor (/) el cuarto (/) la habitación (/) el dormitorio (/) la recámara (/) la entrada (/) el garaje (/) el jardín (/) la pared (/) el pasillo (/) la sala (/) la sala de estar (/) el sótano (/) el techo (/) el techo de tejas (/) la terraza (/)

Algunas palabras relacionadas con la seguridad:

la alarma (/) el bombero (/) cortar el césped (/) dejar encendido (/) dejar prendido (/) podar arbustos (/) podar árboles (/) ¡Socorro! (/) ¡Auxilio! (/) suspender la entrega de la correspondencia (/) suspender la entrega del periódico (/)

Fin de la Lección 5

Lectura 1

Denunciando actividades sospechosas

Listen to the following information from a pamphlet about reporting suspicious activities. Try to guess the meaning of all cognates. Then, do the exercise item in your manual.

Denunciando actividades sospechosas

¡La policía necesita la ayuda de todos los miembros de la comunidad! Cuando usted ayuda a la policía, también se ayuda a sí mismo. Si usted toma responsabilidad, puede evitar ser víctima de un crimen. ¡La atención de la comunidad es la mejor prevención!

Recuerde:

1. Si usted ve alguna actividad criminal, llame a la policía enseguida. Describa con exactitud lo que vio.
2. No deje de llamar a la policía si usted sospecha algo. No importa si es una falsa alarma.
3. En cuanto pueda, anote lo que recuerda.
4. Guarde una copia de las siguientes formas. Es posible que usted las necesite en el futuro.

Descripción de la persona (/)

(/) Sexo (/) Raza (/) Edad (/) Estatura (/) Peso (/) Pelo (/) Ojos (/) Armas (/) Ropa (/)
Complexión (delgado, grueso, mediano) (/)
Características (lentes, bigote, cicatrices, etcétera.) (/)
¿Dónde fue visto últimamente? (/)
Dirección en que se fue (/)

Descripción del vehículo (/)

2 puertas (/) 4 puertas (/) Convertible/camión (/)
Carro deportivo (/) Motocicleta (/) Otro (/) Marca (/)
Modelo (/) Año (/) Color (/) Numero de placa (/)
Estado (/) Numero de personas en el vehículo (/)
Hombres (/) Mujeres (/) ¿Dónde fue visto últimamente? (/) Dirección en que se fue (/)

Repaso: Lecciones 1–5

Práctica oral

Listen to the following exercise. The speaker will ask you some questions. Answer the questions, using the cues provided. The speaker will confirm the correct answer. Repeat the correct answer.

1. ¿En qué calle vive usted? (/) en la calle París (/)
   Vivo en la calle París. (/)
2. ¿Vive usted en una casa o en un apartamento? (/) en una casa (/)
   Vivo en una casa.
3. ¿Tiene usted jardinero? (/) no (/)
   No, no tengo jardinero. (/)
4. ¿Está usted con sus amigos ahora? (/) no (/)
   No, no estoy con mis amigos ahora. (/)
5. ¿Usted habla español o inglés con sus amigos? (/) inglés (/)
   Hablo inglés con mis amigos. (/)
6. ¿Habla usted español rápido o despacio? (/) despacio (/)
   Hablo español despacio. (/)
7. ¿Con quién desea salir usted ahora? (/) con mi amiga (/)
   Deseo salir con mi amiga. (/)
8. ¿Es usted menor que su amiga? (/) no (/)
   No, no soy menor que mi amiga. (/)
9. ¿Tiene usted mis datos personales? (/) sí (/)
   Sí, tengo sus datos personales. (/)
10. ¿Dónde queda la comisaría? (/) en la calle Roma (/)
    Queda en la calle Roma. (/)
11. Para llegar a la comisaría, ¿tengo que seguir derecho o doblar? (/) doblar (/)
    Para llegar a la comisaría, tiene que doblar. (/)
12. ¿Hay muchas pandillas en su ciudad? (/) sí (/)
    Sí, hay muchas pandillas en mi ciudad.
13. ¿A qué hora debe estar en su casa una persona mejor de edad? (/) antes de la medianoche (/)
    Debe estar en su casa antes de la medianoche. (/)
14. ¿Qué arma de fuego tiene usted en su casa? (/) una pistola (/)
    Tengo una pistola en mi casa. (/)

15. ¿Qué debe tener siempre una identificación? (/) una fotografía (/)
Debe tener una fotografía. (/)

16. ¿Tiene usted fotografías de sus padres? (/) sí, muchas (/)
Sí, tengo muchas fotografías de mis padres. (/)

17. ¿Su mamá es alta, baja o de estatura mediana? (/) de estatura mediana (/)
Es de estatura mediana. (/)

18. ¿Su mamá es más baja o más alta que su papá? (/) un poco más baja (/)
Es un poco más baja que mi papá. (/)

19. ¿Hay un programa de vigilancia en su barrio? (/) sí (/)
Sí, hay un programa de vigilancia en mi barrio. (/)

20. ¿Cuándo está usted en su casa durante el día? (/) los sábados (/)
Los sábados estoy en casa durante el día. (/)

21. Si usted nota algo sospechoso, ¿a quién llama? (/) a la policía (/)
Si noto algo sospechoso llamo a la policía. (/)

22. ¿Qué es lo más importante? (/) proteger a los niños (/)
Lo más importante es proteger a los niños. (/)

23. ¿Cierra usted la puerta con llave? (/) sí (/)
Sí, cierro la puerta con llave. (/)

24. ¿Qué luz enciende usted por la noche? (/) la luz del portal (/)
Enciendo la luz del portal por la noche. (/)

25. ¿Qué necesita instalar usted en la puerta de calle? (/) un cerrojo de seguridad (/)
Necesito instalar un cerrojo de seguridad en la puerta de calle. (/)

Lección 6

Diálogo

You will hear a dialogue. First it will be read without pauses. Then the speakers will read it again with pauses for you to repeat what you hear. Listen carefully.

El agente Chávez lee la advertencia Miranda

El agente detiene a dos jóvenes que están escribiendo en la pared de un edificio.

AGENTE CHÁVEZ	—¡Policía! ¡Alto! ¡No se muevan! ¡Están detenidos!
JOVEN 1	—¿Por qué? No estamos haciendo nada malo.
AGENTE CHÁVEZ	—Están cometiendo un delito de vandalismo. Está prohibido escribir en la pared de un edificio. *(El agente saca una tarjeta de su bolsillo y lee la advertencia Miranda.)*

LA ADVERTENCIA MIRANDA

1. Usted tiene el derecho de negarse a hablar de su caso con la policía.
2. Si decide hablar con nosotros, cualquier cosa que diga puede usarse y se usará en contra de usted en el juicio.
3. Usted tiene el derecho de hablar con un abogado, y de tenerlo presente durante el interrogatorio.
4. Si usted no puede pagar un abogado, se le nombrará uno para que lo represente antes de que lo interroguen, si usted lo desea.

AGENTE CHÁVEZ	—¿Entienden ustedes cada uno de estos derechos?
JOVEN 1	—Sí, los entendemos. ¿Y qué? ¿Nos va a llevar presos?
JOVEN 2	—Conmigo pierde su tiempo. Yo tengo menos de quince años; dentro de unas horas estoy en mi casa otra vez.
AGENTE CHÁVEZ	—Ahora van a la estación de policía conmigo. Yo no decido lo demás.

Horas después, el agente detiene al chofer de un automóvil que comete una infracción de tránsito. Cuando habla con él, nota que el hombre está endrogado.

AGENTE CHÁVEZ	—Buenos días. Su licencia de manejar y el registro del carro, por favor.
CHOFER	—¿Me va a arrestar? ¿Por qué? No estoy borracho. Además, yo manejo mejor que nunca cuando tomo un par de tragos.

El agente nota marcas de aguja en el brazo y en la mano del hombre. Las marcas son nuevas.

AGENTE CHÁVEZ	—A ver el brazo. ¿Tiene diabetes?
CHOFER	—No.
AGENTE CHÁVEZ	—¿Da usted sangre a menudo?
CHOFER	—Sí, doy sangre a veces.
AGENTE CHÁVEZ	—¿Dónde está el banco de sangre?
CHOFER	—En... No recuerdo ahora.
AGENTE CHÁVEZ	—Mire aquí, por favor. Debe tratar de no parpadear.
CHOFER	—No puedo dejar de parpadear. Tengo mucho sueño... No duermo bien últimamente.
AGENTE CHÁVEZ	—Lo siento, pero tiene que ir conmigo. Usted no está en condiciones de manejar.
CHOFER	—¡Pero tengo que volver a mi casa! ¿Por qué estoy detenido? ¿Cuál es mi delito?
AGENTE CHÁVEZ	—Conducir bajo los efectos de alguna droga. *(El agente lee la advertencia Miranda.)*

Now repeat each phrase after the speakers. (Dialogue)

Vocabulario

Repeat each word or phrase after the speaker. After your response, you will hear the same word or phrase again. Repeat after the model once more.

Cognados: el automóvil (/) el caso (/) la condición (/) la diabetes (/) la droga (/) el interrogatorio (/) la marca (/) presente (/) el vandalismo (/)

Nombres: el abogado (/) la aguja (/) el banco de sangre (/) el bolsillo (/) el brazo (/) el carro (/) el coche (/) la máquina (/) la cosa (/) el chofer (/) el derecho (/) el edificio (/) la infracción de tránsito (/) el joven (/) el juicio (/) la mano (/) la pared (/) el registro (/) el trago (/)

Verbos: cometer (/) decidir (/) detener (/) dormir (/) entender (/) escribir (/) interrogar (/) leer (/) manejar (/) conducir (/) mover (/) pagar (/) parpadear (/) perder (/) permanecer (/) poder (/) recordar (/) sacar (/) tomar (/) volver (/)

Adjetivos: algún (/) alguno (/) borracho (/) cada (/) callado (/) cualquier (/) detenido (/) arrestado (/) preso (/) endrogado (/) estos (/) malo (/) nuevo (/) prohibido (/)

Otras palabras y expresiones: a menudo (/) a ver (/) la advertencia Miranda (/) antes de que lo interroguen (/) bajo los efectos (/) bajo los efectos de (/) con él (/) conmigo (/) cualquier cosa que diga (/) cuando (/) dejar de (/) dentro de (/) después (/) en contra de (/) estar en condiciones de (/) lo (/) lo demás (/) Lo siento. (/) mejor que nunca (/) Mire. (/) ¡No se muevan! (/) negarse a hablar (/) ¿Nos va a llevar presos? (/) nunca (/) otra vez (/) para que lo represente (/) puede usarse (/) se la nombrará uno (/) se usará (/) si usted lo desea (/) tener el derecho de (/) tener el derecho de tenerlo presente (/) tener sueño (/) tener mucho sueño (/) últimamente (/) un par de (/) ¿Y qué? (/)

Vocabulario adicional

el compañero (/) la declaración falsa (/) el delincuente juvenil (/) el droguero (/) el grafiti (/) el juramento (/) bajo juramento (/) jurar (/) el juzgado (/) la corte (/) la mentira (/) la pregunta (/) la respuesta (/) la contestación (/) la verdad (/)

Fin de la Lección 6

Lección 7

Diálogo

You will hear a dialogue. First it will be read without pauses. Then the speakers will read it again with pauses for you to repeat what you hear. Listen carefully.

Problemas de la ciudad

Por la mañana: El agente Flores habla con el dueño de una licorería después de un robo, y le pide información sobre los ladrones.

AGENTE FLORES	—¿Dice usted que los ladrones soy muy jóvenes? ¿Puede describirlos?
DUEÑO	—Sí. El hombre es rubio, de ojos azules, y la mujer es pelirroja, de ojos verdes.
AGENTE FLORES	—¿Puede decirme qué más recuerda?
DUEÑO	—El hombre mide unos seis pies, y ella mide unos cinco pies, dos pulgadas. Él es delgado. Ella es más bien gorda.
AGENTE FLORES	—¿Algunas marcas visibles?
DUEÑO	—Él tiene un tatuaje en el brazo izquierdo. Ella tiene pecas.
AGENTE FLORES	—Usted no los conoce, ¿verdad? No son clientes...
DUEÑO	—No, pero sé que los puedo reconocer si los veo otra vez.
AGENTE FLORES	—¿Qué clase de carro manejan?
DUEÑO	—Un Chevrolet amarillo, de dos puertas. Es un carro viejo.
AGENTE FLORES	—¿Algo más?
DUEÑO	—Sí, creo que sí. Él fuma cigarrillos negros... de México... ¡y es zurdo!
AGENTE FLORES	—Si recuerda algo más, puede llamarme a este número. Si no estoy, puede dejarme un mensaje.
DUEÑO	—Cómo no, señor.

Por la tarde: El agente Flores ve a un hombre que está parado frente a una escuela. Sospecha que el hombre les vende drogas a los estudiantes, porque sabe que muchos de ellos toman drogas.

AGENTE FLORES	—¿Qué hace usted aquí? ¿Espera a alguien?
HOMBRE 1	—No... no hago nada...

AGENTE FLORES	—¿Tiene alguna identificación? ¿Su licencia de conducir, por ejemplo?
HOMBRE 1	—No, aquí no. La tengo en casa, pero puedo mostrarle mi tarjeta de seguro social.
AGENTE FLORES	—¿Quiere acompañarme al carro, por favor? Quiero hablar con usted.

Por la noche: El agente Flores sale de la comisaría para ir a su casa. En la zona de estacionamiento, ve a un hombre en el suelo. Corre hacia él.

AGENTE FLORES	—¿Qué tiene? ¿Está lastimado?
HOMBRE 2	—No... creo que... un ataque al corazón...
AGENTE FLORES	—¿Tiene alguna medicina para el corazón?
HOMBRE 2	—Sí... en la guantera del carro...
AGENTE FLORES	—*(Trae la medicina.)* Aquí está. *(Le da la medicina al hombre.)* Ahora voy a llamar a los paramédicos.

Now repeat each phrase after the speakers. (Dialogue)

Vocabulario

Repeat each word or phrase after the speaker. After your response, you will hear the same word or phrase again. Repeat after the model once more.

Cognados:	el estudiante (/) la medicina (/)
Nombres:	el cigarrillo (/) la clase (/)
	el cliente (/) el corazón (/)
	la guantera (/) la licorería (/)
	el mensaje (/) la peca (/) el pie (/)
	la pulgada (/) el suelo (/) el tatuaje (/)
	la zona de estacionamiento (/)
Verbos:	acompañar (/) conocer (/) correr (/)
	decir (/) describir (/) esperar (/)
	fumar (/) medir (/) mostrar (/)
	enseñar (/) pedir (/) reconocer (/)
	sospechar (/) traer (/)
Adjetivos:	amarillo (/) delgado (/) gordo (/)
	izquierdo (/) lastimado (/) parado (/)
	pelirrojo (/) rubio (/) güero (/)
	viejo (/) zurdo (/)
Otras palabras y expresiones:	¿Algo más? (/)
	el ataque al corazón (/) ¡Cómo no! (/)
	Creo que sí. (/) de ojos (/)

131

de ojos azules (/) después de (/)
hacia (/) más bien (/) medio (/)
mide seis pies (/) por la mañana (/)
por la noche (/) por la tarde (/)
¿Qué más? (/) ¿Qué tiene? (/)

Vocabulario adicional

El tamaño:

flaco (/) grueso (/)

La raza y el color de la piel:

asiático (/) blanco (/) mestizo (/) mulato (/) negro (/)

El pelo:

calvo (/) pelón (/) canoso (/) castaño (/) café (/) claro (/)
corto (/) lacio (/) largo (/) rizado (/) rizo (/) crespo (/)

Los ojos:

azules (/) castaños (/) café (/) grises (/) verdes (/)

Otras características:

ciego (/) cojo (/) inválido (/) paralítico (/) mudo (/)
sordo (/) tartamudo (/)

Fin de la Lección 7

Lección 8

Diálogo

You will hear a dialogue. First it will be read without pauses. Then the speakers will read it again with pauses for you to repeat what you hear. Listen carefully.

Casos de maltrato de miembros de la familia

Julia, una niña, llama a la policía porque su padrastro le está pegando a su mamá. El agente Vera va a la casa de la familia Aguirre para investigar la denuncia.

AGENTE VERA —Buenas tardes. ¿Es ésta la casa de la familia Aguirre?

JULIA —Sí. Pase, por favor. Mi mamá y mi padrastro están encerrados en su recámara.

AGENTE VERA —¿Cuál es el problema?

JULIA —Mi padrastro no tiene trabajo ahora y, en lugar de buscar otro trabajo, todos los días va a la cantina y vuelve borracho.

AGENTE VERA —¿Cómo consigue el dinero para la bebida?

JULIA —Se lo pide a mi mamá, y si ella no se lo da, le pega, y se lo quita a la fuerza.

AGENTE VERA —¿Le pega con la mano?

JULIA —Con la mano y con el cinto. A veces le dice que la va a matar.

AGENTE VERA —¿Tiene algún arma él?

JULIA —Sí, tiene una navaja y una pistola.

AGENTE VERA —*(Toca a la puerta de la recámara.)* Señor Aguirre, soy un agente de policía y necesito hablar con usted. ¿Quiere salir un momento, por favor?

SR. AGUIRRE —*(Desde adentro.)* Ésta es mi casa. ¿Usted tiene una orden del juez para entrar? Yo no tengo nada que hablar con usted.

SRA. AGUIRRE —*(Saliendo de la recámara.)* Está enojado conmigo porque quiere dinero para comprar bebidas. Lo único que a él le gusta es beber.

SR. AGUIRRE —*(Saliendo también.)* Ese es un problema entre mi mujer y yo.

AGENTE VERA —Señora Aguirre, usted está bastante lesionada.

SRA. AGUIRRE —Sí, me duele todo el cuerpo.

AGENTE VERA —Debe ver a un médico inmediatamente. ¿Está dispuesta a acusar a su marido de maltrato?

SR. AGUIRRE —No. Ella hace lo que yo le digo. Y si usted quiere saber algo, me lo pregunta a mí.

SRA. AGUIRRE —*(No le hace caso a su marido y le contesta al policía.)* Sí, señor agente.

SR. AGUIRRE —*(A su esposa.)* Tú no me debes hacer es. Tú sabes que yo te trato bien cuando no estoy borracho. Te pido perdón.

SRA. AGUIRRE —No. Esta vez no te perdono. Ya estoy cansada de tus maltratos.

El doctor Andrade notifica a la policía sus sospechas de que el niño Carlos Jiménez está siendo maltratado. La agente Rodríguez, a cargo del caso, habla con sus padres.

AGENTE RODRÍGUEZ	—Buenos días. ¿Es usted el padre del niño Carlos Jiménez?
SR. JIMÉNEZ	—Sí, soy yo. ¿Qué se le ofrece?
AGENTE RODRÍGUEZ	—Soy al agente Rodríguez, de la policía local. Ésta es mi identificación.
SR. JIMÉNEZ	—Pase y siéntese. ¿En qué puedo servirle?
AGENTE RODRÍGUEZ	—Su hijo está ingresado en el hospital desde ayer. Ésta es la tercera vez que el niño ingresa en el hospital con lesiones más o menos graves y el médico sospecha que alguien lo está maltratando frecuentemente.
SR. JIMÉNEZ	—¿Qué? ¿Quién dice eso? Eso es mentira. Además, nadie tiene autoridad para decirnos cómo debemos castigar a nuestros hijos.
AGENTE RODRÍGUEZ	—Está equivocado, señor Jiménez. En este país no se aceptan ciertas formas de disciplinar a los niños.

Now repeat each phrase after the speakers. (Dialogue)

Vocabulario

Repeat each word or phrase after the speaker. After your response, you will hear the same word or phrase again. Repeat after the model once more.

Cognados: la autoridad (/) la familia (/) frecuentemente (/) local (/)

Nombres: el arma (/) la bebida (/) la cantina (/) la barra (/) el bar (/) el cinto (/) el cinturón (/) la correa (/) el cuerpo (/) el dinero (/) la forma (/) el juez (/) la lesión (/) el maltrato (/) el médico (/) el doctor (/) la mentira (/) la navaja (/) la orden (/) el padrastro (/) el país (/) el perdón (/)

el porqué (/) la recámara (/) el dormitorio (/) la sospecha (/) el trabajo (/) la vez (/)

Verbos: aceptar (/) acusar (/) beber (/) tomar (/) castigar (/) conseguir (/) disciplinar (/) doler (/) gustar (/) hacer falta (/) ingresar (/) investigar (/) maltratar (/) abusar (/) matar (/) pedir (/) pegar (/) perdonar (/) preguntar (/) quitar (/) tratar (/) volver (/)

Adjetivos: cansado (/) cierto (/) dispuesto (/) encerrado (/) enojado (/) ingresado (/) lesionado (/) tercero (/) todo (/)

Otras palabras y expresiones: a cargo de (/) a la fuerza (/) adentro (/) ayer (/) bastante (/) desde (/) en lugar de (/) ése (/) eso (/) esta vez (/) estar equivocado (/) éste (/) hacerle caso a (/) lo que (/) lo único (/) más o menos (/) nadie (/) Siéntese. (/) tocar a la puerta (/) todos los días (/) ya (/)

Vocabulario adicional

Armas de fuego:

la ametralladora (/) la escopeta (/) el rifle (/)

Armas blancas:

el cuchillo (/) el puñal (/) la daga (/)

Explosivos:

la bomba (/) la bomba de tiempo (/) la dinamita (/) la granada de mano (/)

Algunos castigos corporales:

la bofetada (/) la galleta (/) la mordida (/) la nalgada (/) la paliza (/) la patada (/) la trompada (/) el puñetazo (/)

Fin de la Lección 8

133

Lección 9

Diálogo

You will hear a dialogue. First it will be read without pauses. Then the speakers will read it again with pauses for you to repeat what you hear. Listen carefully.

La prueba del alcohol

Son las tres de la madrugada. El agente López detiene a un hombre por conducir a cincuenta millas por hora, con las luces apagadas, en una zona residencial. El límite de velocidad es de treinta y cinco millas por hora. El hombre parece estar borracho.

AGENTE LÓPEZ	—Arrime el carro a la acera y apague el motor, por favor.
HOMBRE	—¿Qué pasa, agente?
AGENTE LÓPEZ	—El límite de velocidad en este lugar es de treinta y cinco millas por hora, no de cincuenta.
HOMBRE	—Es que estoy muy apurado.
AGENTE LÓPEZ	—Déjeme ver su licencia de conducir, por favor.
HOMBRE	—Está en mi casa...
AGENTE LÓPEZ	—Muéstreme el registro del coche.
HOMBRE	—No lo tengo. El coche no es mío. Es de mi tío.
AGENTE LÓPEZ	—¿Cómo se llama usted?
HOMBRE	—Me llamo Juan Lara.
AGENTE LÓPEZ	—Su dirección y su edad, por favor.
SR. LARA	—Vivo en la calle Quinta, número quinientos veinte. Tengo veinte anos.
AGENTE LÓPEZ	—Bájese del carro, por favor. Párese con los talones juntos y ponga los brazos a los costados.
SR. LARA	—¡Le digo que estoy apurado!
AGENTE LÓPEZ	—Usando la mano izquierda, tóquese la punta de la nariz con el dedo índice.
SR. LARA	—No puedo... pero no estoy borracho...
AGENTE LÓPEZ	—Ahora cierre los ojos y eche la cabeza hacia atrás.
SR. LARA	—Me voy a caer...
AGENTE LÓPEZ	—Bueno. Camine por esta línea hasta el final y vuelva por la misma línea. Dé nueve pasos.
SR. LARA	—No entiendo... ¿Cuántos pasos? No veo bien la línea.

El señor Lara no puede hacer lo que el agente le dice.

AGENTE LÓPEZ	—Cuente con los dedos, así: uno, dos, tres, cuatro... cuatro, tres, dos, uno...
SR. LARA	—Uno, dos, tres, cuatro, tres... Voy a empezar de nuevo...
AGENTE LÓPEZ	—Recite el abecedario, por favor.
SR. LARA	—a, be ce, de...efe, jota... ene...
AGENTE LÓPEZ	—Voy a leerlo algo, señor Lara. Preste atención.

‹‹Por ley estatal usted tiene que someterse a una prueba química para determinar el contenido alcohólico de su sangre. Usted puede elegir si la prueba va a ser de su sangre, orina o aliento. Si usted se niega a someterse a una prueba o si no completa una prueba, le vamos a suspender el derecho a manejar por seis meses. Usted no tiene derecho a hablar con un abogado ni a tener un abogado presente antes de decir si va a someterse a una prueba, antes de decidir cuál de las pruebas va a elegir, ni durante la prueba elegida por usted. Si usted no puede, o dice que no puede, completar la prueba elegida por usted, debe someterse a cualquiera de las otras pruebas y completarla.››

Now repeat each phrase after the speakers. (Dialogue)

Vocabulario

Repeat each word or phrase after the speaker. After your response, you will hear the same word or phrase again. Repeat after the model once more.

Cognados:	el alcohol (/) alcohólico (/)
	el índice (/) el límite (/) la línea (/)
	el motor (/) la orina (/) residencial (/)
	la velocidad (/) la zona (/)
Nombres:	el abecedario (/) el alfabeto (/)
	la acera (/) la banqueta (/)
	el aliento (/) el brazo (/) la cabeza (/)
	el contenido (/) el dedo (/) el final (/)
	el límite de velocidad (/)
	la velocidad máxima (/)
	la madrugada (/) la milla (/)
	la nariz (/) el paso (/) la prueba (/)
	la prueba del alcohol (/) la punta (/)
	la sangre (/) el talon (/) el tío (/)
Verbos:	apagar (/) arrimar (/) bajarse (/)
	caerse (/) completar (/) contar (/)
	dejar (/) determinar (/) elegir (/)
	extender (/) llamarse (/) mostrar (/)

enseñar (/) negarse a (/) pararse (/)
poner (/) recitar (/) someterse a (/)
tocar (/) usar (/)

Adjetivos: apagado (/) elegido (/) estatal (/)
juntos (/) mismo (/) químico (/)

*Otras palabras
y expresiones:* a los costados (/) así (/)
conducir a cincuenta millas por
hora (/) cualquiera (/)
dar un paso (/) de nuevo (/)
echar la cabeza hacia atrás (/)
Es que... (/) estar apurado (/)
tener prisa (/) prestar atención (/)

Vocabulario adicional

Vocabulario automovilístico:

el aceite (/) el acelerador (/) el acumulador (/)
la batería (/) el amortiguador (/)
el amortiguador de choque (/) el arranque (/)
el motor de arranque (/) el asiento (/)

el asiento para el niño (/) la bomba de agua (/)
la bujía (/) el cambio de velocidad (/) el capó (/)
la cubierta (/) el carburador (/)
el cinturón de seguridad (/) el filtro (/) el foco (/)
el freno (/) la gasolina (/) la goma (/) el neumático (/)
el guardafangos (/) el indicador (/)
el limpiaparabrisas (/) la llanta (/) la llanta pinchada (/)
la goma ponchada (/) el maletero (/)
el portaequipajes (/) la cajuela (/) el baúl (/)
la palanca de cambio de velocidades (/)
el embrague (/) el portaguantes (/) la guantera (/)
la rueda (/) el silenciador (/)
el amortiguador de ruido (/) el tanque (/) la tapicería (/)
la ventanilla (/) el volante (/) el timón (/)

Para dar direcciones:

la cuadra (/) la manzana (/) a... cuadras de aquí (/)
Doble... (/) Voltee... (/) la esquina (/) hasta la... (/)
Siga derecho. (/)

Fin de la Lección 9

Lección 10

Diálogo

You will hear a dialogue. First it will be read without
pauses. Then the speakers will read it again with
pauses for you to repeat what you hear. Listen
carefully.

La policía investiga un robo

*Esta mañana la señora Ramos llamó por teléfono a la
policía para denunciar un robo. Una hora después
llegó a su casa el sargento Nieto, de la Sección de
Robos.*

El sargento Nieto habla con la señora Ramos:

SARGENTO NIETO —Buenos días, señora. Soy el
sargento Nieto, de la Sección
de Robos. Aquí está mi
identificación.

SRA. RAMOS —Buenos días, sargento. Llamé
porque anoche entraron ladrones
en la casa.

SARGENTO NIETO —¿Qué les robaron, señora?

SRA. RAMOS —Muchas cosas: dos televisores,
una cámara de vídeo, la
computadora, el tocadiscos de
discos compactos, varias joyas
y unos ochenta dólares en
efectivo.

SARGENTO NIETO —¿De qué marca son todos esos
equipos?

SRA. RAMOS —La computadora es de la IBM,
los televisores son un JVC de
diecinueve pulgadas y un RCA
de veinticuatro pulgadas. Los
demás equipos son también de
RCA.

SARGENTO NIETO —¿Tiene el número de serie de
todos los equipos robados?

SRA. RAMOS —Creo que sí. Nosotros los
compramos a plazos y yo
tengo guardados los contratos.
Un momento.

*La señora se va y vuelve con los contratos. El
sargento Nieto los revisa.*

SARGENTO NIETO —Aquí falta el contrato de uno de
los televisores.

SRA. RAMOS —Es verdad. Ahora me acuerdo de
que lo tiré a la basura cuando
terminé de pagarlo.

SARGENTO NIETO —Y... ¿no anotó el número de
serie?

SRA. RAMOS —No, no lo anoté. Ya sé que fue
una tontería.

SARGENTO NIETO —¿Por dónde entraron los
ladrones?

SRA. RAMOS	—Por la ventana del cuarto de mi hijo mayor. Forzaron la cerradura. Mire, como anoche llovió, dejaron algunas huellas de barro en la alfombra.
SARGENTO NIETO	—¿Limpiaron ustedes la casa después del robo?
SRA. RAMOS	—No, no tocamos nada.
SARGENTO NIETO	—Bien. Luego van a venir los técnicos para ver si dejaron algunas huellas digitales. Usted no tiene idea de a qué hora fue el robo, ¿verdad?
SRA. RAMOS	—No. Mi hijo menor tiene el descanso de primavera. Lo llevamos a la playa, y nos quedamos allá hasta hoy.
SARGENTO NIETO	—¿Su hijo mayor también fue a la playa?
SRA. RAMOS	—Sí, todos fuimos y volvimos juntos.
SARGENTO NIETO	—Bueno, eso es todo, señora Ramos. Ahora voy a hablar con los vecinos para continuar las averiguaciones.
SRA. RAMOS	—Yo hablé con los vecinos de al lado y ellos no vieron a nadie sospechoso rondando la casa.
SARGENTO NIETO	—Yo le di mi tarjeta, ¿verdad? Llámeme si tiene algo nuevo que decirme.
SRA. RAMOS	—Gracias por su ayuda, sargento. Y, por favor, si usted averigua algo, llámeme.
SARGENTO NIETO	—Claro que sí, señora.

Now repeat each phrase after the speakers. (Dialogue)

Vocabulario

Repeat each word or phrase after the speaker. After your response, you will hear the same word or phrase again. Repeat after the model once more.

Cognados:	la cámara de vídeo (/) la videocámara (/) el contrato (/) el disco compacto (/) el dólar (/) la idea (/) la serie (/) el técnico (/)
Nombres:	la alfombra (/) la averiguación (/) la basura (/) el barro (/) el fango (/) la cerradura (/) la computadora (/)

el ordenador (/) el cuarto (/)
la habitación (/)
el descanso de primavera (/)
las vacaciones de primavera (/)
el equipo (/) la huella (/)
la huella digital (/) la joya (/)
la mañana (/) la marca (/)
el número de serie (/) la playa (/)
la primavera (/) el pueblo (/)
el televisor (/) el tocadiscos (/)
la tontería (/) las vacaciones (/)

Verbos:	acordarse (/) anotar (/) averiguar (/) comprar (/) continuar (/) faltar (/) forzar (/) irse (/) limpiar (/) quedarse (/) revisar (/) robar (/) rondar (/) terminar (/) tirar (/) botar (/)
Adjetivos:	cercano (/) guardado (/) juntos (/) mayor (/) robado (/)
Otras palabras y expresiones:	a plazos (/) anoche (/) Claro que sí. (/) como (/) de al lado (/) en efectivo (/) los demás (/) luego (/) terminar de (/)

Vocabulario adicional

Algunos artículos usados para cometer delitos:

el cortavidrios (/) el documento falso (/)
la escala de soga (/) la escalera de mano (/)
la identificación falsa (/) la jeringuilla (/)
la llave falsa (/) la ganzúa (/) la máscara (/)
la mordaza (/) la pata de cabra (/) la piedra (/)
la sierra de mano (/) el serrucho de mano (/)
la soga (/)

Para hablar del tiempo:

hacer buen tiempo (/) hacer mucho calor (/)
hacer mucho frío (/) hacer mucho sol (/)
hacer mucho viento (/) llover (/) la lluvia (/)
la neblina (/) la niebla (/) nevar (/) la nieve (/)

Las estaciones:

la primavera (/) el verano (/) el otoño (/) el invierno (/)

Fin de la Lección 10

Lectura 2

Recomendaciones para prevenir el robo en las tiendas

Listen to the following information about shoplifting from a pamphlet for shop owners. Try to guess the meaning of all cognates. Then, do the exercise in your manual.

Recomendaciones para prevenir el robo en las tiendas

1. Los empleados tienen que estar alertas. Usted debe formular un método comprensivo que todos los empleados pueden seguir si ven a una persona robando.

2. Los empleados tienen que poder ver todo lo que pasa en la tienda. Los mostradores no deben ser más altos que el nivel de la cintura. Se recomienda poner espejos en los rincones de la tienda.

3. Deben colocar los mostradores cerca de la puerta de salida. De este modo, los clientes pasan frente a los cajeros.

4. No recomendamos poner la mercancía más cara cerca de la puerta.

Una advertencia contra el robo en las tiendas siempre debe estar a la vista.

Repaso: Lecciones 6–10

Práctica oral

Listen to the following exercise. The speaker will ask you some questions. Answer the questions, using the cues provided. The speaker will confirm the correct answer. Repeat the correct answer.

1. ¿Cuánto mide usted? (/) cinco pies, diez pulgadas (/)
   Mido cinco pies, diez pulgadas. (/)
2. ¿Qué marcas visibles tiene usted? (/) un tatuaje en el brazo izquierdo (/)
   Tengo un tatuaje en el brazo izquierdo. (/)
3. ¿Adónde fue usted ayer? (/) a la comisaría (/)
   Ayer fui a la comisaría. (/)
4. ¿Con quién habló usted ayer? (/) con el técnico (/)
   Ayer hablé con el técnico. (/)
5. ¿A quién vio usted anoche? (/) a mi familia (/)
   Anoche vi a mi familia. (/)
6. ¿A qué hora volvió usted a su casa anoche? (/) a las ocho (/)
   Anoche volví a mi casa a las ocho. (/)
7. ¿Hay alguien en su casa en este momento? (/) no (/)
   No, no hay nadie en mi casa en este momento. (/)
8. Cuando usted necesita dinero, ¿a quién se lo pide? (/) a nadie (/)
   No se lo pido a nadie. (/)
9. ¿Le robaron a usted algo esta mañana? (/) sí, mis joyas (/)
   Sí, me robaron mis joyas. (/)
10. ¿De qué marca es su televisor? (/) Sony (/)
    Es un Sony. (/)
11. ¿Cuándo compró usted su televisor? (/) en abril (/)
    Compré mi televisor en abril. (/)
12. ¿Sabe usted el número de serie de su videocámara? (/) no (/)
    No, no sé el número de serie de mi videocámara. (/)
13. ¿A quiénes llama usted si alguien está lastimado? (/) a los paramédicos (/)
    Llamo a los paramédicos si alguien está lastimado. (/)
14. ¿Cómo se llama la doctora? (/) Luisa Morales. (/)
    La doctora se llama Luisa Morales. (/)
15. ¿Quién pagó una multa esta tarde? (/) la señora de al lado (/)
    La señora de al lado pagó una multa esta tarde. (/)
16. Cuando usted sospecha que alguien está manejando bajo la influencia del alcohol, ¿qué hace? (/) la prueba del alcohol (/)
    Le hago la prueba del alcohol. (/)
17. ¿Alguien se negó a someterse a la prueba del alcohol? (/) sí, la señorita Silva (/)
    Sí, la señorita Silva se negó a someterse a la prueba del alcohol. (/)
18. Si alguien maneja muy rápido, ¿lo detiene usted? (/) sí (/)
    Sí, lo detengo. (/)

19. ¿Recuerda usted la advertencia Miranda? (/) claro que sí (/)

Claro que sí. Recuerdo la advertencia Miranda. (/)

20. ¿Puede leerle la advertencia Miranda a alguien en español? (/) sí (/)

Sí, puedo leerle la advertencia Miranda a alguien en español. (/)

21. ¿Puede usted interrogar a un detenido en español? (/) sí (/)

Sí, puedo interrogar a un detenido en español. (/)

22. ¿Siempre entiende bien cuando alguien le habla en español? (/) a veces (/)

A veces entiendo bien cuando alguien me habla en español. (/)

23. ¿A quién interrogó usted hoy? (/) al esposo de una mujer maltratada (/)

Hoy interrogué al esposo de una mujer maltratada. (/)

24. ¿Ya terminó la averiguación? (/) sí (/)

Sí, ya terminé la averiguación. (/)

25. ¿Investiga usted casos de maltrato a menudo? (/) sí, frecuentemente (/)

Sí, investigo cases de maltrato frecuentemente. (/)

Lección 11

Diálogo

You will hear a dialogue. First it will be read without pauses. Then the speakers will read it again with pauses for you to repeat what you hear. Listen carefully.

¡Más robos!

El señor Gómez vino a la comisaría a denunciar el robo de su carro. Ahora está hablando con el sargento Alcalá, de la Sección de Robos.

SARGENTO ALCALÁ	—¿Cuándo le robaron su carro?
SR. GÓMEZ	—Anoche. Mi hijo lo dejó estacionado frente a la casa y yo creo que no lo cerró con llave.
SARGENTO ALCALÁ	—¿El carro es suyo o de su hijo?
SR. GÓMEZ	—Es mío, pero anoche mi hijo lo pidió prestado ir a una fiesta. Él fue el último que lo manejó.
SARGENTO ALCALÁ	—¿A qué hora regresó su hijo?
SR. GÓMEZ	—Como a las once.
SARGENTO ALCALÁ	—¿Vio el carro usted a esa hora?
SR. GÓMEZ	—Sí, señor. Y él me dio la llave cuando llegó.
SARGENTO ALCALÁ	—Por favor, dígame la marca, el modelo y el año de su carro.
SR. GÓMEZ	—Es un Ford Taurus, azul claro, del año noventa y siete.
SARGENTO ALCALÁ	—¿Cuál es el número de la placa de su carro?

SR. GÓMEZ	—P E D quinientos treinta.
SARGENTO ALCALÁ	—¿Está asegurado su carro?
SR. GÓMEZ	—Sí, señor, contra todo riesgo.
SARGENTO ALCALÁ	—¿Ya está totalmente pagado el carro, señor Gómez?
SR. GÓMEZ	—No, todavía debo muchos plazos.
SARGENTO ALCALÁ	—¿Está atrasado en los pagos?
SR. GÓMEZ	—La verdad es que no estoy al día. Debo como dos meses. Es que tuvimos que pagar muchas cuentas, pero ahora mi esposa consiguió un buen trabajo.
SARGENTO ALCALÁ	—Muy bien. Voy a entregar las copias de informe a los patrulleros.
SR. GÓMEZ	—A ver si lo encuentran pronto. Muchas gracias, sargento.
SARGENTO ALCALÁ	—No hay de qué, señor Gómez.

La señora Vega también vino a la comisaría a denunciar un robo. Ahora está hablando con el sargento Rivas.

SRA. VEGA	—¡No puedo creerlo! Hace veinte años que vivo aquí y nunca antes hubo un robo en el vecindario.
SARGENTO RIVAS	—¿Revisó bien la casa para ver todo lo que le falta?
SRA. VEGA	—Sí. Hice una lista de lo que falta: cubiertos de plata, la videocasetera, una grabadora, una cámara de vídeo y una computadora.

SARGENTO RIVAS	—¿Se llevaron algún arma?
SRA. VEGA	—¡Ah, sí... ! Una pistola de mi esposo.
SARGENTO RIVAS	—Esa pistola, ¿está registrada?
SRA. VEGA	—Creo que sí, pero no estoy segura. Mi esposo murió el año pasado.
SARGENTO RIVAS	—Anóteme la marca, descripción y valor aproximado de todos los objetos robados, por favor.
SRA. VEGA	—Muy bien.
SARGENTO RIVAS	—¿Son todos los objetos robados propiedad de usted?
SRA. VEGA	—Sí, señor. Son míos.
SARGENTO RIVAS	—Bien, vamos a hacer todo lo posible por recobrarlos. *(Al agente Soto.)* Lleva a la señora Vega a su casa, por favor. Después ven a mi oficina y tráeme los informes que te pidió el sargento Viñas.

Now repeat each phrase after the speakers. (Dialogue)

Vocabulario

Repeat each word or phrase after the speaker. After your response, you will hear the same word or phrase again. Repeat after the model once more.

| *Cognados:* | aproximado (/) la copia (/) la descripción (/) la lista (/) el modelo (/) el objeto (/) |
| *Nombres:* | el año (/) los cubiertos (/) la cuenta (/) el empleo (/) |

el trabajo (/) la grabadora (/)
el pago (/) la placa (/) la chapa (/)
la plata (/) el plazo (/)
la propiedad (/) el riesgo (/)
el valor (/) el vecindario (/)
el barrio (/) la verdad (/)
la videocasetera (/)
la videograbadora (/)

Verbos:	deber (/) encontrar (/) entregar (/) llevarse (/) morir (/) fallecer (/) recobrar (/)
Adjetivos:	asegurado (/) atrasado (/) cerrado (/) claro (/) estacionado (/) pagado (/) pasado (/) registrado (/) todo (/) último (/)
Otras palabras y expresiones:	al día (/) como (/) contra (/) hubo (/) No hay de qué. (/) nunca antes (/) pedir prestado (/) todo lo posible (/) totalmente (/)

Vocabulario adicional

Pasado, presente y futuro:

a mediados de mes (/) a mediados de semana (/)
a medianoche (/) al mediodía (/) al amanecer (/)
de madrugada (/) al anochecer (/) anteanoche (/)
antes de anoche (/) anteayer (/) antes de ayer (/)
durante el día (/) durante la noche (/) el año que viene (/)
el año próximo (/) el mes pasado (/)
el mes que viene (/) el mes próximo (/)
la semana pasada (/) la semana que viene (/)
la semana próxima (/) pasado mañana (/) temprano (/)

Fin de la Lección 11

Lección 12

Diálogo

You will hear a dialogue. First it will be read without pauses. Then the speakers will read it again with pauses for you to repeat what you hear. Listen carefully.

Con un agente de la Sección de Tránsito

Con la conductora de un coche que se pasa un semáforo con la luz roja.

AGENTE REYES	—Buenas tardes, señora.
MUJER	—Buenas tardes, señor. ¿Por qué me detuvo? Yo no iba muy rápido.
AGENTE REYES	—No, pero pasó un semáforo en rojo.
MUJER	—¡Pero yo empecé a cruzar la calle cuando el semáforo tenía la luz amarilla!
AGENTE REYES	—Pero antes de terminar de cruzarla ya estaba la luz roja.
MUJER	—Bueno, yo no tengo la culpa de eso. La luz cambió muy rápido.

AGENTE REYES	—Usted sólo debe iniciar el cruce de la calle con luz amarilla si está tan cerca de la línea de parada que no tiene tiempo para parar.
MUJER	—Pero el carro de atrás venía a demasiada velocidad.
AGENTE REYES	—Lo siento, señora, pero tengo que imponerle una multa. Firme aquí, por favor.

En la autopista, con un conductor que cambia de carriles imprudentemente.

AGENTE REYES	—Señor, está cambiando de carriles imprudentemente. En cualquier momento va a causar un accidente.
CONDUCTOR	—Es que tengo mucha prisa. No quiero llegar tarde al trabajo. Debo llegar a las siete.
AGENTE REYES	—Ésa no es una excusa válida. Usted está poniendo en peligro su vida y la de los demás.
CONDUCTOR	—Es que mi jefe mi dijo que si llegaba tarde otra vez me iba a despedir.
AGENTE REYES	—Bien. Esta vez solamente le voy a dar una advertencia. Aquí la tiene. Buenos días y maneje con cuidado.
CONDUCTOR	—Muchísimas gracias, agente.

Con una señora que dejó a su bebé en un carro cerrado.

SEÑORA	—¿Qué sucede, agente?
AGENTE REYES	—Abra la puerta, por favor. ¿Es usted la madre de este bebé?
SEÑORA	—Sí, señor. Lo dejé solamente por un momento.
AGENTE REYES	—Eso es muy peligroso, señora. Alguien puede secuestrar al bebé. Además, la temperatura en el coche es muy alta. Es de unos ciento quince grados.

Eran las cuatro de la tarde cuando el agente regresó a la oficina.

Now repeat each phrase after the speakers. (Dialogue)

Vocabulario

Repeat each word or phrase after the speaker. After your response, you will hear the same word or phrase again. Repeat after the model once more.

Cognados:	la excusa (/) la temperatura (/) válido (/)
Nombres:	la autopista (/) el bebé (/) el carril (/) la vía (/) el conductor (/) el cruce (/) el grado (/) el jefe (/) la línea de parada (/) la oficina (/) el semáforo (/)
Verbos:	cambiar (/) causar (/) cruzar (/) despedir (/) iniciar (/) parar (/) secuestrar (/)
Adjetivos:	alto (/) demasiado (/) rojo (/)
Otras palabras y expresiones:	atrás (/) cerca (/) cerca de (/) con cuidado (/) es de unos... grados (/) Es que... (/) imponer una multa (/) imprudentemente (/) llegar tarde (/) ¡Maneje con cuidado! (/) mejor (/) pasarse la luz roja (/) poner en peligro (/) rápido (/) tan (/) tener la culpa (/) tener la culpa de (/) ser culpable (/) ser culpable de (/) tener razón (/)

Vocabulario adicional

Señales de tránsito:

puente angosto (/) ceda el paso (/)
comienza la autopista (/) alto (/) una vía (/) F.C. (/)
ferrocarril (/) curva peligrosa (/) no tire basura (/)
desvío (/) peligro (/) prohibido estacionar (/)
paso de peatones (/) doble circulación (/)
tránsito lento carril derecho (/) conserve su derecha (/)
propiedad privada (/)

Más señales de tránsito:

despacio (/) escuela (/) cruce de niños (/)
estacionamiento de emergencia solamente (/)
mantenga su derecha (/) no entre (/) no pasar (/)
no rebasar (/)
prohibido el cruce de peatones, bicicletas y
motocicletas (/) prohibido pasar (/)
termina la doble vía (/)

Fin de la Lección 12

Lección 13

Diálogo

You will hear a dialogue. First it will be read without pauses. Then the speakers will read it again with pauses for you to repeat what you hear. Listen carefully.

Un accidente

Hubo un accidente en la carretera. Un camión chocó con un carro y una motocicleta. El hombre que manejaba el carro y sus dos pasajeros murieron. El agente Peña, que acaba de llegar, está tratando de ayudar al muchacho que venía en la motocicleta.

AGENTE PEÑA —No trate de levantarse. Quédese quieto.

MUCHACHO —¿Qué pasó? Me siento mareado...

AGENTE PEÑA —Hubo un accidente. ¿Le duele algo?

MUCHACHO —Sí. La pierna derecha y la mano izquierda...

AGENTE PEÑA —A ver... voy a ponerle una venda para parar la sangre.

MUCHACHO —¿Qué le pasó a la chica que venía conmigo?

AGENTE PEÑA —Se lastimó la cara y los brazos, pero no es serio... Nosotros queríamos llevarla al hospital, pero ella no quiso ir. Se fue a su casa.

MUCHACHO —Por suerte los dos llevábamos puestos los cascos de seguridad.

AGENTE PEÑA —¿Sabía usted que en este estado el uso del casco de seguridad es obligatorio?

MUCHACHO —No, no lo sabía. ¿Y... mi motocicleta? Hace solamente un mes que la compré.

AGENTE PEÑA —Lo siento. Está debajo del camión. Por suerte ustedes saltaron a tiempo.

El agente va hacia el camión y ve que hay un incendio en la cabina. Corre y apaga el incendio con un extinguidor de incendios. El hombre que manejaba el camión está a un lado del camino.

AGENTE PEÑA —¿Cómo se siente?

HOMBRE —Todavía estoy temblando. Hice todo lo posible para evitar el choque, pero no pude.

AGENTE PEÑA —¿Qué recuerda del accidente?

HOMBRE —El chofer del coche trató de rebasar sin darse cuenta de que una motocicleta venía en sentido contrario. Trató de desviarse, pero perdió el control del vehículo, y chocó con mi camión.

AGENTE PEÑA —Mire, ya vino la ambulancia. Van a llevarlo al hospital a usted también. ¿Quiere llamar a alguien?

HOMBRE —Sí, a mi esposa, pero la tienda donde ella trabaja no se abre hasta las diez. Además, yo no necesito ir al hospital.

AGENTE PEÑA —Es una precaución. Probablemente le van a tomar radiografías y el médico lo va a examinar. Necesito su nombre y su dirección.

HOMBRE —Rafael Soto, calle La Sierra, quinientos dieciseis.

AGENTE PEÑA —¿Cuál es su número de teléfono?

HOMBRE —Tres–veintiocho–noventa y nueve–sesenta y uno.

Now repeat each phrase after the speakers. (Dialogue)

Vocabulario

Repeat each word or phrase after the speaker. After your response, you will hear the same word or phrase again. Repeat after the model once more.

Cognados: la ambulancia (/) el control (/) la motocicleta (/) la precaución (/) serio (/) el vehículo (/)

Nombres: la cabina (/) el camino (/) el camión (/) la cara (/) la carretera (/) el chico (/) el chamaco (/) el choque (/) el extinguidor de incendios (/) el extintor de incendios (/) el lado (/) el pasajero (/) la pierna (/) la radiografía (/) la venda (/)

Verbos: apagar (/) chocar (/) desviarse (/) doler (/) evitar (/) examinar (/) chequear (/) gustar (/) lastimarse (/) levantarse (/) morir (/) rebasar (/) pasar (/) saltar (/) sentirse (/) temblar (/)

Adjetivos: derecho (/) mareado (/) obligatorio (/) quieto (/)

a tiempo (/) acabar de (/)
darse cuenta de (/) debajo de (/)
en sentido contrario (/)
hace un mes (/) por suerte (/)

Vocabulario adicional

Las partes del cuerpo:

el pelo (/) el cabello (/) la frente (/) la ceja (/) el ojo (/)
la nariz (/) el labio (/) los dientes (/) la barbilla (/)

la lengua (/) la boca (/) la mejilla (/) la oreja (/)
el oído (/) las pestañas (/) la cabeza (/) la cara (/)
el pecho (/) el estómago (/) la cadera (/) la muñeca (/)
la mano (/) la rodilla (/) la pierna (/) el tobillo (/)
el dedo del pie (/) el pie (/) el cuello (/) el hombro (/)
la espalda (/) el brazo (/) el dedo (/) el codo (/)
la cintura (/)

Fin de la Lección 13

Lección 14

Diálogo

You will hear a dialogue. First it will be read without pauses. Then the speakers will read it again with pauses for you to repeat what you hear. Listen carefully.

Interrogatorios

El sargento Vega acaba de detener a Carlos Guzmán. Le ha leído la advertencia Miranda y ahora empieza a interrogarlo.

SARGENTO VEGA —¿Entiende usted los derechos que le he leído?

SR. GUZMÁN —Sí, señor, pero yo no necesito un abogado porque soy inocente.

SARGENTO VEGA —¿Sabe usted de qué se le acusa? ¿Entiende usted la acusación?

SR. GUZMÁN —Sí, señor. Se me acusa de un robo que yo no cometí.

SARGENTO VEGA —Bien, la computadora que usted trató de empeñar era robada.

SR. GUZMÁN —Sí, eso me han dicho, pero yo no lo sabía.

SARGENTO VEGA —¿Cómo llegó a sus manos esa computadora?

SR. GUZMÁN —Se la compré a un hombre que me ofreció una ganga.

SARGENTO VEGA —¿No sospechó usted que era robada? Comprar artículos robados es un delito mayor.

SR. GUZMÁN —Yo no sabía que él la había robado. Me dijo que tenía que venderla urgentemente porque se había quedado sin trabajo.

SARGENTO VEGA —¿Dónde estaba usted la noche del sábado, veinte de abril?

SR. GUZMÁN —En un bar de la calle Franklin.

SARGENTO VEGA —¿A qué hora salió de allí?

SR. GUZMÁN —Después de las doce de la noche.

SARGENTO VEGA —Sin embargo, yo he hablado con testigos que dicen que lo vieron a eso de las diez de la noche en el edificio donde ocurrió el robo.

SR. GUZMÁN —No puede ser. El dueño del bar puede decirle que yo estoy allí todas las noches hasta muy tarde.

SARGENTO VEGA —Sí, pero un empleado me dijo que esa noche usted había salido de allí antes de las diez.

SR. GUZMÁN —Eso es mentira. Es alguien que me quiere perjudicar.

El sargento arresta al hombre.

El detective Rubio interroga al señor Darío, un hombre acusado de estafa.

DETECTIVE RUBIO —Usted le vendió un collar de perlas a la señora Carmen Hernández, ¿verdad?

SR. DARÍO —Sí, señor. Hace una semana.

DETECTIVE RUBIO —¿Usted le dijo a la señora que las perlas eran de cultivo?

SR. DARÍO —No, señor.

DETECTIVE RUBIO —Pero usted le cobró las perlas como de primera calidad.

SR. DARÍO —Bueno, también yo le había dicho que el collar tenía un gran valor sentimental para mí.

DETECTIVE RUBIO —Usted no le dijo la verdad. Sinceramente, yo creo que usted la engañó, pero el jurado va a decidir si la estafó o no. Yo no soy el que lo va a juzgar.

Now repeat each phrase after the speakers. (Dialogue)

Vocabulario

Repeat each word or phrase after the speaker. After your response, you will hear the same word or phrase again. Repeat after the model once more.

Cognados:	el acusación (/) el artículo (/) el detective (/) inocente (/) sentimental (/)
Nombres:	el collar (/) el delito mayor (/) el delito grave (/) el empleado (/) la estafa (/) la ganga (/) el jurado (/) la perla (/) el testigo (/)
Verbos:	cobrar (/) empeñar (/) engañar (/) estafar (/) juzgar (/) ocurrir (/) ofrecer (/) perjudicar (/)
Adjetivo:	gran (/)
Otras palabras y expresiones:	a eso de (/) como de (/) de cultivo (/) de primera calidad (/) para mí (/) quedarse sin trabajo (/)

sin embargo (/) sinceramente (/) urgentemente (/)

Vocabulario adicional

El juicio:

el abogado defensor (/) absuelto (/) el acusado (/) el reo (/) la apelación (/) apelar (/) la cárcel (/) la prisión (/) el centro de reclusión de menores (/) comparecer ante un juez (/) el cómplice (/) confesar (/) la confesión (/) culpable (/) declarar culpable (/) la demanda (/) demandar (/) dictar sentencia (/) sentenciar (/) el fallo (/) el veredicto (/) el fiscal (/) identificar (/) el intérprete (/) los miembros del jurado (/) el perito (/) presentar una apelación (/) procesado (/) la prueba (/) la sentencia (/) la condena (/) el taquígrafo (/) el Tribunal Supremo (/)

Fin de la Lección 14

Lección 15

Diálogo

You will hear a dialogue. First it will be read without pauses. Then the speakers will read it again with pauses for you to repeat what you hear. Listen carefully.

Con la policía secreta

Isabel Cabrera, agente de la policía secreta, ha sido asignada a la Sección de Servicios Especiales. Se ha matriculado en una escuela secundaria del barrio hispano para infiltrarse en una pandilla que distribuye drogas en la escuela. Ahora, la agente Cabrera habla con María, una estudiante cuyo novio podría ser miembro de una pandilla.

AGENTE CABRERA	—Tú hablas español, ¿verdad?
MARÍA	—Sí, lo aprendí en casa. Soy latina.
AGENTE CABRERA	—Yo no hablo bien el inglés. ¿Podrías ayudarme con mis clases?
MARÍA	—Sí, aunque yo soy muy mala estudiante. ¿De dónde vienes, Isabel?
AGENTE CABRERA	—De Texas. Vinimos a Chicago hace una semana.
MARÍA	—¿Te gusta Chicago?

AGENTE CABRERA	—Sí, pero aquí no tengo amigos.
MARÍA	—Tú verás que pronto encuentras amigos aquí.
AGENTE CABRERA	—Espero que sí. ¿Qué se hace aquí para pasarlo bien?
MARÍA	—No sé, vamos al cine, tenemos fiestas... Ya sabes, hay de todo, si tienes dinero: bebida, yerba, piedra...
AGENTE CABRERA	—Aquí tengo cien dólares que me regaló mi tía.
MARÍA	—Si quieres, mi novio nos conseguirá una botella de tequila, y te presento a algunos de nuestros amigos.
AGENTE CABRERA	—Me gustaría conocerlos. ¿Cómo se llama tu novio?
MARÍA	—Roberto Álvarez.

A las once de la noche, la agente Rosales, vestida como una prostituta, tiene a su cargo detener hombres que solicitan sexo en una calle de la ciudad. Un hombre que maneja un carro azul se acerca a ella y la saluda. Empiezan a hablar.

HOMBRE	—Hola... ¿Quieres pasar un buen rato?
AGENTE ROSALES	—Tú lo pasarás mejor...

HOMBRE	—Eso espero. Sube.
AGENTE ROSALES	—¿Adónde me llevas?
HOMBRE	—Vamos a un motel. Quiero pasar toda la noche contigo.
AGENTE ROSALES	—Bueno, hace falta algo más que querer...
HOMBRE	—Aquí tienes cien dólares y si haces todo lo que yo quiero, te daré más.
AGENTE ROSALES	—No hace falta. Esto es suficiente. Está usted detenido. *(Le empieza a leer la advertencia Miranda.)*
HOMBRE	—Por favor, soy un hombre de negocios y esto me perjudicaría muchísimo. Mire, aquí tiene mil dólares.
AGENTE ROSALES	—Eso es un intento de soborno. Su situación se agrava, señor.

Now repeat each phrase after the speakers. (Dialogue)

Vocabulario

Repeat each word or phrase after the speaker. After your response, you will hear the same word or phrase again. Repeat after the model once more.

Cognados:	el latino (/) el hispano (/) el motel (/) el prostituto (/) el servicio (/) el sexo (/) suficiente (/) la tequila (/)
Nombres:	la botella (/) el cine (/) la escuela secundaria (/) el hombre de negocios (/) la mujer de negocios (/) el intento (/) la piedra (/) el crac (/) la policía secreta (/) el soborno (/) la yerba (/)
Verbos:	agravarse (/) aprender (/) costar (/) distribuir (/) encontrar (/) hacer falta (/) infiltrar (/) infiltrarse (/) matricularse (/) presentar (/) regalar (/) responder (/) saludar (/) solicitar (/)
Adjetivos:	asignado (/) secreto (/)

Otras palabras y expresiones:	aunque (/) contigo (/) cuyo (/) hay de todo (/) muchísimo (/) pasarlo bien (/) pasar un buen rato (/) tener a su cargo (/)

Vocabulario adicional

Nombres comunes de algunas drogas:

el ácido (/) la cocaína (/) la coca (/) el hachich (/) el hachís (/) la heroína (/) el leño (/) la cucaracha (/) el porro (/) la marihuana (/) la mariguana (/) la metadona (/) la morfina (/) el opio (/)

NOMBRES DE ALGUNAS DROGAS EN GERMANÍA

la marihuana:
una Juanita (/) la mota (/) el pasto (/) el pito (/) la yerba (/) la yesca (/) el zacate (/)

un kilo de marihuana:
el tabique (/) el ladrillo (/)

la cocaína:
la coca (/) el perico (/) el polvo (/)

la speed:
el clavo (/)

la heroína:
la chiva (/) el caballo (/) la manteca (/)

la heroína negra:
la negra (/)

OTRAS PALABRAS RELACIONADAS CON EL USO DE DROGAS

adicto (/) las alucinaciones (/) el delirium tremens (/) la desintoxicación (/) endrogarse (/) la jeringuilla (/) la jeringa hipodérmica (/) pullar (/) la sobredosis

Fin de la Lección 15

Lectura 3

Seguridad doméstica: Robos

Listen to the following information about
home burglaries. Try to guess the meaning of
all cognates. Then do the exercise item in your
manual.

Seguridad doméstica: Robos

**¡Más de seis millones de robos residenciales
ocurren en los Estados Unidos cada año:
uno cada diez segundos!**

Prevención: Cuando usted salga de la casa...

- siempre cierre con llave las puertas y ventanas.
  (En casi el cincuenta por ciento de los casos, las
  ladrones entran en las casas por puertas y
  ventanas abiertas.

- nunca deje la llave donde se pueda encontrar
  fácilmente: bajo un felpudo, en una maceta de
  flores, etcétera.

- use un regulador de encendido para que las luces,
  el radio y el televisor se prendan y se apaguen
  automáticamente para dar la impresión de que
  alguien está en casa.

- en caso de viajes extensos, acuérdese de
  suspender la entrega de la correspondencia y de
  los periódicos o pídale a un vecino que los
  recoja.

**Si usted llega a casa y ve indicaciones de
que alguien ha forzado la cerradura de la
puerta o de la ventana, no entre.
¡Llame a la policía enseguida!**

¡Buenos vecinos!

**Si ve algo sospechoso en la casa de un
vecino, llame a la policía enseguida. Nunca
trate de detener a un delincuente; puede ser
peligroso. Recuerde:**

**¡Una comunidad que trabaja en
cooperación con la policía es la mejor
protección contra los delitos!**

Evite el robo de su automóvil

Listen to the following list of advice about
vehicular security. Again try to guess the meaning
of all cognates. Then do the exercise item in your
manual.

**Evite el robo de su automóvil, haciendo lo
siguiente:**

1. Cierre su carro con llave y lleve las llaves con
   usted.
2. Cierre todas las ventanillas y el maletero del
   coche.
3. No deje cosas de valor en los asientos; póngalas
   en el maletero.
4. Si tiene que dejar su carro en un estacionamiento
   público por mucho tiempo, asegúrese de que esté
   atendido.
5. No ponga su nombre y domicilio en el llavero.
6. Por la noche, estacione siempre en un lugar bien
   iluminado.
7. Si es posible, utilice aparatos antirrobos.

Repaso: Lecciones 11–15

Práctica oral

Listen to the following exercise. The speaker will ask
you some questions. Answer the questions, using the
cues provided. The speaker will confirm the correct
answer. Repeat the correct answer.

1. ¿Cómo se siente usted hoy? (/) bien (/)
   Me siento bien hoy. (/)

2. ¿Qué hace usted para pasarlo bien? (/) ir al
   cine (/)
   Voy al cine para pasarlo bien. (/)

3. ¿Dónde está estacionado su coche hoy? (/) frente a
   la comisaría (/)
   Mi coche está estacionado frente a la
   comisaría. (/)

4. ¿Cerró usted su coche con llave? (/) sí (/)
   Sí, cerré mi coche con llave. (/)

5. ¿Contra qué está asegurado su coche? (/) contra todo riesgo (/)
   Está asegurado contra todo riesgo. (/)

6. ¿Está usted atrasada en los pagos de su coche o está al día? (/) estoy al día (/)
   Estoy al día en los pagos de mi coche. (/)

7. ¿Llega usted tarde al trabajo a veces? (/) sí (/)
   Sí, a veces llego tarde al trabajo. (/)

8. ¿Se pasó usted un semáforo con la luz roja alguna vez? (/) no, nunca (/)
   No, nunca me pasé un semáforo con la luz roja. (/)

9. Si alguien cambia de carriles imprudentemente, ¿qué puede causar? (/) un accidente (/)
   Puede causar un accidente. (/)

10. ¿Cuándo hubo un accidente? (/) anoche (/)
    Anoche hubo un accidente. (/)

11. ¿Dónde ocurrió el accidente? (/) en la carretera (/)
    Ocurrió en la carretera. (/)

12. ¿Cuántas personas murieron en el accidente? (/) nadie (/)
    Nadie murió en el accidente. (/)

13. ¿Se lastimó alguien? (/) sí, una señora (/)
    Sí, una señora se lastimó. (/)

14. ¿Qué usa usted si hay un incendio? (/) un extinguidor de incendios (/)
    Uso un extinguidor de incendios. (/)

15. ¿Prefiere usted manejar un coche o una motocicleta? (/) una motocicleta (/)
    Prefiero manejar una motocicleta. (/)

16. Cuando usted maneja una motocicleta, ¿qué lleva puesto siempre? (/) el casco de seguridad (/)
    Siempre llevo puesto el casco de seguridad. (/)

17. ¿Perdió usted el control de su vehículo alguna vez? (/) no, nunca (/)
    No, nunca perdí el control de mi vehículo. (/)

18. ¿Usted impone multas frecuentemente o prefiere dar advertencias? (/) dar advertencias (/)
    Prefiero dar advertencias. (/)

19. ¿Qué le pasó a la chica que cruzaba la calle? (/) nada (/)
    No le pasó nada. (/)

20. ¿Qué estaban haciendo muchas pandillas en las escuelas secundarias? (/) distribuir drogas (/)
    Estaban distribuyendo drogas. (/)

21. ¿Hay a veces robos en su vecindario? (/) sí, frecuentemente (/)
    Sí, frecuentemente hay robos en mi vecindario. (/)

22. ¿Ha recobrado usted algún objeto robado? (/) sí, muchos (/)
    Sí, he recobrado muchos objetos robados. (/)

23. ¿Ha leído usted la advertencia Miranda en español alguna vez? (/) no, nunca (/)
    No, nunca he leído la advertencia Miranda en español. (/)

24. ¿Se ha quedado usted sin trabajo alguna vez? (/) sí, dos veces (/)
    Sí, me ha quedado sin trabajo dos veces. (/)

25. ¿Ha empeñado usted algo alguna vez? (/) no, nunca (/)
    No, nunca he empeñado nada. (/)

Lección 16

Diálogo

You will hear a dialogue. First it will be read without pauses. Then the speakers will read it again with pauses for you to repeat what you hear. Listen carefully.

En una celda de detención preventiva

El señor Bravo acaba de llegar, esposado, a la estación de policía. Después de registrarlo, un policía toma las precauciones necesarias antes de encerrarlo en una celda de detención.

POLICÍA —Quiero que se vacíe los bolsillos por completo y que ponga todas sus cosas en el mostrador.

SR. BRAVO —Solamente tengo la cartera con el dinero, un pañuelo y un peine.

POLICÍA —(*Cuenta el dinero a la vista del detenido.*) Usted tiene aquí setenta y un dólares y treinta y cuatro centavos. ¿Está de acuerdo?

SR. BRAVO —Sí, señor.

POLICÍA —Ahora quítese el reloj y la cadena que lleva al cuello.

SR. BRAVO —Por favor, anote ahí que el reloj y la cadena son de oro.

POLICÍA —Sí. Todas sus pertenencias serán puestas en un sobre sellado.

SR. BRAVO —Quiero que se las entreguen a mi esposa, por favor.

POLICÍA —Bien, pero es necesario que usted lo autorice por escrito. Ahora los vamos a retratar y a tomarle las huellas digitales.

SR. BRAVO	—Yo quiero llamar por teléfono a mi señora.
POLICÍA	—Está bien. Usted tiene derecho a hacer una llamada telefónica. Después de ficharlo le daremos la oportunidad de hacerla.
SR. BRAVO	—Está bien.
POLICÍA	—Párese allí y mire a la cámara. Bien. Ahora mire hacia la derecha. Bien, ahora hacia la izquierda. No se mueva.
SR. BRAVO	—¿Eso es todo?
POLICÍA	—Sí. Ahora el técnico le va a tomar las huellas digitales.
TÉCNICO	—Déme su mano derecho.
POLICÍA	—*(Después de que el técnico terminó de tomarle las huellas digitales.)* Ahora quítese el cinto y quíteles los cordones a los zapatos, y me lo entrega todo.
SR. BRAVO	—Para eso necesito que me quite las esposas.
POLICÍA	—Primero voy a encerrarlo en su celda.

Con el oficial investigador:

SR. BRAVO	—¿Qué van a hacer conmigo ahora?
INVESTIGADOR	—Después de terminar todas las investigaciones preliminares, el fiscal lo pondrá a disposición de un juez.
SR. BRAVO	—¿Me dejarán salir en libertad bajo palabra?
INVESTIGADOR	—Es posible. Usted no está acusado de homicidio.
SR. BRAVO	—Pero me pondrán en libertad bajo fianza, ¿verdad?
INVESTIGADOR	—Eso lo decidirá el juez, y depende, en buena parte, de si tiene o no antecedentes penales.
SR. BRAVO	—Si me ponen una fianza muy alta, yo no voy a tener dinero para pagarla. Entonces me llevarán a la cárcel.
INVESTIGADOR	—Su familia podría comprar un bono pagando una prima.
SR. BRAVO	—Necesito un fiancista. ¿A quién me recomienda que llame?
INVESTIGADOR	—Lo siento, pero no nos está permitido recomendar a nadie.
SR. BRAVO	—Entonces, ¿qué me aconseja que haga?
INVESTIGADOR	—Yo le sugiero que busque uno en la guía de teléfonos.

Now repeat each phrase after the speakers. (Dialogue)

Vocabulario

Repeat each word or phrase after the speaker. After your response, you will hear the same word or phrase again. Repeat after the model once more.

Cognados:	la detención (/) la investigación (/) el investigador (/) necesario (/) la oportunidad (/) preliminar (/)
Nombres:	los antecedentes penales (/) el bono (/) la cadena (/) la cartera (/) la billetera (/) la celda (/) el centavo (/) el cordón (/) el cordón del zapato (/) el cuello (/) la derecha (/) el detenido (/) las esposas (/) el fiancista (/) la fianza (/) el fiscal (/) la guía de teléfonos (/) el homicidio (/) el mostrador (/) el oro (/) el pañuelo (/) el peine (/) las pertenencias (/) la prima (/) el reloj (/) el sobre (/)
Verbos:	aconsejar (/) autorizar (/) depender (/) dudar (/) encerrar (/) moverse (/) pararse (/) quitarse (/) recomendar (/) registrar (/) fichar (/) retratar (/) sugerir (/) vaciar (/)
Adjetivos:	esposado (/) permitido (/) preventivo (/) sellado (/)
Otras palabras y expresiones:	a la vista de (/) ahí (/) en buena parte (/) en libertad bajo fianza (/) en libertad bajo palabra (/) estar de acuerdo (/) por completo (/) por escrito (/) tomar las huellas digitales (/)

Vocabulario adicional

Para arrestar y fichar:

¡Abra las piernas y los brazos! (/) el alias (/) avisar (/) la bala (/) el calibre (/) la coartada (/) ¿Cómo se escribe? (/) ¡Dése preso! (/) ¡Manos arriba! (/) el motivo (/) ¡Párese! (/) ¡Póngase de pie! (/) la pista (/) Ponga las manos en la pared. (/) por poseer drogas (/) la resistencia a la autoridad (/) Súbase al carro. (/)

Fin de la Lección 16

Lección 17

Diálogo

You will hear a dialogue. First it will be read without pauses. Then the speakers will read it again with pauses for you to repeat what you hear. Listen carefully.

Una muchacha se escapa de su casa

El agente Gómez habla con los señores Ruiz, padres de una adolescente que se escapó de su casa.

AGENTE GÓMEZ	—¿Cuándo fue la última vez que vieron a su hija?
SR. RUIZ	—Anoche. Nos dijo que iba a estudiar con una compañera.
AGENTE GÓMEZ	—¿Cuándo se dieron cuenta de que se había escapado?
SRA. RUIZ	—Ya eran las once de la noche y no había regresado. Entonces llamamos a casa de su amiga y supimos que no había estado allí.
AGENTE GÓMEZ	—Su hija puede haber sido víctima de un secuestro. ¿Por qué piensan que se escapó de la casa?
SR. RUIZ	—Su amiga nos dijo que ella estaba pensando en escaparse.
AGENTE GÓMEZ	—¿Qué edad tiene ella?
SR. RUIZ	—Dieciséis años.
AGENTE GÓMEZ	—Es necesario que me den una descripción completa de su hija.
SR. RUIZ	—Se llama María Elena Ruiz Portillo. Es baja—mide cinco pies y dos pulgadas—delgada, de pelo negro y ojos negros. Tiene un lunar cerca de la boca y una cicatriz en la mejilla derecha.
AGENTE GÓMEZ	—¿Qué ropa tenía puesta?
SRA. RUIZ	—Tenía puesta una falda blanca, una blusa roja y un suéter negro... sandalias blancas y tenía una bolsa blanca.
AGENTE GÓMEZ	—¿Llevaba algunas joyas?
SRA. RUIZ	—Sí, una cadena de oro con una cruz, un anillo de plata y unos aretes rojos.
AGENTE GÓMEZ	—Espero que tengan una fotografía reciente de ella.
SR. RUIZ	—Sí, aquí tengo una en la billetera.
AGENTE GÓMEZ	—Esto debe ser muy difícil para ustedes, pero ¿tienen idea de por qué se escapó? ¿Ha tenido algún problema con ustedes o en la escuela?
SR. RUIZ	—Bueno... ella estaba saliendo con un muchacho... y nosotros le dijimos que no nos gustaba... Estuvo preso dos veces.
AGENTE GÓMEZ	—¿Creen que su hija se fue con él?
SRA. RUIZ	—Yo creo que sí, pero puede ser que esté con otra amiga.
AGENTE GÓMEZ	—¿Qué edad tiene él?
SRA. RUIZ	—No sé exactamente. Es dos o tres años mayor que ella.
AGENTE GÓMEZ	—¿Saben cómo se llama y dónde vive?
SRA. RUIZ	—Él se llama José Ramírez. No sé dónde vive, pero los dos asisten a la misma escuela secundaria.
AGENTE GÓMEZ	—¿Su hija se había escapado de su casa en alguna otra ocasión?
SRA. RUIZ	—No, nunca. Yo creo que él se la llevó contra su voluntad...
AGENTE GÓMEZ	—¿Saben si tenía dinero?
SRA. RUIZ	—Sí, tenía unos setenta y cinco dólares, por lo menos.
AGENTE GÓMEZ	—¿Tienen alguna idea de dónde puede estar? Es importante que traten de recordar cualquier detalle.
SR. RUIZ	—No, ninguna, pero tememos que ya esté lejos de aquí.
AGENTE GÓMEZ	—¿Tiene carro?
SRA. RUIZ	—No. Nosotros no queremos que maneje. Es muy joven...
AGENTE GÓMEZ	—¿Tiene algún documento de identificación?
SRA. RUIZ	—Es posible que lleve la tarjeta de la escuela en la cartera...
AGENTE GÓMEZ	—Bueno. Es necesario que me avisen enseguida si recuerdan algo más o si reciben alguna información.
SRA. RUIZ	—Ojalá que puedan encontrarla pronto.
AGENTE GÓMEZ	—Vamos a hacer todo lo posible, señora.

Now repeat each phrase after the speakers. (Dialogue)

Vocabulario

Repeat each word or phrase after the speaker. After your response, you will hear the same word or phrase again. Repeat after the model once more.

Cognados:	el adolescente (/) el documento (/) importante (/) la ocasión (/) reciente (/) la sandalia (/) el suéter (/) la víctima (/)
Nombres:	el anillo (/) la sortija (/) el arete (/) la blusa (/) la boca (/) la cartera (/) la bolsa (/) el bolso (/) la cicatriz (/) el compañero (/) el compañero de clase (/) la cruz (/) el detalle (/) la edad (/) la falda (/) el jovencito (/) el lunar (/) la mejilla (/) el cachete (/) el pelo (/) la voluntad (/)
Verbos:	asistir (/) asistir a (/) escaparse (/) fugarse (/) estudiar (/) medir (/) salir con (/) temer (/) tener puesto (/) llevar puesto (/)
Adjetivos:	bajo (/) bajito (/) mayor (/)

Otras palabras y expresiones:	de pelo negro (/) dos veces (/) exactamente (/) generalmente (/) lejos (/) lejos de (/) ojalá (/) por lo menos (/) puede ser (/) los señores Ruiz (/)

Vocabulario adicional

Para investigar a las personas desaparecidas:

abandonar los estudios (/) el alojamiento (/)
el hospedaje (/) el conocido (/)
el delincuente juvenil (/) desaparecer (/)
la estación de ómnibus (/) la estación de autobuses (/)
el maestro (/) matar (/) mayor de edad (/)
menor de edad (/) la morgue (/) el paradero (/)
pornográfico (/) la prostitución (/) refugiarse (/)
rescatar (/) el rescate (/) el tribunal de menores (/)

Fin de la Lección 17

Lección 18

Diálogo

You will hear a dialogue. First it will be read without pauses. Then the speakers will read it again with pauses for you to repeat what you hear. Listen carefully.

Una violación

Una muchacha hispana de dieciséis años llama a la policía, diciendo que acaban de violarla. La muchacha pide que manden a alguien que hable español, porque ella no habla bien el inglés. La agente Rocha está con la víctima ahora.

VÍCTIMA	—¡Ayúdeme, por favor!
AGENTE ROCHA	—¿Tus padres no están en casa... ?
VÍCTIMA	—No, y dudo que lleguen antes de la medianoche.
AGENTE ROCHA	—Bueno, cálmate y cuéntame lo que pasó.
VÍCTIMA	—Yo estaba en mi cuarto, leyendo, cuando tocaron a la puerta... Fui a abrir, y un hombre entró y me empujó... Y me caí... y me golpeó... *(Llora histéricamente.)*
AGENTE ROCHA	—Mira, yo comprendo que esto es muy difícil para ti, pero para poder ayudarte y arrestar al

	hombre que te violó, necesitamos información.
VÍCTIMA	—Sí, lo sé... pero primero quiero bañarme, quitarme esta ropa... ¡Me siento sucia!
AGENTE ROCHA	—Lo siento, pero es mejor esperar. Primero, tiene que examinarte un médico. Además, un baño puede destruir evidencia necesaria. ¿Conocías al hombre que te atacó?
VÍCTIMA	—No, no, no. Era un extraño.
AGENTE ROCHA	—¿Puedes reconocerlo, si lo ves?
VÍCTIMA	—No creo que pueda olvidar esa cara.
AGENTE ROCHA	—¿De qué raza era?
VÍCTIMA	—Era blanco. Más bien bajo, gordo, de ojos castaños. Tenía barba y bigote, pero era calvo.
AGENTE ROCHA	—¿Nunca los habías visto antes?
VÍCTIMA	—No, estoy segura de que nunca lo había visto.
AGENTE ROCHA	—¿Qué hora era, más o menos?
VÍCTIMA	—Eran como las nueve y media.
AGENTE ROCHA	—¿Te cambiaste de ropa?
VÍCTIMA	—Todavía no. Llamé en cuanto se fue.
AGENTE ROCHA	—Bien, no te cambies. Un médico debe examinarte enseguida.

	Tenemos que llevarte al hospital. ¿Dónde están tus padres?
VÍCTIMA	—Están en la casa de mi tía. Su número de teléfono está en aquella libreta.
AGENTE ROCHA	—Ahora, ¿el hombre llegó a violarte? Es decir, ¿hubo penetración?
VÍCTIMA	—Sí. Me amenazó con un cuchillo. Tuve miedo y no hice resistencia.
AGENTE ROCHA	—¿Te obligó a realizar algún acto sexual anormal durante la violación?
VÍCTIMA	—No.
AGENTE ROCHA	—¿Se puso un condón?
VÍCTIMA	—No, y eso me tiene aterrorizada. Tal vez tiene SIDA, o una enfermedad venérea...
AGENTE ROCHA	—Trata de tranquilizarte. Se te harán la pruebas necesarias. ¿Qué más recuerdas de él? ¿Tenía alguna marca visible? ¿Un tatuaje?
VÍCTIMA	—Tenía un tatuaje en el brazo izquierdo: un corazón atravesado por una flechita. Además, usaba anteojos.
AGENTE ROCHA	—¿Tenía algún acento? ¿Te dijo algo?
VÍCTIMA	—No, no le noté ningún acento. Sólo me dijo que si gritaba, me mataba.
AGENTE ROCHA	—¿Trataste de luchar con él... de defenderte... ?
VÍCTIMA	—No. Tenía tanto miedo...
AGENTE ROCHA	—Comprendo. ¿Hay alguien que pueda venir a quedarse contigo?
VÍCTIMA	—No, no conozco a nadie que pueda venir a esta hora.

Now repeat each phrase after the speakers. (Dialogue)

Vocabulario

Repeat each word or phrase after the speaker. After your response, you will hear the same word or phrase again. Repeat after the model once more.

Cognados:	el acento (/) el acto (/) anormal (/) el condón (/) la evidencia (/) la penetración (/) sexual (/)
Nombres:	los anteojos (/) los lentes (/) los espejuelos (/) las gafas (/) el baño (/) la barba (/) el bigote (/) el cuchillo (/)

	la enfermedad venérea (/) la flecha (/) la flechita (/) la libreta (/) la raza (/) el SIDA (/) el síndrome de inmunodeficiencia adquirida (/) la violación (/)
Verbos:	amenazar (/) atacar (/) bañarse (/) caerse (/) calmarse (/) comprender (/) contar (/) defender (/) defenderse (/) destruir (/) empujar (/) golpear (/) gritar (/) luchar (/) llorar (/) obligar (/) olvidar (/) ponerse (/) realizar (/) violar (/)
Adjetivos:	aquel (/) aquella (/) aterrorizado (/) atravesado (/) calvo (/) pelado (/) castaño (/) café (/) sucio (/)
Otras palabras y expresiones:	cambiarse de ropa (/) en cuanto (/) Eran como las... (/) es decir (/) estar seguro (/) hacer resistencia (/) Hasta mañana. (/) histéricamente (/) llegar a (/) para ti (/) ¿Qué hora era... ? (/) tal vez (/) ¡Tenía tanto miedo! (/)

Vocabulario adicional

Mas descripciones

La piel:

el acné (/) el grano (/) la mancha (/) la peca (/) la verruga (/)

Los ojos:

bizco (/) el ojo de vidrio (/) los ojos saltones (/)

El cuerpo:

deformado (/) desfigurado (/) embarazada (/) musculoso (/)
El pelo:

la peluca (/) el vello (/) velludo (/)

Para describir la ropa:

de cuadros (/) de lunares (/) de rayas (/) estampado (/) mangas cortas (/) mangas largas (/) sin mangas (/)

Otras palabras:

hablar con zeta (/) hablar con la zeta (/) tartamudear (/)

Fin de la Lección 18

Lección 19

Diálogo

You will hear a dialogue. First it will be read without pauses. Then the speakers will read it again with pauses for you to repeat what you hear. Listen carefully.

Una tarde cualquiera

Una tarde en la vida del agente Cabañas de la Cuarta Estación de Policía, en Elizabeth, Nueva Jersey.

Las dos de la tarde:

El agente Cabañas habla con el padre de un menor de edad a quien acaban de arrestar.

PADRE	—Buenos días. Me avisaron que mi hijo estaba detenido aquí.
AGENTE CABAÑAS	—¿Cómo se llama su hijo?
PADRE	—Enrique Fernández.
AGENTE CABAÑAS	—Sí, señor. Está aquí.
PADRE	—¿Por qué lo arrestaron? ¿De qué lo acusan?
AGENTE CABAÑAS	—Su hijo está acusado de venderles drogas a sus compañeros, en su escuela.
PADRE	—¡No es posible! Eso no puede ser cierto. No creo que mi hijo haya hecho tal cosa. ¿Puedo hablar con él?
AGENTE CABAÑAS	—Sí, señor, pero debe esperar hasta que hayan terminado de interrogarlo.

Las tres y cuarto de la tarde:

El agente Cabañas va a la casa de Felipe Núñez para hablar con él. Habla con la mamá del muchacho.

AGENTE CABAÑAS	—Necesito hablar con Felipe Núñez, señora. Es urgente.
SRA. NÚÑEZ	—No está, y no sé a qué hora va a regresar.
AGENTE CABAÑAS	—Bueno, cuando regrese, dígale que me llame a este número, por favor. Dígale que quiero hacerle unas preguntas.
SRA. NÚÑEZ	—Muy bien. Se lo diré en cuanto lo vea.

Las cinco de la tarde:

El agente Cabañas va al apartamento de una muchacha que trató de suicidarse.

AGENTE CABAÑAS	—¿Dónde está la muchacha?
VECINO	—Allí, en la cocina. La encontré con la cabeza metida en el horno.
AGENTE CABAÑAS	—¿Había olor a gas?
VECINO	—Sí, por eso llamé al 911 en cuanto llegué. Ya vienen los paramédicos. Ya vienen.

Van a la cocina y el agente habla con la muchacha.

AGENTE CABAÑAS	—¿Puedes oírme? ¿Cómo te sientes?
MUCHACHA	—Mal... Tomé...
AGENTE CABAÑAS	—¿Qué tomaste? ¿Veneno? ¿Qué veneno tomaste... ?
MUCHACHA	—No... calmantes... en el baño... más de diez...

Las seis de la tarde:

El agente Cabañas detiene a una señora que maneja con los faros del carro apagados.

AGENTE CABAÑAS	—La detuve porque los faros de su carro no están prendidos.
SEÑORA	—Sí... parece que están descompuestos...
AGENTE CABAÑAS	—Bueno, no puede manejar este carro a menos que haga arreglar los faros.
SEÑORA	—Muy bien. Mañana, sin falta.
AGENTE CABAÑAS	—Cuando el carro esté listo, llévelo a esta dirección. Ahí le van a firmar el dorso de esta papeleta para confirmar que usted hizo arreglar el desperfecto.

Now repeat each phrase after the speakers. (Dialogue)

Vocabulario

Repeat each word or phrase after the speaker. After your response, you will hear the same word or phrase again. Repeat after the model once more.

Cognado: el gas (/)

Nombres: la cabeza (/) el calmante (/)
el sedante (/) el sedativo (/)
el desperfecto (/) el dorso (/)
el faro (/) el horno (/) el olor (/)
la papeleta (/) el veneno (/)

Verbos: arreglar (/) confirmar (/) oír (/)
suicidarse (/)

Adjetivos: descompuesto (/) listo (/) metido (/)
prendido (/) encendido (/)

Otras palabras
y expresiones: a menos que (/) en cuanto (/)
tan pronto como (/) hacer arreglar (/)
hacer una pregunta (/) hasta que (/)
olor a (/) sin falta (/) tal cosa (/)

Vocabulario adicional

Para responder a una llamada:

ahogarse (/) la agresión (/) el ataque (/) el agresor (/)
arrancar (/) el asesino (/) la camilla (/)
dar respiración artificial (/) dar una puñalada (/)
en defensa propia (/) el helicóptero (/) pegar un tiro (/)
pegar un balazo (/) la pelea (/) la riña (/) la piscina (/)
la alberca (/) los primeros auxilios (/) la queja (/)
respirar (/) el ruido (/) la silla de ruedas (/)
tocar la bocina (/)

Fin de la Lección 19

Lección 20

Diálogo

You will hear a dialogue. First it will be read without pauses. Then the speakers will read it again with pauses for you to repeat what you hear. Listen carefully.

Otro día, por la mañana...

Un día de trabajo para el agente Montero, de la Comisaría Tercera de la ciudad de Albuquerque, Nuevo México.

Las diez y media de la mañana:

El agente Montero investiga un robo en un mercado. Ahora está hablando con el dependiente.

AGENTE MONTERO —Cuénteme exactamente lo que pasó.

DEPENDIENTE —A eso e las nueve y media vino un hombre y dijo que quería una botella de vino...

AGENTE MONTERO —¿Qué pasó entonces?

DEPENDIENTE —Me apuntó con una pistola y me obligó a que le diera todo el dinero que había en la caja.

AGENTE MONTERO —¿Podría usted reconocerlo si lo viera otra vez?

DEPENDIENTE —No sé. Tenía barba y bigote... Si se afeitara, no sé si lo reconocería...

AGENTE MONTERO —¿Cuánto medía, más o menos? ¿Era como de mi estatura?

DEPENDIENTE —No, mucho más alto y más grande. Medía como seis pies y dos pulgadas y pesaba unas doscientas cincuenta libras.

AGENTE MONTERO —¿Cómo estaba vestido?

DEPENDIENTE —A ver si recuerdo... Pantalón gris oscuro, camisa azul y una chaqueta de pana café.

AGENTE MONTERO —Usted le dio todo el dinero. ¿Qué pasó después?

DEPENDIENTE —Traté de seguirlo, pero me apuntó con la pistola y me dijo que me quedara donde estaba.

AGENTE MONTERO —¿Puede describir la pistola?

DEPENDIENTE —Una pistola semiautomática, calibre treinta y dos, posiblemente.

Las once y media:

El agente Montero sospecha que hay drogas en el maletero de un carro. Ahora está hablando con la dueña.

AGENTE MONTERO —No tengo permiso del juez para registrar su carro, pero me gustaría ver lo que usted tiene en el maletero. ¿Quiere darme la llave?

MUJER —Hay un gato y una llanta en el maletero...

AGENTE MONTERO —¿Me da usted permiso para registrarlo? No la estoy amenazando ni le estoy

MUJER   prometiendo nada. Si usted me da permiso, tiene que ser voluntariamente.

MUJER   —Consiga una orden del juez si quiere registrar mi carro.

Las dos y media de la tarde:

El agente Montero arresta a un hombre que atacó a una mujer y trató de robarle la cartera.

AGENTE MONTERO   —Póngase las manos sobre la cabeza y entrelace los dedos. Dése vuelta.

HOMBRE   —¡Hijo de mala madre!

AGENTE MONTERO   —¡Cállese! Camine hacia el carro patrullero. Súbase. ¡Cuidado con la cabeza... !

Las cuatro y media de la tarde:

El agente Montero ve un grupo de personas que están gritando obscenidades y amenazas frente a un consulado y les ordena dispersarse.

AGENTE MONTERO   —Soy el agente Montero, de la Policía. Esta reunión queda declarada ilegal y, por lo tanto, les ordeno que se dispersen inmediatamente.

La multitud empieza a dispersarse y algunos murmuran obscenidades.

Now repeat each phrase after the speakers. (Dialogue)

Vocabulario

Repeat each word or phrase after the speaker. After your response, you will hear the same word or phrase again. Repeat after the model once more.

Cognados: el calibre (/) el consulado (/) el grupo (/) la obscenidad (/) semiautomático (/) voluntariamente (/)

Nombres: la amenaza (/) la botella (/) la caja (/) la chaqueta (/) la chamarra (/) el dependiente (/) la estatura (/) el gato (/) la gata (/) la libra (/) la llanta (/) la goma (/) el neumático (/) el maletero (/) la cajuela (/) el baúl (/) el mercado (/) la multitud (/) la pana (/) el permiso (/) la reunión (/) la congregación (/) el mitin (/) el vino (/)

Verbos: afeitarse (/) apuntar (/) dispersarse (/) entrelazar (/) murmurar (/) ordenar (/) pesar (/) prometer (/)

Adjetivo: gris (/)

Otras palabras y expresiones: ¡Cállese! (/) ¡Cuidado! (/) Dése vuelta. (/) Voltéese. (/) Vírese. (/) por lo tanto (/) queda declarado ilegal (/) sobre (/)

Vocabulario adicional

Mandatos útiles:

¡Acuéstese en el suelo, boca abajo! (/) ¡Agáchese! (/)
¡Aléjese de la ventana! (/) ¡Bájese de allí! (/)
¡Levante los brazos! (/) ¡Llame al perro! (/)
¡No dispare! (/) ¡No tire! (/) ¡No salte! (/)
¡No se mueva! (/)
¡Ponga las manos detrás de la espalda! (/)
¡Póngase de rodillas! (/)
¡Salta con las manos en la cabeza! (/)
¡Salta con las manos sobre la cabeza! (/)
¡Sáquese las manos de los bolsillos! (/)
¡Separe los pies! (/) ¡Siga caminando! (/)
¡Suelte el arma! (/) ¡Suéltelo! (/) ¡Suéltela! (/)

Fin de la Lección 20

Lectura 4

En casos de asaltos sexuales

Listen to the following information from a pamphlet about sexual abuse. Try to guess the meaning of all cognates. Then do the exercise item in your manual.

En casos de asaltos sexuales...

La violación y el abuso sexual

La violación es un delito en que la víctima es dominada por el uso de la fuerza o la amenaza.

- Una de cada cuatro mujeres y uno de cada seis hombres serán víctimas de un asalto sexual durante su vida.

- Cualquier persona puede ser culpable de un asalto sexual: vecinos, compañeros, miembros de la familia, desconocidos o buenos amigos. En más del cincuenta por ciento de los casos, la víctima conoce al asaltante.

- La violación es un acto violento en que una persona usa el sexo para humillar y controlar a otra. Es una experiencia violenta, aterrorizadora y brutal.

Si usted es víctima de una violación o de otro abuso sexual...

1. recuerde que usted no tiene la culpa.
2. vaya a un lugar seguro.
3. busque el apoyo de su familia o de sus amigos o llame a un centro de ayuda para víctimas de la violación.
4. obtenga atención médica.
5. llame a la policía y recuerde que si se ducha o se baña, puede destruir evidencia importante.
6. considere la posibilidad de usar los servicios de un consejero profesional.

¡Recuerde!

Decidir qué hacer después de un asalto es muy difícil. Es normal sentirse confuso. El centro de ayuda para víctimas de la violación puede ofrecerle información y apoyo. Los consejeros están a su disposición.

Repaso: Lecciones 16–20

Práctica oral

Listen to the following exercise. The speaker will ask you some questions. Answer the questions, using the cues provided. The speaker will confirm the correct answer. Repeat the correct answer.

1. ¿Qué tiene usted en los bolsillos? (/) la billetera y un peine (/)
   Tengo la billetera y un peine en los bolsillos. (/)
2. ¿Cuánto dinero tiene usted en la cartera? (/) cuarenta y cinco dólares (/)
   Tengo cuarenta y cinco dólares en la cartera. (/)
3. ¿Se quita usted las gafas antes de bañarse? (/) sí (/)
   Sí, me quito las gafas antes de bañarme. (/)
4. ¿Tiene todas sus pertenencias con usted? (/) no (/)
   No, no tengo todas mis pertenencias conmigo. (/)
5. ¿Qué lleva usted puesto en este momento? (/) una chaqueta de pana (/)
   Llevo puesta una chaqueta de pana. (/)
6. ¿Necesita usted cambiarse de ropa ahora? (/) no (/)
   No, no necesito cambiarme de ropa ahora. (/)
7. ¿Qué joya tiene usted puesta? (/) una cadena de oro (/)
   Tengo puesta una cadena de oro. (/)
8. ¿Usa usted anteojos? (/) no (/)
   No, no uso anteojos. (/)
9. ¿Dónde tiene usted su libreta de direcciones? (/) en el bolsillo (/)
   Tengo mi libreta de direcciones en el bolsillo. (/)
10. ¿De qué calibre es su pistola? (/) calibre treinta y dos (/)
    Mi pistola es de calibre treinta y dos. (/)
11. ¿Qué tiene usted en el maletero de su carro? (/) un gato (/)
    Tengo un gato en el maletero de mi carro. (/)
12. ¿Usted necesita hacer arreglar su carro? (/) sí (/)
    Sí, necesito hacer arreglar mi carro. (/)
13. ¿Tiene muchos desperfectos su carro? (/) no (/)
    No, no tiene muchos desperfectos. (/)

14. ¿Qué tiene que conseguir usted para registrar un carro? (/) un permiso del juez (/)
Tengo que conseguir un permiso del juez para registrar un carro. (/)

15. Si usted viera un grupo de personas gritando obscenidades, ¿qué les ordenaría que hicieran las personas? (/) dispersarse inmediatamente (/)
Les ordenaría que se dispersaran inmediatamente. (/)

16. ¿Cuándo fue la última vez que usted retrató a alguien? (/) ayer (/)
La última vez que yo retraté a alguien fue ayer. (/)

17. ¿Le está a usted permitido recomendar fiancistas? (/) no (/)
No, no me está permitido recomendar fiancistas. (/)

18. ¿Dónde vivía usted cuando era adolescente? (/) en California (/)
Vivía en California cuando era adolescente. (/)

19. Cuando usted era adolescente, ¿se escapó alguna vez de su casa? (/) no, nunca (/)

No, nunca me escapé de mi casa cuando era adolescente. (/)

20. Si usted viera a un compañero de clase de la escuela, ¿podría reconocerlo? (/) sí (/)
Sí, si viera a un compañero de clase de la escuela, podría reconocerlo. (/)

21. ¿Le han tomado a usted las huellas digitales? (/) sí (/)
Sí, me han tomado las huellas digitales. (/)

22. ¿Le han hecho a usted alguna prueba este año? (/) no (/)
No, no me han hecho ninguna prueba este año. (/)

23. ¿Prefiere usted defenderse con un cuchillo o con una pistola? (/) con una pistola (/)
Prefiero defenderme con una pistola. (/)

24. ¿Tiene usted una fotografía reciente de sus padres? (/) no (/)
No, no tengo una fotografía reciente de mis padres. (/)

25. ¿Tiene usted alguna marca visible? (/) sí, un lunar en la mejilla (/)
Sí, tengo un lunar en la mejilla. (/)

AUDIOSCRIPT
for
SPANISH FOR MEDICAL PERSONNEL

Sixth Edition

Ana C. Jarvis
Raquel Lebredo

Introduction to Spanish Sounds

The following guide to Spanish pronunciation is designed to help you do the exercises in this tape program and to enhance your speaking ability. You will find the printed version of this guide in Appendix A of your manual.

You will hear a series of words related to a particular sound. Repeat each word after the speaker, imitating the pronunciation as closely as you can.

The Vowels

1. The Spanish **a** has a sound similar to the English *a* in the word *father*. Repeat:

Ana	casa	banana
mala	dama	mata

2. The Spanish **e** is pronounced like the English *e* in the word *eight*. Repeat:

este	René	teme
déme	entre	bebe

3. The Spanish **i** is pronounced like the English *ee* in the word *see*. Repeat:

sí	difícil	Mimí
ir	dividir	Fifí

4. The Spanish **o** is similar to the English *o* in the word *no,* but without the glide. Repeat:

solo	poco	como
toco	con	monólogo

5. The Spanish **u** is similar to the English *ue* sound in the word *Sue*. Repeat:

Lulú	un	su
universo	murciélago	

The Consonants

1. The Spanish **p** is pronounced like the English *p* in the word *spot*. Repeat:

pan	papá	Pepe
pila	poco	pude

2. The Spanish **c** in front of **a, o, u, l,** or **r** sounds similar to the English *k*. Repeat:

casa	como	cuna
clima	crimen	cromo

3. The Spanish **q** is only used in the combinations **que** and **qui** in which the **u** is silent and also has a sound similar to the English *k*. Repeat:

que	queso	Quique
quinto	quema	quiso

4. The Spanish **t** is pronounced like the English *t* in the word *stop*. Repeat:

toma	mata	tela
tipo	atún	Tito

5. The Spanish **d** at the beginning of an utterance or after **n** or **l** sounds somewhat similar to the English *d* in the word *David*. Repeat:

día	dedo	duelo
anda	Aldo	

   In all other positions, the **d** has a sound similar to the English *th* in the word *they*. Repeat:

medida	todo	nada
Ana dice	Eva duda	

6. The Spanish **g** also has two sounds. At the beginning of an utterance and in all other positions, except before **e** and **i**, the Spanish **g** sounds similar to the English *g* in the word *sugar*. Repeat:

goma	gato	tengo
lago	algo	aguja

   In the combinations **gue** and **gui**, the **u** is silent. Repeat:

Águeda	guineo	guiso
ligue	la guía	

7. The Spanish **j**, and **g** before **e** or **i**, sounds similar to the English *h* in the word *home*. Repeat:

jamás	juego	jota
Julio	gente	Genaro
gime		

8. The Spanish **b** and the **v** have no difference in sound. Both are pronounced alike. At the beginning of the utterance or after **m** or **n**, they sound similar to the English *b* in the word *obey*. Repeat:

Beto	vaga	bote
vela	también	un vaso

   Between vowels, they are pronounced with the lips barely closed. Repeat:

sábado	yo voy	sabe
Ávalos	eso vale	

9. In most Spanish-speaking countries, the **y** and the **ll** are similar to the English *y* in the word *yet*. Repeat:

yo	llama	yema
lleno	ya	lluvia
llega		

10. The Spanish **r** (**ere**) is pronounced like the English *tt* in the word *gutter*. Repeat:

cara	pero	arena
carie	Laredo	Aruba

The Spanish **r** in an initial position and after **l**, **n**, or **s**, and **rr** (**erre**) in the middle of a word are pronounced with a strong trill. Repeat:

Rita	Rosa	torre
ruina	Enrique	Israel
perro	parra	rubio
alrededor	derrama	

11. The Spanish **s** sound is represented in most of the Spanish-speaking world by the letters **s**, **z**, and **c** before **e** or **i**. The sound is very similar to the English sibilant *s* in the word *sink*. Repeat:

sale	sitio	solo
seda	suelo	zapato
cerveza	ciudad	cena

In most of Spain, the **z**, and **c** before **e** or **i**, is pronounced like the English *th* in the word *think*. Repeat:

zarzuela	cielo	docena

12. The letter **h** is silent in Spanish. Repeat:

hilo	Hugo	ahora
Hilda	almohada	hermano

13. The Spanish **ch** is pronounced like the English *ch* in the word *chief*. Repeat:

muchacho	chico	coche
chueco	chaparro	

14. The Spanish **f** is identical in sound to the English *f*. Repeat:

famoso	feo	difícil
fuego	foto	

15. The Spanish **l** is pronounced like the English *l* in the word *lean*. Repeat:

dolor	ángel	fácil
sueldo	salgo	chaval

16. The Spanish **m** is pronounced like the English *m* in the word *mother*. Repeat:

mamá	moda	multa
médico	mima	

17. In most cases, the Spanish **n** has a sound similar to the English *n*. Repeat:

nada	norte	nunca
entra	nene	

The sound of the Spanish **n** is often affected by the sounds that occur around it. When it appears before **b**, **v**, or **p**, it is pronounced like the English *m*. Repeat:

invierno	tan bueno	un vaso
un bebé	un perro	

18. The Spanish **ñ** (**eñe**) has a sound similar to the English *ny* in the word *canyon*. Repeat:

muñeca	leña	año
señorita	piña	señor

19. The Spanish **x** has two pronunciations, depending on its position. Between vowels, the sound is similar to the English *ks*. Repeat:

examen	boxeo
exigente	éxito

Before a consonant, the Spanish **x** sounds like the English *s*. Repeat:

expreso	excusa
exquisito	extraño

Linking

In spoken Spanish, the various words in a phrase or sentence are not pronounced as isolated elements, but are combined. This is called *linking*.

1. The final consonant of a word is pronounced together with the initial vowel of the following word. Repeat:

Carlos anda	un ángel
el otoño	unos estudiantes

2. The final vowel of a word is pronounced together with the initial vowel of the following word. Repeat:

su esposo	la hermana
ardua empresa	la invita

3. When the final vowel of a word and the initial vowel of the following word are identical, they are pronounced slightly longer than one vowel. Repeat:

Ana alcanza	me espera
mi hijo	lo olvida

The same rule applies when two identical vowels appear within a word. Repeat:

cooperación	crees
leemos	coordinación

4. When the final consonant of a word and the initial consonant of the following word are the same, they are pronounced as one consonant with slightly longer-than-normal duration. Repeat:

el lado   un novio   Carlos salta
tienes sed   al leer

End of Introduction to Spanish Sounds

Lección preliminar

You will hear several brief dialogues. First they will be read without pauses. Then the speakers will read them again with pauses for you to repeat what you hear. Listen carefully.

Conversaciones breves

A. —Buenos días, señorita Vega. ¿Cómo está usted?
   —Muy bien, gracias, señor Pérez. ¿Y usted?
   —Bien, gracias.

B. —Buenas tardes, doctor Ramírez.
   —Buenas tardes, señora Soto. Pase y tome asiento, por favor.
   —Gracias.

C. —Buenas noches, señor Rojas. Yo soy el doctor Díaz. ¿Cómo se siente?
   —No muy bien, doctor.
   —Lo siento.

D. —Muchas gracias, señora.
   —De nada, señorita. Hasta mañana.
   —Adiós.

E. —¿Nombre y apellido?
   —José Luis Torres Fuentes.
   —¿Dirección?
   —Calle Palma, número diez.
   —¿Número de teléfono?
   —Ocho–dos–uno–treinta y nueve–cuarenta y dos.
   —¿Es usted casado o soltero, señor Torres?
   —Soy soltero.

Now repeat each phrase after the speakers. (Dialogues A–E)

Vocabulario

You will hear a list of words and phrases. Repeat each word or phrase after the speaker in the pause provided. After your response, you will hear the same word or phrase again. Repeat after the model once more.

Saludos y despedidas:	Adiós. (/) Buenos días. (/) Chau. (/) Buenas tardes. (/) Buenos noches. (/) ¿Cómo está usted? (/) Hasta mañana. (/) Bien. (/) Muy bien, gracias. (/) No muy bien. (/)
Títulos:	doctor (/) doctora (/) señor (/) señora (/) señorita (/)
Otras palabras y expresiones:	el apellido (/) la calle (/) casado (/) ¿cómo? (/) ¿Cómo se siente? (/) conversaciones breves (/) De nada. (/) la dirección (/) el domicilio (/) ¿Es Ud... ? (/) Lo siento. (/) Muchas gracias. (/) el nombre (/) el número de teléfono (/) o (/) Pase. (/) por favor (/) soltero (/) soy (/) Tome asiento. (/) y (/)

Fin de la Lección preliminar

Lección 1

Diálogo

You will hear a dialogue. First it will be read without pauses. Then the speakers will read it again with pauses for you to repeat what you hear. Listen carefully.

En el consultorio

El paciente entra y habla con la recepcionista.

RECEPCIONISTA	—Buenos días, señor.
PACIENTE	—Buenos días, señorita. Necesito hablar con la doctora Gómez, por favor.
RECEPCIONISTA	—Muy bien. ¿Nombre y apellido?
PACIENTE	—Jorge Vera Ruiz.
RECEPCIONISTA	—¿Quién paga la cuenta, señor Vera? ¿Usted o el seguro?
PACIENTE	—El seguro.
RECEPCIONISTA	—La tarjeta de seguro médico, por favor.
PACIENTE	—Aquí está.
RECEPCIONISTA	—Gracias. Ahora necesita llenar esta planilla.
PACIENTE	—Muy bien. *(El paciente llena la planilla.)*

La doctora Gómez habla con el paciente. La doctora llena la planilla.

MÉDICA	—A ver... Usted pesa ciento setenta libras. ¿Cuánto mide?
PACIENTE	—Cinco pies, nueve pulgadas.
MÉDICA	—*(Mira la hoja clínica.)* Ajá... dolor de cabeza... dolor de estómago... y náusea...
PACIENTE	—Sí, doctora. Vomito a menudo. Siempre después de la comidas.
MÉDICA	—¿Vomita sangre?
PACIENTE	—No, no vomito sangre.
MÉDICA	—Bueno, necesitamos radiografías y un análisis de sangre.
PACIENTE	—Muy bien, doctora.

Con la recepcionista.

PACIENTE	—¿Cuándo necesito regresar?
RECEPCIONISTA	—Necesita regresar mañana, a las ocho y media.

Now repeat each phrase after the speakers. (Dialogue)

Vocabulario

Repeat each word or phrase after the speaker. After your response, you will hear the same word or phrase again. Repeat after the model once more.

Cognados: la compañía (/) la emergencia (/) la información (/) médico (/) la náusea (/) la ocupación (/) el paciente (/) la póliza (/) el recepcionista (/) el sexo (/) social (/)

Nombres: el análisis (/) el análisis de sangre (/) la cabeza (/) la comida (/) la compañía de seguro (/) el consultorio (/) la cuenta (/) el dolor (/) el dolor de cabeza (/) el dolor de estómago (/) la edad (/) la esposa (/) la mujer (/) el esposo (/) el marido (/) el estado civil (/) el estómago (/) la fecha de nacimiento (/) la firma (/) la hoja clínica (/) la historia clínica (/) la licencia para conducir (/) la letra (/) la letra de imprenta (/) la letra de molde (/) la libra (/) el lugar donde trabaja (/) el médico (/) el pie (/) la planilla (/) la forma (/) la pulgada (/) la radiografía (/) la sangre (/) el segundo nombre (/) el seguro (/) la aseguranza (/) el seguro social (/) la tarjeta (/) la tarjeta de seguro médico (/)

Verbos: entrar (/) hablar (/) llamar (/) llenar (/) mirar (/) necesitar (/) pagar (/) pesar (/) regresar (/) vomitar (/) arrojar (/)

Adjetivos: clínico (/) divorciado (/) esta (/) separado (/) viudo (/)

Otras palabras y expresiones: a las ocho (/) a menudo (/) A ver... (/) ahora (/) ajá (/) aquí está (/) bueno (/) con (/) ¿cuándo? (/) ¿cuánto? (/) ¿Cuánto mide usted? (/) después de (/) en caso de (/) mañana (/) o (/) ¿quién? (/) siempre (/) sobre (/)

Vocabulario adicional

Necesita una radiografía de la cabeza. (/)
Necesita una radiografía de la espalda. (/)
Necesita una radiografía del pecho. (/)
Necesita una radiografía de la rodilla. (/)
Necesita una radiografía de la mano. (/)
Necesita una radiografía de la pierna. (/)
Necesita una radiografía de la muñeca. (/)
Necesita un análisis de orina. (/)
Necesita un análisis de materia fecal. (/)
Necesita un análisis de esputo. (/)
¿Dónde le duele? (/)
Me duele el cuello. (/)

Me duele el estómago. (/)
Me duele el vientre. (/)
Me duele el oído. (/)
Me duele la garganta. (/)
Me duele el hombro. (/)
Me duele aquí. (/)
Me duelen los pies. (/)
Me duelen las piernas. (/)
Me duelen los brazos. (/)
Me duelen los dientes. (/)
Me duelen los dedos. (/)

Fin de la Lección 1

Lección 2

Diálogo

You will hear a dialogue. First it will be read without pauses. Then the speakers will read it again with pauses for you to repeat what you hear. Listen carefully.

En el hospital

La dietista habla con la señora López.

DIETISTA	—¿Es usted la madre de Carlos López?
SEÑORA LÓPEZ	—Sí, yo soy su mamá.
DIETISTA	—¿Qué desea comer el niño hoy?
SEÑORA LÓPEZ	—Desea sopa, pollo y, de postre, fruta.
DIETISTA	—¿Qué desea tomar?
SEÑORA LÓPEZ	—Leche fría y agua.
DIETISTA	—¿Y mañana, para el desayuno?
SEÑORA LÓPEZ	—Jugo de naranja, cereal, pan tostado con mantequilla y chocolate caliente.

La enfermera habla con los pacientes en la sala.

Con el señor Ramos.

ENFERMERA	—¿Todavía tose mucho, señor Ramos?
SEÑOR RAMOS	—Sí necesito un jarabe para la tos.
ENFERMERA	—Usted fuma mucho. No debe fumar tanto.
SEÑOR RAMOS	—Señorita, sólo fumo una cajetilla al día.

ENFERMERA	—Ajá... Bueno, necesitamos muestras de orina y de heces fecales para los análisis.
SEÑOR RAMOS	—Está bien. Ah, señorita, necesito mis cigarrillos y una taza de café, por favor.

Con la señora Díaz.

ENFERMERA	—Señora Díaz, ¿usa usted dentadura postiza, anteojos o lentes de contacto?
SEÑORA DÍAZ	—Uso lentes par leer.
ENFERMERA	—¿Necesita usted algo?
SEÑORA DÍAZ	—Sí, necesito otra almohada y una frazada, y también la pastilla para el dolor.
ENFERMERA	—Muy bien. ¿Desea orinar ahora?
SEÑORA DÍAZ	—Sí, por favor.
ENFERMERA	—Bien, aquí está la chata. ¿Necesita algo más?
SEÑORA DÍAZ	—Sí, hágame el favor de llamar a la doctora Silva. Necesito hablar con ella.

Now repeat each phrase after the speakers. (Dialogue)

Vocabulario

Repeat each word or phrase after the speaker. After your response, you will hear the same word or phrase again. Repeat after the model once more.

Cognados: el cereal (/) el chocolate (/) la fruta (/) el hospital (/)
los lentes de contacto (/) mucho (/)

163

Nombres: el agua (/) la almohada (/)
los anteojos (/) los lentes (/)
las gafas (/) los espejuelos (/)
el café (/) la cajetilla (/) la chata (/)
la cuña (/) el cigarrillo (/)
la dentadura (/)
la dentadura postiza (/)
el desayuno (/) el dietista (/)
el enfermero (/) la frazada (/)
la manta (/) la cobija (/)
el jarabe para la tos (/) el jugo (/)
el jugo de naranja (/)
el jugo de china (/) la leche (/)
la madre (/) la mamá (/)
la mantequilla (/) la muestra (/)
la muestra de orina (/)
la muestra de heces fecales (/)
la muestra de excremento (/)
el niño (/) el pan (/) el pan tostado (/)
la tostada (/) la pastilla (/)
la pastilla para el dolor (/)
el calmante (/) el pollo (/)
el postre (/) la sala (/) la sopa (/)
la taza (/) la tos (/)

Verbos: comer (/) deber (/) desear (/) fumar (/)
leer (/) orinar (/) tomar (/) beber (/)
toser (/) usar (/)

Adjetivos: caliente (/) frío (/) otro (/) postizo (/)
Otras palabras
y expresiones: al día (/) algo (/) ¿Algo más? (/)
en (/) Está bien. (/)

Hágame el favor de... (/) hoy (/)
para (/) ¿qué? (/) sólo (/)
solamente (/) también (/) tanto (/)
todavía (/)

Vocabulario adicional

Usted debe ir a la oficina de admisión. (/)
Usted debe llenar la planilla de admisión. (/)
Usted debe firmar la autorización. (/)
Usted debe ingresar en el hospital. (/)
Deseo jugo de toronja. (/)
Deseo jugo de piña. (/)
Deseo jugo de tomate. (/)
Deseo jugo de manzana. (/)
Deseo jugo de uvas. (/)
Deseo jugo de pera. (/)
Deseo jugo de durazno. (/)
Deseo jugo de melocotón. (/)
Debe tomar dos tabletas. (/)
Debe tomar dos cápsulas. (/)
Debe tomar la medicina. (/)
Debe tomar un sedativo. (/)
Debe tomar un calmante. (/)
Debe tomar un antidepresivo. (/)
Debe tomar un antidiarreico. (/)
Debe tomar un antiespasmódico. (/)
Debe tomar un tranquilizante. (/)

Fin de la Lección 2

Lección 3

Diálogo

You will hear a dialogue. First it will be read without pauses. Then the speakers will read it again with pauses for you to repeat what you hear. Listen carefully.

En el consultorio del pediatra (I)

La señora Leyva lleva a su hijo al consultorio del doctor Méndez. Da su nombre y toma un número, y los dos van a la sala de espera. Al rato, la enfermera llama a Miguel Leyva. La señora Leyva y su hijo van a un cuarto y esperan al médico.

Con la enfermera.

ENFERMERA —¿Cuál es el problema de su hijo, señora Leyva?

SEÑORA LEYVA —Está resfriado, y como él es asmático, sufre mucho, pobrecito.

ENFERMERA —A ver... Su temperatura es alta... ciento tres grados... ¿Qué tal el apetito?

SEÑORA LEYVA —Come muy poco y siempre está cansado.

ENFERMERA —Está muy pálido... ¡Ah! Aquí está el doctor.

Con el doctor Méndez.

DOCTOR MÉNDEZ —Miguel está muy delgado. Pesa sólo cuarenta libras. Muy poco para un niño de siete años.

SEÑORA LEYVA —Mi hijo come muy poco, doctor. Y siempre está estreñido y aventado...

DOCTOR MÉNDEZ	—Quizá está anémico. Necesitamos un análisis de sangre.
SEÑORA LEYVA	—¿Cree usted que es algo grave?
DOCTOR MÉNDEZ	—No... necesita vitaminas, hierro y proteína.
SEÑORA LEYVA	—¿Y para el catarro y la fiebre? ¿Va a necesitar penicilina? Él es alérgico a la penicilina.
DOCTOR MÉNDEZ	—No, su hijo no necesita penicilina.
SEÑORA LEYVA	—¿Va a necesitar alguna medicina?
DOCTOR MÉNDEZ	—Sí, unas cápsulas. Debe tomar una después de cada comida y una antes de dormir.
SEÑORA LEYVA	—Bueno.
DOCTOR MÉNDEZ	—El niño debe tomar mucho líquido, señora. Aquí está la receta.
SEÑORA LEYVA	—Muy bien. Ahora mismo vamos a ir a la farmacia para comprar la medicina. ¿Debe tomar aspirinas para la fiebre?
DOCTOR MÉNDEZ	—No, debe tomar Tylenol para niños. Si la fiebre pasa de ciento un grados, debe tomar dos cucharaditas cada cuatro horas. Si la fiebre no baja, deben regresar mañana.
SEÑORA LEYVA	—Muchas gracias, doctor. ¡Ah! ¿Adónde llevo al niño para el análisis de sangre?
DOCTOR MÉNDEZ	—Al laboratorio. Aquí está la orden.

Now repeat each phrase after the speakers. (Dialogue)

Vocabulario

Repeat each word or phrase after the speaker. After your response, you will hear the same word or phrase again. Repeat after the model once more.

Cognados: alérgico (/) anémico (/) el apetito (/) asmático (/) la aspirina (/) la cápsula (/) la farmacia (/) el laboratorio (/) el líquido (/) la medicina (/) el remedio (/) la oficina (/) la orden (/) la penicilina (/) el problema (/) la proteína (/) la temperatura (/) la vitamina (/)

Nombres: el año (/) el catarro (/) el resfrío (/) el resfriado (/) el cuarto (/) la cucharadita (/) la fiebre (/) la calentura (/) el grado (/) el hierro (/) el hijo (/) la hija (/) la hora (/) el pediatra (/) el pobrecito (/) la pobrecita (/) la receta (/) la sala de espera (/)

Verbos: bajar (/) comprar (/) creer (/) dar (/) esperar (/) estar (/) ir (/) llevar (/) sufrir (/) tomar (/)

Adjetivos: alguno (/) alto (/) aventado (/) lleno de gases (/) cada (/) cansado (/) delgado (/) estreñido (/) tapado (/) tupido (/) grave (/) serio (/) pálido (/)

Otras palabras y expresiones: ¿adónde? (/) ahora mismo (/) al rato (/) antes de (/) antes de dormir (/) como (/) ¿cuál? (/) estar resfriado (/) estar acatarrado (/) los dos (/) para (/) pero (/) poco (/) que (/) ¿Qué tal... ? (/) quizá (/) si (/) la temperatura pasa de... (/)

Vocabulario adicional

Las alergias:

¿Es usted alérgico a algún antibiótico? (/)
¿Es usted alérgico a algún alimento? (/)
¿Es usted alérgico a la inyección contra el tétano? (/)
¿Es usted alérgico a la sulfa? (/)
¿Es usted alérgico a los analgésicos? (/)
¿Es usted alérgico a los barbitúricos? (/)
¿Es usted alérgico a los descongestionantes? (/)
¿Es usted alérgico a algún cosmético o perfume? (/)
¿Es usted alérgico al polen? (/)

Fin de la Lección 3

Lección 4

Diálogo

You will hear a dialogue. First it will be read without pauses. Then the speakers will read it again with pauses for you to repeat what you hear. Listen carefully.

Con el ginecólogo

La señora Mora no tiene menstruación desde enero y va al consultorio del doctor Aranda. El doctor Aranda es ginecólogo.

Con el doctor Aranda.

SEÑORA MORA	—Creo que estoy embarazada, doctor; no tengo la regla desde enero.
DOCTOR ARANDA	—Vamos a ver. ¿Tiene dolor en los senos? ¿Están duros o inflamados?
SEÑORA MORA	—Sí, doctor, y están más grandes. También tengo los tobillos muy hinchados.
DOCTOR ARANDA	—¿Tiene mareos, náusea?
SEÑORA MORA	—Sí, todas las mañanas.
DOCTOR ARANDA	—¿Está cansada?
SEÑORA MORA	—Sí, y estoy muy débil. Tengo dolor de espalda y siempre tengo sueño.
DOCTOR ARANDA	—Quizás tiene anemia. ¿Tiene dolores durante las relaciones sexuales?
SEÑORA MORA	—Sí, tengo mucho dolor.
DOCTOR ARANDA	—¿Orina con frecuencia?
SEÑORA MORA	—Sí, con mucho frecuencia.
DOCTOR ARANDA	—¿Algún malparto o aborto?
SEÑORA MORA	—No, ninguno.

El doctor examina a la paciente.

DOCTOR ARANDA	—Usted tiene todos los síntomas de estar embarazada, pero necesitamos unos análisis para estar seguros. Usted tiene que comer bien, descansar y evitar los trabajos pesados. No debe tomar bebidas alcohólicas.
SEÑORA MORA	—Yo no bebo, pero fumo mucho.
DOCTOR ARANDA	—Tiene que dejar de fumar.
SEÑORA MORA	—¿Por qué?
DOCTOR ARANDA	—Porque es malo para el bebé y para usted también.
SEÑORA MORA	—Tiene razón, doctor. Debo dejar de fumar.

Now repeat each phrase after the speakers. (Dialogue)

Vocabulario

Repeat each word or phrase after the speaker. After your response, you will hear the same word or phrase again. Repeat after the model once more.

Cognados:	el aborto (/) la anemia (/) el ginecólogo (/) el síntoma (/)
Nombres:	el bebé (/) la bebida alcohólica (/) la espalda (/) el malparto (/) el aborto natural (/) el aborto espontáneo (/) la mañana (/) el mareo (/) la regla (/) la menstruación (/) el periodo (/) las relaciones sexuales (/) los senos (/) los pechos (/) el tobillo (/) el trabajo (/)
Verbos:	descansar (/) evitar (/) examinar (/) reconocer (/) tener (/)
Adjetivos:	débil (/) duro (/) embarazada (/) encinta (/) grande (/) inflamado (/) hinchado (/) malo (/) pesado (/) seguro (/)
Otras palabras y expresiones:	con frecuencia (/) dejar de (/) desde (/) durante (/) más (/) ninguno (/) ¿por qué? (/) porque (/) tener dolor (/) tener dolor de espalda (/) tener que (/) tener razón (/) tener sueño (/) todo (/) vamos a ver (/)

Vocabulario adicional

Otros especialistas:

el cardiólogo (/) el cirujano (/) el endocrinólogo (/)
el especialista de garganta, nariz y oídos (/)
el otorrinolaringólogo (/) el especialista de la piel (/)
el dermatólogo (/) el geriatra (/) el internista (/)
el obstetra (/) el oculista (/) el oftalmólogo (/)
el oncólogo (/) el ortopeda (/) el ortopedista (/)
el podiatra (/) el psiquiatra (/) el urólogo (/)

Fin de la Lección 4

Lección 5

Diálogo

You will hear a dialogue. First it will be read without pauses. Then the speakers will read it again with pauses for you to repeat what you hear. Listen carefully.

En el consultorio del pediatra (II)

La señora Gómez lleva a su hija a la clínica. La niña tiene diarrea, una temperatura de ciento tres grados y las nalgas muy irritadas. Ahora está hablando con la enfermera.

ENFERMERA	—¿La niña está vacunada contra la difteria, la tos ferina y el tétano?
SEÑORA GÓMEZ	—No... ¿Es necesario todo eso?
ENFERMERA	—Sí, señora, es muy importante. ¿Y contra la poliomielitis?
SEÑORA GÓMEZ	—No, no...
ENFERMERA	—Bueno, la semana próxima vamos a vacunar a su hija contra la difteria, la tos ferina y el tétano.
SEÑORA GÓMEZ	—¿Todo junto?
ENFERMERA	—Sí, es una vacuna contra las tres enfermedades. Más adelante vamos a vacunar a la niña contra las paperas, el sarampión y la rubéola.
SEÑORA GÓMEZ	—Está bien.
ENFERMERA	—También vamos a hacer una prueba de tuberculina.
SEÑORA GÓMEZ	—¿Para qué es eso?
ENFERMERA	—Para ver si hay tuberculosis. Es sólo una precaución.
SEÑORA GÓMEZ	—Muy bien... ¡Ah! La niña tiene sarpullido en las nalgas. ¿La vaselina es buena para eso?
ENFERMERA	—Si hay diarrea, lo mejor es limpiar a la niña en seguida y cubrir la piel con un ungüento especial.
SEÑORA GÓMEZ	—También tiene una costra en la cabeza.
ENFERMERA	—Para eso debe usar aceite mineral. ¡Ah! Aquí está el doctor.

Con el doctor Vivar.

SEÑORA GÓMEZ	—Mi hija tiene mucha diarrea, doctor, y en estos días está comiendo muy poco.
DOCTOR VIVAR	—¿Hay pus o sangre en el excremento?
SEÑORA GÓMEZ	—Creo que no... Pero tiene mucha fiebre.
DOCTOR VIVAR	—Tiene una infección en el oído. Voy a recetar unas gotas para el oído, un antibiótico para la infección y Kaopectate para la diarrea.
SEÑORA GÓMEZ	—Muy bien, doctor.
DOCTOR VIVAR	—Si todavía hay fiebre, quiero ver a la niña mañana por la tarde. Si no, la semana que viene.
SEÑORA GÓMEZ	—Sí, doctor. Muchas gracias.

Con la recepcionista.

SEÑORA GÓMEZ	—Quiero pedir turno para la semana próxima, por favor.
RECEPCIONISTA	—A ver... ¿El miércoles, primero de mayo a las diez y veinte está bien?
SEÑORA GÓMEZ	—Prefiero venir por la tarde, si es posible. ¿A qué hora cierran?
RECEPCIONISTA	—A las cinco. ¿Quiere venir a las tres y media?
SEÑORA GÓMEZ	—Sí. Muchas gracias.

Now repeat each phrase after the speakers. (Dialogue)

Vocabulario

Repeat each word or phrase after the speaker. After your response, you will hear the same word or phrase again. Repeat after the model once more.

Cognados:	el antibiótico (/) la clínica (/) la diarrea (/) la difteria (/) especial (/) importante (/) la infección (/) irritado (/) mineral (/) necesario (/) la poliomielitis (/) la precaución (/) el pus (/) la supuración (/) el tétano (/) el tétanos (/) la tuberculina (/) la tuberculosis (/) la vaselina (/)
Nombres:	el aceite (/) la costra (/) la enfermedad (/) la gota (/) las nalgas (/) las asentaderas (/) el oído (/) las paperas (/) la piel (/) el primero (/) la prueba (/) la rubéola (/) el sarampión (/) el sarpullido (/) el salpullido (/) la tos ferina (/) el turno (/) la cita (/) el ungüento (/)

Verbos:	cerrar (/) cubrir (/) hacer (/) limpiar (/)
	preferir (/) querer (/) recetar (/)
	revisar (/) chequear (/) vacunar (/)
	venir (/) ver (/)
Adjetivos:	junto (/) vacunado (/)
Otras palabras	
y expresiones:	¿a qué hora... ? (/) contra (/)
	Creo que no. (/) en estos días (/)
	en seguida (/) hay (/) lo mejor (/)
	más adelante (/) ¿para qué... ? (/)
	pedir turno (/) pedir hora (/)
	la próxima vez (/)
	la semana que viene (/)
	la semana próxima (/)
	la semana entrante (/) todo eso (/)

Vocabulario adicional

Enfermedades comunes y otras condiciones:

la alergia (/) la amigdalitis (/)
la infección de la garganta (/) el aneurisma (/)
las ampollas (/) la apendicitis (/) la artritis (/)
el asma (/) la bronquitis (/) el cólico (/) la colitis (/)
la inflamación del intestino grueso (/)
la conjuntivitis (/) las convulsiones (/) el crup (/)
el garrotillo (/) el eccema (/) la endometrosis (/)
los escalofríos (/) la fiebre del heno (/)
la fiebre escarlatina (/) la fiebre reumática (/)
la gastritis (/) la gripe (/) la hipertensión (/)
la isolación (/) la intoxicación (/) la jaqueca (/)
la migraña (/) la laringitis (/) la leucemia (/)
la meningitis (/) el orzuelo (/) la pulmonía (/)
la pneumonía (/) el reumatismo (/) la sarna (/)
la urticaria (/) la varicela (/) la viruela (/)

Fin de la Lección 5

Lectura 1

Listen to the following passage describing diets for diabetics.

La dieta para diabéticos

Hay tres principios básicos que se deben tener en cuenta con respecto a las dietas para los diabéticos.

El primero y el más importante es el control de las calorías que la persona consume. El control del peso es el factor más importante para controlar la diabetes porque el exceso de tejido graso puede interferir con la absorción de insulina por el cuerpo.

El segundo principio de la dieta consiste en no comer dulces concentrados. La persona diabética debe evitar el azúcar de mesa, la miel, las gelatinas y todos los alimentos que contengan mucho azúcar, como por ejemplo ciertos refrescos, los pasteles y las galletitas.

El tercer principio básico es la forma en que comen los diabéticos. Una persona que tiene diabetes debe comer por lo menos tres comidas al día. El desayuno debe ser la comida más importante. El almuerzo y la cena deben ser en cantidades moderadas. Si comen algo ligero entre comidas, deben limitar las cantidades en las comidas principales.

Conversaciones

You will hear several brief conversations. First they will be read without pauses. Then the speakers will read them again with pauses for you to repeat what you hear. Listen carefully.

—Doctor, mi esposo es diabético. ¿Qué no debe comer?
—Debe evitar comer dulces.
—¿Puede tomar refrescos?
—Sí, si no están endulzados con azúcar.

Now repeat each phrase after the speaker.
(Conversation)

—¿Qué es lo más importante para controlar la diabetes?
—Lo más importante es controlar el peso.
—¿Por qué?
—Porque el tejido graso interfiere con la absorción de la insulina.

Now repeat each phrase after the speaker.
(Conversation)

—Doctor, ¿cuántas comidas puedo comer al día?
—Debe comer por lo menos tres comidas.
—¿Cuál debe ser la comida principal?
—La comida principal debe ser el desayuno.

Now repeat each phrase after the speaker.
(Conversation)

—Mi hijo es diabético. ¿Qué alimentos puede comer?
—Puede comer solamente los alimentos especificados en su dieta.
—¿Puede comer huevos?
—Sí, pero no todos los días.

Now repeat each phrase after the speaker.
(Conversation)

Repaso: Lecciones 1–5

Práctica oral

Listen to the following exercise. The speaker will ask you some questions. Answer the questions, using the cues provided. The speaker will confirm the correct answer. Repeat the correct answer.

1. ¿Es usted de Arizona? (/) no, de California (/)
   No, no soy de Arizona; soy de California. (/)
2. ¿Cuánto mide usted? (/) cinco pies, ocho pulgadas (/)
   Mido cinco pies, ocho pulgadas. (/)
3. ¿Cuánto pesa usted? (/) ciento cincuenta libras (/)
   Peso ciento cincuenta libras. (/)
4. ¿Usted tiene seguro médico? (/) sí (/)
   Sí, tengo seguro médico. (/)
5. ¿Usa usted anteojos? (/) no, lentes de contacto (/)
   No, no uso anteojos; uso lentes de contacto. (/)
6. ¿Su hijo es alérgico a alguna medicina? (/) sí, a la penicilina (/)
   Sí, mi hijo es alérgico a la penicilina. (/)
7. ¿Con quién necesita hablar usted? (/) con el médico (/)
   Necesito hablar con el médico. (/)
8. ¿Sú médico es el doctor Ruiz? (/) no, el doctor Molina (/)
   No, mi médico no es el doctor Ruiz; es el doctor Molina. (/)
9. ¿A qué hora debe usted regresar a la oficina? (/) a la una (/)
   Debo regresar a la una. (/)

10. ¿Qué necesita usted? (/) una planilla (/)
    Necesito una planilla. (/)
11. ¿Tiene usted dolor de espalda? (/) no (/)
    No, no tengo dolor de espalda. (/)
12. ¿Tiene usted los tobillos hinchados? (/) sí (/)
    Sí, tengo los tobillos hinchados. (/)
13. ¿Quiere usted pedir turno con el médico? (/) sí (/)
    Sí, quiero pedir turno. (/)
14. ¿Prefiere ir al médico por la mañana o por la tarde? (/) por la tarde (/)
    Prefiero ir por la tarde. (/)
15. ¿A qué hora cierran ustedes el consultorio? (/) a las cinco y media (/)
    Cerramos el consultorio a las cinco y media. (/)
16. ¿Qué necesitan ustedes? (/) una muestra de orina (/)
    Necesitamos una muestra de orina. (/)
17. Cuando usted tiene fiebre, ¿qué toma? (/) aspirinas (/)
    Tomo aspirinas. (/)
18. ¿Qué come usted cuando tiene hambre? (/) pollo (/)
    Cuando tengo hambre, como pollo. (/)
19. ¿Qué desea comer hoy? (/) cereal y pan tostado (/)
    Deseo comer cereal y pan tostado. (/)
20. ¿Qué desea beber? (/) café (/)
    Deseo beber café. (/)
21. ¿Bebe usted jugo de naranja? (/) sí (/)
    Sí, bebo jugo de naranja. (/)

Fin del Repaso Lecciones 1–5

Lección 6

Diálogo

You will hear a dialogue. First it will be read without pauses. Then the speakers will read it again with pauses for you to repeat what you hear. Listen carefully.

Con la dietista

La señora Rivas está hablando con la dietista de los problemas de su hijo Ramón.

DIETISTA —Señor Rivas, su hijo Ramón necesita perder peso.

SEÑORA RIVAS —Ya lo sé, pero come constantemente, especialmente dulces. Además toma muchos refrescos y nunca toma leche.

DIETISTA —Si no quiere tomar leche, puede comer queso o yogur. Además, usted puede usar leche descremada en las comidas que prepara para él.

SEÑORA RIVAS —Estoy muy preocupada porque Ramón está muy gordo. Pesa ciento cincuenta libras y sólo tiene diez años.

DIETISTA —Tiene que bajar de peso, porque la obesidad es peligrosa.

SEÑORA RIVAS —¿Necesita seguir una dieta estricta? Eso va a ser muy difícil.

DIETISTA —No estamos hablando de una dieta estricta, pero el niño debe adelgazar porque más tarde puede tener problemas con el corazón.

SEÑORA RIVAS —Yo siempre tengo miedo porque mi padre padece del corazón y mi madre es diabética.

DIETISTA —Por eso tiene que tener cuidado. Aquí tengo una lista de alimentos que su hijo debe comer. Es importante tener variedad. Muchos de los alimentos de la lista tienen pocas calorías.

SEÑORA RIVAS —A ver si ahora puede adelgazar...

DIETISTA —Tiene que comer por lo menos una cosa de cada grupo, pero en pequeñas cantidades.

SEÑORA RIVAS —¿Tengo que contar las calorías?

DIETISTA —No, no es necesario contarlas, pero Ramón tiene que hacer ejercicio y comer sólo la mitad de lo que come ahora y, sobre todo, debe evitar las grasas.

SEÑORA RIVAS —Pero Ramón almuerza en la escuela y generalmente come hamburguesas y papas fritas.

DIETISTA —Puede comerlas a veces, pero no muy a menudo.

SEÑORA RIVAS —¿Cuándo volvemos?

DIETISTA —En dos semanas; y aquí tiene la lista de alimentos. Si tiene preguntas me puede llamar.

Now repeat each phrase after the speakers. (Dialogue)

Vocabulario

Repeat each word or phrase after the speaker. After your response, you will hear the same word or phrase again. Repeat after the model once more.

Cognados: el bróculi (/) la caloría (/) constantemente (/) diabético (/) la dieta (/) les espaguetis (/) especialmente (/) estricto (/) generalmente (/) el grupo (/) la hamburguesa (/) la lista (/) los macarrones (/) la margarina (/) el melón (/) la obesidad (/) la gordura (/) el tomate (/) la tortilla (/) la variedad (/) el yogur (/)

Nombres: el alimento (/) el arroz (/) la cantidad (/) el chile (/) el pimiento (/) la cosa (/) el dulce (/) la escuela (/) la fresa (/) los frijoles (/) las habichuelas (/) la grasa (/) el huevo (/) el blanquillo (/) el hígado (/) la leche descremada (/) la mantequilla de maní (/) la mantequilla de cacahuate (/) la mitad (/) la naranja (/) el padre (/) el papá (/) las papas fritas (/) el pescado (/) el peso (/) la pregunta (/) el queso (/) el refresco (/) el repollo (/) la col (/) la toronja (/)

Verbos: adelgazar (/) rebajar (/) almorzar (/) contar (/) padecer (/) poder (/) preparar (/) volver (/)

Adjetivos: difícil (/) gordo (/) peligroso (/) pequeño (/) pocos (/) preocupado (/) rojo (/) verde (/)

Otras palabras
y expresiones: a veces (/) algunas veces (/)
además (/) aquí (/) eso (/)
perder peso (/) bajar de peso (/)
hacer ejercicio (/) más tarde (/)
nunca (/) padecer del corazón (/)
estar enfermo del corazón (/)
sufrir del corazón (/) por eso (/)
por lo menos (/) seguir una dieta (/)
sobre todo (/) tener diez años (/)
tener cuidado (/) Ya lo sé. (/)

Vocabulario adicional

Las dietas:

No debe comer azúcar. (/)
No debe comer grasas. (/)

No debe comer comidas picantes. (/)
No debe comer comidas muy condimentadas. (/)
No debe comer sal. (/)
Debe comer fibras. (/)
Debe comer vegetales. (/)
Debe comer una porción más pequeña. (/)
Debe tomar mucho líquido. (/)
Debe tomar caldos claros. (/)
Debe seguir una dieta especial. (/)
Debe seguir una dieta balanceada. (/)
Debe seguir una dieta con poca grasa. (/)
Debe seguir una dieta sin sal. (/)
Debe seguir una dieta con pocos carbohidratos. (/)
Debe seguir una dieta con poca pasta o harina. (/)

Fin de la Lección 6

Lección 7

Diálogo

You will hear a dialogue. First it will be read without pauses. Then the speakers will read it again with pauses for you to repeat what you hear. Listen carefully.

En el Centro de Planificación Familiar

La señora Reyes está en el Centro de Planificación Familiar. Es recién casada y, como es muy joven, no quiere tener hijos todavía. Le pide información a la doctora Fabio sobre los distintos métodos usados para el control de la natalidad.

SEÑORA REYES	—Doctora Fabio, yo sé que puedo tomar pastillas anticonceptivas, pero muchos dicen que causan cáncer.
DOCTORA FABIO	—Si usted no quiere usar la pastilla, hay distintos métodos que puede probar para evitar el embarazo.
SEÑORA REYES	—Pero, ¿son efectivos también?
DOCTORA FABIO	—De todos los métodos, la pastilla es el mejor, pero muchas mujeres prefieren no tomarla.
SEÑORA REYES	—Conozco a una señora que usa un aparato intrauterino. Ella dice que no tiene problemas, pero ¿no son peligrosos los aparatos intrauterinos?
DOCTORA FABIO	—No necesariamente. El médico lo inserta en el útero... pero a veces pueden causar molestias...
SEÑORA REYES	—¿Hay algún otro método?
DOCTORA FABIO	—Sí, puede usar un diafragma que sirve para cubrir la entrada del útero y parte de la vagina.
SEÑORA REYES	—¿Debe insertarlo el médico?
DOCTORA FABIO	—No. El médico mide la vagina para determinar el tamaño correcto, pero usted lo inserta.
SEÑORA REYES	—¿Cuándo debe insertarlo?
DOCTORA FABIO	—Antes de tener relaciones sexuales.
SEÑORA REYES	—Veo que no es muy fácil tampoco.
DOCTORA FABIO	—No... Además, debe cubrir el diafragma con jalea o crema por dentro y por fuera.
SEÑORA REYES	—¿Y el condón? ¿Es efectivo?
DOCTORA FABIO	—Sí, si lo usa correctamente.
SEÑORA REYES	—¿Y qué piensa usted sobre los implantes que se pueden colocar en el brazo de la mujer?
DOCTORA FABIO	—Voy a darle unos folletos que tienen información sobre ese método. Puede leerlos.
SEÑORA REYES	—¿Y si sigo el método del ritmo, doctora?
DOCTORA FABIO	—Bueno, en ese caso, usted debe saber cuál es su período fértil.
SEÑORA REYES	—¿El período fértil... ?

DOCTORA FABIO	—Sí, unos días antes, durante y después de la ovulación.
SEÑORA REYES	—Bueno, voy a pensarlo, doctora. Gracias por todo.
DOCTORA FABIO	—De nada. Buena suerte.
SEÑORA REYES	—¿Qué hago ahora? ¿Le pido turno a la recepcionista para la semana que viene?
DOCTORA FABIO	—Sí, yo puedo verla la semana entrante.

Now repeat each phrase after the speakers. (Dialogue)

Vocabulario

Repeat each word or phrase after the speaker. After your response, you will hear the same word or phrase again. Repeat after the model once more.

| *Cognados:* | el cáncer (/) el centro (/) el condón (/) el control (/) correctamente (/) correcto (/) la crema (/) el diafragma (/) efectivo (/) la familia (/) familiar (/) fértil (/) el implante (/) el método (/) necesariamente (/) la ovulación (/) la parte (/) el útero (/) la vagina (/) |
| *Nombres:* | al aparato intrauterino (/) el brazo (/) el embarazo (/) la entrada (/) |

el folleto (/) la jalea (/) la molestia (/) la mujer (/) la natalidad (/) la planificación (/) el recién casado (/) el ritmo (/) el tamaño (/)

Verbos:	causar (/) colocar (/) conocer (/) decir (/) determinar (/) insertar (/) medir (/) pedir (/) pensar (/) probar (/) saber (/) seguir (/) servir (/)
Adjetivos:	anticonceptivo (/) distinto (/) diferente (/) fácil (/) joven (/) mejor (/) usado (/)
Otras palabras y expresiones:	buena suerte (/) en ese caso (/) por dentro (/) por fuera (/) tampoco (/)

Vocabulario adicional

Otros términos relacionados con la concepción:

la abstinencia (/) el bebé de probeta (/) concebir (/) la esperma (/) la espuma (/) la esterilidad (/) esterilizar (/) eyacular (/) la impotencia (/) la inseminación artificial (/) ligar los tubos (/) amarrar los tubos (/) lubricar (/) tener familia (/) no tener familia (/) el óvulo (/) por vía bucal (/) por vía oral (/) el semen (/) la vasectomía (/)

Fin de la Lección 7

Lección 8

Diálogo

You will hear a dialogue. First it will be read without pauses. Then the speakers will read it again with pauses for you to repeat what you hear. Listen carefully.

Un examen físico

Carlos está en el consultorio del doctor Díaz. El doctor le está haciendo un examen general. La enfermera trae la hoja clínica del paciente y se la da al médico. Carlos tiene la presión normal y parece muy sano.

DOCTOR DÍAZ	—¿Tiene dolores de cabeza a menudo?
CARLOS	—Sí, a veces, cuando leo mucho.
DOCTOR DÍAZ	—¿Puede doblar la cabeza hacia adelante, hasta tocar el pecho con la barbilla?
CARLOS	—¿Así?
DOCTOR DÍAZ	—Sí. Ahora hacia atrás. ¿Le duele cuando hace eso?
CARLOS	—No, no me duele.
DOCTOR DÍAZ	—¿Tiene algún ruido en los oídos?
CARLOS	—Sí, en este oído, a veces.
DOCTOR DÍAZ	—¿Tiene tos o está ronco sin estar resfriado?
CARLOS	—No, nunca.
DOCTOR DÍAZ	—¿Puede respirar por la boca, por favor? Respire hondo... lentamente. ¿Tiene dificultad para respirar a veces?
CARLOS	—Solamente después de correr mucho.
DOCTOR DÍAZ	—¿Siente algún dolor en el pecho?
CARLOS	—No.
DOCTOR DÍAZ	—¿Tiene a veces la presión alta o baja?
CARLOS	—Siempre es normal cuando me la toman.
DOCTOR DÍAZ	—¿Le duele algunas veces el estómago después de comer?

CARLOS	—Cuando como mucho y de prisa.
DOCTOR DÍAZ	—¿Le duele cuando le aprieto el estómago así?
CARLOS	—Me duele un poco...
DOCTOR DÍAZ	—¿Le duele el pene cuando orina?
CARLOS	—No.
DOCTOR DÍAZ	—¿Puede doblar las rodillas... ? Otra vez, separándolas... ¿Siente algún dolor en los huesos?
CARLOS	—No, doctor.
DOCTOR DÍAZ	—¿Siente comezón o ardor a veces?
CARLOS	—No, nada fuera de lo común...
DOCTOR DÍAZ	—¿Duerme bien?
CARLOS	—Algunas veces tengo insomnio.
DOCTOR DÍAZ	—¿Sube y baja de peso con frecuencia?
CARLOS	—No, siempre peso más o menos lo mismo.
DOCTOR DÍAZ	—Bueno. Vamos a hacerle un análisis de sangre para ver si hay diabetes o si tiene el colesterol alto. Debe ir al laboratorio en ayunas y darle esta orden a la enfermera.
CARLOS	—Muy bien, doctor. ¿Cuándo vuelvo?
DOCTOR DÍAZ	—Si el resultado del análisis es negativo, dentro de seis meses. Si es positivo, yo lo llamo.
CARLOS	—Gracias.

Now repeat each phrase after the speakers. (Dialogue)

Vocabulario

Repeat each word or phrase after the speaker. After your response, you will hear the same word or phrase again. Repeat after the model once more.

Cognados:	el colesterol (/) la diabetes (/) el examen (/) el chequeo (/) físico (/) general (/) el insomnio (/) negativo (/) normal (/) positivo (/)
Nombres:	el ardor (/) la barbilla (/) la comezón (/) la picazón (/) la dificultad (/) el hueso (/) el pecho (/) el pene (/) la presión (/) la presión arterial (/) el resultado (/) la rodilla (/) el ruido (/)

Verbos:	apretar (/) correr (/) doblar (/) doler (/) dormir (/) parecer (/) respirar (/) resollar (/) sentir (/) separar (/) tocar (/) traer (/)
Adjetivos:	bajo (/) este (/) ronco (/) sano (/)
Otras palabras y expresiones:	así (/) cuando (/) de prisa (/) dentro de (/) en ayunas (/) fuera de lo común (/) hacer un análisis (/) hacer una prueba (/) hacer un examen (/) hacia adelante (/) hacia atrás (/) hasta (/) lentamente (/) lo mismo (/) más o menos (/) nada (/) otra vez (/) por la boca (/) Respire hondo. (/) sin (/) subir de peso (/) aumentar de peso (/) un poco (/)

Vocabulario adicional

Las constantes vitales:

la temperatura del cuerpo (/) la presión arterial (/) la tensión arterial (/) el pulso (/)

El examen físico:

¿Tiene usted dificultad al tragar? (/)
¿Tiene usted fatiga? (/)
¿Tiene usted mucha flema? (/)
¿Tiene usted gases intestinales? (/)
¿Tiene usted flato? (/)
¿Tiene usted malestar? (/)
¿Tiene usted molestias? (/)
¿Tiene usted tendencia a sangrar? (/)
¿Tiene usted tos seca? (/)
¿Tiene usted urticaria? (/)
¿Tiene usted ronchas? (/)
¿Alguien de su familia tiene bocio? (/)
¿Alguien de su familia tiene enfisema? (/)
¿Alguien de su familia tiene esclerosis múltiple? (/)
¿Alguien de su familia tiene hidropesía? (/)
¿Alguien de su familia tiene malaria? (/)
¿Alguien de su familia tiene pleuresía? (/)

Fin de la Lección 8

Lección 9

Diálogo

You will hear a dialogue. First it will be read without pauses. Then the speakers will read it again with pauses for you to repeat what you hear. Listen carefully.

Con el dentista

Anita va al dentista porque le duele una muela. Después de entrar en el consultorio, se sienta y la asistente le hace unas radiografías. Ahora el dentista viene para examinarle los dientes.

DENTISTA —Abra la boca, por favor. ¿Cuál es la muela que le duele? Tóquela.

ANITA —Ésta. No puedo morder nada, y si como algo muy frío o muy caliente, el dolor es insoportable.

DENTISTA —Vanos a ver. *(Mira la radiografía.)* Necesito extraerle la muela. No voy a poder salvarla porque tiene un absceso. Otro día vamos a extraerle las muelas del juicio porque no tienen espacio suficiente.

ANITA —Muy bien. Doctor, para sacarme la muela, ¿me va a dar anestesia local o general?

DENTISTA —Es una extracción simple. Voy a darle novocaína.

ANITA —¿Tengo algún diente picado?

DENTISTA —Sí, tiene dos caries y tiene una muela que necesita una corona.

ANITA —¿Todo eso?

DENTISTA —Sí, lo siento.

ANITA —Doctor, me sangran mucho las encías cuando me cepillo los dientes...

DENTISTA —Sí, veo que las tiene muy inflamadas y tiene mucho sarro. Eso puede causar piorrea y mal aliento.

ANITA —Entonces, ¿debo pedir turno para la higienista?

DENTISTA —Sí, pida turno para dentro de tres o cuatro semanas para la higienista, y también para empastarle los dientes.

ANITA —Y para el problema de las encías, ¿qué hago?

DENTISTA —Cepíllese los dientes después de cada comida con un buen cepillo y una pasta de dientes para controlar el sarro. Ah, y no se olvide de usar el hilo dental todos los días.

El dentista le extrae la muela.

DENTISTA —Enjuáguese la boca y escupa aquí. *(Le pone una gasa sobre la herida.)* Durante una hora, cámbiese la gasa que tiene en la herida cada diez o quince minutos y no se enjuague la boca hoy. Mañana, enjuáguesela con agua tibia con sal.

ANITA —Si me duele, ¿puedo tomar aspirina?

DENTISTA —No, tome Advil o Motrin u otro calmante sin aspirina. Si tiene la cara inflamada, póngase una bolsa de hielo.

ANITA —¿Algo más?

DENTISTA —Si sangra un poco, use dos almohadas para dormir. Si sangra mucho, llámeme.

Al salir del consultorio, la asistente la llama.

ASISTENTE —Señorita, ¿esta cartera es suya?

ANITA —Sí, es mía. Gracias.

Now repeat each phrase after the speakers. (Dialogue)

Vocabulario

Repeat each word or phrase after the speaker. After your response, you will hear the same word or phrase again. Repeat after the model once more.

Cognados: el absceso (/) la anestesia (/) el asistente (/) el dentista (/) el espacio (/) la extracción (/) el higienista (/) local (/) el minuto (/) la novocaína (/) la piorrea (/) simple (/)

Nombres: el aliento (/) la boca (/) la bolsa (/) la cartera (/) la bolsa de hielo (/) la cara (/) la carie (/) la picadura (/) el cepillo (/) la corona (/) el diente (/) la encía (/) la gasa (/) la herida (/) el hielo (/) el hilo dental (/) la seda dental (/) la muela (/) la muela del juicio (/) el cordal (/) la pasta de dientes (/) la pasta dentífrica (/) la sal (/) el sarro (/)

Verbos: abrir (/) cambiarse (/) cepillarse (/) controlar (/) empastar (/) emplomar (/) enjuagarse (/)

escupir (/) morder (/) olvidarse (/)
olvidarse de (/) sacar (/) extraer (/)
salir (/) salvar (/) sangrar (/)
sentarse (/)

Adjetivos: insoportable (/) picado (/) cariado (/)
tibio (/)

*Otras palabras
y expresiones:* ah (/) cepillarse los dientes (/)
entonces (/) mío (/) suficiente (/)
suyo (/)

Vocabulario adicional

El cuidado de los dientes:

Cepíllese los dientes después de cada comida. (/)
Cepíllese los dientes con un cepillo duro. (/)
Cepíllese los dientes con un cepillo blando. (/)

Cepíllese los dientes con un cepillo semiduro. (/)
Cepíllese los dientes con una buena pasta dentífrica con
fluoruro. (/)

Las partes de un diente:

la corona (/) el cuello (/) la raíz (/) el esmalte (/)
la dentina (/) la pulpa (/) el cemento (/)

Clases de dientes:

el canino (/) el colmillo (/) el incisivo (/) el molar (/)
la muela (/) el canal en la raíz (/) el enjuague (/)
los frenos (/) el odontólogo (/) la ortodoncia (/)
el ortodoncista (/) la placa (/) el puente (/)

Fin de la Lección 9

Lección 10

Diálogo

You will hear a dialogue. First it will be read without
pauses. Then the speakers will read it again with
pauses for you to repeat what you hear. Listen
carefully.

En la sala de emergencia

Un accidente.

*Llega una ambulancia al hospital... Traen a un herido.
Llevan la camilla a la sala de emergencia.*

DOCTOR —¿Qué paso?
PACIENTE —¡Ay... ! Mi carro chocó con un árbol,
me golpeé la cabeza y me corté la
frente. Fue terrible.
DOCTOR —¿Perdió el conocimiento?
PACIENTE —Yo creo que sí, pero fue sólo por unos
segundos.
DOCTOR —¿Cómo se siente ahora?
PACIENTE —Me duele mucho la cabeza.
DOCTOR —Bueno, voy a limpiarle y desinfectarle
la herida. Luego voy a tener que darle
puntos y vendarle la cabeza.
PACIENTE —¿Me va a poner una inyección antes?
DOCTOR —Sí. Después vamos a hacerle unas
radiografías para ver si hay fractura. La
enfermera lo va a llevar a la sala de
rayos X.

Un caso de envenenamiento.

*Una madre trae a su hijo a la sala de emergencia. El
niño tomó veneno.*

DOCTOR —¿Qué cantidad de veneno tomó el niño,
señora?
MADRE —No sé... aquí está el frasco... está casi
vacío...
DOCTOR —¿Vomitó o le dio usted algún líquido?
MADRE —No, no vomitó ni tomó nada.
DOCTOR —Vamos a hacerle un lavado de
estómago. No se preocupe. Pronto va a
estar bien. Espere afuera, por favor.

Una fractura.

*La señora García se cayó en la escalera y su esposo
la trae a la sala de emergencia.*

DOCTOR —¿Dónde le duele, señora?
SEÑORA GARCÍA —Me duele mucho el tobillo; creo
que me lo torcí.
DOCTOR —A ver... No, yo creo que es una
fractura.

*Los enfermeros llevan a la señora García a la sala de
rayos X en una camilla. Después de ver las
radiografías, el doctor confirma su diagnóstico y le
explica a la señora García lo que va a hacer.*

DOCTOR	—Pues sí, señora García, usted se fracturó el tobillo. Vamos a tener que enyesárselo.
SEÑORA GARCÍA	—¿Por cuánto tiempo tengo que usar el yeso?
DOCTOR	—Por seis semanas.
SEÑORA GARCÍA	—¿Voy a tener que usar muletas para caminar?
DOCTOR	—Sí, señora.

Una quemadura.

Una niña se quemó y su papá la trae a la sala de emergencia.

DOCTOR	—¿Se quemó la niña con algo eléctrico o algún ácido?
EL PAPÁ	—No, se quemó con agua hirviendo.
DOCTOR	—La niña tiene una quemadura de tercer grado. Vamos a tener que ingresarla.

Now repeat each phrase after the speakers. (Dialogue)

Vocabulario

Repeat each word or phrase after the speaker. After your response, you will hear the same word or phrase again. Repeat after the model once more.

Cognados:	el accidente (/) el ácido (/) la ambulancia (/) el caso (/) el diagnóstico (/) eléctrico (/) la fractura (/) terrible (/)
Nombres:	el árbol (/) la camilla (/) el carro (/) el coche (/) el auto (/) la máquina (/) el envenenamiento (/) la escalera (/) el frasco (/) la botella (/) el pomo (/) la frente (/) el herido (/) la inyección (/) la muleta (/) el punto (/) la puntada (/) la quemadura (/) la sala de emergencia (/) la sala de urgencia (/) la sala de rayos X (equis) (/) el segundo (/) el veneno (/) el yeso (/)
Verbos:	caerse (/) caminar (/) confirmar (/) cortarse (/) chocar (/) desinfectar (/) enyesar (/) explicar (/) fracturarse (/) quebrarse (/) romperse (/) golpearse (/) ingresar (/) limpiar (/) llegar (/) pasar (/) preocuparse por (/) quemarse (/) torcerse (/) vendar (/)
Adjetivos:	hirviendo (/) tercero (/) vacío (/)

Otras palabras y expresiones:	afuera (/) antes (/) ¡ay! (/) casi (/) Creo que sí. (/) ¿dónde? (/) hacer un lavado de estómago (/) lo que (/) luego (/) perder el conocimiento (/) desmayarse (/) poner una inyección (/) por (/) ¿Por cuánto tiempo... ? (/) por unos segundos (/) pronto (/) pues (/)

Vocabulario adicional

Algunas expresiones relacionadas con accidentes y emergencias:

Tenga siempre a mano el número de teléfono de su médico. (/)

Tenga siempre a mano el número de teléfono del centro de envenenamiento. (/)

Tenga siempre a mano el número de teléfono de la policía. (/)

Tenga siempre a mano el número de teléfono del hospital. (/)

Tenga siempre a mano el número de teléfono del departamento de bomberos. (/)

Tenga siempre a mano el número de teléfono de la ambulancia. (/)

Tenga siempre a mano el número de teléfono de los paramédicos. (/)

Para evitar el riesgo de envenenamiento, lea bien las instrucciones antes de tomar una medicina. (/)

Para evitar el riesgo de envenenamiento, nunca tome medicinas en la oscuridad. (/)

Para evitar el riesgo de envenenamiento, guarde las medicinas fuera del alcance de los niños pequeños. (/)

Para evitar el riesgo de envenenamiento, nunca le diga a un niño que la medicina es "caramelo". (/)

Para evitar el riesgo de envenenamiento, nunca le diga a un niño que la medicina es "dulce". (/)

Está en la sala de emergencia porque le dieron un tiro. (/)

Está en la sala de emergencia porque le pegaron un tiro. (/)

Está en la sala de emergencia porque le dieron dos puñaladas. (/)

Está en la sala de emergencia porque tiene una herida de bala. (/)

Está en la sala de emergencia porque tomó una sobredosis de cocaína. (/)

Está en la sala de emergencia porque tomó una sobredosis de heroína. (/)

Está en la sala de emergencia porque tuvo una reacción adversa a la medicina. (/)

Está en la sala de emergencia porque sufrió un efecto secundario severo. (/)
Está en la sala de emergencia porque intentó suicidarse. (/)

Está en la sala de emergencia porque intentó matarse. (/)

Fin de la Lección 10

Lectura 2

Listen to the following passage about cancer.

El cáncer

El cáncer mata a miles de personas todos los años y si esto no cambia, cerca de ochenta millones—o una de cada tres personas que viven actualmente en los Estados Unidos—tendrán cáncer en algún momento de su vida.

Hay tres cosas que podemos hacer para protegernos contra el cáncer:

1. Evitar fumar o exponerse demasiado al sol.
2. Hacerse exámenes médicos periódicamente. Los hombres de menos de cuarenta años deben hacerlo cada dos años, y una vez el año después de los cuarenta años. Las mujeres de menos de treinta y cinco años deben hacerlo una vez cada dos años, y una vez al año después de los treinta y cinco años.
3. Aprender a reconocer las señales que indican la presencia de cáncer y ver al médico si alguno de estos síntomas persiste por más de dos semanas.

Hay siete señales que pueden indicar al existencia de cáncer:

1. Una pérdida de sangre no usual.
2. Un abultamiento o endurecimiento en el seno o cualquier otra parte del cuerpo.
3. Una llaga que no se cura.
4. Un cambio en los hábitos de defecar u orinar.
5. Ronquera o tos persistente.
6. Problemas de indigestión o dificultad para tragar.
7. Cualquier cambio en el tamaño o color de una verruga, lunar o mancha en la piel.

El cáncer puede tratarse con algunas drogas, con radiación, con quimioterapia o con cirugía, pero es importante ver al médico en seguida si se descubren algunos de los síntomas indicados.

Conversaciones

You will hear several brief conversations. First they will be read without pauses. Then the speakers will read them again with pauses for you to repeat what you hear. Listen carefully.

—¿Qué puedo hacer para evitar el cáncer?
—No debe fumar y no debe exponerse mucho al sol.

Now repeat each phrase after the speaker.
(Conversation)

—¿Cada cuánto tiempo debo hacerme un examen médico?
—Si tiene menos de treinta y cinco años, cada dos años.
—Yo tengo cuarenta y cinco años.
—Entonces debe hacerlo cada año.

Now repeat each phrase after the speaker.
(Conversation)
—Tengo dificultad para tragar.
—Eso puede ser una señal de cáncer.
—Qué debo hacer?
—Debe ver a su médico si el problema persiste por más de dos semanas.

Now repeat each phrase after the speaker.
(Conversation)

Repaso: Lecciones 6–10

Práctica oral

Listen to the following exercise. The speaker will ask you some questions. Answer the questions, using the cues provided. The speaker will confirm the correct answer. Repeat the correct answer.

1. ¿Cuánto pesa usted? (/) ciento ochenta libras (/)
   Peso ciento ochenta libras. (/)
2. ¿Cuánto peso necesita perder usted? (/) veinte libras (/)
   Necesito perder veinte libras. (/)
3. ¿Usted sube y baja de peso con frecuencia? (/) no (/)
   No, no subo ni bajo de peso con frecuencia. (/)
4. ¿Es difícil para usted seguir una dieta estricta? (/) sí (/)
   Sí, es difícil para mí seguir una dieta estricta. (/)
5. ¿Come usted muchos dulces? (/) no (/)
   No, no como muchos dulces. (/)
6. ¿Qué frutas prefiere comer usted? (/) naranjas y fresas (/)
   Prefiero comer naranjas y fresas. (/)
7. ¿Padece usted del corazón? (/) no (/)
   No, no padezco del corazón. (/)
8. ¿Tiene usted dolor de cabeza frecuentemente? (/) sí (/)
   Sí, tengo dolor de cabeza frecuentemente. (/)
9. ¿Qué toma usted cuando le duele la cabeza? (/) aspirinas (/)
   Tomo aspirinas cuando me duele la cabeza. (/)
10. ¿Tiene usted ruido en los oídos? (/) sí, a veces (/)
    Sí, a veces tengo ruido en los oídos. (/)
11. ¿Tiene usted dificultad para respirar? (/) sí, cuando corro (/)
    Sí, tengo dificultad para respirar cuando corro. (/)
12. ¿Tiene usted dolor o ardor cuando orina? (/) no, nunca (/)
    No, nunca tengo dolor ni ardor cuando orino. (/)
13. ¿Tiene usted la presión alta? (/) no, normal (/)
    No, tengo la presión normal. (/)
14. ¿Tiene usted el colesterol normal? (/) no, alto (/)
    No, tengo el colesterol alto. (/)
15. ¿Necesita usted hacerse algún análisis? (/) sí, de sangre (/)
    Sí, necesito hacerme un análisis de sangre. (/)
16. ¿Qué pasta de dientes usa usted? (/) Colgate (/)
    Uso Colgate. (/)
17. ¿Le sangran las encías cuando se cepilla los dientes? (/) a veces (/)
    Sí, a veces me sangran las encías cuando me cepillo los dientes. (/)
18. ¿Perdió usted el conocimiento alguna vez? (/) no, nunca (/)
    No, nunca perdí el conocimiento. (/)
19. ¿Se cayó usted ayer? (/) sí, en la escalera (/)
    Sí, ayer me caí en la escalera. (/)
20. ¿Se quemó usted alguna vez? (/) sí, con agua hirviendo (/)
    Sí, me quemé con agua hirviendo. (/)
21. ¿Cuál cree usted que es el mejor método para evitar el embarazo? (/) la pastilla (/)
    Creo que el mejor método para evitar el embarazo es la pastilla. (/)
22. ¿Son peligrosos los aparatos intrauterinos? (/) no (/)
    No, los aparatos intrauterinos no son peligrosos. (/)

Fin del Repaso Lecciones 6–10

Lección 11

Diálogo

You will hear a dialogue. First it will be read without pauses. Then the speakers will read it again with pauses for you to repeat what you hear. Listen carefully.

Nace un bebé

El señor Guerra llama por teléfono al médico porque su esposa comenzó a tener los dolores de parto.

DOCTOR PEÑA —¿Cuánto tiempo hace que tiene los dolores?

SEÑOR GUERRA —Hace unas dos horas. Comenzaron a las cuatro de la tarde.

DOCTOR PEÑA —¿Cada cuánto tiempo le vienen?

SEÑOR GUERRA —Cada cinco minutos.

DOCTOR PEÑA —¿Siente los dolores en la espalda primero y después en el vientre?

SEÑOR GUERRA —Sí.

DOCTOR PEÑA —Tráigala al hospital en seguida.

Veinte minutos más tarde, la señora Guerra está en el hospital. Su esposo la trajo y la mamá de la señora Guerra vino con ellos. Ya se le rompió la bolsa de agua.

DOCTOR PEÑA —Abra las piernas y doble las rodillas. Relájese. No se ponga tensa. *(Después de examinarla.)* Bueno, usted tiene que quedarse en el hospital. ¿A qué hora movió el vientre?

SEÑORA GUERRA —Esta tarde, después de comer.

DOCTOR PEÑA —Vamos a llevarla a la sala de parto ahora mismo.

En la sala de parto, el señor Guerra está con su esposa.

DOCTOR PEÑA —No puje si no siente los dolores. Cálmese. Respire normalmente.

SEÑORA GUERRA —Déme algo para calmar el dolor... por favor... ¿Voy a necesitar una operación cesárea?

DOCTOR PEÑA —No. Usted es un poco estrecha, pero todo va bien. Vamos a ponerle una inyección y usted no va a sentir los dolores. *(Le ponen una inyección.)* Ahora tiene usted una contracción. Puje. Muy bien. Voy a tener que usar fórceps para sacar al bebé. *(A la enfermera.)* Dame los fórceps.

SEÑORA GUERRA —¿Va a usar fórceps? ¡Eso puede lastimar al bebé!

DOCTOR PEÑA —No, no se preocupe. Puje... Ya está saliendo... ¡Es un varón!

SEÑOR GUERRA —¡Tenemos un hijo!

SEÑORA GUERRA —¿Tuve un varón... ?

DOCTOR PEÑA —Sí, y todo salió muy bien. No sintió mucho dolor, ¿verdad? Ahora tiene que salir la placenta. Puje otra vez. Así... eso es...

Más tarde:

DOCTOR PEÑA —¿Va a darle de mamar al bebé o piensa darle biberón?

SEÑORA GUERRA —Pienso darle biberón.

DOCTOR PEÑA —En ese caso, para no tener leche usted debe ponerse bolsas de hielo en los senos y debe tomar Tylenol si siente dolor. Ah, ¿ya eligieron un nombre para el niño?

SEÑORA GUERRA —Sí, se va a llamar Gustavo Adolfo.

La señora Guerra habla con su esposo en la habitación.

SEÑORA GUERRA —*(A su esposo.)* Ve a ver al niño en la sala de bebés. Es muy bonito, ¿verdad? Hazme un favor, dile a la enfermera que queremos tener al bebé con nosotros un rato.

Now repeat each phrase after the speakers. (Dialogue)

Vocabulario

Repeat each word or phrase after the speaker. After your response, you will hear the same word or phrase again. Repeat after the model once more.

Cognados: cesárea (/) la contracción (/)
el favor (/) los fórceps (/)
normalmente (/) la operación (/)
la placenta (/)

Nombres:	el biberón (/) la mamadera (/)
	la mamila (/) la bolsa de agua (/)
	la fuente de agua (/)
	el dolor de parto (/) la habitación (/)
	el parto (/) el alumbramiento (/)
	la pierna (/) la sala de bebés (/)
	la sala de parto (/) la tarde (/)
	el varón (/) el vientre (/)
	la barriga (/)
Verbos:	calmarse (/) comenzar (/) elegir (/)
	lastimarse (/) nacer (/) pensar (/)
	pujar (/) quedarse (/) relajarse (/)
Adjetivos:	bonito (/) estrecho (/)
Otras palabras	
y expresiones:	así (/) dar de mamar (/)
	dar el pecho (/) mover el vientre (/)
	obrar (/) defecar (/) evacuar (/)
	ponerse tenso (/) un rato (/)
	¿verdad? (/) ya (/)

Vocabulario adicional

Otros términos relacionados con el parto y el cuidado del bebé:

el bebé prematuro (/) el cordón umbilical (/)
el cuidado postnatal (/) el cuidado prenatal (/)
el chupete (/) el chupón (/) el tete (/) dar a luz (/)
parir (/) dilatado (/) estar de parto (/) el feto (/)
la fórmula (/) hacer un sonograma (/) la incubadora (/)
los mellizos (/) los gemelos (/) el nacimiento (/)
la partera (/) la comadrona (/) el parto natural (/)
la raquídea (/) la anestesia espinal (/)
el recién nacido (/) romperse la fuente (/)
la sala de maternidad (/)

Fin de la Lección 11

Lección 12

Diálogo

You will hear a dialogue. First it will be read without pauses. Then the speakers will read it again with pauses for you to repeat what you hear. Listen carefully.

En el centro médico

Una mañana en el consultorio de algunos especialistas.

En el consultorio del oculista.

OCULISTA	—Voy a hacerle un examen de la vista. Mire la pared. ¿Puede leer las letras más pequeñas?
PACIENTE	—No las veo claramente.
OCULISTA	—¿Y la línea siguiente?
PACIENTE	—También está borrosa.
OCULISTA	—¿La próxima línea?
PACIENTE	—¡Ésa sí!
OCULISTA	—Ahora mire directamente a la luz en este aparato. Dígame ahora cuántas luces ve. ¿Están cerca o lejos?
PACIENTE	—Veo dos... están cerca...
OCULISTA	—Siga el punto rojo... Ahora lea las letras con estos lentes. ¿Qué letras ve mejor? ¿Las letras del lado rojo o las letras del lado verde?
PACIENTE	—Las letras que están en el lado verde.

| OCULISTA | —Ahora voy a hacerle la prueba del glaucoma. Ponga la barbilla aquí y mire directamente a la luz. |

En el consultorio del urólogo.

SEÑOR PAZ	—Doctor, mi esposa tuvo otro bebé y nosotros no queríamos más hijos... Ella me dijo que podía ligarse los tubos o que yo podía hacerme una vasectomía...
DOCTOR	—La decisión es de ustedes.
SEÑOR PAZ	—Si yo me hago una vasectomía, ¿cuánto tiempo tengo que estar en el hospital?
DOCTOR	—Puedo operarlo aquí mismo, y sólo tiene que dejar de trabajar dos días. No es una cirugía mayor.
SEÑOR PAZ	—¡Ah!, es una cirugía menor. Yo no sabía que era tan fácil. Voy a pensarlo.

En el consultorio del cirujano.

DOCTOR	—¿Cuándo fue la última vez que se hizo una mamografía?
SEÑORA MENA	—El año pasado, pero el otro día, cuando me estaba revisando los senos, encontré una bolita en el pecho izquierdo.
DOCTOR	—Vamos a ver.

Después de examinarla:

DOCTOR	—Sí, encontré algo duro en el seno.
SEÑORA MENA	—Puede ser cáncer, ¿verdad?
DOCTOR	—Puede ser un quiste o un tumor, pero la mayoría de los tumores son benignos. Para asegurarnos de que no es maligno, vamos a hacerle una biopsia.

En el consultorio de la dermatóloga.

PACIENTE	—Doctora, tengo mucho acné. Usé una crema, pero no me dio resultado.
DOCTORA	—Sí, tiene muchos granos y espinillas. Es un problema frecuente en las personas jóvenes.
PACIENTE	—Cuando yo era adolescente comía muchas grasas y mucho chocolate, pero ahora me cuido más.
DOCTORA	—La alimentación no tiene mucha importancia en este caso, pero usted necesita tratamiento.
PACIENTE	—¿Qué tengo que hacer?
DOCTORA	—Yo voy a sacarle las espinillas y el pus de los granos. Además, usted debe usar un jabón medicinal y una loción.
PACIENTE	—Muy bien. ¡Ah! Tengo una verruga en el cuello. Traté de cortármela pero me sangraba mucho.
DOCTORA	—Eso es peligroso. Yo puedo quitársela la próxima vez.

Now repeat each phrase after the speakers. (Dialogue)

Vocabulario

Repeat each word or phrase after the speaker. After your response, you will hear the same word or phrase again. Repeat after the model once more.

Cognados: el acné (/) benigno (/) la biopsia (/) la decisión (/) el dermatólogo (/) directamente (/) el especialista (/) frecuente (/) el glaucoma (/) la importancia (/) la loción (/) maligno (/) la mamografía (/) medicinal (/) el oculista (/) la persona (/) el tumor (/) el urólogo (/) la vasectomía (/)

Nombres: el adolescente (/) la alimentación (/) el aparato (/) la bolita (/) la cirugía (/) el cirujano (/) el cuello (/) el día (/) la espinilla (/) el grano (/) el jabón (/) le lado (/) la letra (/) la línea (/) la luz (/) la mayoría (/) la pared (/) el punto (/) el quiste (/) el tratamiento (/) la verruga (/) la vez (/) la vista (/)

Verbos: asegurarse (/) evidarse (/) encontrar (/) operar (/) quitar (/) trabajar (/)

Adjetivos: borroso (/) izquierdo (/) mayor (/) menor (/) pasado (/) próximo (/) siguiente (/) último (/)

Otras palabras y expresiones: aquí mismo (/) cerca de (/) claramente (/) dar resultado (/) lejos de (/) ligar los tubos (/) no tener importancia (/) la última vez (/)

Vocabulario adicional

Algunos términos relacionados con la urología:

El paciente tiene cálculos en el riñón. (/)
El paciente tiene piedras en el riñón. (/)
El paciente tiene una infección en la vejiga. (/)
El paciente tiene irritación y dolor al orinar. (/)

Algunos términos relacionados con la dermatología:

Usted tiene el cutis seco. (/)
Usted tiene el cutis grasiento. (/)
Usted tiene el cutis normal. (/)
Usted tiene eccema. (/) Usted tiene hongos. (/)
Usted tiene una infección en el cuero cabelludo. (/)

Algunos términos relacionados con la vista:

Usted tiene astigmatismo. (/)
Usted tiene desprendimiento de la retina. (/)
Usted tiene miopía. (/) Usted tiene daltonismo. (/)
Usted tiene hiperopía. (/) Usted tiene cataratas. (/)
Él es bizco. (/) Él es ciego. (/) Él es miope. (/)
Él es corto de vista. (/) Él es présbite. (/)

Fin de la Lección 12

Lección 13

Diálogo

You will hear a dialogue. First it will be read without pauses. Then the speakers will read it again with pauses for you to repeat what you hear. Listen carefully.

En el hospital

La señora Peña tuvo una hemorragia hace dos días. La trajeron al hospital anteanoche y le hicieron una transfusión de sangre. Acaba de visitarla su médico y ahora está hablando con la enfermera.

ENFERMERA —Buenos días, señora. Hoy se ve mucho mejor. ¿Cómo durmió anoche?

SEÑORA PEÑA —Dormí mejor con la tabletas que me dio el médico.

ENFERMERA —Sí, eran calmantes. ¿Le duele el brazo donde le pusieron la sangre?

SEÑORA PEÑA —Sí. ¿Cuándo me quitan el suero? Tengo unos moretones alrededor de la vena y me duele mucho el brazo.

ENFERMERA —Ah, no sabía que tenía problemas. Voy a quitárselo ahora mismo. Pero antes voy a tomarle el pulso y la temperatura. Póngase el termómetro debajo de la lengua, por favor.

Después de un rato.

SEÑORA PEÑA —Por favor, necesito la chata.

ENFERMERA —Aquí está. Levante las nalgas para ponerle la chata. Después voy a darle un baño de esponja aquí en la cama.

SEÑORA PEÑA —Todavía me duele el brazo.

ENFERMERA —Voy a ponerle unas compresas de agua fría.

La enfermera baña a la paciente, la ayuda a cambiarse de ropa y le da unas fricciones en la espalda.

SEÑORA PEÑA —Ahora me siento mucho mejor. ¿Puede subirme un poco la cama?

ENFERMERA —¡Cómo no! ¿Así está cómoda? En seguida le traigo el almuerzo. Pero antes voy a darle una cucharada de este líquido.

SEÑORA PEÑA —¡Ay! A mí no me gusta esa medicina. ¡Ah!... estaba preocupada... Yo tenía un reloj y dos anillos cuando vine...

ENFERMERA —No se preocupe. Las joyas se guardan en la caja de seguridad del hospital. Si necesita algo más, avíseme. Apriete este botón que está al lado de la cama.

SEÑORA PEÑA —Muy amable. Gracias. ¡Ah! ¿Cuáles son las horas de visita?

ENFERMERA —De dos a tres y de siete a nueve.

SEÑORA PEÑA —¿Cuándo cree usted que me van a dar de alta?

ENFERMERA —No sé. Tiene que preguntárselo a su médico. Necesitamos una orden escrita de él.

SEÑORA PEÑA —¡Ay, yo no quería quedarme en el hospital por tanto tiempo!

Now repeat each phrase after the speakers. (Dialogue)

Vocabulario

Repeat each word or phrase after the speaker. After your response, you will hear the same word or phrase again. Repeat after the model once more.

Cognados:	la hemorragia (/) el pulso (/) la tableta (/) el termómetro (/) la transfusión (/)
Nombres:	el almuerzo (/) el anillo (/) el baño de esponja (/) el botón (/) la caja de seguridad (/) la caja fuerte (/) la cama (/) la compresa de agua fría (/) la cucharada (/) la fricción (/) las horas de visita (/) las joyas (/) la lengua (/) el moretón (/) el morado (/) el cardenal (/) el reloj (/) la ropa (/) el suero (/) la vena (/)
Verbos:	acabar de (/) avisar (/) ayudar (/) bañar (/) guardar (/) gustar (/) levantar (/) preguntar (/) subir (/) verse (/) visitar (/)
Adjetivos:	cómodo (/) escrito (/) varios (/)

Otras palabras
y expresiones: al lado de (/) alrededor de (/)
anoche (/) anteanoche (/)
¡cómo no! (/)
dar de alta (/) debajo de (/)
muy amable (/)

Vocabulario adicional

En el hospital:

¿Dónde está el ascensor? (/)
¿Dónde está el elevador? (/)
¿Dónde está la oficina de pagos? (/)
¿Dónde está el cajero? (/)
¿Dónde está la tienda de regalos? (/)
¿Dónde está la unidad de cuidados intensivos? (/)
¿Dónde está el banco de sangre? (/)

¿Dónde está el departamento de personal? (/)
¿Dónde está el estacionamiento? (/)
Busco el departamento de archivo clínico. (/)
Busco el departamento de radiología. (/)
Busco el departamento de ortopedia. (/)
Busco el departamento de enfermedades mentales y siquiatría. (/)
Busco el departamento de anestesiología. (/)
Busco el departamento de pediatría. (/)
Busco el departamento de neurología. (/)

Busco la sala de cardiología. (/)
Busco la sala de cirugía. (/)
Busco la sala de operaciones. (/)
Busco la sala de recuperación. (/)
Busco la sala de terapia física. (/)

Fin de la Lección 13

Lección 14

Diálogo

You will hear a dialogue. First it will be read without pauses. Then the speakers will read it again with pauses for you to repeat what you hear. Listen carefully.

En el laboratorio y en la sala de rayos X

La señora Pérez ha venido hoy al laboratorio porque hace tres días que su médico le ordenó unos análisis.

Un análisis de sangre.

TÉCNICA	—¿Cuánto tiempo hace que comió?
SEÑORA PÉREZ	—Estoy en ayunas. No he comido nada desde anoche.
TÉCNICA	—Muy bien. Voy a sacarle una muestra de sangre para el análisis de tiroides y para el conteo.
SEÑORA PÉREZ	—¿Me va a sacar sangre de la vena?
TÉCNICA	—Sí, súbase la manga. Extienda el brazo y abra y cierre la mano. Ahora, déjela cerrada.
SEÑORA PÉREZ	—¿Así?
TÉCNICA	—Sí, voy a ponerle una ligadura. Va a apretarle un poco.
SEÑORA PÉREZ	—¿Me va a doler?
TÉCNICA	—No, abra la mano poco a poco. Ya está. Ahora voy a ponerle una curita.

Un análisis de orina.

TÉCNICA	—Necesito una muestra de orina. Vaya al baño y orine en este vasito.
SEÑORA PÉREZ	—¿Dónde está el baño?
TÉCNICA	—Es el segundo cuarto a la derecha. Límpiese bien los genitales con esto.
SEÑORA PÉREZ	—¿Necesita toda la orina?
TÉCNICA	—No. Comience a orinar en el inodoro, y después de unos segundos, termine de orinar en el vasito. Luego, tape bien el vasito.
SEÑORA PÉREZ	—Está bien. ¿Dónde debo dejar la muestra de heces fecales?
TÉCNICA	—Llévela al cuarto que está al final del pasillo, a la izquierda.
SEÑORA PÉREZ	—¿Cuándo van a estar listos los análisis?
TÉCNICA	—Su doctor le va a avisar.

Una radiografía del pecho.

El señor Franco fue a la sala de rayos X porque su doctor le había ordenado una radiografía del pecho.

TÉCNICO	—Quítese la ropa y póngase esta bata.

Pocos minutos después.

TÉCNICO	—Párese aquí y ponga los brazos a los costados.
SEÑOR FRANCO	—¿Así?
TÉCNICO	—No, acérquese un poco más. No se mueva... Respire hondo... aguante la respiración... no respire ahora... respire...
SEÑOR FRANCO	—¿Ya puedo irme?
TÉCNICO	—No, espere un momento.
SEÑOR FRANCO	—Creía que ya habíamos terminado.
TÉCNICO	—Tengo que ver si la radiografía ha salido bien.

Una radiografía del colon.

El señor Barrios necesita hacerse una radiografía del colon.

TÉCNICO	—Acuéstese en la mesa. Vamos a insertarle este tubo en el recto.
SEÑOR BARRIOS	—¿Eso me va a doler?
TÉCNICO	—No, no le va a doler. Relájese. No se ponga tenso. Respire por la boca.
SEÑOR BARRIOS	—¿Esto es como un enema?
TÉCNICO	—Algo similar. Vuélvase sobre el lado derecho... ahora sobre el lado izquierdo. Ya está.

Una fluoroscopia del estómago.

La señora Sosa va al laboratorio a hacerse una fluoroscopia del estómago.

TÉCNICO	—Por favor, párese aquí y tome este líquido.
SEÑORA SOSA	—¿Lo tomo todo ahora?
TÉCNICO	—No, yo le voy a avisar cuándo puede tomarlo.
SEÑORA SOSA	—Muy bien.
TÉCNICO	—Tome un poco... trague ahora...
SEÑORA SOSA	—Esto es muy malo. No me gusta...
TÉCNICO	—Tome un poco más, por favor... trague ahora... no trague...
SEÑORA SOSA	—¿Y hemos terminado?
TÉCNICO	—Sí, puede irse.

Now repeat each phrase after the speakers. (Dialogue)

Vocabulario

Repeat each word or phrase after the speaker. After your response, you will hear the same word or phrase again. Repeat after the model once more.

Cognados: el colon (/) el enema (/) la fluoroscopia (/) los genitales (/) las partes privadas (/) el recto (/) similar (/) el tiroides (/) el tubo (/)

Nombres: el baño (/) el excusado (/) el servicio (/) la bata (/) el conteo (/) el costado (/) la curita (/) el inodoro (/) la ligadura (/) el torniquete (/) la manga (/) la mano (/) la mesa (/) el pasillo (/) el técnico (/) el vasito (/)

Verbos: acercarse (/) acostarse (/) apretar (/) dejar (/) extender (/) irse (/) moverse (/) ordenar (/) pararse (/) tapar (/) terminar (/) tragar (/) volverse (/) darse vuelta (/) voltearse (/)

Adjetivos: cerrado (/) derecho (/) listo (/) segundo (/)

Otras palabras y expresiones: a los costados (/) a los lados (/) aguantar la respiración (/) al final (/) ¿Cuánto tiempo hace... ? (/) poco a poco (/) quitarse la ropa (/) salir bien (/) subirse la manga (/) remangarse (/) Ya está. (/) ¿Ya terminamos? (/)

Vocabulario adicional

La ropa:

el abrigo (/) la blusa (/) los calcetines (/) la camisa (/) el camisón (/) la chaqueta (/) la falda (/) las medias (/) los pantalones (/) las pantimedias (/) el pijama (/) la ropa interior (/) el vestido (/) las zapatillas (/) la babuchas (/) los zapatos (/)

Otros tipos de pruebas diagnósticas:

Voy a hacerle una broncoscopia. (/)
Voy a hacerle una colonoscopia. (/)
Voy a hacerle un electrocardiograma. (/)
Voy a hacerle un electroencefalograma. (/)
Voy a hacerle una endoscopia. (/)
Voy a hacerle un escanograma. (/)
Voy a hacerle una laparoscopia. (/)
Voy a hacerle un ultrasonido. (/)
Voy a hacerle una ultrasonografía. (/)

Fin de la Lección 14

Lección 15

Diálogo

You will hear a dialogue. First it will be read without pauses. Then the speakers will read it again with pauses for you to repeat what you hear. Listen carefully.

Enfermedades venéreas

La señorita Ramos sospecha que tiene una enfermedad venérea. Por fin hoy va al Departamento de Salud Pública y ahora está hablando de sus problemas con una enfermera.

SEÑORITA RAMOS	—Me gustaría hablar con un médico porque creo que tengo una enfermedad venérea.
SEÑORA MÉNDEZ	—¿Qué síntomas tiene? ¿Tiene alguna llaga o lesión?
SEÑORITA RAMOS	—No, pero cuando orino me arde mucho la vagina, y además me sale un líquido...
SEÑORA MÉNDEZ	—¿Tiene el líquido un color amarillento o verdoso?
SEÑORITA RAMOS	—Sí, es verdoso y tiene mal olor.
SEÑORA MÉNDEZ	—¿Cuándo empezó todo esto?
SEÑORITA RAMOS	—Empecé a tener mucho ardor hace dos semanas.
SEÑORA MÉNDEZ	—¿Sabe usted si el hombre con quien usted ha tenido relaciones sexuales tiene también esos síntomas?
SEÑORITA RAMOS	—Bueno... no sé... Creo que uno de ellos tiene sífilis o gonorrea... o herpes.
SEÑORA MÉNDEZ	—Señorita Ramos, usted tendrá que ir a la Clínica de Enfermedades Venéreas. Allí le dirán si necesita tratamiento.

Al día siguiente la señorita Ramos va a la Clínica de Enfermedades Venéreas. Uno de los médicos la revisa y ve que tiene varios síntomas que indican gonorrea. Une prueba confirma el diagnóstico y el médico le da un antibiótico. Momentos después, la señorita Ramos llega a la oficina de la señora Alba, investigadora de enfermedades venéreas.

SEÑORA ALBA	—¿Cuánto tiempo hace que tiene estos síntomas, señorita Ramos?
SEÑORITA RAMOS	—Unas dos semanas...
SEÑORA ALBA	—¿Cuándo fue la última vez que tuvo relaciones sexuales?
SEÑORITA RAMOS	—Hace una semana.
SEÑORA ALBA	—Necesitamos saber el nombre y la dirección del hombre con quien tuvo relaciones sexuales, señorita Ramos.
SEÑORITA RAMOS	—¿Para qué?
SEÑORA ALBA	—Si él tiene gonorrea, necesitará tratamiento, y cuanto antes mejor.
SEÑORITA RAMOS	—Pues... yo me había acostado con otros hombres antes.
SEÑORA ALBA	—Necesitamos el nombre y la dirección de todos ellos. Es muy importante. La gonorrea es muy contagiosa.
SEÑORITA RAMOS	—Bueno, yo creo que podré conseguirlos.
SEÑORA ALBA	—No tome ninguna bebida alcohólica, ni se acueste con nadie hasta estar completamente curada. Evite los ejercicios físicos.
SEÑORITA RAMOS	—Bueno. ¿Tendré que volver la semana que viene?
SEÑORA ALBA	—Sí. ¿Podría venir el lunes a las tres de la tarde?
SEÑORITA RAMOS	—Sí, vendré el lunes, sin falta.

Now repeat each phrase after the speakers. (Dialogue)

Vocabulario

Repeat each word or phrase after the speaker. After your response, you will hear the same word or phrase again. Repeat after the model once more.

Cognados:	completamente (/) contagioso (/) el departamento (/) la gonorrea (/) el herpes (/) el investigador (/) la investigadora (/) la lesión (/) el momento (/) público (/) la sífilis (/) venéreo (/)
Nombres:	el ejercicio (/) el hombre (/) la llaga (/) el olor (/) la salud (/)
Verbos:	arder (/) conseguir (/) empezar (/) indicar (/) sospechar (/)
Adjetivos:	amarillento (/) curado (/) verdoso (/)
Otras palabras y expresiones:	al día siguiente (/) allí (/) cuanto antes mejor (/)

momentos después (/) nadie (/)
por fin (/) finalmente (/)
salirle un líquido a uno (/)
tener un flujo (/) sin falta (/)
tener mal olor (/) tener peste (/)
apestar (/)

Vocabulario adicional

Efectos de la sífilis:

La sífilis puede causar daño permanente al corazón. (/)
La sífilis puede causar parálisis. (/)
La sífilis puede causar locura. (/)
La sífilis puede causar ceguera. (/)
La sífilis puede causar sordera. (/)
La sífilis puede causar la muerte. (/)

Síntomas de la sífilis:

Primarios (/)

chancro sifilítico en los genitales o en la boca (/)
secreción (/)

Secundarios (/)

erupciones de la piel (/) lesiones en las mucosas (/)
el pelo se cae en mechones (/) malestar general (/)
dolor de garganta y de cabeza (/) fiebre (/)
inflamación de los ganglios linfáticos (/)

Otras enfermedades transmitidas a través del contacto sexual:

la clamidia (/)
la enfermedad inflamatoria de la pelvis (/)
la hepatitis B (/) la prostatitis (/) el SIDA (/)
la vaginitis (/) el virus de inmunodeficiencia humana (/)
el virus de papiloma (/)

Otros términos importantes:

el examen Papanicolau (/) el período de incubación (/)

Fin de la Lección 15

Lectura 3

Listen to the following passage about AIDS.

El SIDA

La enfermedad llamada AIDS en inglés, se conoce en español con el nombre de SIDA (Síndrome de Inmunodeficiencia Adquirida). Las primeras personas que padecieron de esta enfermedad en los Estados Unidos fueron hombres homosexuales y los drogadictos. Hoy se sabe que es un virus el que trasmite la enfermedad.

El contacto físico íntimo (el contacto sexual vaginal, anal y también oral), las transfusiones de sangre, las agujas y jeringas que usan los drogadictos para inyectarse las drogas y probablemente la leche de los senos de la madre son las formas en que el virus puede propagarse. Este virus destruye las defensas del cuerpo y cuando esto sucede se desarrollan infecciones y cánceres que de otra forma serían destruidos.

La lista de personas que pueden ser infectadas por el SIDA ha aumentado. Este aumento incluye a los hemofílicos que requieren frecuentes transfusiones de sangre, a las prostitutas, a las compañeras sexuales de hombres homosexuales o bisexuales y a los bebés de madres infectadas. También ahora el SIDA se ha extendido a los heterosexuales; definitivamente la enfermedad ya no es "un problema de los homosexuales".

La mayoría de la gente infectada con el virus tendrá una reacción positiva al análisis de sangre para el VIH (virus de inmunodeficiencia humana) a los tres o seis meses de exponerse, pero los síntomas del SIDA no se manifestarán por muchos años. Los síntomas de esta enfermedad al principio son muy similares a los de la influenza común, y entre ellos están la fiebre, la inflamación de los ganglios linfáticos, la pérdida de peso sin explicación, diarrea, pérdida del apetito, cansancio por más de un par de días y tos crónica.

En este momento no existe ninguna vacuna o cura y la mejor manera de evitar la enfermedad es la prevención o no exponerse al virus. Evite tener múltiples compañeros sexuales y no use drogas por vía intravenosa. El uso de condones hechos de "latex" con un lubricante es altamente recomendado.

Conversaciones

You will hear several brief conversations. First they will be read without pauses. Then the speakers will read them again with pauses for you to repeat what you hear. Listen carefully.

—¿Cómo puede transmitirse el SIDA?
—Por contacto sexual o por transfusiones de sangre.
—¿Quiénes fueron las primeras personas que padecieron de esta enfermedad?
—Los hombres homosexuales y los drogadictos.

Now repeat each phrase after the speaker.
(Conversation)

—¿Es el SIDA una enfermedad exclusiva de los homosexuales?
—No, se ha extendido a los hemofílicos y a los heterosexuales.

Now repeat each phrase after the speaker.
(Conversation)

—¿Cuáles son algunos de los síntomas del SIDA?
—La pérdida de peso, diarrea y cansancio prolongado.
—¿Existe alguna vacuna contra el SIDA?
—No, la mejor forma de evitar la enfermedad es la prevención.

Now repeat each phrase after the speaker.
(Conversation)

Repaso: Lecciones 11–15

Práctica oral

Listen to the following exercise. The speaker will ask you some questions. Answer the questions, using the cues provided. The speaker will confirm the correct answer. Repeat the correct answer.

1. ¿Lo operaron recientemente? (/) sí (/)
   Sí, me operaron recientemente. (/)
2. ¿Tuvo usted que quedarse en el hospital? (/) sí, por cinco días (/)
   Sí, tuve que quedarme en el hospital por cinco días. (/)
3. Cuando estuvo en el hospital, ¿le dieron baños en la cama? (/) sí, de esponja (/)
   Sí, me dieron baños de esponja en la cama. (/)
4. ¿Tiene usted dolores en el vientre? (/) sí, a veces (/)
   Sí, a veces tengo dolores en el vientre. (/)
5. ¿Movió usted el vientre hoy? (/) sí, por la tarde (/)
   Sí moví el vientre por la tarde. (/)
6. ¿Le han hecho una radiografía del colon? (/) no, nunca (/)
   No, nunca me han hecho una radiografía del colon. (/)
7. ¿Cuándo fue la última vez que le hicieron un conteo? (/) el año pasado (/)
   Me hicieron un conteo el año pasado. (/)
8. ¿Le hicieron un análisis de orina recientemente? (/) sí, la semana pasada (/)
   Sí, me hicieron un análisis de orina la semana pasada. (/)
9. ¿Tuvo usted una hemorragia alguna vez? (/) no, nunca (/)
   No, nunca tuve una hemorragia. (/)
10. ¿Le hicieron una transfusión alguna vez? (/) sí, una vez (/)
    Sí, me hicieron una transfusión una vez. (/)
11. ¿Tuvo moretones alrededor de la vena? (/) sí (/)
    Sí, tuve moretones alrededor de la vena. (/)
12. ¿Qué se puso? (/) compresas frías (/)
    Me puse compresas frías. (/)
13. ¿Tiene usted problemas de tiroides? (/) no (/)
    No, no tengo problemas de tiroides. (/)
14. ¿Tuvo usted acné cuando era joven? (/) sí (/)
    Sí, tuve acné cuando era joven. (/)
15. ¿Qué usó para el acné? (/) un jabón medicinal (/)
    Usé un jabón medicinal. (/)
16. ¿Usó usted alguna loción para los granos? (/) sí (/)
    Sí, usé una loción para los granos. (/)
17. ¿Tiene usted alguna verruga? (/) sí, en el cuello (/)
    Sí, tengo una verruga en el cuello. (/)
18. ¿Fue usted al oculista? (/) sí, la semana pasada (/)
    Sí, fui al oculista la semana pasada. (/)
19. ¿Le hicieron la prueba del glaucoma? (/) sí (/)
    Sí, me hicieron la prueba del glaucoma. (/)
20. ¿Ve usted bien las letras pequeñas? (/) sí (/)
    Sí, veo bien las letras pequeñas. (/)
21. ¿Trabaja usted en la sala de parto? (/) no, de bebés (/)
    No, trabajo en la sala de bebés. (/)
22. ¿Le gustaría trabajar en una clínica de enfermedades venéreas? (/) no (/)
    No, no me gustaría trabajar en una clínica de enfermedades venéreas. (/)
23. ¿Son malignos todos los tumores del seno? (/) no (/)
    No, no todos los tumores del seno son malignos. (/)

24. ¿Qué cree usted que es mejor para el bebé: darle biberón o darle de mamar? (/) darle de mamar (/) Creo que es mejor darle de mamar. (/)

25. ¿Tiene usted hijos? (/) sí, dos varones (/) Sí, tengo dos varones. (/)

Fin del Repaso Lecciones 11–15

Lección 16

Diálogo

You will hear a dialogue. First it will be read without pauses. Then the speakers will read it again with pauses for you to repeat what you hear. Listen carefully.

Problemas de la hipertensión

El señor Castro está en el consultorio del doctor Rivas. La enfermera le toma la presión y ve que es altísima. Tiene 200 sobre 98.

DOCTOR RIVAS —Señor Castro, usted tiene la presión muy alta.

SEÑOR CASTRO —Yo sólo tengo treinta años, doctor. ¿No es ése un problema de los viejos?

DOCTOR RIVAS —No, puede ocurrir a cualquier edad.

SEÑOR CASTRO —Mi padre tiene la presión alta también.

DOCTOR RIVAS —Sí, a veces el problema es hereditario.

SEÑOR CASTRO —Pero yo me siento bien. No estoy nervioso. No tengo palpitaciones...

DOCTOR RIVAS —Bueno, porque el problema está apenas comenzando... Pero es importantísimo tratarlo ahora. Yo le aconsejo que no espere porque esto puede afectarle el corazón.

SEÑOR CASTRO —¿Podría causarme otros problemas?

DOCTOR RIVAS —Sí, podría causarle un derrame.

SEÑOR CASTRO —¡Pero eso me puede dejar paralítico!

DOCTOR RIVAS —Sí, un derrame puede causar parálisis total o parcial.

SEÑOR CASTRO —Mi padre ha tenido muchos problemas con los riñones.

DOCTOR RIVAS —Pues, usted podrá evitar todo esto si sigue un tratamiento para controlar la presión.

SEÑOR CASTRO —Eso es lo que me gustaría hacer, por supuesto. ¿Qué me sugiere usted que haga?

DOCTOR RIVAS —Le aconsejo que elimine o por lo menos disminuya la cantidad de sal que usted usa en la comida.

SEÑOR CASTRO —Será difícil, pero trataré de hacerlo. ¿Qué más me recomienda que haga?

DOCTOR RIVAS —Quiero que evite el alcohol y el tabaco. También es necesario bajar de peso y hacer ejercicio por lo menos tres veces por semana.

SEÑOR CASTRO —¿Me va a recetar alguna medicina?

DOCTOR RIVAS —Sí, le voy a dar unas pastillas. Si se siente peor después de tomarlas, disminuya la dosis; tome media pastilla.

SEÑOR CASTRO —¿Por cuánto tiempo quiere que tome la medicina?

DOCTOR RIVAS —Depende; muchas veces el problema se puede resolver con el cambio en la dieta y el ejercicio.

SEÑOR CASTRO —Muy bien. Quiero empezar el tratamiento lo más pronto posible.

Now repeat each phrase after the speakers. (Dialogue)

Vocabulario

Repeat each word or phrase after the speaker. After your response, you will hear the same word or phrase again. Repeat after the model once more.

Cognados: el alcohol (/) la dosis (/) hereditario (/) la hipertensión (/) la palpitación (/) la parálisis (/) parcial (/) probablemente (/) el resto (/) el tabaco (/) total (/)

Nombres: el cambio (/) la comida (/) el corazón (/) el derrame (/) la hemorragia cerebral (/) el riñón (/) la vida (/) el viejo (/)

Verbos: aconsejar (/) afectar (/) depender (/) disminuir (/) eliminar (/) ocurrir (/) recomendar (/) resolver (/) sugerir (/) tratar (/)

Vocabulario adicional

Usted debe evitar la cafeína. (/)
Usted debe evitar las medicinas que contienen... (/)
Usted debe evitar los ejercicios violentos. (/)
Usted debe evitar el estrés. (/)
Usted debe aumentar la dosis. (/)
Usted debe mantener la misma dosis. (/)

Fin de la Lección 16

Lección 17

Diálogo

You will hear a dialogue. First it will be read without pauses. Then the speakers will read it again with pauses for you to repeat what you hear. Listen carefully.

En el consultorio del doctor Gómez, clínico

El doctor Gómez habla con tres de sus pacientes.

Con el señor Nova, que tiene diabetes:

SEÑOR NOVA	—He estado sintiendo mucho cansancio y debilidad últimamente, doctor, y me he desmayado dos or tres veces.
DOCTOR GÓMEZ	—Por los análisis veo que tiene muy alta el azúcar.
SEÑOR NOVA	—¿Entonces tengo diabetes, doctor?
DOCTOR GÓMEZ	—Sí, y es importante que usted siga fielmente las instrucciones que voy a darle.
SEÑOR NOVA	—¿Voy a tener que seguir una dieta especial?
DOCTOR GÓMEZ	—Sí, y quiero que pierda peso. Además, tiene que inyectarse insulina diariamente.

Con la señora Ordaz, que tiene una úlcera:

SEÑORA ORDAZ	—Yo creo que tengo una úlcera, doctor. Tengo mucha acidez, y generalmente, cuando tengo el estómago vacío, me duele. Se me alivia cuando como.
DOCTOR GÓMEZ	—¿Toma algún antiácido o leche?
SEÑORA ORDAZ	—Sí, tomo un vaso de leche y el dolor se me pasa. A veces vomito.

DOCTOR GÓMEZ	—¿Ha notado alguna vez sangre en el vómito o la material fecal negra?
SEÑORA ORDAZ	—No, nunca.
DOCTOR GÓMEZ	—Vamos a hacerle una radiografía porque temo que tenga una úlcera.
SEÑORA ORDAZ	—¿Puedo comer cualquier cosa?
DOCTOR GÓMEZ	—No, es necesario que evite los alimentos muy condimentados y las bebidas con cafeína. No tome bebidas alcohólicas y no fume.
SEÑORA ORDAZ	—¿Va a recetarme alguna medicina?
DOCTOR GÓMEZ	—Sí, voy a recetarle una medicina que cura las úlceras.
SEÑORA ORDAZ	—Un amigo mío toma *Tagamet.* ¿Es bueno?
DOCTOR GÓMEZ	—Sí, ése es el nombre comercial de *Cimetidine,* que es una de las medicinas usadas para el tratamiento de las úlceras. Voy a recetársela.

Con el señor Rosas, anciano de ochenta y dos años:

SEÑOR ROSAS	—Doctor, tengo muchos problemas con las hemorroides. Estoy muy estreñido. ¿Debo tomar un laxante o un purgante?
DOCTOR GÓMEZ	—Puede tomar un laxante de vez en cuando, pero no regularmente.
SEÑOR ROSAS	—También me duele mucho el estómago.
DOCTOR GÓMEZ	—Vamos a hacerle un ultrasonido para ver si tiene piedras en la vesícula biliar, pero antes voy a examinarlo. Abra la boca y saque la lengua. Diga "Ah".
SEÑOR ROSAS	—Doctor, no lo oigo bien. Creo que me estoy quedando sordo.
DOCTOR GÓMEZ	—Usted necesita usar un audífono.

SEÑOR ROSAS —Está bien. Ojalá que mi hijo me compre uno. Ah, doctor, me duelen mucho las piernas. ¿No podría recetarme algo para las várices?

DOCTOR GÓMEZ —Compre un par de medias elásticas. Espero que eso lo ayude.

Now repeat each phrase after the speakers. (Dialogue)

Vocabulario

Repeat each word or phrase after the speaker. After your response, you will hear the same word or phrase again. Repeat after the model once more.

Cognados: el antiácido (/) la cafeína (/) comercial (/) elástico (/) es necesario (/) la hemorroide (/) la almorrana (/) la instrucción (/) la insulina (/) el laxante (/) regularmente (/) la úlcera (/) el ultrasonido (/)

Nombres: la acidez (/) el anciano (/) al audífono (/) el azúcar (/) la bebida (/) el cansancio (/) el clínico (/) el internista (/) la debilidad (/) las medias (/) las medias elásticas (/) el par (/) la piedra (/) el cálculo (/) el purgante (/) las várices (/) las venas varicosas (/) el vaso (/) la vesícula biliar (/)

Verbos: aliviarse (/) curar (/) esperar (/) inyectarse (/) notar (/) oír (/) pasarle a uno (/) temer (/)

Adjetivos: condimentado (/) negro (/) sordo (/)

Otras palabras y expresiones: alguna vez (/) de vez en cuando (/) diariamente (/) el dolor se me pasa (/) fielmente (/) ojalá (/) quedarse sordo (/) sacar la lengua (/) últimamente (/)

Vocabulario adicional

¿Usted ha tenido alguna vez trastornos nerviosos? (/)
¿Usted ha tenido alguna vez depresión? (/)
¿Usted ha tenido alguna vez sicosis? (/)
¿Usted ha tenido alguna vez ansiedad o angustia? (/)
¿Usted ha tenido alguna vez ronquera? (/)
¿Usted ha tenido alguna vez problemas de los riñones? (/)
¿Usted ha tenido alguna vez las piernas inflamadas? (/)
¿Usted ha tenido alguna vez retención de líquido? (/)
¿Usted ha tenido alguna vez insomnio? (/)
¿Usted ha tenido alguna vez convulsiones? (/)
¿Usted ha tenido alguna vez una embolia? (/)
¿Usted ha tenido alguna vez entumecimiento en los brazos? (/)
¿Usted ha tenido alguna vez entumecimiento en las piernas? (/)
¿Usted ha tenido alguna vez una infección de hongo vaginal?

Fin de la Lección 17

Lección 18

Diálogo

You will hear a dialogue. First it will be read without pauses. Then the speakers will read it again with pauses for you to repeat what you hear. Listen carefully.

En la clínica de drogadictos

La señorita Muñoz, coordinadora del Programa Antidrogas, está hablando con Mario Acosta, un muchachito de quince años.

SEÑORITA MUÑOZ —Dime, ¿cuánto tiempo hace que tomas drogas, Mario?

MARIO —No sé... unos dos años.

SEÑORITA MUÑOZ —¿Alguna vez tuviste hepatitis o alguna otra enfermedad del hígado?

MARIO —No sé, pero creo que no.

SEÑORITA MUÑOZ —¿Cuándo fue la última vez que fuiste al médico?

MARIO —Hace como cuatro o cinco años.

SEÑORITA MUÑOZ —¿Tomas bebidas alcohólicas?

MARIO —Sí, cerveza o vino... a veces, pero no creo que eso me haga daño...

SEÑORITA MUÑOZ —¿Tomas anfetaminas?

MARIO —Sí.

SEÑORITA MUÑOZ —¿Cuándo empezaste a tomar drogas diariamente?

MARIO	—Cuando tenía trece años.
SEÑORITA MUÑOZ	—¿Cuántas veces por día?
MARIO	—Tres veces.
SEÑORITA MUÑOZ	—¿Cuál es la dosis? ¿Cuántos globos compras?
MARIO	—Seis... a veces ocho o nueve...
SEÑORITA MUÑOZ	—Dime, ¿te inyectas la droga en la vena o la fumas?
MARIO	—La fumo... a veces también me la inyecto.
SEÑORITA MUÑOZ	—¿Te han hecho la prueba del SIDA?
MARIO	—No.
SEÑORITA MUÑOZ	—¿Cuándo fue la última vez que trataste de dejar las drogas?
MARIO	—La semana pasada.
SEÑORITA MUÑOZ	—¿Y cuánto tiempo pudiste estar sin tomar drogas?
MARIO	—Un día y medio... Dudo que pueda aguantar más tiempo. ¿Hay algo que me puedan dar para ayudarme?
SEÑORITA MUÑOZ	—Estoy segura de que aquí podremos ayudarte. Ven conmigo.
MARIO	—No hay nadie que pueda hacer nada por mí.
SEÑORITA MUÑOZ	—No digas eso. Llena esta planilla y el médico te verá en seguida.
MARIO	—Mi hermanita, que tiene doce años, empezó a fumar mariguana... ¿Puedo traerla?
SEÑORITA MUÑOZ	—Sí, tráela cuanto antes.

Now repeat each phrase after the speakers. (Dialogue)

Vocabulario

Repeat each word or phrase after the speaker. After your response, you will hear the same word or phrase again. Repeat after the model once more.

Cognados: la alergia (/) al anfetamina (/) antidroga (/) el coordinador (/) dental (/) la droga (/) el drogadicto (/) la epilepsia (/) la hepatitis (/) la limitación (/) la mariguana (/) la marihuana (/) mental (/) el programa (/)

Nombres: el ataque al corazón (/) el infarto (/) la cerveza (/) el enfermo (/) la fecha (/) el globo (/) el hermano (/) la incapacidad (/) el lugar (/) el muchacho (/) el resumen (/) el SIDA (/) el vino (/)

Verbos: aguantar (/) decidir (/) dudar (/) recibir (/)

Otras palabras y expresiones: actualmente (/) bajo tratamiento psiquiátrico (/) favor de (/) hace como... (/) hacer daño (/) por mí (/) ¿Te han hecho la prueba de... ? (/)

Vocabulario adicional

Tipos de drogas:

el ácido (/) la cocaína (/) la coca (/) el crac (/) los esteroides anabólicos (/) el éxtasis (/) el hachich (/) el hachís (/) la heroína (/) el leño (/) la cucaracha (/) el porro (/) la metadona (/) la morfina (/) el opio (/) la PCP (/) el polvo de ángel (/) el porro mortal (/)

adicto (/) las alucinaciones (/) el delírium tremens (/) la desintoxicación (/) endrogarse (/) la jeringuilla (/) la jeringa hipodérmica (/) pullar (/) la sobredosis (/)

Fin de la Lección 18

Lección 19

Diálogo

You will hear a dialogue. First it will be read without pauses. Then the speakers will read it again with pauses for you to repeat what you hear. Listen carefully.

Consejos útiles

Una madre joven habla con el pediatra de su bebé.

MADRE —Quería hacerle algunas preguntas, doctor.

PEDIATRA —Muy bien.

MADRE —Todavía tengo miedo de dejar al bebé solo en la cuna.

PEDIATRA —En la cuna está seguro, si no hay en ella objetos peligrosos como alfileres, monedas, botones, bolsas de plástico, etcétera.

MADRE —¿Puede usar su almohadita?

PEDIATRA —No use almohadas; pueden sofocar al niño.

MADRE —El otro día, tomando el biberón, el bebé se atragantó; y no sé por qué... Me asusté mucho.

PEDIATRA —Quizás el agujero del biberón es demasiado grande.

MADRE —Voy a revisarlo, pero no creo que haya sido eso... Cuando empiece a gatear y a pararse voy a tener más problemas.

PEDIATRA —En cuanto empiece a andar por la casa, tiene que tener mucho más cuidado porque el bebé puede envenenarse con muchas de las cosas que hay en la casa, como lejía, tintes, insecticidas, pinturas, detergentes, maquillajes, etcétera. En este folleto encontrará usted otras instrucciones útiles.

Instrucciones

1. El niño no debe estar cerca del horno, de la estufa, de la plancha, de los fósforos, de los líquidos calientes ni de los objetos eléctricos.
2. Si el niño se quema, trate la quemadura con agua, no con hielo. Nunca ponga yodo ni mantequilla en la quemadura. Si ésta es grave, lleve al niño al médico.
3. Ponga enchufes de seguridad sobre los tomacorrientes que no use y tape con muebles los que están en uso.
4. En caso de cortaduras y rasguños, limpie la herida con agua y jabón y cúbrala con un vendaje. Si la herida es profunda, llame al médico. Si sangra mucho, aplique presión sobre la herida y llévelo al médico.
5. No deje al niño al sol por mucho tiempo, y póngale un gorro. Para un niño pequeño, dos minutos por día es suficiente.
6. No deje al niño solo en la casa, ni en la bañadera ni en la piscina, ni en el coche.
7. Haga vacunar a sus niños antes de que empiecen a ir a la escuela.
8. En su casa y en el carro tenga siempre un botiquín o un estuche de primeros auxilios con lo siguiente:

cinta adhesiva, curitas, gasa, pinzas, tijeras, termómetro, alcohol, agua oxigenada, crema antibacteriana, antihistamínico (liquido de *Benadryl*), ungüento para quemaduras menores, ipecacuana, *Tylenol*. Tenga también los números de teléfono del centro de envenenamiento, de los paramédicos, del hospital y de su médico.

Now repeat each phrase after the speakers. (Dialogue)

Vocabulario

Repeat each word or phrase after the speaker. After your response, you will hear the same word or phrase again. Repeat after the model once more.

Cognados:	el antihistamínico (/) el detergente (/)
	el insecticida (/) el objeto (/)
	el paramédico (/) el plástico (/)
Nombres:	el agua oxigenada (/) el agujero (/)
	el hueco (/) el alfiler (/)
	la bañadera (/) la bañera (/)
	el botiquín (/) la casa (/)
	el centro de envenenamiento (/)
	la cinta adhesiva (/) el consejo (/)
	la cortadura (/) la cuna (/)
	el enchufe de seguridad (/)
	el estuche de primeros auxilios (/)
	el botiquín de primeros auxilios (/)
	la estufa (/) la cocina (/)
	el fósforo (/) la cerilla (/) el gorro (/)
	el horno (/) la ipecacuana (/)
	la lejía (/) el maquillaje (/)
	la moneda (/) el mueble (/)
	la pintura (/) las pinzas (/)
	la piscina (/) la alberca (/)
	la plancha (/)

los primeros auxilios (/)
el rasguño (/) el sol (/) el teléfono (/)
las tijeras (/) el tinte (/)
el tomacorrientes (/) el vendaje (/)
la venda (/) el yodo (/)

Verbos: andar (/) aplicar (/) asustarse (/)
atragantarse (/) envenenarse (/)
gatear (/) andar a gatas (/)
sofocarse (/)

Adjetivos: profundo (/) hondo (/) seguro (/)
solo (/) útil (/)

Otras palabras
y expresiones: en cuanto (/) tan pronto como (/)
demasiado (/) hacer preguntas (/)
tener miedo (/)

Vocabulario adicional

El cuidado de los bebés:

el babero (/) cambiar el pañal (/) el cochecito (/)
la comidita de bebé (/) la loción para bebé (/)
el pañal (/) el pañal desechable (/)
los pañuelos de papel (/) la sillita alta (/)
el talco para bebé (/) la toallita (/)

ponerse rojo (/) ponerse azul (/) ponerse blanco (/)
ponerse pálido (/)

Fin de la Lección 19

Lección 20

Diálogo

You will hear a dialogue. First it will be read without pauses. Then the speakers will read it again with pauses for you to repeat what you hear. Listen carefully.

En el consultorio del cardiólogo

Con el señor Calles.

El señor Calles tiene algunos problemas que podrían indicar que sufre del corazón, y su médico le dijo que viera al cardiólogo.

DOCTOR —¿Le ha dicho su médico que usted tiene problemas con el corazón?

SEÑOR CALLES —No, pero tengo algunos síntomas que podrían indicar un problema, y mi médico me dijo que viniera a verlo a usted.

DOCTOR —¿Ha tenido alguna vez fiebre reumática o temblores en las extremidades?

SEÑOR CALLES —No, nunca.

DOCTOR —¿Le duele el pecho o siente alguna opresión cuando hace ejercicio?

SEÑOR CALLES —Sí, a veces tengo dolor y me falta el aire... cuando subo una escalera, por ejemplo...

DOCTOR —¿Es un dolor sordo o agudo?

SEÑOR CALLES —Es un dolor agudo.

DOCTOR —¿Le late el corazón muy rápidamente a veces?

SEÑOR CALLES —Sí, cuando corro.

DOCTOR —¿Tiene a veces sudor frío después de un ejercicio violento?

SEÑOR CALLES —No.

DOCTOR —¿Algún pariente cercano suyo ha tenido alguna vez un ataque al corazón antes de los sesenta años?

SEÑOR CALLES —Bueno, un tío, el hermano de mi mamá, murió de un ataque al corazón a los cincuenta años.

DOCTOR —Ajá... ¿Tiene calambres en las piernas cuando camina varias cuadras?

SEÑOR CALLES —Bueno, si yo caminara, tal vez tendría calambres, pero casi nunca camino.

DOCTOR —¿Le han encontrado el ácido úrico elevado en la sangre alguna vez?

SEÑOR CALLES —No.

DOCTOR —Bueno, antes de comenzar ningún tratamiento, vamos a hacerle un electrocardiograma.

Con el señor Luna.

El cardiólogo habla con el señor Luna sobre el marcapasos que el paciente necesita.

DOCTOR —Le voy a colocar en el pecho, debajo de la piel, una caja pequeña que contiene baterías.

SEÑOR LUNA —¿Eso me va a mejorar?

DOCTOR —Sí, con el marcapasos, su corazón va a latir mejor.

SEÑOR LUNA —¿Voy a estar despierto cuando me lo haga?

DOCTOR	—No, va a estar dormido.
SEÑOR LUNA	—El otro médico me dijo que le preguntara si tendría ciertas limitaciones.
DOCTOR	—Bueno, llámeme si le dicen que usted necesita una radiografía. Tiene que avisarles que usted tiene un marcapasos.
SEÑOR LUNA	—¿Qué otras precauciones debo tomar?
DOCTOR	—Si va al dentista, dígale que tiene un marcapasos.
SEÑOR LUNA	—¿Cuánto tiempo me van a durar las baterías del marcapasos?
DOCTOR	—Le van a durar entre diez y quince años.

Now repeat each phrase after the speakers. (Dialogue)

Vocabulario

Repeat each word or phrase after the speaker. After your response, you will hear the same word or phrase again. Repeat after the model once more.

Cognados: la batería (/) el cardiólogo (/) el electrocardiograma (/) elevado (/) rápidamente (/) úrico (/) violento (/)

Nombres: la caja (/) el calambre (/) la cuadra (/) la fiebre reumática (/) el marcapasos (/) la opresión (/) el pariente (/) el pariente cercano (/) el sudor (/) el temblor (/) el tío (/)

Verbos: contener (/) durar (/) latir (/) mejorar (/) morir (/)

Adjetivos: agudo (/) punzante (/) cercano (/) cierto (/) despierto (/) dormido (/) sordo (/)

Otras palabras y expresiones: casi nunca (/) entre (/) faltarle algo a uno (/) faltarle el aire a uno (/) por ejemplo (/) tal vez (/)

Vocabulario adicional

El paciente tiene un coágulo. (/)
El paciente tiene un soplo cardíaco. (/)
El paciente tiene taquicardia. (/)
El paciente tiene la urea alta. (/)
El paciente tiene las arterias obstruidas. (/)
El paciente necesita ser monitorizado. (/)
El paciente necesita una operación de corazón abierto. (/)
El paciente necesita un anticoagulante. (/)
El paciente necesita una angioplastía. (/)
El paciente necesita un trasplante de corazón. (/)
El paciente necesita un puente coronario. (/)

el hermanastro (/) el hijastro (/) la madrastra (/) el padrastro (/)

Fin de la Lección 20

Lectura 4

Listen to the following passage about symptoms of a heart attack.

Síntomas de un ataque al corazón

Un dolor en el pecho, especialmente si baja al brazo izquierdo, puede ser una señal de un ataque al corazón; el paciente que sufre fuertes dolores en el pecho deberá ver a su médico inmediatamente.

El dolor típico causado por problemas relacionados con un ataque al corazón se concentra en el medio del pecho. Se siente una gran opresión, dolor y una punzada. El dolor puede durar desde unos pocos minutos hasta horas y puede aliviarse y volver después. Frecuentemente estos primeros síntomas de un ataque al corazón van acompañados de debilidad, fatiga, sudor, dificultad para respirar, náuseas o indigestión, aunque a veces sólo se presenta el dolor.

Las personas que tienen mayor probabilidad de sufrir un ataque al corazón son las personas que:

1. tienen familiares que han sufrido ataques al corazón antes de los sesenta años.
2. fuman un paquete de cigarrillos o más al día.
3. tienen exceso de peso.
4. tienen el colesterol alto.
5. tienen la presión alta.
6. tienen diabetes.
7. no hacen ejercicios o tienen demasiada tensión emocional.

La mitad de las personas que sufren ataques al corazón no han tenido antes ningún síntoma, pero si una persona siente alguno de los síntomas señalados, debe ver a su médico inmediatamente o llamar a la sala de emergencia del hospital más cercano a su casa y debe seguir exactamente las instrucciones que le den.

Si una persona cree que tiene un ataque al corazón debe mantenerse quieto. Si le falta la respiración se sentirá más cómodo sentado. Tampoco debe comer ni beber nada excepto líquido tomado con algún medicamento.

Conversaciones

You will hear several brief conversations. First they will be read without pauses. Then the speakers will read them again with pauses for you to repeat what you hear. Listen carefully.

—Carlos, tengo un fuerte dolor en el pecho.
—Eso puede indicar un ataque al corazón.
—¿Qué debo hacer?
—Debes ver a tu médico en seguida.

Now repeat each phrase after the speaker.
(Conversation)

—Doctor, mi padre murió de un ataque al corazón.
—Entonces usted tiene más probabilidad de sufrir un ataque al corazón.

—¿Qué puedo hacer para evitarlo?
—No fume, haga ejercicio y no aumente de peso.

Now repeat each phrase after the speaker.
(Conversation)

—Mi esposo fuma más de dos paquetes de cigarrillos al día.
—Esto aumenta la probabilidad de tener cáncer o problemas del corazón.

Now repeat each phrase after the speaker.
(Conversation)

—Doctor, ¿quiénes tienen más probabilidad de tener problemas del corazón, las personas delgadas o las personas gordas?
—Las personas que tienen exceso de peso tienen más probabilidad.

Now repeat each phrase after the speaker.
(Conversation)

Repaso: Lecciones 16–20

Práctica oral

Listen to the following exercise. The speaker will ask you some questions. Answer the questions, using the cues provided. The speaker will confirm the correct answer. Repeat the correct answer.

1. ¿Qué edad tiene usted? (/) treinta años (/)
   Tengo treinta años. (/)
2. ¿Tiene usted la presión alta, baja o normal? (/) normal (/)
   Tengo la presión normal. (/)
3. ¿Tiene usted alguna enfermedad hereditaria? (/) no, ninguna (/)
   No, no tengo ninguna enfermedad hereditaria. (/)
4. ¿Ha tenido usted un derrame alguna vez? (/) no, nunca (/)
   No, nunca he tenido un derrame. (/)
5. ¿Ha disminuido usted la cantidad de sal que usa en la comida? (/) no (/)
   No, no he disminuido la cantidad de sal que uso en la comida. (/)
6. ¿Ha estado sintiendo usted cansancio últimamente? (/) sí, mucho (/)
   Sí, he estado sintiendo mucho cansancio últimamente. (/)
7. ¿Tiene usted acidez a veces? (/) sí, a veces (/)
   Sí, a veces tengo acidez. (/)

8. ¿Ha notado usted alguna vez la materia fecal negra? (/) no, nunca (/)
   No, nunca he notado la materia fecal negra. (/)
9. ¿Qué le dijo su médico que debía evitar? (/) la cafeína (/)
   Me dijo que debía evitar la cafeína. (/)
10. ¿Le han hecho un ultrasonido últimamente? (/) no (/)
    No, no me han hecho un ultrasonido últimamente. (/)
11. ¿Ha tenido usted alguna enfermedad del hígado? (/) no (/)
    No, no he tenido ninguna enfermedad del hígado. (/)
12. ¿Cuándo fue la última vez que usted fue al médico? (/) el mes pasado (/)
    La última vez que fui al médico fue el mes pasado. (/)
13. ¿Es verdad que usted ha tomado anfetaminas? (/) no (/)
    No, no es verdad que yo haya tomado anfetaminas. (/)
14. ¿Se atragantó usted alguna vez cuando comía? (/) sí, muchas veces (/)
    Sí, me atraganté muchas veces cuando comía. (/)

15. ¿Se quemó usted alguna vez? (/) sí, muchas veces (/)
Sí, me quemé muchas veces. (/)

16. ¿Pone usted yodo o mantequilla en una quemadura? (/) no (/)
No, no pongo yodo ni mantequilla en una quemadura. (/)

17. ¿Tiene usted un botiquín de primeros auxilios en su carro? (/) sí (/)
Sí, tengo un botiquín de primeros auxilios en mi carro. (/)

18. ¿A quién consultaría usted si sufriera del corazón? (/) a un cardiólogo (/)
Si sufriera del corazón, consultaría a un cardiólogo. (/)

19. ¿Es verdad que usted ha tenido fiebre reumática? (/) no (/)
No, no es verdad que haya tenido fiebre reumática. (/)

20. ¿Le falta el aire a veces cuando hace ejercicio? (/) sí, a veces (/)
Sí, a veces me falta el aire cuando hago ejercicio. (/)

21. ¿Le late el corazón muy rápidamente a veces? (/) sí, cuando corro (/)
Sí, me late muy rápidamente cuando corro. (/)

22. ¿Le han encontrado el ácido úrico elevado en la sangre alguna vez? (/) no, nunca (/)
No, nunca me han encontrado el ácido úrico elevado en la sangre. (/)

23. ¿Tiene usted calambres a veces? (/) sí, en las piernas (/)
Sí, a veces tengo calambres en las piernas. (/)

24. ¿Tiene usted algún pariente cercano que haya muerto del corazón? (/) no (/)
No, no tengo ningún pariente cercano que haya muerto del corazón. (/)

25. ¿Siente usted a veces opresión en el pecho? (/) no, nunca (/)
No, nunca siento opresión en el pecho. (/)

Fin del Repaso Lecciones 16–20

AUDIOSCRIPT
for
SPANISH FOR SOCIAL SERVICES

Sixth Edition

Ana C. Jarvis
Luis Lebredo

Introduction to Spanish Sounds

The following guide to Spanish pronunciation is designed to help you do the exercises in this tape program and to enhance your speaking ability. You will find the printed version of this guide in Appendix A of your manual.

You will hear a series of words related to a particular sound. Repeat each word after the speaker, imitating the pronunciation as closely as you can.

The Vowels

1. The Spanish **a** has a sound similar to the English *a* in the word *father.* Repeat:

Ana	casa	banana
mala	dama	mata

2. The Spanish **e** is pronounced like the English *e* in the word *eight.* Repeat:

este	René	teme
déme	entre	bebe

3. The Spanish **i** is pronounced like the English *ee* in the word *see.* Repeat:

sí	difícil	Mimí
ir	dividir	Fifí

4. The Spanish **o** is similar to the English *o* in the word *no,* but without the glide. Repeat:

solo	poco	como
toco	con	monólogo

5. The Spanish **u** is similar to the English *ue* sound in the word *Sue.* Repeat:

Lulú	un	su
universo	murciélago	

The Consonants

1. The Spanish **p** is pronounced like the English *p* in the word *spot.* Repeat:

pan	papá	Pepe
pila	poco	pude

2. The Spanish **c** in front of **a**, **o**, **u**, **l**, or **r** sounds similar to the English *k.* Repeat:

casa	como	cuna
clima	crimen	cromo

3. The Spanish **q** is only used in the combinations **que** and **qui** in which the **u** is silent and also has a sound similar to the English *k.* Repeat:

que	queso	Quique
quinto	quema	quiso

4. The Spanish **t** is pronounced like the English *t* in the word *stop.* Repeat:

toma	mata	tela
tipo	atún	Tito

5. The Spanish **d** at the beginning of an utterance or after **n** or **l** sounds somewhat similar to the English *d* in the word *David.* Repeat:

día	dedo	duelo
anda	Aldo	

   In all other positions, the **d** has a sound similar to the English *th* in the word *they.* Repeat:

medida	todo	nada
Ana dice	Eva duda	

6. The Spanish **g** also has two sounds. At the beginning of an utterance and in all other positions, except before **e** and **i**, the Spanish **g** sounds similar to the English *g* in the word *sugar.* Repeat:

goma	gato	tengo
lago	algo	aguja

   In the combinations **gue** and **gui**, the **u** is silent. Repeat:

Águeda	guineo	guiso
ligue	la guía	

7. The Spanish **j**, and **g** before **e** or **i**, sounds similar to the English *h* in the word *home.* Repeat:

jamás	juego	jota
Julio	gente	Genaro
gime		

8. The Spanish **b** and the **v** have no difference in sound. Both are pronounced alike. At the beginning of the utterance or after **m** or **n**, they sound similar to the English *b* in the word *obey.* Repeat:

Beto	vaga	bote
vela	también	un vaso

   Between vowels, they are pronounced with the lips barely closed. Repeat:

sábado	yo voy	sabe
Ávalos	eso vale	

9. In most Spanish-speaking countries, the **y** and the **ll** are similar to the English *y* in the word *yet.* Repeat:

yo	llama	yema
lleno	ya	lluvia
llega		

10. The Spanish **r** (**ere**) is pronounced like the English *tt* in the word *gutter*. Repeat:

cara	pero	arena
carie	Laredo	Aruba

The Spanish **r** in an initial position and after **l**, **n**, or **s**, and **rr** (**erre**) in the middle of a word are pronounced with a strong trill. Repeat:

Rita	Rosa	torre
ruina	Enrique	Israel
perro	parra	rubio
alrededor	derrama	

11. The Spanish **s** sound is represented in most of the Spanish-speaking world by the letters **s**, **z**, and **c** before **e** or **i**. The sound is very similar to the English sibilant *s* in the word *sink*. Repeat:

sale	sitio	solo
seda	suelo	zapato
cerveza	ciudad	cena

In most of Spain, the **z**, and **c** before **e** or **i**, is pronounced like the English *th* in the word *think*. Repeat:

zarzuela	cielo	docena

12. The letter **h** is silent in Spanish. Repeat:

hilo	Hugo	ahora
Hilda	almohada	hermano

13. The Spanish **ch** is pronounced like the English *ch* in the word *chief*. Repeat:

muchacho	chico	coche
chueco	chaparro	

14. The Spanish **f** is identical in sound to the English *f*. Repeat:

famoso	feo	difícil
fuego	foto	

15. The Spanish **l** is pronounced like the English *l* in the word *lean*. Repeat:

dolor	ángel	fácil
sueldo	salgo	chaval

16. The Spanish **m** is pronounced like the English *m* in the word *mother*. Repeat:

mamá	moda	multa
médico	mima	

17. In most cases, the Spanish **n** has a sound similar to the English *n*. Repeat:

nada	norte	nunca
entra	nene	

The sound of the Spanish **n** is often affected by the sounds that occur around it. When it appears before **b**, **v**, or **p**, it is pronounced like the English *m*. Repeat:

invierno	tan bueno	un vaso
un bebé	un perro	

18. The Spanish **ñ** (**eñe**) has a sound similar to the English *ny* in the word *canyon*. Repeat:

muñeca	leña	año
señorita	piña	señor

19. The Spanish **x** has two pronunciations, depending on its position. Between vowels, the sound is similar to the English *ks*. Repeat:

examen	boxeo
exigente	éxito

Before a consonant, the Spanish **x** sounds like the English *s*. Repeat:

expreso	excusa
exquisito	extraño

Linking

In spoken Spanish, the various words in a phrase or sentence are not pronounced as isolated elements, but are combined. This is called *linking*.

1. The final consonant of a word is pronounced together with the initial vowel of the following word. Repeat:

Carlos_anda	un_ángel
el_otoño	unos_estudiantes

2. The final vowel of a word is pronounced together with the initial vowel of the following word. Repeat:

su_esposo	la_hermana
ardua_empresa	la_invita

3. When the final vowel of a word and the initial vowel of the following word are identical, they are pronounced slightly longer than one vowel. Repeat:

Ana_alcanza	me_espera
mi_hijo	lo_olvida

The same rule applies when two identical vowels appear within a word. Repeat:

cooperación	crees
leemos	coordinación

4. When the final consonant of a word and the initial consonant of the following word are the same, they are pronounced as one consonant with slightly longer-than-normal duration. Repeat:

el lado	un novio	Carlos salta
tienes sed	al leer	

End of Introduction to Spanish Sounds

Lección preliminar

You will hear several brief dialogues. First they will be read without pauses. Then the speakers will read them again with pauses for you to repeat what you hear. Listen carefully.

Conversaciones breves

A. —Pase, señora. Tome asiento, por favor.
   —Buenos días.
   —Buenos días, señora. ¿Cómo está usted?
   —Bien, gracias. ¿Y usted?
   —Muy bien.

B. —Hasta mañana, señorita, y muchas gracias.
   —De nada, señor. Para servirle. Adiós.

C. —¿Es usted ciudadano americano, señor Ávila?
   —No, pero soy residente legal.
   —¿Es usted casado, soltero... ?
   —Soy divorciado.

D. —Buenas noches. ¿Qué tal?
   —No muy bien.
   —Lo siento.

Mas tarde.

   —¿Algo más, Sr. Rojas?
   —No, eso es todo.
   —Entonces, buenas noches. ¡Que se mejore!
   —Gracias.

E. —Buenas tardes.
   —Buenas tardes, señorita. ¿Nombre y apellido?
   —Ana María Ugarte.
   —¿Cómo se escribe Ugarte?
   —U, g, a, ere, te, e.
   —¿Dirección?
   —Calle Magnolia, número cien.
   —¿Número de teléfono?
   —Ocho–dos–cinco–cuatro–seis–cero–siete.

Now repeat each phrase after the speakers.
(Dialogues A–E)

Vocabulario

Repeat each word or phrase after the speaker in the pause provided. After your response, you will hear the same word or phrase again. Repeat after the model once more.

Saludos y despedidas:	Adiós. (/)
	Bien, gracias. ¿Y usted? (/)
	Buenos días. (/) Buenas noches. (/)
	Buenas tardes. (/)
	¿Cómo está usted? (/)
	Hasta mañana. (/) Muy bien. (/)
	No muy bien. (/) ¿Qué tal? (/)
Títulos:	señor (/) señora (/) señorita (/)
Nombres:	el apellido (/) la calle (/)
	la dirección (/) el domicilio (/)
	el nombre (/) el número (/)
	el número de teléfono (/)
Verbo:	ser (/)
Adjetivos:	casado (/) divorciado (/) soltero (/)
Otras palabras y expresiones:	¿Algo más? (/) ¿Cómo se escribe? (/)
	De nada. (/) No hay de qué. (/)
	entonces (/) Eso es todo. (/)
	Lo siento. (/) mas tarde (/)
	Muchas gracias. (/) muy (/) no (/)
	o (/) Para servirle. (/) Pase. (/)
	pero (/) por favor (/)
	¡Que se mejore! (/)
	el residente legal (/) Tome asiento. (/)
	usted (/) ustedes (/) y (/)

Fin de la Lección preliminar

Lección 1

Diálogo

You will hear a dialogue. First it will be read without pauses. Then the speakers will read it again with pauses for you to repeat what you hear. Listen carefully.

En el departamento de Bienestar Social (I)

La señora Gutiérrez habla con la recepcionista.

SRA. GUTIÉRREZ	—Buenos días.
RECEPCIONISTA	—Buenos días, señora. ¿Qué desea usted?
SRA. GUTIÉRREZ	—Deseo hablar con un trabajador social.
RECEPCIONISTA	—Primero necesita llenar una planilla.
SRA. GUTIÉRREZ	—Necesito ayuda, señorita. No hablo inglés bien.
RECEPCIONISTA	—Bueno, yo lleno la planilla. ¿Nombre y apellido?
SRA. GUTIÉRREZ	—Rosa Gutiérrez.
RECEPCIONISTA	—¿Estado civil?
SRA. GUTIÉRREZ	—Viuda.
RECEPCIONISTA	—¿Apellido de soltera?
SRA. GUTIÉRREZ	—Díaz.
RECEPCIONISTA	—¿Domicilio?
SRA. GUTIÉRREZ	—Avenida Magnolia, número setecientos veinticuatro, apartamento trece.
RECEPCIONISTA	—¿Zona postal?
SRA. GUTIÉRREZ	—Nueve, dos, cuatro, cero, cinco.
RECEPCIONISTA	—¿Número de seguro social? Despacio, por favor.
SRA. GUTIÉRREZ	—Quinientos treinta, cincuenta, veinte, dieciocho.
RECEPCIONISTA	—¿Es usted ciudadana americana?
SRA. GUTIÉRREZ	—No, soy extranjera, pero soy residente legal.
RECEPCIONISTA	—¿Para qué desea hablar con un trabajador social, señora Gutiérrez?
SRA. GUTIÉRREZ	—Necesito ayuda en dinero para pagar el alquiler y estampillas para alimentos.
RECEPCIONISTA	—Entonces necesita esperar veinte minutos.
SRA. GUTIÉRREZ	—Bueno. Por favor, ¿qué hora es?
RECEPCIONISTA	—Son las diez y cinco.

Now repeat each phrase after the speakers. (Dialogue)

Vocabulario

Repeat each word or phrase after the speaker. After your response, you will hear the same word or phrase again. Repeat after the model once more.

Cognados:	el apartamento (/) legal (/) el minuto (/) postal (/) el recepcionista (/) social (/)
Nombres:	el alimento (/) la comida (/) el alquiler (/) la renta (/) el apellido de soltera (/) la avenida (/) la ayuda (/) la ayuda en dinero (/) el Departamento de Bienestar Social (/) el dinero (/) el estado civil (/) las estampillas para alimentos (/) los cupones para comida (/) el extranjero (/) el inglés (/) la planilla (/) la forma (/) el seguro social (/) el trabajador social (/) la zona postal (/) el código postal (/)
Verbos:	desear (/) esperar (/) hablar (/) llenar (/) necesitar (/) pagar (/)
Adjetivos:	americano (/) extranjero (/) viudo (/)
Otras palabras y expresiones:	bueno (/) con (/) despacio (/) en (/) para (/) ¿para qué? (/) pero (/) primero (/) ¿qué? (/) ¿Qué hora es? (/) sí (/) Son las diez y cinco. (/) un (/) una (/)

Vocabulario adicional

el apartado postal (/) la familia (/) la hipoteca (/) la inicial (/) el jefe de la familia (/) la cabeza de familia (/) el nombre de pila (/) el recibo (/) el comprobante (/) el segundo nombre (/) la subvención (/) el subsidio (/)

Fin de la Lección 1

Lección 2

Diálogo

You will hear a dialogue. First it will be read without pauses. Then the speakers will read it again with pauses for you to repeat what you hear. Listen carefully.

En el Departamento de Bienestar Social (II)

La trabajadora social habla con la señora Acosta.

TRABAJADORA SOCIAL	—¿Cuántos meses debe?
SRA. ACOSTA	—Debo tres meses.
TRABAJADORA SOCIAL	—¿Cuándo debe pagar el alquiler?
SRA. ACOSTA	—Si no pago mañana, debo desocupar la casa.
TRABAJADORA SOCIAL	—Usted necesita ayuda urgente.
SRA. ACOSTA	—También necesito alimentos para mis hijos.
TRABAJADORA SOCIAL	—¿Es usted casada?
SRA. ACOSTA	—No, soy divorciada.
TRABAJADORA SOCIAL	—¿Cuántas personas viven en su casa?
SRA. ACOSTA	—Somos seis. Mis cinco hijos y yo.
TRABAJADORA SOCIAL	—Bien. Debe firmar aquí.
SRA. ACOSTA	—¿Con quién debo hablar ahora?
TRABAJADORA SOCIAL	—A ver... Con el señor Pérez, en la segunda oficina a la derecha.

El señor Pérez, trabajador social, llama a la señora Acosta y habla con ella.

SR. PÉREZ	—Señora Acosta... Pase, señora. Tome asiento, por favor.
SRA. ACOSTA	—Gracias.
SR. PÉREZ	—*(Lee la planilla.)* ¿Trabaja usted, señora Acosta?
SRA. ACOSTA	—No, yo no trabajo.
SR. PÉREZ	—¿Recibe usted alguna ayuda económica?
SRA. ACOSTA	—No, ahora no.
SR. PÉREZ	—¿Reciben los niños pensión alimenticia?
SRA. ACOSTA	—No, señor.
SR. PÉREZ	—¿El Sr. Acosta no ayuda a los niños?
SRA. ACOSTA	—No, señor.
SR. PÉREZ	—¿Dónde vive él?
SRA. ACOSTA	—Vive en la casa de su madre. Su dirección es Calle Cuatro, número ciento cincuenta y seis.
SR. PÉREZ	—Bien. ¿Cuánto paga de alquiler?
SRA. ACOSTA	—Quinientos treinta y cinco dólares mensuales.
SR. PÉREZ	—¿Qué otras cuentas debe pagar?
SRA. ACOSTA	—La electricidad, el agua, el gas y el teléfono.
SR. PÉREZ	—¿Eso es todo?
SRA. ACOSTA	—Creo que sí...

Now repeat each phrase after the speakers. (Dialogue)

Vocabulario

Repeat each word or phrase after the speaker. After your response, you will hear the same word or phrase again. Repeat after the model once more.

Cognados:	el dólar (/) la electricidad (/) el gas (/) la oficina (/) la persona (/) el teléfono (/) urgente (/)
Nombres:	el agua (/) la casa (/) la cuenta (/) la esposa (/) la señora (/) la mujer (/) el esposo (/) el marido (/) el hijo (/) la madre (/) el mes (/) el niño (/) la pensión alimenticia (/)
Verbos:	ayudar (/) creer (/) deber (/) desocupar (/) desalojar (/) firmar (/) leer (/) llamar (/) recibir (/) trabajar (/) vivir (/)
Adjetivos:	algún (/) divorciado (/) económico (/) mensual (/) mi (/) otro (/) segundo (/) su (/)
Otras palabras y expresiones:	a la derecha (/) A ver. (/) ahora (/) ahorita (/) ahora no (/) aquí (/) con ella (/) Creo que sí. (/) ¿cuándo? (/) ¿cuánto? (/) ¿cuántos? (/) ¿Cuánto paga de alquiler? (/) ¿dónde? (/) ex (/) ¿quién? (/) si (/) Somos seis. (/) también (/)

Vocabulario adicional

a la izquierda (/) a la semana (/) por semana (/) semanal (/) el aire acondicionado (/) al día (/) por día (/) diario (/) alimentar (/) dar de comer (/) la calefacción (/) Creo que no. (/) desalojado (/) sin hogar (/) el desalojo (/) la deuda (/) entrar (/) entrar en (/) evitar (/) pasado mañana (/) la puerta (/) el trabajo (/)

Fin de la Lección 2

Lección 3

Diálogo

You will hear a dialogue. First it will be read without pauses. Then the speakers will read it again with pauses for you to repeat what you hear. Listen carefully.

En el Departamento de Bienestar Social (III)

La señora Lupe Vega va al Departamento de Bienestar Social para solicitar ayuda. Ahora una trabajadora social ayuda a la señora Vega a llenar la planilla con la información sobre su caso.

TRABAJADORA SOCIAL	—¿Cuántas personas viven en su casa, señora?
SRA. VEGA	—Cinco. Mi padre y yo, mis dos hijos y la hija de mi hermana.
TRABAJADORA SOCIAL	—Dos adultos y tres niños. Bien. ¿Cuál es la edad de su padre?
SRA. VEGA	—Sesenta y dos años, pero está incapacitado para trabajar.
TRABAJADORA SOCIAL	—¿Por qué?
SRA. VEGA	—Porque él es ciego y sordo, y ahora está enfermo.
TRABAJADORA SOCIAL	—¿Está usted separada de su esposo?
SRA. VEGA	—Sí.
TRABAJADORA SOCIAL	—¿Dónde vive él ahora?
SRA. VEGA	—Creo que vive en otro estado... o en otro país... No estoy segura.
TRABAJADORA SOCIAL	—¿Desde cuándo está usted separada del padre de sus hijos?
SRA. VEGA	—Desde el año pasado, y él no da ni un centavo para los gastos de la casa.
TRABAJADORA SOCIAL	—¿Usted trabaja, señora?
SRA. VEGA	—Sí, en una cafetería.
TRABAJADORA SOCIAL	—Usted está embarazada, ¿verdad?
SRA. VEGA	—Sí, pero de otro hombre, y él es muy pobre.
TRABAJADORA SOCIAL	—¿Dónde trabaja él?
SRA. VEGA	—En el campo, pero ahora hay poco trabajo.
TRABAJADORA SOCIAL	—¿Toda esta información es correcta y verdadera?
SRA. VEGA	—Sí, señorita.
TRABAJADORA SOCIAL	—¿Cuándo va a dar a luz?
SRA. VEGA	—En mayo.
TRABAJADORA SOCIAL	—Muy bien, ahora debe firmar aquí y escribir la fecha de hoy.
SRA. VEGA	—Entonces, ¿voy a recibir ayuda?
TRABAJADORA SOCIAL	—Bueno, ahora debe ir a ver al señor Peña. Él va a estudiar su caso para ver si usted es elegible para recibir ayuda.
SRA. VEGA	—¿Quién es el señor Peña?
TRABAJADORA SOCIAL	—Es el administrador del departamento. Su oficina queda al final del pasillo. A la izquierda.

La señora Vega va a la oficina del señor Peña.

Now repeat each phrase after the speakers. (Dialogue)

Vocabulario

Repeat each word or phrase after the speaker. After your response, you will hear the same word or phrase again. Repeat after the model once more.

Cognados:	el administrador (/) el adulto (/) el caso (/) correcto (/) elegible (/) el estado (/) incapacitado (/) la información (/) separado (/)
Nombres:	el año (/) el campo (/) el centavo (/) el chavo (/) la edad (/) el esposo (/) el marido (/) la fecha (/) el gasto (/) los gastos de la casa (/) la hermana (/) el hombre (/) el padre (/) el papá (/) el país (/) el pasillo (/) el trabajo (/)
Verbos:	ayudar (/) dar (/) escribir (/) estar (/) estudiar (/) ir (/) quedar (/) solicitar (/) ver (/)
Adjetivos:	ciego (/) embarazada (/) enfermo (/) este (/) esta (/) mi (/) mis (/) pasado (/) pobre (/) seguro (/) sordo (/) su (/) sus (/) todo (/) verdadero (/)
Otras palabras y expresiones:	a (/) a la izquierda (/) a la derecha (/) al final (/) antes (/) ¿cuál? (/) dar a luz (/) parir (/) de (/) desde (/) ¿dónde? (/) la fecha de hoy (/) hay (/) incapacitado para trabajar (/)

la información sobre el caso (/)
ni un centavo (/) o (/)
para ver si... (/) pero (/) poco (/)
por eso (/) ¿por qué? (/) porque (/)
que (/) sobre (/) ¿verdad? (/)

el hermanastro (/) el hermano (/) el hijo ce crianza (/)
la madrastra (/) la madre (/) la mamá (/)
la media hermana (/) el medio hermano (/) la nieta (/)
el nieto (/) la nuera (/) el padrastro (/) los padres (/)
los padres de crianza (/) el primo (/) la sobrina (/)
el sobrino (/) la suegra (/) el suegro (/) la tía (/)
el tío (/) el yerno (/)

Vocabulario adicional

La familia:

Fin de la Lección 3

la abuela (/) el abuelo (/) la cuñada (/) el cuñado (/)
la esposa (/) la mujer (/) la hermanastra (/)

Lección 4

Diálogo

You will hear a dialogue. First it will be read without pauses. Then the speakers will read it again with pauses for you to repeat what you hear. Listen carefully.

En la Oficina del Seguro Social

La señora Ana Ruiz Cortés viene a la Oficina del Seguro Social para solicitar un número para su hijo.

Con una empleada:

SRA. RUIZ —Vengo a solicitar un número para mi hijo menor.

EMPLEADA —¿Cuántos años tiene su hijo?

SRA. RUIZ —Menos de un año. Once meses.

EMPLEADA —Bien. Usted tiene que llenar esta solicitud.

Al rato:

EMPLEADA —Gracias. A ver... ¿Está completa?

SRA. RUIZ —Creo que sí.

EMPLEADA —Bien. Ahora tiene que ir a ver al señor Méndez.

SRA. RUIZ —Bueno. Enseguida voy. Ahora el bebé tiene hambre.

Tan pronto como la señora Ruiz termina de dar de comer a su hijo, va a la oficina del señor Méndez.

SR. MÉNDEZ —Necesitamos el certificado de nacimiento de su hijo.

SRA. RUIZ —Aquí tiene el original y una copia fotostática.

SR. MÉNDEZ —¿Es usted ciudadana norteamericana, señora Ruiz?

SRA. RUIZ —No, pero soy residente legal.

SR. MÉNDEZ —Necesito ver su tarjeta de inmigración, por favor.

SRA. RUIZ —¿La tarjeta verde? Aquí está.

SR. MÉNDEZ —Muy bien. Dentro de diez días, más o menos, usted va a recibir la tarjeta por correo.

La señorita Sonia Pérez Alonso llega a la oficina del señor Méndez para solicitar un permiso de trabajo.

SRTA. PÉREZ —Yo estoy en este país con una visa de estudiante y deseo trabajar. Necesito un permiso de trabajo. ¡Creo que tengo más gastos que dinero!

SR. MÉNDEZ —Usted tiene derecho a trabajar en este país, señorita, pero no más de veinte horas a la semana.

SRTA. PÉREZ —Está bien, señor. ¿Es posible recibir el permiso hoy mismo?

SR. MÉNDEZ —Sí, pero tiene que esperar una o dos horas.

SRTA. PÉREZ —En ese caso, mejor regreso mañana. Ahora tengo prisa.

SR. MÉNDEZ —Eso es mejor. Mañana vamos a estar menos ocupados que hoy.

Now repeat each phrase after the speakers. (Dialogue)

Vocabulario

Repeat each word or phrase after the speaker. After your response, you will hear the same word or phrase again. Repeat after the model once more.

Cognados: el certificado (/) completo (/)
la copia (/) la inmigración (/)
legal (/) el original (/) posible (/)
el residente (/)

Nombres:	el bebé (/)
	el certificado de nacimiento (/)
	la inscripción de nacimiento (/)
	la partida de nacimiento (/)
	el ciudadano (/)
	la copia fotostática (/)
	la fotocopia (/) el derecho (/)
	el empleado (/) la hora (/)
	el permiso de trabajo (/)
	la solicitud (/)
	la tarjeta de inmigración (/)
	la tarjeta de seguro social (/)
	la visa de estudiante (/)
Verbos:	llegar (/) regresar (/) solicitar (/)
	tener (/) venir (/)
Adjetivos:	menor (/) mismo (/)
	norteamericano (/) ocupado (/)
	verde (/)
Otras palabras	
y expresiones:	al rato (/) Aquí está. (/) aquí tiene (/)
	Bueno. (/) ¿Cuántos años tiene? (/)
	¿Qué edad tiene? (/) dar de comer (/)
	amamantar (/) dar el pecho (/)
	dentro de (/) en ese caso (/)
	enseguida (/) ahorita (/) eso (/)
	Está bien. (/) hoy (/) hoy mismo (/)
	más (/) más de (/) más... que (/)
	más o menos (/) mejor (/) menos (/)
	menos de (/) por correo (/)
	tan pronto como (/)
	tener derecho a (/) tener hambre (/)
	tener que (/) tener prisa (/)

Vocabulario adicional

Documentos y estado legal:

el certificado de bautismo (/)
la inscripción de bautismo (/) la partida de bautismo (/)
la fe de bautismo (/) el certificado de defunción (/)
la inscripción de defunción (/) la partida de defunción (/)
el certificado de matrimonio (/)
la inscripción de matrimonio (/)
la partida de matrimonio (/) la ciudadanía (/)
la ciudadanía americana (/) el documento (/)
el inmigrante (/) los inmigrantes ilegales (/)
los inmigrantes indocumentados (/) el pasaporte (/)

El trabajo:

el cargo (/) desocupado (/) jubilado (/) pensionado (/)
retirado (/) el oficio (/) la profesión (/) renunciar (/)

Información personal:

fallecido (/) el lugar de nacimiento (/) mayor de edad (/)
menor de edad (/) la nacionalidad (/) el país de origen (/)
el sexo (/)

Fin de la Lección 4

Lección 5

Diálogo

You will hear a dialogue. First it will be read without pauses. Then the speakers will read it again with pauses for you to repeat what you hear. Listen carefully.

Una entrevista

Son las nueve y veinticinco de la mañana. En la Oficina del Departamento de Bienestar Social, hay varias personas que están esperando porque necesitan ayuda del condado. La señora Soto, trabajadora social, comienza su tercera entrevista del día. Ahora está hablando con la señora Lara.

SRA. SOTO —Buenos días, señora. ¿En qué puedo servirle?

SRA. LARA —Buenos días. Necesito ayuda económica porque mi esposo y yo ya no vivimos juntos.

SRA. SOTO —¿Esa situación es permanente o hay alguna posibilidad de reconciliación?

SRA. LARA —Yo estoy segura de que él no piensa regresar.

SRA. SOTO —¿Y qué va a hacer usted si él viene?

SRA. LARA —Él no va a venir. Él está viviendo con otra mujer.

SRA. SOTO —Bueno, voy a traer las planillas que usted debe llenar.

SRA. LARA —Si lleno las planillas ahora, ¿voy a recibir ayuda hoy mismo?

SRA. SOTO —No, hoy no.

SRA. LARA —Entonces, prefiero regresar la semana próxima.

SRA. SOTO —Está bien, porque de todos modos, necesita traer otros papeles.

SRA. LARA	—¿Qué papeles?
SRA. SOTO	—Un prueba de su ciudadanía...
SRA. LARA	—Yo soy extranjera, pero soy residente.
SRA. SOTO	—Entonces, prueba de su residencia legal, su certificado de nacimiento...
SRA. LARA	—Pero mi certificado de nacimiento está en español.
SRA. SOTO	—No importa, señora. Tenemos traductores. También necesita tener un documento de identificación con su fotografía.
SRA. LARA	—¿Mi tarjeta de seguro social?
SRA. SOTO	—No, debe tener su fotografía.
SRA. LARA	—Ah, sí, tiene razón. ¿Eso es todo?
SRA. SOTO	—No. ¿Usted o su familia tienen casa propia?
SRA. LARA	—Sí. ¿Quiere ver los documentos?
SRA. SOTO	—Sí, y también copia de los cupones si todavía está pagando la hipoteca.
SRA. LARA	—¿Necesita también los papeles del coche?
SRA. SOTO	—Sí, el registro del carro y un estimado de su valor. También la póliza del seguro del coche.
SRA. LARA	—Muy bien. Voy a regresar el lunes con los papeles.
SRA. SOTO	—El lunes es día feriado, señora.
SRA. LARA	—Es cierto. Entonces voy a regresar el primero de abril.

El primero de abril:

SRA. LARA	—Aquí están mis papeles. ¿Voy a recibir ayuda a largo plazo?
SRA. SOTO	—No, señora. Va a recibir ayuda temporal, pero debe regresar a la escuela o tomar un curso de entrenamiento para un oficio.
SRA. LARA	—Pero yo estoy atravesando una situación muy difícil...
SRA. SOTO	—Lo siento, pero usted está capacitada para trabajar.

Now repeat each phrase after the speakers. (Dialogue)

Vocabulario

Repeat each word or phrase after the speaker. After your response, you will hear the same word or phrase again. Repeat after the model once more.

Cognados:	el documento (/) el estimado (/) la familia (/) la fotografía (/) la identificación (/) la posibilidad (/) la reconciliación (/) la residencia (/) la situación (/) temporal (/)
Nombres:	la ciudadanía (/) el coche (/) el auto (/) el automóvil (/) el carro (/) la máquina (/) el condado (/) el curso (/) el día feriado (/) el día de fiesta (/) el entrenamiento (/) la capacitación (/) la entrevista (/) la escuela (/) el español (/) el extranjero (/) la hipoteca (/) la mañana (/) la mujer (/) el oficio (/) el papel (/) la póliza (/) la prueba (/) el registro (/) la registración (/) el seguro (/) la aseguranza (/) el traductor (/) el valor (/)
Verbos:	atravesar (/) comenzar (/) empezar (/) hacer (/) importar (/) ir a (/) pensar (/) preferir (/) querer (/) tomar (/) traer (/)
Adjetivos:	capacitado (/) difícil (/) ese (/) esa (/) juntos (/) propio (/) próximo (/) tercero (/) varios (/)
Otras palabras y expresiones:	a largo plazo (/) de todos modos (/) ¿En qué puedo servirle? (/) ¿En qué puedo ayudarle? (/) Es cierto. (/) No importa. (/) la semana próxima (/) la semana entrante (/) la semana que viene (/) tener casa propia (/) tener razón (/) todavía (/) ya no (/)

Vocabulario adicional

Para llenar planillas:

al dorso (/) anotar (/) la contestación afirmativa (/) la respuesta afirmativa (/) la contestación negativa (/) la respuesta negativa (/) contestar (/) la cruz (/) la equis (/) el cuadro (/) el cuadrado (/) el cuestionario (/) escribir a máquina (/) el espacio en blanco (/) la firma (/) firmar (/) la letra de molde (/) la línea (/) el renglón (/) lo siguiente (/) marcar (/) la pregunta (/) el solicitante (/)

Fin de la Lección 5

Lectura 1

Subsidios adicionales de asistencia pública

Listen to the following information from a pamphlet about expenses related to living arrangements. Try to guess the meaning of all cognates. Then do the exercise item in your manual.

Necesidades relacionadas con la vivienda

1. Alquiler atrasado, para evitar el desalojo.
2. Hipoteca e/o impuestos de propiedad atrasados, para evitar perder la casa.
3. Pago para mantener o restaurar servicios públicos.
4. Un subsidio bimensual de combustible para la calefacción.
5. Subsidio adicional para combustible.
6. Pago por reparaciones realizadas en su hogar.
7. Dinero para comprar muebles y artículos esenciales para el hogar.
8. Gastos de mudanza a otra vivienda.
9. Depósito de seguridad/acuerdo.
10. Honorarios del corredor.
11. Almacenaje de muebles y de pertenencias personales.

Usted puede solicitar un subsidio para necesidades especiales o puede incorporar a alguna otra persona en su presupuesto de tres maneras: en persona, por teléfono o por correo.

Repaso: Lecciones 1–5

Práctica oral

Listen to the following exercise. The speaker will ask you some questions. Answer the questions, using the cues provided. The speaker will confirm the correct answer. Repeat the correct answer.

1. ¿Necesita usted ayuda? (/) sí, debo el alquiler (/)
   Sí, necesito ayuda. Debo el alquiler. (/)
2. ¿Cuántos meses debe usted? (/) tres meses (/)
   Debo tres meses. (/)
3. ¿Cuánto paga usted de alquiler? (/) doscientos dólares (/)
   Pago doscientos dólares de alquiler. (/)
4. ¿Cuándo debe pagar usted el alquiler? (/) mañana (/)
   Debo pagar el alquiler mañana. (/)
5. ¿Es usted casada? (/) sí (/)
   Sí, soy casada. (/)
6. ¿Vive usted con su esposo? (/) no, estamos separados (/)
   No, no vivo con mi esposo; estamos separados. (/)
7. ¿Desde cuándo están ustedes separados? (/) desde el año pasado (/)
   Estamos separados desde el año pasado. (/)
8. ¿Hay posibilidad de una reconciliación? (/) no (/)
   No, no hay posibilidad de una reconciliación. (/)
9. ¿Tienen ustedes hijos? (/) sí, uno (/)
   Sí, tenemos un hijo. (/)
10. ¿Qué edad tiene su hijo? (/) cinco años (/)
    Mi hijo tiene cinco años. (/)
11. ¿Tiene usted el certificado de nacimiento de su hijo? (/) sí (/)
    Sí, tengo el certificado de nacimiento de mi hijo. (/)
12. ¿El certificado de nacimiento está en inglés? (/) no, en español (/)
    No, el certificado de nacimiento está en español. (/)
13. ¿Cuántas personas viven en su casa? (/) tres: mi padre, mi hijo y yo (/)
    Viven tres personas: mi padre, mi hijo y yo. (/)
14. ¿Cuál es la edad de su padre? (/) cincuenta y ocho años, pero no trabaja (/)
    Tiene cincuenta y ocho años, pero no trabaja. (/)
15. ¿Por qué no trabaja su padre? (/) está incapacitado (/)
    No trabaja porque está incapacitado. (/)
16. ¿Tiene usted que pagar otras cuentas? (/) sí, la electricidad y el gas (/)
    Sí, tengo que pagar la electricidad y el gas. (/)
17. ¿Necesita usted estampillas para alimentos? (/) sí, no tengo trabajo (/)
    Sí, necesito estampillas para alimentos. No tengo trabajo. (/)
18. ¿Recibe usted alguna ayuda económica? (/) no, ahora no (/)
    No, ahora no recibo ayuda económica. (/)

19. ¿Es usted ciudadana norteamericana? (/) no, pero
soy residente legal (/)
No, pero soy residente legal. (/)

20. ¿Tiene usted un documento de identificación? (/)
sí (/)
Sí, tengo un documento de identificación. (/)

21. ¿Tiene usted carro? (/) sí (/)
Sí, tengo carro. (/)

22. ¿Tiene usted los papeles del carro aquí? (/) sí, el
registro del carro (/)
Si, tengo el registro del carro aquí. (/)

23. ¿Tiene usted la póliza del seguro del carro? (/) no,
no aquí (/)
No, no tengo la póliza del seguro del carro
aquí. (/)

24. ¿Necesito venir mañana? (/) sí, con la póliza (/)
Sí, necesita venir mañana con la póliza. (/)

25. ¿A qué hora debo venir? (/) a las dos y media (/)
Debe venir a las dos y media. (/)

Lección 6

Diálogo

You will hear a dialogue. First it will be read without
pauses. Then the speakers will read it again with
pauses for you to repeat what you hear. Listen
carefully.

Al año siguiente

*Un año después, la señora Lara vuelve a la oficina del
Departamento de Bienestar Social. Ahora, el señor
Juárez la esta entrevistando la para reevaluar su
caso.*

SR. JUÁREZ —Vamos a ver cuál es su situación
actual, señora Lara.

SRA. LARA —La misma que antes, pero ahora
recibo menos dinero. ¿Por qué?

SR. JUÁREZ —Porque su hija mayor ya no vive
con ustedes.

SRA. LARA —Pero mi hija menor todavía vive
conmigo y ahora todo cuesta más.

SR. JUÁREZ —Son los reglamentos. Si hay menos
personas, usted recibe menos dinero.

SRA. LARA —El dinero que recibo ahora no
alcanza para nada.

SR. JUÁREZ —Pero ahora usted trabaja ocho horas
al día.

SRA. LARA —Solamente los lunes, miércoles y
viernes. Tengo que trabajar para
hacer los pagos de la casa.

SR. JUÁREZ —Pero tiene que notificar esos
cambios en seguida, señora Lara.

SRA. LARA —Es que mi situación es muy difícil.
El dinero que recibo es poco, pero si
no lo recibo no puedo pagar las
cuentas.

SR. JUÁREZ —¿Qué otros gastos tiene ahora?

SRA. LARA —Primero, ahora que trabajo, gasto
más en ropa y gasolina. También
necesitamos un refrigerador nuevo.

SR. JUÁREZ —Lo siento, señora, pero de acuerdo
con los reglamentos usted no
califica para recibir más dinero.

SRA. LARA —No es justo. ¿No puede hacer algo
por mí, señor Juárez?

SR. JUÁREZ —Yo no puedo hacer nada, pero si
usted no está de acuerdo, puede
escribir una carta y pedir una
revisión de su caso.

SRA. LARA —¿Cuánto tiempo demora una
revisión?

SR. JUÁREZ —Depende. Generalmente, unos dos
meses.

SRA. LARA —¿Puedo hablar con el señor Osorio o
con algún otro supervisor?

SR. JUÁREZ —El señor Osorio está atendiendo a
otra persona y no hay ningún otro
supervisor disponible.

SRA. LARA —¿Puedo pedir una entrevista para la
semana próxima?

SR. JUÁREZ —El señor Osorio va a estar
disponible más tarde. ¿No quiere
esperarlo?

SRA. LARA —No, no tengo tiempo. ¿Puedo volver
el jueves?

SR. JUÁREZ —Sí, cómo no. El señor Osorio la
puede recibir el jueves a las ocho de
la mañana.

SRA. LARA —¿No me puede recibir a las siete y
media?

SR. JUÁREZ —No, a esa hora no hay nadie aquí.

Now repeat each phrase after the speakers. (Dialogue)

Vocabulario

Repeat each word or phrase after the speaker. After your
response, you will hear the same word or phrase again.
Repeat after the model once more.

Cognados:	la gasolina (/) el refrigerador (/) la revisión (/) el supervisor (/)
Nombres:	el cambio (/) la carta (/) el pago (/) el reglamento (/) la ropa (/) el tiempo (/)
Verbos:	alcanzar (/) atender (/) calificar (/) costar (/) demorar (/) depender (/) entrevistar (/) gastar (/) notificar (/) pedir (/) poder (/) reevaluar (/) volver (/)
Adjetivos:	actual (/) difícil (/) disponible (/) justo (/) mayor (/) menor (/) ningún (/) ninguna (/) nuevo (/) siguiente (/)
Otras palabras y expresiones:	al día (/) alguien (/) cómo no (/) conmigo (/) ¿cuánto tiempo... ? (/) de acuerdo con (/) de la mañana (/) de la tarde (/) de la noche (/) estar de acuerdo (/) generalmente (/) mas tárde (/) menos (/) la misma que antes (/) nadie (/)

otra persona (/) poco (/) por mí (/)
solamente (/) sólo (/) todavía (/)
todo (/) unos (/) Vamos a ver. (/)
ya (/)

Vocabulario adicional

Para hablar del tiempo:

a medianoche (/) a la medianoche (/) a mediodía (/)
al mediodía (/) a menudo (/) ahora mismo (/)
con frequencia (/) frequentemente (/) cuanto antes (/)
lo más pronto posible (/) inmediatamente (/) luego (/)
media hora (/) por la mañana (/) por la tarde (/)
pronto (/) tan pronto como (/) en cuanto (/) tarde (/)
temprano (/) un cuarto de hora (/) un momento (/)
un rato (/) un tiempo (/)

la entrada bruta (/) la entrada neta (/)
los gastos de transportación (/) ir y venir (/)

Fin de la Lección 6

Lección 7

Diálogo

You will hear a dialogue. First it will be read without pauses. Then the speakers will read it again with pauses for you to repeat what you hear. Listen carefully.

Estampillas para alimentos

El señor López habla con la señorita Roca, trabajadora social, y le pide información sobre las estampillas para alimentos.

SR. LÓPEZ	—Buenos días, señorita. ¿Me puede usted dar información sobre el programa de estampillas para alimentos?
SRTA. ROCA	—¿Cuál es su situación? ¿Está usted sin trabajo?
SR. LÓPEZ	—No, pero gano muy poco y tengo una familia grande.
SRTA. ROCA	—¿Cuántos hijos tiene usted?
SR. LÓPEZ	—Tengo siete, y no puedo mantenerlos con mi sueldo.
SRTA. ROCA	—¿Tiene usted un trabajo extra?
SR. LÓPEZ	—No, el trabajo que hago es duro y salgo tarde.
SRTA. ROCA	—¿Qué hace su esposa?
SR. LÓPEZ	—Mi esposa cuida a los niños.
SRTA. ROCA	—¿Cuánto dinero recibe usted al mes?

SR. LÓPEZ	—Ochocientos veinte dólares. No nos alcanzan para nada.
SRTA. ROCA	—¿Recibe usted alguna ayuda del condado?
SR. LÓPEZ	—No, pero la necesito urgentemente.
SRTA. ROCA	—¿Tienen casa propia o pagan alquiler?
SR. LÓPEZ	—Vivimos en un proyecto de la ciudad y pagamos setenta dólares mensuales.
SRTA. ROCA	—¿Tiene usted cuenta de ahorros o cuenta corriente en el banco?
SR. LÓPEZ	—Tengo solamente unos doscientos dólares en una cuenta corriente.
SRTA. ROCA	—¿Cuántos de sus hijos asisten a la escuela?
SR. LÓPEZ	—Cuatro. Los otros son muy pequeños.
SRTA. ROCA	—¿Pagan ustedes por su almuerzo?
SR. LÓPEZ	—No, no pagamos nada. Pero, a veces, no comen la comida que les dan y tenemos que prepararles algo en casa.
SRTA. ROCA	—¿Cuáles son sus gastos mensuales en médico y medicinas?
SR. LÓPEZ	—No sé. Muchas veces, cuando los niños están enfermos, no los llevamos al médico porque no tenemos dinero.

SRTA. ROCA	—¿No tienen ustedes seguro médico?
SR. LÓPEZ	—No, señorita.
SRTA. ROCA	—Hay un programa del estado que puede ayudarlos.
SR. LÓPEZ	—¡Qué bueno! Yo siempre le digo a mi esposa que necesitamos seguro médico.
SRTA. ROCA	—Bien. Usted no paga por el cuidado de sus hijos, ¿verdad?
SR. LÓPEZ	—No, mi esposa los cuida siempre.
SRTA. ROCA	—Si su esposa consigue empleo, ¿puede alguien cuidar a los niños?
SR. LÓPEZ	—No, no conocemos a nadie en el barrio y mi esposa dice que ella prefiere cuidarlos.
SRTA. ROCA	—Bueno, usted es elegible para recibir estampillas.
SR. LÓPEZ	—Bien, pero, ¿dónde podemos conseguir las estampillas?
SRTA. ROCA	—Debe llevar las pruebas de sus entradas y gastos al Departamento de Asistencia Social. Allí puede conseguirlas.

Now repeat each phrase after the speakers. (Dialogue)

Vocabulario

Repeat each word or phrase after the speaker. After your response, you will hear the same word or phrase again. Repeat after the model once more.

| *Cognados:* | el banco (/) extra (/) la medicina (/) el programa (/) |
| *Nombres:* | el almuerzo (/) la asistencia social (/) el barrio (/) la ciudad (/) la cuenta corriente (/) la cuenta de cheques (/) |

la cuenta de ahorros (/) el cuidado (/)
el empleo (/) la entrada (/)
la esposa (/) la señora (/) la mujer (/)
el médico (/)
el proyecto de la ciudad (/)
el seguro médico (/) el sueldo (/)
el salario (/)

Verbos:	asistir a (/) conocer (/) conseguir (/) obtener (/) cuidar (/) decir (/) ganar (/) llevar (/) mantener (/) preparar (/) saber (/) salir (/)
Adjetivos:	duro (/) grande (/) pequeño (/)
Otras palabras y expresiones:	a veces (/) al mes (/) alguien (/) allí (/) estar sin trabajo (/) muchas veces (/) nadie (/) poco (/) ¡Qué bueno! (/) siempre (/) sin (/) tarde (/) urgentemente (/)

Vocabulario adicional

Para hablar de finanzas:

a plazos (/) al contado (/)
el alojamiento y las comidas (/) la bancarrota (/)
la quiebra (/) los beneficios (/) cambiar un cheque (/)
cobrar un cheque (/) la cantidad (/)
la fuente de ingreso (/)
el impuesto sobre la propiedad (/)
el impuesto sobre la renta (/)
la libreta de ahorros (/) el pago inicial (/)
la cuota inicial (/) la entrada (/) el enganche (/)
el préstamo (/) el saldo (/) el talonario de cheques (/)
la chequera (/) la tarjeta de crédito (/)

Fin de la Lección 7

Lección 8

Diálogo

You will hear a dialogue. First it will be read without pauses. Then the speakers will read it again with pauses for you to repeat what you hear. Listen carefully.

En el Departamento de Servicios Sociales

La señorita Rivas, del Departamento de Servicios Sociales, está ayudando a la señora Báez a llenar una solicitud para recibir estampillas para alimentos.

SRTA. RIVAS	—Para empezar, debe completar esta primera página.
SRA. BÁEZ	—Después, ¿qué hago?
SRTA. RIVAS	—Me la da, y sigue llenando las demás páginas.
SRA. BÁEZ	—¿Lleno nada más que esa página ahora?
SRTA. RIVAS	—Bueno, ésta es la principal, así que debe llenarla lo más pronto posible.
SRA. BÁEZ	—Muy bien, pero yo necesito ayuda urgente. No tenemos nada.

SRTA. RIVAS	—En ese caso debe contestar estas otras preguntas también.
SRA. BÁEZ	—¿Y puedo recibir las estampillas en seguida?
SRTA. RIVAS	—Sí, dentro de unos días. ¿Alguien de su familia recibe algún sueldo?
SRA. BÁEZ	—No, porque mi esposo no está trabajando en este momento.
SRTA. RIVAS	—¿Y más tarde en el mes?
SRA. BÁEZ	—No, no creo, porque tiene problemas de salud.
SRTA. RIVAS	—¿Cuánto tiempo cree usted que va a durar esa situación, señora Báez?
SRA. BÁEZ	—No sé. Le duele mucho un hombro y el médico dice que le hace falta descansar por un tiempo.
SRTA. RIVAS	—¿Su esposo tiene seguro de salud?
SRA. BÁEZ	—No, él es jardinero y trabaja por su cuenta.
SRTA. RIVAS	—Contándola a usted, ¿cuántas personas viven y comen en su casa?
SRA. BÁEZ	—Nueve: mi marido y yo, mis seis hijos y mi mamá.
SRTA. RIVAS	—¿Usted no trabaja?
SRA. BÁEZ	—No, mi mamá es muy vieja, y no me gusta dejarla sola con los niños.
SRTA. RIVAS	—¿Cuánto dinero tienen ustedes en efectivo y en ahorros, más o menos?
SRA. BÁEZ	—Unos ochenta dólares.
SRTA. RIVAS	—¿Está segura, señora? Debo avisarle que si ustedes tienen más dinero y no me lo dicen, no van a recibir las estampillas.
SRA. BÁEZ	—Bueno, para estar segura, se lo voy a preguntar a mi marido.
SRTA. RIVAS	—Si usted quiere, puede completar estas formas en casa y mandármelas por correo.
SRA. BÁEZ	—Bueno, pero quiero pedirle un favor. Si no las llenamos por completo, ¿puede usted ayudarme a completarlas?
SRTA. RIVAS	—Sí, cómo no, señora.

Now repeat each phrase after the speakers. (Dialogue)

Vocabulario

Repeat each word or phrase after the speaker. After your response, you will hear the same word or phrase again. Repeat after the model once more.

Cognados:	el problema (/) el servicio (/)
Nombres:	el dolor (/) el hombro (/)
	el jardinero (/) la mamá (/)
	la madre (/) la página (/)
	la pregunta (/) la salud (/)
	el seguro de salud (/)
	la aseguranza de salud (/)
Verbos:	avisar (/) hacer saber (/) comer (/)
	completar (/) contar (/) contestar (/)
	dejar (/) descansar (/) doler (/)
	durar (/) gustar (/) mandar (/)
	enviar (/) preguntar (/) seguir (/)
	continuar (/)
Adjetivos:	solo (/) viejo (/)
Otras palabras	
y expresiones:	así que (/) después (/) en casa (/)
	en efectivo (/) en este momento (/)
	éste (/) ésta (/) los demás (/)
	los otros (/) hacer falta (/)
	lo más pronto posible (/)
	más tarde (/) nada más que (/)
	no más que (/) pedir un favor (/)
	por completo (/) por un tiempo (/)
	trabajar por su cuenta (/)
	trabajar por cuenta propia (/)

Vocabulario adicional

la discriminación (/) hacer una declaración falsa (/)
imponer una multa (/) la pena (/) la penalidad (/)
la policía (/) el agente de policía (/) el ama de casa (/)
el cocinero (/) la fábrica (/) la factoría (/) la niñera (/)
el obrero (/) el sirviente (/) el trabajador agrícola (/)
trabajar parte del tiempo (/) trabajar medio día (/)
trabajar tiempo completo (/)

Fin de la Lección 8

Lección 9

Diálogo

You will hear a dialogue. First it will be read without pauses. Then the speakers will read it again with pauses for you to repeat what you hear. Listen carefully.

El programa de empleo y entrenamiento (I)

La señora Rojas tiene una entrevista con el señor Torres, del programa de empleo y entrenamiento. Después de tomarle los datos, el señor Torres le explica a la señora Rojas en qué consiste el programa.

SRA. ROJAS —Mi problema es éste: Yo estoy separada de mi esposo y quiero divorciarme, pero no tengo trabajo.

SR. TORRES —¿Tienen ustedes hijos?

SRA. ROJAS —Tenemos tres hijos y él tiene una niña de un matrimonio anterior.

SR. TORRES —¿Viven con usted?

SRA. ROJAS —Los míos viven conmigo, pero la suya vive con la madre de él.

SR. TORRES —¿Por qué no hablan con algún consejero familiar? ¿No es posible una reconciliación?

SRA. ROJAS —No, él quiere casarse con otra mujer. Y yo también quiero divorciarme.

SR. TORRES —Bueno, vaya al juzgado y pida las planillas para iniciar los trámites de divorcio.

SRA. ROJAS —¿Puedo hacerlo yo misma, sin necesidad de abogado?

SR. TORRES —Sí, pero, para evitar problemas es mejor utilizar a un abogado.

SRA. ROJAS —Eso va a ser muy caro. Los abogados cobran mucho y yo no tengo dinero.

SR. TORRES —Entonces vaya al Departamento de Ayuda Legal. Solicite ver a un abogado y cuéntele su problema.

SRA. ROJAS —Mañana voy, sin falta.

SR. TORRES —Muy bien. Dígame, ¿tiene algún oficio o profesión?

SRA. ROJAS —No, por desgracia no. Me casé muy joven, antes de terminar la escuela secundaria.

SR. TORRES —Mire, señora Rojas, éste es un programa federal para personas como usted, que puede ayudarla a mantenerse mientras aprende un oficio.

SRA. ROJAS —Yo quiero ser auxiliar de enfermera y trabajar en un hospital. ¿Es posible eso?

SR. TORRES —Sí, pero necesita terminar la escuela secundaria antes de comenzar el entrenamiento para auxiliar de enfermera.

SRA. ROJAS —Y después, ¿me ayudan a pagar el entrenamiento?

SR. TORRES —Sí, como usted participa en el programa AFDC, es elegible para este tipo de ayuda. Llene las planillas y tráigamelas cuanto antes. No las mande por correo.

Now repeat each phrase after the speakers. (Dialogue)

Vocabulario

Repeat each word or phrase after the speaker. After your response, you will hear the same word or phrase again. Repeat after the model once more.

Cognados: federal (/) el hospital (/) la profesión (/) el tipo (/)

Nombres: el abogado (/) el auxiliar de enfermero (/) el consejero familiar (/) los datos (/) el entrenamiento (/) la escuela secundaria (/) el juzgado (/) el tribunal (/) el matrimonio (/) la necesidad (/) el oficio (/)

Verbos: aprender (/) casarse (/) casarse con (/) cobrar (/) consistir (/) consistir en (/) divorciarse (/) explicar (/) iniciar (/) mantenerse (/) mirar (/) participar (/) utilizar (/) usar (/)

Adjetivos: anterior (/) caro (/) joven (/)
Otras palabras y expresiones: antes de (/) como (/) cuanto antes (/) después (/) después de (/) mientras (/) por desgracia (/) desgraciadamente (/) sin falta (/) Solicite ver... (/) Pida ver... (/) los trámites de divorcio (/) yo mismo (/)

barato (/) cambiar de trabajo (/) cooperar (/)
la demanda (/) demandar (/) elegir (/) escoger (/)
especificar (/) gratis (/) gratuito (/)

el notario público (/) presentar una demanda (/)
la queja (/) quejarse (/) la reorientación vocacional (/)
responsable (/) los servicios gratuitos (/)

Fin de la Lección 9

Lección 10

Diálogo

You will hear a dialogue. First it will be read without pauses. Then the speakers will read it again with pauses for you to repeat what you hear. Listen carefully.

El programa de empleo y entrenamiento (II)

La señora Rojas llenó las planillas que le dio el señor Torres y volvió al Departamento tres días después.

SR. TORRES —¿Ya fue a matricularse?

SRA. ROJAS —Sí, fui anoche y me matriculé en tres clases.

SR. TORRES —¿Cuál es su horario de clases, señora?

SRA. ROJAS —Tengo dos clases por la mañana y una por la tarde.

SR. TORRES —¿Qué arreglos puede hacer usted para el cuidado de sus hijos?

SRA. ROJAS —Bueno, yo fui a hablar con mi tía ayer y ella puede cuidarlos en su casa por muy poco dinero.

SR. TORRES —Ella debe ir a la casa de usted; si no, de Departamento no paga.

SRA. ROJAS —Y si los niños pequeños van a una guardería, ¿recibo el dinero para pagar eso?

SR. TORRES —En ese caso nosotros le pagamos directamente a la guardería, no a usted.

SRA. ROJAS —Yo prefiero dejarlos con mi tía. Ya hablé con ella y sé que necesita el dinero.

SR. TORRES —Está bien. Ahora, ¿a qué escuela asiste su hijo mayor?

SRA. ROJAS —Le dieron una beca para asistir a una escuela parroquial.

SR. TORRES —Y los otros dos, ¿se quedan en casa?

SRA. ROJAS —No, uno está en el primer grado, en el programa bilingüe, y vuelve a casa a las dos.

SR. TORRES —Usted necesita tomar más clases para mejorar su inglés, señora Rojas.

SRA. ROJAS —Sí. El verano pasado tomé clases de inglés para adultos en una escuela nocturna, pero aprendí muy poco. Falté mucho a clase por enfermedad.

SR. TORRES —Para ser auxiliar de enfermera necesita hablar bien el inglés.

SRA. ROJAS —Entonces voy a matricularme otra vez en el semestre de primavera. Bueno, ¿qué le digo a mi tía?

SR. TORRES —Dígale que tiene que llamarme por teléfono para pedir una cita.

SRA. ROJAS —¿Cuál es la mejor hora para llamarlo?

SR. TORRES —Por la mañana, de ocho a diez.

SRA. ROJAS —Muy bien. Le agradezco mucho su ayuda.

SR. TORRES —No hay de qué, señora.

Now repeat each phrase after the speakers. (Dialogue)

Vocabulario

Repeat each word or phrase after the speaker. After your response, you will hear the same word or phrase again. Repeat after the model once more.

Cognados:	bilingüe (/) la clase (/) el grado (/) parroquial (/) el semestre (/)
Nombres:	el arreglo (/) la beca (/) la cita (/) la enfermedad (/) la escuela nocturna (/) la guardería (/) el centro de cuidado de niños (/) el horario (/) la primavera (/) la tía (/) el verano (/)
Adjetivo:	pasado (/)
Verbos:	agradecer (/) dejar (/) matricularse (/) mejorar (/) quedarse (/)
Otras palabras y expresiones:	anoche (/) ayer (/) directamente (/) faltar a clase (/) llamar por teléfono (/) otra vez (/) por enfermedad (/) por la mañana (/) por la tarde (/)

Vocabulario adicional

ausente (/) el consejero (/) el diploma (/) el título (/)
el director de la escuela (/) el maestro (/) presente (/)
el trimestre (/) el amigo (/) el compañero (/)
el concubinato (/) la crianza (/) la custodia (/)

el derecho a visitar (/) el hogar de crianza (/)
el hogar sustituto (/) la licencia para cuidar niños (/)
los padres de crianza (/) el parentesco (/) el tutor (/)
el otoño (/) el invierno (/)

Fin de la Lección 10

Lectura 2

Departamento de Servicios Sociales del estado de Nueva York

Listen to the following information about how to fill out a Social Services form. Try to guess the meaning of all cognates. Then do the exercise item in your manual.

Cómo llenar la solicitud de servicios sociales

Para poder ayudarlo, el Departamento de Servicios Sociales debe saber quién es usted y qué necesita. Por eso, usted debe llenar esta solicitud, que nos informa de lo siguiente sobre usted:

> Quién es usted.
> Dónde vive usted.
> Cómo vive.
> Cómo podemos ayudarlo.

Las instrucciones y la solicitud están numeradas por sección para ayudarlo. No les preste atención a los números impresos en la casillas que usted completa. Puede escribir sobre estos números, si es necesario.

ESCRIBA EN LETRAS DE MOLDE Y CLARAMENTE.

NO ESCRIBA EN LAS ÁREAS SOMBREADAS.

ASEGÚRESE DE LLENAR CADA UNA DE LAS SECCIONES.

SI USTED ESTÁ SOLICITANDO AYUDA EN REPRESENTACIÓN DE ALGUIEN, HAGA EL FAVOR DE ESCRIBIR EN LETRAS DE MOLDE LA INFORMACIÓN SOBRE ESA OTRA PERSONA, Y NO LA DE USTED.

RENUNCIA: Si usted desea renunciar a su solicitud o retirarla, discuta esto con su examinador(a) de elegibilidad.

Además de la forma DSS-2921-S NYC: "Solicitud", asegúrese de obtener los siguientes folletos:

1. "Lo que usted debe saber acerca de sus derechos y responsabilidades"

2. "Lo que usted debe saber acerca de los programas de servicios sociales"

3. "Lo que usted debe saber si tiene una emergencia"

Repaso: Lecciones 6–10

Práctica oral

Listen to the following exercise. The speaker will ask you some questions. Answer the questions, using the cues provided. The speaker will confirm the correct answer. Repeat the correct answer.

1. ¿Está usted sin trabajo en este momento? (/)
   no (/)
   No, no estoy sin trabajo en este momento. (/)
2. ¿Trabaja usted por cuenta propia? (/) no (/)
   No, no trabajo por cuenta propia. (/)
3. ¿Cuántas horas al día trabaja usted? (/) ocho
   horas (/)
   Trabajo ocho horas al día. (/)

4. ¿A cuántas personas mantiene usted con su
   sueldo? (/) a tres (/)
   Mantengo a tres personas con mi sueldo. (/)
5. ¿Gastan ustedes mucho dinero? (/) sí (/)
   Sí, gastamos mucho dinero. (/)
6. ¿Le alcanza a usted el dinero que recibe? (/)
   no (/)
   No, no me alcanza el dinero que recibo. (/)
7. ¿Cuánto dinero recibe usted al mes? (/) dos mil
   dólares (/)
   Recibo dos mil dólares al mes. (/)
8. ¿Cuánto dinero tiene usted en su cuenta de
   ahorros? (/) quinientos dólares (/)
   Tengo quinientos dólares en mi cuenta de
   ahorros. (/)

9. ¿Cuánto dinero tiene usted en efectivo en este momento? (/) diez dólares (/)
Tengo diez dólares en efectivo en este momento. (/)

10. ¿Cuánto paga usted por el cuidado de sus hijos? (/) cuatrocientos dólares al mes (/)
Pago cuatrocientos dólares al mes por el cuidado de mis hijos. (/)

11. ¿Necesita usted algo nuevo este mes? (/) sí, un refrigerador (/)
Sí, necesito un refrigerador nuevo este mes. (/)

12. ¿Prefiere usted los refrigeradores grandes o pequeños? (/) grandes (/)
Prefiero los refrigeradores grandes. (/)

13. ¿Tiene usted problemas de salud? (/) sí (/)
Sí, tengo problemas de salud. (/)

14. ¿A quién le va a escribir usted una carta? (/) a mi padre (/)
Voy a escribirle una carta a mi padre. (/)

15. ¿Qué le va a decir? (/) que necesito ayuda (/)
Le voy a decir que necesito ayuda. (/)

16. ¿Cuánto tiempo piensa usted quedarse en esta ciudad? (/) por un tiempo (/)
Pienso quedarme por un tiempo. (/)

17. ¿Sus hijos van a la escuela o a una guardería? (/) a la escuela (/)
Van a la escuela. (/)

18. ¿Con quién deja usted a sus hijos cuando sale? (/) con mi tía (/)
Dejo a mis hijos con mi tía cuando salgo. (/)

19. ¿Necesita usted hablar con un consejero familiar? (/) no (/)
No, no necesito hablar con un consejero familiar. (/)

20. ¿Cuántas clases tomó usted el año pasado? (/) dos (/)
Tomé dos clases el año pasado. (/)

21. ¿Aprendió usted mucho? (/) no (/)
No, no aprendí mucho. (/)

22. ¿Por qué faltó usted mucho a clase? (/) por enfermedad (/)
Falté mucho a clase por enfermedad. (/)

23. ¿Cuándo piensa usted tomar otra clase de español? (/) el semestre próximo (/)
Pienso tomar otra clase de español el semestre próximo. (/)

24. ¿Cuándo va a matricularse usted para la clase? (/) mañana (/)
Voy a matricularme para la clase mañana. (/)

25. ¿A qué hora termina la clase hoy? (/) a las diez (/)
Termina a las diez. (/)

Lección 11

Diálogo

You will hear a dialogue. First it will be read without pauses. Then the speakers will read it again with pauses for you to repeat what you hear. Listen carefully.

Medicaid: El programa federal de servicios médicos

El señor Ortiz habla con la señorita Juárez, del programa federal de ayuda médica (Medicaid).

SRTA. JUÁREZ	—Debe llenar estas planillas en su casa y traérmelas o mandármelas por correo.
SR. ORTIZ	—Yo tengo que venir al centro mañana, de modo que se las puedo traer.
SRTA. JUÁREZ	—Perfecto. Ahora, si además de su casa tiene alguna otra propiedad, debe traer los papeles.
SR. ORTIZ	—Solamente tenemos la casa en que vivimos.

SRTA. JUÁREZ	—¿Tienen ustedes automóviles?
SR. ORTIZ	—Sí, mi señora tiene un carro, y yo tengo un camioncito para mi trabajo.
SRTA. JUÁREZ	—Entonces, traiga el registro del camioncito, por favor.

Al día siguiente, el señor Ortiz y su esposa hablan con la señorita Juárez.

SR. ORTIZ	—Traje el registro y los otro papeles que usted me pidió.
SRTA. JUÁREZ	—Muy bien. ¿Recibieron ustedes ayuda económica alguna vez?
SR. ORTIZ	—Sí, en Oklahoma tuvimos que pedir ayuda. Estuvimos allí por unos seis meses, hasta que pudimos mudarnos.
SRTA. JUÁREZ	—¿Cuándo dejaron de recibir ayuda?
SRA. ORTIZ	—El año pasado, cuando vinimos a Arizona.
SRTA. JUÁREZ	—¿Cuánto tiempo hace que viven en Arizona?

SR. ORTIZ	—Hace ocho meses que vivimos en este estado.
SRTA. JUÁREZ	—Bien. Ustedes son elegibles para recibir ayuda. Van a recibir su tarjeta de Medicaid dentro de dos semanas, más o menos.
SRA. ORTIZ	—Pero yo necesito llevar a mi hijo al médico hoy.
SRTA. JUÁREZ	—En ese caso les voy a dar un documento provisional. Lleve esta planilla y el médico va a llenar esta sección. Fírmela al pie de la página y mándemela.
SR. ORTIZ	—¿Medicaid cubre todos los gastos médicos, incluidas las medicinas?
SRTA. JUÁREZ	—No, no todos. Este folleto les explica lo que cubre y lo que no cubre Medicaid.
SR. ORTIZ	—(A su esposa.) Llama a Rosita y dile que ya tenemos ayuda médica.
SRA. ORTIZ	—(Por teléfono.) Rosita, conseguimos Medicaid. Llama a la doctora González por teléfono y pídele un turno para tu hermano, para hoy mismo si es posible.

Now repeat each phrase after the speakers. (Dialogue)

Vocabulario

Repeat each word or phrase after the speaker. After your response, you will hear the same word or phrase again. Repeat after the model once more.

Cognados:	perfecto (/) provisional (/) la sección (/)
Nombres:	el camioncito (/) el centro (/) el folleto (/) el hermano (/) la propiedad (/) el turno (/)
Verbos:	cubrir (/) llamar (/) mudarse (/)
Adjetivos:	incluido (/) médico (/)
Otras palabras y expresiones:	además (/) además de (/) al día siguiente (/) al pie de la página (/) ¿Cuánto tiempo hace que... ? (/) de modo que (/) dejar de (/) hasta que (/) hoy (/) lo que (/) para hoy mismo (/) pedir ayuda (/) si es posible (/)

Vocabulario adicional

La salud y el hospital:

la ambulancia (/) el análisis (/) la prueba (/) el antibiótico (/) el cardiograma (/) el cirujano (/) la clínica (/) la policlínica (/) la Cruz Roja (/) dar de alta (/) la emergencia (/) el especialista (/) la farmacia (/) la botica (/) los gastos funerarios (/) el laboratorio (/) morir (/) operarse (/) el paciente externo (/) el paciente interno (/) el paramédico (/) los primeros auxilios (/) la radiografía (/) la receta (/) la sala de emergencia (/) el sonograma

Fin de la Lección 11

Lección 12

Diálogo

You will hear a dialogue. First it will be read without pauses. Then the speakers will read it again with pauses for you to repeat what you hear. Listen carefully.

Maltrato de un niño (I)

La señora Rosa Soto toca a la puerta de la casa de la familia Torres y un hombre le abre.

SRA. SOTO	—Buenos días. ¿Es usted el señor Pedro Torres?
SR. TORRES	—Sí, soy yo. ¿Qué se le ofrece?
SRA. SOTO	—Soy Rosa Soto y trabajo para la Sección Protectora de Niños. Aquí tiene mi tarjeta.
SR. TORRES	—Pase y siéntese. ¿En qué puedo servirle?
SRA. SOTO	—Vine para investigar cierta información que recibimos ayer. Alguien llamó para decir que aquí estaban maltratando a un niño.
SR. TORRES	—¿Qué? ¿Quién dijo eso?
SRA. SOTO	—Lo siento, pero no puedo decírselo. Las denuncias de este tipo son confidenciales.
SR. TORRES	—Pero eso es mentira. Además, nadie tiene autoridad para decirnos cómo disciplinar a nuestros hijos.

SRA. SOTO —Está equivocado, señor Torres. En este país no aceptan ciertas formas de disciplinar a los niños. ¿Puedo ver a su hijo, por favor? Se llama... Raúl, ¿verdad?

SR. TORRES —Sí... Voy a llamarlo. Un momento.

El señor Torres trae a Raúl de la mano. El niño es muy delgado y está muy pálido. La señora Soto lo examina y ve que tiene un chichón en la cabeza, cicatrices en las piernas, y moretones en los brazos y en las nalgas.

SRA. SOTO —¿Qué le pasó al niño?

SR. TORRES —Anoche se cayó en la escalera. Yo no lo vi porque no estaba en casa, pero mi esposa me contó lo que pasó.

SRA. SOTO —¿Lo llevaron al médico?

SR. TORRES —No. El niño dijo que estaba bien y no lloró. Además, eran las ocho de la noche.

SRA. SOTO —¿Dónde estaba su esposa?

SR. TORRES —Ella estaba en la cocina.

SRA. SOTO —El médico debe examinar a este niño, señor Torres. ¿Cuándo puede llevarlo?

SR. TORRES —Esta tarde o mañana.

SRA. SOTO —Muy bien. Necesito el nombre de su médico. Voy a hablar con él y voy a regresar dentro de tres días.

Tres días después:

SRA. SOTO —Tuve que llamar a la policía, señora Torres. Ellos van a venir a llevar a su hijo a la casa de una familia que lo va a cuidar.

SRA. TORRES —¡No, ustedes no me van a quitar a mi hijo!

SRA. SOTO —Va a haber una audiencia y, después de oírlos a ustedes, al médico y a otros testigos, un juez va a decidir si su hijo tiene que quedarse con la otra familia.

SRA. TORRES —Eso no puede ser. Mi hijo no se va a criar con gente extraña.

SRA. SOTO —Es para ayudar al niño, señora Torres, ... y a ustedes también.

Now repeat each phrase after the speakers. (Dialogue)

Vocabulario

Repeat each word or phrase after the speaker. After your response, you will hear the same word or phrase again. Repeat after the model once more.

Cognados: la autoridad (/) confidencial (/) la policía (/)

Nombres: la audiencia (/) la vista (/) el brazo (/) la cabeza (/) el chichón (/) la cicatriz (/) la cocina (/) la denuncia (/) la escalera (/) la forma (/) la gente (/) el juez (/) el maltrato (/) la mentira (/) el moretón (/) el morado (/) el cardenal (/) la nalga (/) la noche (/) la pierna (/) la Sección Protectora de Niños (/) el Departamento de Protección de Niños (/) el testigo (/) el vecino (/)

Verbos: abrir (/) aceptar (/) caerse (/) examinar (/) chequear (/) criarse (/) decidir (/) disciplinar (/) investigar (/) irse (/) llamarse (/) llorar (/) maltratar (/) oír (/) pasar (/) suceder (/) quitar (/)

Adjetivos: cierto (/) delgado (/) extraño (/) pálido (/)

Otras palabras y expresiones: anoche (/) ¿cómo? (/) de la mano (/) estar equivocado (/) ¿Qué se le ofrece? (/) Siéntese. (/) tocar a la puerta (/) va a haber (/)

Vocabulario adicional

Las partes del cuerpo:

la boca (/) la cadera (/) la cara (/) el corazón (/) el cuello (/) el dedo (/) el dedo del pie (/) el diente (/) la espalda (/) el estómago (/) el hígado (/) la lengua (/) la muela (/) la nariz (/) la oreja (/) el ojo (/) el pecho (/) el pelo (/) el cabello (/) el pie (/) el pulmón (/) el riñón (/) la rodilla (/) el seno (/) el tobillo (/)

Fin de la Lección 12

Lección 13

Diálogo

You will hear a dialogue. First it will be read without pauses. Then the speakers will read it again with pauses for you to repeat what you hear. Listen carefully.

Maltrato de un niño (II)

Hace diez minutos que la señora Soto llegó a la casa del señor Torres. Ahora está hablando con el señor Torres para averiguar más sobre el caso.

SRA. SOTO	—¿Qué tipo de disciplina usan ustedes, señor Torres? ¿Qué hacen cuando el niño se porta mal?
SR. TORRES	—Bueno, yo no estoy mucho en mi casa. Mi señora es la que lo castiga.
SRA. SOTO	—¿Cómo lo castiga?
SR. TORRES	—A veces lo manda a su cuarto y a veces le da una paliza.
SRA. SOTO	—¿Le pega con la mano abierta o con el puño?
SR. TORRES	—Cuando está muy enojada le pega con el puño o con un cinto. Es que el niño es muy travieso.
SRA. SOTO	—¿Le nota usted, a veces, marcas o morados?
SR. TORRES	—Sí, el otro día noté que tenía un morado en la cara. Me dijo que no sabía qué era, pero yo sé que me mintió.
SRA. SOTO	—¿Sabía usted que maltratar a un niño es un delito?
SR. TORRES	—No, no la sabía; lo supe cuando usted me lo dijo.
SRA. SOTO	—¿Usted y su esposa se llevan bien o están teniendo algunos problemas?
SR. TORRES	—Tenemos problemas porque ella siempre se queja... sobre todo desde que murió nuestro bebito, hace un año.
SRA. SOTO	—¿Consultaron ustedes con algún consejero familiar?
SR. TORRES	—Su mamá quería llevarla a un psicólogo, pero ella no quiso ir.
SRA. SOTO	—¿Por qué no?
SR. TORRES	—Porque no nos gusta hablar de nuestras cosas con personas extrañas. No se gana nada con eso.
SRA. SOTO	—¿Ayuda usted a su esposa con los trabajos de la casa o con el cuidado del niño?
SR. TORRES	—Ése es su trabajo. Yo vengo a casa cansado después de trabajar todo el día.
SRA. SOTO	—¿Toman ustedes bebidas alcohólicas?
SR. TORRES	—No mucho. Cerveza o vino.
SRA. SOTO	—¿Todos los días?
SR. TORRES	—No, los fines de semana, cuando yo cobro.
SRA. SOTO	—¿Está tomando su esposa alguna medicina para la depresión nerviosa?
SR. TORRES	—Sí, me esposa toma sedantes y también calmantes cuando le duele mucho la cabeza. Se los recetó el médico.
SRA. SOTO	—¿Toma *Prozac*?
SR. TORRES	—¿Qué es el *Prozac*?
SRA. SOTO	—Es un antidepresivo que algunos piensan que pone violentas a algunas personas.
SR. TORRES	—No, ella no toma eso.
SRA. SOTO	—¿Tiene Raúl algún problema de salud?
SR. TORRES	—Creo que sí. No se queda quieto. Siempre anda corriendo y haciendo travesuras.
SRA. SOTO	—Gracias por contestar a mis preguntas, señor Torres. Ahora quiero hablar con su esposa, por favor.
SR. TORRES	—Lo siento, pero mi señora acaba de salir. Fue a visitar a su mamá.
SRA. SOTO	—¿Cuál es el número de teléfono de su suegra?

Now repeat each phrase after the speakers. (Dialogue)

Vocabulario

Repeat each word or phrase after the speaker. After your response, you will hear the same word or phrase again. Repeat after the model once more.

Cognados:	alcohólico (/) el antidepresivo (/) la depresión nerviosa (/) la disciplina (/) la marca (/) el psicólogo (/) violento (/)
Nombres:	la bebida (/) el bebito (/) el bebé (/) el calmante (/) la cara (/) la cerveza (/) el cinto (/) el cinturón (/) la cosa (/) el cuarto (/) el dormitorio (/) la habitación (/) la recámara (/) el delito (/) la paliza (/) la persona extraña (/) el puño (/)

el sedante (/) la suegra (/)
el trabajo de la casa (/)
las tareas de la casa (/)
los quehaceres del hogar (/)
la travesura (/) el vino (/)

Verbos: andar (/) averiguar (/) castigar (/)
cobrar (/) consultar (/) correr (/)
ganar (/) mentir (/) morir (/)
notar (/) pegar (/) portarse (/)
quejarse (/) recetar (/) tomar (/)
visitar (/)

Adjetivos: abierto (/) cansado (/) enojado (/)
travieso (/) majadero (/) juguetón (/)

Otras palabras
y expresiones: cuando (/) el fin de semana (/)
el que (/) la que (/) llevarse bien (/)
mal (/) poner violento (/)

portarse mal (/) quedarse quieto (/)
sobre todo (/) todo el día (/)

Vocabulario adicional

Términos relacionados con los maltratos y la
disciplina:

el abuso sexual (/) la bofetada (/) la galleta (/)
la fractura (/) golpear (/) dar golpes (/) el incesto (/)
la mordida (/) la nalgada (/) la patada (/)
la quemadura (/) la sospecha (/) sospechar (/)
la tensión familiar (/) la trompada (/) el puñetazo (/)
la víctima (/) la violencia doméstica (/)

Fin de la Lección 13

Lección 14

Diálogo

You will hear a dialogue. First it will be read without
pauses. Then the speakers will read it again with
pauses for you to repeat what you hear. Listen
carefully.

Ayuda a los ancianos

El señor Ríos, visitador social, va a la casa de la
señora Díaz, una anciana de noventa y un años.

SR. RÍOS —¿Qué tal, señora Díaz? ¿Cómo se
siente?

SRA. DÍAZ —Estoy muy disgustada. La mujer que
viene a hacerme la comida y la
limpieza no ha ido al mercado.

SR. RÍOS —Recuerde que ella tiene solamente dos
horas para limpiar y cocinar.
Posiblemente no ha tenido tiempo,
pero voy a hablar con ella.

SRA. DÍAZ —Usted sabe que yo no manejo. ¿Cómo
voy a ir al mercado?

SR. RÍOS —¿No puede ayudarla algún pariente o
vecino?

SRA. DÍAZ —Algunos vecinos me ayudan, pero no
siempre tienen tiempo. Otra cosa, el
médico me ha dicho que necesito un
andador.

SR. RÍOS —Muy bien. Déjeme anotarlo.

SRA. DÍAZ —Pronto voy a necesitar una silla de
ruedas. A veces las piernas me duelen
mucho y no puedo caminar con el
bastón.

SR. RÍOS —¿Se lo ha dicho al médico?

SRA. DÍAZ —Sí. Otra cosa, los chicos de al lado han
roto una ventana con una pelota.

SR. RÍOS —¿Qué otros problemas tiene? ¿Ya le
arreglaron el calentador? Hace un mes
me dijo que se había descompuesto.

SRA. DÍAZ —No. El dueño de la casa nunca arregla
nada.

SR. RÍOS —Señora Díaz, yo sé que a usted no le
gusta la idea, pero yo creo que usted va
a estar mejor en un asilo de ancianos.
Allí no va a estar sola.

SRA. DÍAZ —Prefiero quedarme aquí.

SR. RÍOS —Lo sé, pero el otro día se cayó en la
bañadera...

SRA. DÍAZ —Sí, y por suerte la señora que me hace
la limpieza había venido ese día.

SR. RÍOS —Pero ella no está siempre aquí para
atenderla. Usted puede resbalar y
caerse... Puede quemarse... No debe
seguir viviendo sola. Es peligroso.

SRA. DÍAZ —Sí. A veces tengo dificultad hasta para
ponerme los zapatos y la ropa, por la
artritis. ¡Es terrible ser vieja!

SR. RÍOS —No diga eso, señora. Usted va a ver que
con otras personas de su edad se va a
sentir mejor.

SRA. DÍAZ —No lo creo. Mi esposo murió en un
hospital para convalescientes...
Estaba muy enfermo y nunca había
nadie con él.

SR. RÍOS —No debe pensar en eso.

SRA. DÍAZ —Bueno, vamos a ver. A lo mejor me mudo, porque aquí hay ratones y cucarachas.

SR. RÍOS —¡Tantos problemas! A ver por dónde empezamos.

Now repeat each phrase after the speakers. (Dialogue)

Vocabulario

Repeat each word or phrase after the speaker. After your response, you will hear the same word or phrase again. Repeat after the model once more.

Cognados:	la artritis (/) el convalesciente (/) la dificultad (/) la idea (/) posiblemente (/) terrible (/)
Nombres:	el anciano (/) el andador (/) el asilo de ancianos (/) la casa para ancianos (/) la bañadera (/) la bañera (/) la tina (/) el bastón (/) el calentador (/) el calentón (/) los chicos (/) la cucaracha (/) el dueño de la casa (/) la limpieza (/) el mercado (/) el pariente (/) la pelota (/) el ratón (/)

	la silla de ruedas (/) la ventana (/) el visitador social (/) el zapato (/)
Verbos:	anotar (/) arreglar (/) caminar (/) cocinar (/) dejar (/) descomponerse (/) limpiar (/) manejar (/) conducir (/) poner (/) ponerse (/) quemar (/) quemarse (/) recordar (/) resbalar (/) romper (/) seguir (/) sentirse (/)
Adjetivos:	descompuesto (/) disgustado (/) peligroso (/) solo (/) tantos (/) viejo (/)
Otras palabras y expresiones:	a lo mejor (/) quizá (/) quizás (/) de al lado (/) hace un mes (/) había (/) hacer la comida (/) lo sé (/) nunca (/) pensar en eso (/) por suerte (/) pronto (/)

Vocabulario adicional

La casa:

el baño (/) el escusado (/) el comedor (/) la entrada (/) el garaje (/) el jardín (/) el patio (/) el portal (/) la sala (/) la sala de estar (/) el sótano (/)

Fin de la Lección 14

Lección 15

Diálogo

You will hear a dialogue. First it will be read without pauses. Then the speakers will read it again with pauses for you to repeat what you hear. Listen carefully.

En la Oficina del Seguro Social

El señor Casas habla con la señora Mena, empleada de la Oficina del Seguro Social.

SR. CASAS —Me manda mi patrón porque me lastimé la espalda y no puedo trabajar.

SRA. MENA —¿Cuánto tiempo hace que usted está incapacitado?

SR. CASAS —Un mes.

SRA. MENA —¿Cree usted que va a estar incapacitado por doce meses o más?

SR. CASAS —Sí. El médico me ha dicho que este problema durará por lo menos un año.

SRA. MENA —¿Cuánto tiempo hace que usted trabaja para la Compañía Sandoval y Hermanos?

SR. CASAS —Ocho años. ¿Califico para recibir beneficios?

SRA. MENA —Sí, porque para recibirlos usted necesita haber trabajado durante cinco años en los últimos diez años.

SR. CASAS —Menos mal, porque necesito el dinero para mantener a mi familia.

SRA. MENA —Bien, primero llene la solicitud con su historia clínica.

SR. CASAS —¿Cuándo empezaré a recibir los cheques?

SRA. MENA —Demoran entre sesenta y noventa días para decidir.

SR. CASAS —¿Tanto tiempo? ¿Por qué?

SRA. MENA —Porque su historia clínica va a otra agencia que se encargará de verificarla y decidirá si usted es elegible o no.

SR. CASAS —Me habían dicho que comenzarían a pagarme en seguida.

SRA. MENA	—No, no es así. Si usted es elegible, comenzaremos a pagarle a partir del sexto mes.
SR. CASAS	—¿Y mientras tanto?
SRA. MENA	—El Programa Estatal de Beneficios para Incapacitados paga los primeros cinco meses. Usted debe presentar su solicitud.
SR. CASAS	—Muy bien. ¿Cuánto dinero recibiré al mes?
SRA. MENA	—Eso depende. Nosotros vamos a obtener información acerca del dinero que usted ha ganado durante el tiempo que ha trabajado.
SR. CASAS	—Está bien. ¿Qué debo hacer ahora?
SRA. MENA	—Tendrá que firmar este permiso autorizándonos a obtener información acerca de su historia clínica.
SR. CASAS	—Otra pregunta, por favor. ¿Podría jubilarme antes de los sesenta y cinco años?
SRA. MENA	—¿Cuándo nació usted?
SR. CASAS	—Yo nací en mil novecientos cuarenta.
SRA. MENA	—Entonces puede jubilarse en el año dos mil cinco, pero solamente recibirá el ochenta por ciento de su jubilación.
SR. CASAS	—Y al cumplir los sesenta y cinco años, ¿comenzaría a recibir el ciento por ciento?
SRA. MENA	—No, si usted se jubila antes, continuará recibiendo el ochenta por ciento por el resto de su vida.
SR. CASAS	—En ese caso será mejor esperar.

Now repeat each phrase after the speakers. (Dialogue)

Vocabulario

Repeat each word or phrase after the speaker. After your response, you will hear the same word or phrase again. Repeat after the model once more.

Cognados:	la agencia (/) el cheque (/) el resto (/)
Nombres:	el beneficio (/) la espalda (/)
	la historia clínica (/) la jubilación (/)
	el retiro (/) el patrón (/) el jefe (/)
	el permiso (/) la vida (/)
Verbos:	autorizar (/) continuar (/)
	encargarse (/) encargarse de (/)
	jubilarse (/) retirarse (/) lastimarse (/)
	nacer (/) obtener (/) presentar (/)
	verificar (/)
Adjetivos:	estatal (/) sexto (/) último (/)
Otras palabras	
y expresiones:	a partir de (/) acerca de (/)
	al cumplir... años (/)
	ciento por ciento (/)
	¿Cuánto tiempo hacía... ? (/)
	durante (/) entre (/)
	haber trabajado (/) menos mal (/)
	mientras tanto (/) No es así. (/)
	por ciento (/) por lo menos (/)
	tanto tiempo (/)

Vocabulario adicional

Algunos defectos físicos:

cojo (/) las dificultades del habla (/) inválido (/) manco (/) mudo (/) paralítico (/) sordo (/) tuerto (/)

Fin de la Lección 15

Lectura 3

¡No se desquite con sus hijos!

Listen to the following information from a pamphlet about preventing child abuse. Try to guess the meaning of all cognates. Then do the exercise item in your manual.

¿MOLESTO?
¿FRUSTRADO?
¿ENOJADO?
¡NO SE DESQUITE CON SUS HIJOS!

Tener hijos puede ser algo maravilloso, pero cuando las cosas no andan bien y no se tiene a quién recurrir, la familia puede convertirse en una carga difícil de sobrellevar. Sin embargo, hay servicios sociales que pueden ayudarlo.

Si usted necesita hablar de sus problemas y enterarse de estos servicios, puede llamar a la Línea de ayuda a los padres a cualquier hora del día o de la noche, cualquier día de la semana.

Los padres que estén atravesando una situación muy difícil, que pueda llevarlos a maltratar o a descuidar a sus hijos, pueden llevarlos a la "Guardería de crisis". El personal de la guardería se encargará de cuidar a niños menores de siete años hasta tres días, para darles tiempo de calmarse.

Mientras los niños están en la guardería, los padres pueden hablar con un trabajador social, que los ayudará a obtener los servicios necesarios de ayuda a largo plazo.

No sólo los niños necesitan paciencia y compasión. ¡Usted también las necesita!

Repaso: Lecciones 11–15

Práctica oral

Listen to the following exercise. The speaker will ask you some questions. Answer the questions, using the cues provided. The speaker will confirm the correct answer. Repeat the correct answer.

1. ¿En qué mes nació usted? (/) en septiembre (/)
   Nací en septiembre. (/)
2. ¿Cuánto tiempo hace que usted vive en este estado? (/) diez años (/)
   Hace diez años que vivo en este estado. (/)
3. Además de su casa, ¿tiene usted alguna otra propiedad? (/) no (/)
   No, no tengo ninguna otra propiedad. (/)
4. ¿Prefiere usted manejar un automóvil o un camioncito? (/) un camioncito (/)
   Prefiero manejar un camioncito. (/)
5. ¿Tiene usted escaleras en su casa? (/) no (/)
   No, no tengo escaleras en mi casa. (/)
6. ¿Conoce usted a sus vecinos? (/) sí (/)
   Sí, conozco a mis vecinos. (/)
7. ¿Qué va a hacer usted este fin de semana? (/) trabajar (/)
   Este fin de semana voy a trabajar. (/)
8. ¿Cuándo va usted al mercado generalmente? (/) los sábados (/)
   Generalmente voy al mercado los sábados. (/)
9. ¿Cuánto dinero necesita usted para sus gastos? (/) por lo menos cien dólares (/)
   Necesito por lo menos cien dólares para mis gastos. (/)
10. ¿Prefiere usted hacer la comida o los otros trabajos de la casa? (/) los otros trabajos de la casa (/)
    Prefiero hacer los otros trabajos de la casa. (/)
11. ¿Le gusta más limpiar la casa o cocinar? (/) cocinar (/)
    Me gusta más cocinar. (/)
12. ¿Quién hace la limpieza de su casa? (/) yo (/)
    Yo hago la limpieza de mi casa. (/)
13. ¿Hay ratones o cucarachas en su casa? (/) no (/)
    No, no hay ratones ni cucarachas en mi casa. (/)
14. ¿Hay alguien en su habitación en este momento? (/) no, nadie (/)
    No, no hay nadie en mi habitación en este momento. (/)
15. ¿Pasó algo en su casa ayer? (/) no, nada (/)
    No, no pasó nada en mi casa ayer. (/)
16. ¿Cree usted que a veces es necesario mentir? (/) sí (/)
    Sí, creo que a veces es necesario mentir. (/)
17. Cuando usted estaba en la escuela secundaria, ¿cómo se portaba? (/) mal (/)
    Me portaba mal. (/)
18. ¿Cómo se lleva usted con su mamá? (/) bien (/)
    Me llevo bien con mi mamá. (/)
19. ¿Le gustan a usted los bebés? (/) sí, mucho (/)
    Sí, me gustan mucho los bebés. (/)
20. ¿Llora usted a veces? (/) sí (/)
    Sí, lloro a veces. (/)
21. ¿Cree usted que es mejor tomar bebidas alcohólicas o agua? (/) agua (/)
    Creo que es mejor tomar agua. (/)
22. ¿Se ha quemado usted alguna vez? (/) sí, muchas veces (/)
    Sí, me he quemado muchas veces. (/)
23. ¿Le duele a usted algo en este momento? (/) sí, la cabeza (/)
    Sí, me duele la cabeza. (/)
24. ¿Tiene usted un moretón? (/) sí, en la pierna (/)
    Sí, tengo un moretón en la pierna. (/)
25. ¿Cubre su seguro médico las medicinas? (/) no (/)
    No, no cubre las medicinas. (/)

Lección 16

Diálogo

You will hear a dialogue. First it will be read without pauses. Then the speakers will read it again with pauses for you to repeat what you hear. Listen carefully.

En la Oficina de Medicare (I)

En la Oficina de Medicare, la señorita Alba atiende a dos personas que vienen a pedir información sobre el programa de seguro de hospitalización de Medicare.

Con el señor Gómez:

SR. GÓMEZ	—Señorita, necesito que usted me informe si yo soy elegible para el programa de Medicare.
SRTA. ALBA	—Cualquier persona de sesenta y cinco años o más es elegible para el programa. ¿Cuántos años tiene usted?
SR. GÓMEZ	—Yo tengo sesenta y tres años, pero he estado recibiendo beneficios del seguro social por incapacidad por dos años consecutivos.
SRTA. ALBA	—Entonces es elegible.
SR. GÓMEZ	—Ahora voy a empezar a trabajar de nuevo y pienso seguir trabajando después de los sesenta y cinco años. ¿Podré obtener el seguro de hospitalización de Medicare si no estoy retirado?
SRTA. ALBA	—Sí, usted tendrá esta protección a los sesenta y cinco años si ha trabajado el tiempo requerido por el seguro social o el seguro ferroviario.
SR. GÓMEZ	—Yo creo que no tengo el tiempo requerido. Soy inmigrante y llegué a este país hace pocos años.
SRTA. ALBA	—Si usted no ha trabajado el tiempo requerido, yo le sugiero que compre el seguro de hospitalización, pagando una prima básica.
SR. GÓMEZ	—Entonces, ¿usted me aconseja que compre ese seguro?
SRTA. ALBA	—Sí... No, no, perdón. No necesita comprar el seguro porque ha estado recibiendo beneficios del seguro social por incapacidad durante dos años consecutivos.
SR. GÓMEZ	—Muchísimas gracias, señorita.

Con la señora Peña:

SRA. PEÑA	—El médico me ha dicho que tengo un tumor y tendré que operarme. Tengo que ingresar en el hospital la semana que viene. Quiero saber qué gastos cubre Medicare.
SRTA. ALBA	—El seguro de hospitalización de Medicare paga hasta noventa días de cuidados en el hospital.
SRA. PEÑA	—Yo estaré hospitalizada por una semana, más o menos, si no hay complicaciones. ¿El seguro paga el costo total?
SRTA. ALBA	—Los servicios cubiertos por Medicare incluyen el costo de un cuarto semiprivado, es decir, de dos a cuatro camas, medicinas y comida. Si necesita cuidado intensivo, también lo paga.
SRA. PEÑA	—¿Entonces el seguro de hospitalización de Medicare lo pagaría todo?
SRTA. ALBA	—No, no paga los servicios que no son necesarios para el diagnóstico o el tratamiento de una enfermedad o lesión.
SRA. PEÑA	—¿Y si necesito una transfusión?
SRTA. ALBA	—El seguro no paga el costo de las tres primeras pintas de sangre. Si necesita más de tres pintas, el seguro paga el resto.

Now repeat each phrase after the speakers. (Dialogue)

Vocabulario

Repeat each word or phrase after the speaker. After your response, you will hear the same word or phrase again. Repeat after the model once more.

Cognados: básico (/) la complicación (/) consecutivo (/) el costo (/) la hospitalización (/) hospitalizado (/) el inmigrante (/) intensivo (/) la pinta (/) requerido (/) semiprivado (/) total (/) la transfusión (/) el tumor (/)

Nombres: la cama (/) el diagnóstico (/) la incapacidad (/) la lesión (/) la prima (/) la sangre (/) el seguro de hospitalización (/) el seguro ferroviario (/) el tratamiento (/)

Verbos:	aconsejar (/) comprar (/) incluir (/) informar (/) ingresar (/) operarse (/) sugerir (/)
Adjetivos:	cualquier (/) cubierto (/) muchísimo (/) necesario (/) pocos (/)
Otras palabras y expresiones:	¿Cuántos años tiene usted? (/) de nuevo (/) es decir (/) perdón (/)

Vocabulario adicional

Las enfermedades y otros problemas de la salud:

el asma (/) el ataque al corazón (/) la bronquitis (/)
los cálculos en la vejiga (/)

los cálculos en la vesícula (/) el cáncer (/)
las cataratas (/) el catarro (/) el resfrío (/) la colitis (/)
contagioso (/) el derrame cerebral (/) la embolia (/)
la diabetes (/) la diarrea (/) la epidemia (/) la fiebre (/)
la calentura (/) la gripe (/) la gripa (/) la influenza (/)
la hepatitis (/) la hipertensión (/) la presión alta (/)
la pulmonía (/) la pneumonía (/) el reumatismo (/)
el síndrome de inmunodeficiencia adquirida (/)
el SIDA (/) la tos (/) toser (/) la tuberculosis (/)
el virus de inmunodeficiencia humana (/) el VIH (/)

Fin de la Lección 16

Lección 17

Diálogo

You will hear a dialogue. First it will be read without pauses. Then the speakers will read it again with pauses for you to repeat what you hear. Listen carefully.

En la Oficina de Medicare (II)

Al día siguiente, la señorita Alba habla con la señora Ramos y contesta varias preguntas sobre el seguro médico de Medicare.

SRTA. ALBA	—¿En qué puedo servirle, señora?
SRA. RAMOS	—Mi esposo está enfermo y ha tenido que ver al médico tres veces en esta semana. Le han hecho varios análisis y una radiografía. Ahora teme que tengamos que pagar todas esas cuentas.
SRTA. ALBA	—Bueno, como usted sabe, los primeros sesenta dólares son deducibles.
SRA. RAMOS	—¿Eso quiere decir que nosotros tenemos que pagar los primeros sesenta dólares?
SRTA. ALBA	—Sí, y el seguro médico pagará el ochenta por ciento de todos los demás servicios de salud recibidos por ustedes durante el año.
SRA. RAMOS	—Puede ser que mi esposo tenga que ingresar en el hospital.
SRTA. ALBA	—En ese caso Medicare paga todos los servicios médicos en el hospital, las radiografías y los demás gastos de la hospitalización.
SRA. RAMOS	—Entonces, ¿es necesario que nosotros paguemos otra vez los primeros sesenta dólares?
SRTA. ALBA	—No, señora.
SRA. RAMOS	—Otra pregunta. Es probable que yo vaya a ver a un quiropráctico porque últimamente he tenido muchos problemas con la espalda.
SRTA. ALBA	—Bueno, los pagos por servicios de terapia física independiente están muy limitados. Medicare paga solamente ochenta dólares al año.
SRA. RAMOS	—Eso es muy poco. Desgraciadamente, también me hacen falta zapatos ortopédicos y necesito cambiar los anteojos. Espero que Medicare pague estos gastos.
SRTA. ALBA	—Lo siento, señora, pero no los paga. Aquí tiene una lista de lo que Medicare no paga.
SRA. RAMOS	—¿Puedo quedarme con ella? Es mejor que mi esposo la lea. Si uno de nosotros se enferma, va a ser imposible que podamos pagar todo esto.
SRTA. ALBA	—¿Han pensado ustedes en hacerse miembros de una HMO?
SRA. RAMOS	—¿Cree usted que ésa es un buena opción para nosotros?
SRTA. ALBA	—Ésa es una decisión que tienen que tomar ustedes. Yo simplemente les sugiero que estudien la posibilidad.
SRA. RAMOS	—Sí, es lo mejor. Muchas gracias por todo, señorita.

SRTA. ALBA —Por nada, y ojalá que su esposo se mejore pronto.

Gastos que no están cubiertos por el seguro médico de Medicare

1. Servicios o accesorios que no son necesarios para el diagnóstico o tratamiento de la enfermedad o lesión
2. Exámenes físicos de rutina y exámenes de laboratorio directamente relacionados con esos exámenes
3. Medicinas no recetadas por el médico
4. Anteojos o lentes de contacto y exámenes de la vista para recetarlos
5. Audífonos y exámenes del oído para recetarlos
6. Dentaduras postizas y cuidado dental de rutina
7. Servicios de quehaceres del hogar y comidas entregadas a domicilio
8. Los servicios de una enfermera en el hogar
9. Zapatos ortopédicos
10. Artículos de conveniencia personal
11. Las tres primeras pintas de sangre recibidas en un año

Now repeat each phrase after the speakers. (Dialogue)

Vocabulario

Repeat each word or phrase after the speaker. After your response, you will hear the same word or phrase again. Repeat after the model once more.

Cognados: el accesorio (/) el artículo (/) la conveniencia (/) dental (/) imposible (/) independiente (/) el laboratorio (/) limitado (/) la lista (/) la opción (/)

Nombres: ortopédico (/) personal (/) probable (/) el quiropráctico (/) el análisis (/) la prueba (/) los anteojos (/) las gafas (/) los lentes (/) los espejuelos (/) el audífono (/) la comida (/) la dentadura postiza (/) el examen (/) los lentes de contacto (/) el miembro (/) la radiografía (/) la terapia física (/)

Verbos: cambiar (/) enfermarse (/) entregar (/) esperar (/) estudiar (/) hacerse (/) mejorarse (/) temer (/)

Adjetivos: deducible (/) recetado (/) relacionado (/)

Otras palabras y expresiones: al año (/) anual (/) de rutina (/) desgraciadamente (/) directamente (/) el examen de la vista (/) el examen del oído (/) hacer falta (/) lo mejor (/) los demás (/) ojalá (/) Dios quiera (/) puede ser... (/) quedarse con (/) querer decir (/) significar (/) simplemente (/) tomar una decisión (/) últimamente (/)

Vocabulario adicional

La ropa:

el abrigo (/) la blusa (/) la bufanda (/) los calcetines (/) las medias de hombre (/) las tobilleras (/) la camisa (/) la camiseta (/) la chaqueta (/) la chamarra (/) la falda (/) los guantes (/) el impermeable (/) la capa de agua (/) las medias (/) los pantalones (/) el vestido (/)

Fin de la Lección 17

Lección 18

Diálogo

You will hear a dialogue. First it will be read without pauses. Then the speakers will read it again with pauses for you to repeat what you hear. Listen carefully.

Resolviendo problemas

La señora Miño, trabajadora social, ayuda a dos clientas que tienen diferentes problemas.

Con Eva Torales, una adolescente:

EVA —¡Qué suerte que vino hoy! Tengo que preguntarle algo pero... me da vergüenza.

SRA. MIÑO —No te preocupes, Eva. Yo estoy aquí para ayudarte. Cuéntame qué te pasa.

EVA —No hay nadie que pueda ayudarme... Tuve relaciones sexuales con Carlitos, mi novio, y creo que estoy enferma.

SRA. MIÑO	—¿El muchacho no usó condón cuando tuvieron contacto sexual?
EVA	—No, porque yo estoy tomando la píldora.
SRA. MIÑO	—Mira, Eva, la píldora puede prevenir un embarazo no deseado, pero no evita el SIDA ni las enfermedades venéreas como la gonorrea, la sífilis y los herpes.
EVA	—Tengo irritación en la vagina y pus. ¿Usted cree que tengo el SIDA? ¡Ay, Dios mío!
SRA. MIÑO	—No creo que sea el SIDA. Ésos son síntomas de gonorrea. Ve a ver a tu médico o al Departamento de Sanidad. Te tienen que examinar en seguida.
EVA	—Pero mis padres no saben nada. ¡Me van a matar!
SRA. MIÑO	—No necesitas permiso de tus padres, pero yo te aconsejo que hables con ellos. Estoy segura de que te van a ayudar.
EVA	—Dudo que me ayuden porque ellos me prohibieron ver a Carlitos. Él a veces toma drogas, y ellos dicen que es drogadicto.
SRA. MIÑO	—Eva, has estado jugando con fuego. Ve al Departamento de Sanidad hoy mismo, y dile a tu novio que vaya también. Ustedes pueden infectar a otras personas.

Con la señora Ríos, que tiene un esposo alcohólico:

SRA. RÍOS	—Estoy muy preocupada porque mi esposo faltó al trabajo otra vez y temo que lo despidan.
SRA. MIÑO	—¿Sigue tomando mucho?
SRA. RÍOS	—Sí, más que nunca. Antes se emborrachaba los fines de semana, pero ahora bebe casi todos los días.
SRA. MIÑO	—¿Ha hablado con él sobre su problema?
SRA. RÍOS	—Sí, muchas veces. También el padre Francisco trató de hablarle, pero mi marido dice que él bebe con su dinero y que a nadie le importa.
SRA. MIÑO	—¿Le ha pegado él a usted alguna vez por culpa de la bebida?
SRA. RÍOS	—Sí muchas veces, y a los niños también. Después, se arrepiente y me pide que lo perdone, pero dudo que cambie.
SRA. MIÑO	—¿Ha tenido alguna vez un accidente o algún problema con la policía?
SRA. RÍOS	—Hasta hace poco había tenido suerte, pero la semana pasada un policía lo

	detuvo por manejar estando borracho y pasó la noche en la cárcel.
SRA. MIÑO	—El caso de su esposo es grave, pero no hay nadie que pueda ayudarlo si él no coopera.
SRA. RÍOS	—¿Qué puedo hacer yo? ¿Buscar a alguien que lo ayude?
SRA. MIÑO	—Bueno, lo primero, tratar de convencerlo de que tiene un problema alcohólico, y de que no puede resolverlo sin la ayuda de otras personas.
SRA. RÍOS	—¿Quiénes podrían ayudarlo?
SRA. MIÑO	—Hay muchas organizaciones que pueden ayudarlos a él y a ustedes, entre ellas los capítulos locales de Alcohólicos Anónimos y Al-Anon.
SRA. RÍOS	—¿Cómo puedo ponerme en contacto con esas organizaciones?
SRA. MIÑO	—Sus números de teléfono aparecen en las páginas amarillas de la guía telefónica. Un momentito, aquí tengo el número de Alcohólicos Anónimos.

Now repeat each phrase after the speakers. (Dialogue)

Vocabulario

Repeat each word or phrase after the speaker. After your response, you will hear the same word or phrase again. Repeat after the model once more.

Cognados:	el accidente (/)
	Alcohólicos Anónimos (/)
	el cliente (/) el contacto (/)
	diferente (/) la droga (/)
	el drogadicto (/) la gonorrea (/)
	los herpes (/) la irritación (/) local (/)
	el momento (/) la organización (/)
	el pus (/) las relaciones sexuales (/)
	la sífilis (/) el síntoma (/)
	la vagina (/) venéreo (/)
Nombres:	el adolescente (/) el capítulo (/)
	la cárcel (/) el condón (/)
	el preservativo (/)
	el Departamento de Sanidad (/)
	el embarazo (/) la guía telefónica (/)
	el directorio telefónico (/)
	el muchacho (/) el novio (/)
	el padre (/) el cura (/) el sacerdote (/)
	los padres (/) la píldora (/)
	la pastilla (/) el policía (/)
	el SIDA (/)
	el síndrome de inmunodeficiencia adquirida (/)
Verbos:	aparecer (/) arrepentirse (/) beber (/)
	buscar (/) cambiar (/) convencer (/)

cooperar (/) despedir (/) cesantear (/)
detener (/) dudar (/) emborracharse (/)
evitar (/) infectar (/) contagiar (/)
matar (/) pasar (/) perdonar (/)
preocuparse (/) prevenir (/)
prohibir (/) resolver (/) tratar (/)
tratar de (/)

Adjetivos: amarillo (/) grave (/) preocupado (/)
Otras palabras
y expresiones: A nadie le importa. (/)
¡Ay, Dios mío! (/) casi (/)
darle vergüenza a uno (/)
hasta hace poco (/)
jugar con fuego (/) lo primero (/)
más que nunca (/)
ponerse en contacto (/)
por culpa de (/)
por manejar estando borracho (/)

qué suerte (/) ¿Qué te pasa? (/)
tener suerte (/) todos los días (/)

Vocabulario adicional

acusar (/) arrestar (/) detener (/) cometer (/) el crimen (/)
el delincuente juvenil (/) el delito (/)
estar en libertad bajo fianza (/)
estar en libertad condicional (/) estar preso (/)
la fianza (/) la orden de detención (/)
el permiso de detención (/)
el reclusorio para menores (/) el reformatorio (/)
el aborto (/) católico (/) el consentimiento (/)
la iglesia (/) judío (/) hebreo (/) el pastor (/)
protestante (/) el rabí (/) el rabino (/) la sinagoga (/)

Fin de la Lección 18

Lección 19

Diálogo

You will hear a dialogue. First it will be read without pauses. Then the speakers will read it again with pauses for you to repeat what you hear. Listen carefully.

Consejos a las madres

La enfermera visitadora Julia Mena habla con dos madres.

Con la señora Rojas, madre de un recién nacido:

MADRE —Enfermera, ¿cuál es la mejor posición para acostar al bebé: boca arriba, boca abajo o de lado?

ENFERMERA —Boca arriba. Las otras posiciones pueden ser peligrosas.

MADRE —Mi mamá dice que ella siempre nos ponía boca abajo.

ENFERMERA —Sí, antes se creía que ésa era la mejor posición.

MADRE —Otra cosa. Todavía tengo miedo de dejar al bebé solo en la cuna.

ENFERMERA —En la cuna está seguro, si no hay en ella objetos peligrosos.

MADRE —Él sólo tiene su almohadita.

ENFERMERA —No use almohadas; pueden asfixiar al niño.

MADRE —¿De veras? No lo sabía. Una pregunta más. Si está dormido y es hora de darle el pecho, ¿debo despertarlo?

ENFERMERA —No es necesario. Déjelo dormir. Él se despertará cuando tenga hambre.

Con la señora Argueda, madre de un niño de un año:

MADRE —Señorita Mena, el niño ya cumplió un año y todavía no camina. ¿Qué puedo hacer?

ENFERMERA —Espere a que haya madurado lo suficiente. No todos los niños empiezan a caminar a la misma edad.

MADRE —Mi esposo quiere comprarle un andador...

ENFERMERA —No, no deben tratar de forzarlo a caminar. El andador le puede deformar las piernas.

MADRE —Otra cosa. Ahora que gatea, agarra todo lo que encuentra y se lo mete en la boca.

ENFERMERA —Tiene que tener mucho cuidado de no dejar objetos pequeños a su alcance.

MADRE —Bueno, cuando empiece a pararse y caminar voy a tener más problemas.

ENFERMERA —Sí, en cuanto empiece a andar por la casa, va a tener muchos más peligros.

MADRE —Sí, se puede caer de la escalera, o se puede subir a una mesa y caerse...

ENFERMERA —También puede envenenarse con muchas de las cosas que hay en la casa, como lejía, insecticidas, pinturas, detergentes, etcétera.

MADRE —O con las medicinas para adultos, si no tienen tapas de seguridad.

ENFERMERA —Mire, en este folleto encontrará
algunos otros consejos útiles.

MADRE —Tan pronto como llegue a casa, voy
a poner la lista en el refrigerador.

Algunos consejos útiles

1. El niño no debe estar cerca del fogón, del horno, de la estufa, de la plancha, de los fósforos, de los líquidos calientes ni de los aparatos eléctricos.

2. Si el niño se quema, trate la quemadura con agua, no con hielo. Nunca ponga yodo ni mantequilla en la quemadura. Si ésta es grave, lleve al niño al médico.

3. Ponga tapas de seguridad sobre los tomacorrientes que no use y tape con muebles los que están en uso.

4. En caso de cortaduras y rasguños, limpie la herida con agua y jabón y cúbrala con una venda. Si sangra mucho, aplique presión sobre la herida y lleve al niño al médico.

5. No deje al niño al sol por mucho tiempo y póngale un gorro. Para un niño pequeño, dos minutos al sol por día son suficientes.

6. No deje al niño solo en la casa, ni en la bañadera, ni en la piscina ni en el coche.

7. Haga vacunar a sus niños antes de que empiecen a ir a la escuela.

8. En su casa y en el carro tenga siempre un botiquín o un estuche de primeros auxilios con lo siguiente:

cinta adhesiva, esparadrapo	agua oxigenada crema antibacteriana
curitas	antihistamínicos
gasa	líquido de Benadryl
pinzas	ungüento para
tijeras	quemaduras menores
termómetro	ipecacuana
alcohol	Tylenol

Now repeat each phrase after the speakers. (Dialogue)

Vocabulario

Repeat each word or phrase after the speaker. After your response, you will hear the same word or phrase again. Repeat after the model once more.

Cognados: el alcohol (/) el antihistamínico (/) la crema (/) el detergente (/) el insecticida (/) el líquido (/) el objeto (/) la posición (/)

Nombres: el agua (/) el agua oxigenada (/) la almohada (/) el aparato eléctrico (/)

el equipo electrodoméstico (/)
el electrodoméstico (/)
el botiquín de primeros auxilios (/)
el estuche de primeros auxilios (/)
la cinta adhesiva (/) el esparadrapo (/)
el consejo (/) la cortadura (/)
la cortada (/) la cuna (/) la curita (/)
el enfermero visitador (/) la estufa (/)
el fogón (/) la cocina (/) el fósforo (/)
la gasa (/) el gorro (/) la herida (/)
el hielo (/) el horno (/)
la ipecacuana (/) el jabón (/)
la lejía (/) la mantequilla (/)
la mesa (/) los muebles (/)
el peligro (/) la pintura (/)
las pinzas (/) la piscina (/)
la alberca (/) la plancha (/)
la presión (/) la quemadura (/)
el rasguño (/) el recién nacido (/)
el sol (/) la tapa de seguridad (/)
el termómetro (/) las tijeras (/)
el tomacorrientes (/) el enchufe (/)
el ungüento (/) la venda (/)
el vendaje (/)

Verbos: acostar (/) agarrar (/) coger (/) aplicar (/) asfixiar (/) deformar (/) despertar (/) despertarse (/) dormir (/) encontrar (/) envenenar (/) envenenarse (/) forzar (/) gatear (/) madurar (/) pararse (/) sangrar (/) subir (/) tapar (/) tratar (/) vacunar (/)

Adjetivos: antibacteriano (/) caliente (/) dormido (/) seguro (/) útil (/)

Otras palabras y expresiones: a casa (/) a su alcance (/) boca abajo (/) boca arriba (/) cerca (/) cerca de (/) dar el pecho (/) de lado (/) ¿De veras? (/) en caso de (/) en cuanto (/) en uso (/) lo suficiente (/) meterse en la boca (/) sobre (/) tener cuidado (/) tener hambre (/) tener miedo (/)

Vocabulario adicional

El cuidado de los bebés:

el babero (/) el biberón (/) la mamadera (/) la mamila (/)
cambiar el pañal (/) el cochecito (/)
la comidita de bebé (/) el chupete (/) el chupón (/)
el tete (/) el bobo (/) la fórmula (/) el jarabe (/)
la leche (/) la loción para bebé (/)
el pañal desechable (/) los pañuelos de papel (/)
el pediatra (/) la toallita (/)

229

Otros términos relacionados con la salud:

el cólico (/) el crup (/) el garrotillo (/)
la inyección antitetánica (/) las paperas (/)

ponerse azul (/) ponerse blanco (/) ponerse pálido (/)
ponerse rojo (/) el sarampión (/) la varicela (/)

Fin de la Lección 19

Lección 20

Diálogo

You will hear a dialogue. First it will be read without pauses. Then the speakers will read it again with pauses for you to repeat what you hear. Listen carefully.

El ingreso suplementario

El señor Arias, trabajador social, habla con la señora Parra sobre el ingreso suplementario.

SRA. PARRA —Mi esposo me pidió que le preguntara si él califica para recibir ingreso suplementario, pues ahora tenemos más gastos y muchas deudas.

SR. ARIAS —Su esposo es ciego, ¿verdad?

SRA. PARRA —Sí, señor. Y ahora se está quedando paralítico.

SR. ARIAS —Para poder contestar su pregunta tengo que saber cuáles son sus ingresos y cuál es el valor de las cosas que ustedes poseen.

SRA. PARRA —Mi esposo vende suscripciones a periódicos y revistas por teléfono y recibe una comisión.

SR. ARIAS —Como promedio, ¿cuánto recibe al mes de comisión?

SRA. PARRA —Entre cuatrocientos y quinientos dólares al mes.

SR. ARIAS —Y usted, ¿tiene algunas entradas mensuales?

SRA. PARRA —Sí, yo vendo cosméticos en mis ratos libres, pero gano muy poco. Unos doscientos a doscientos cincuenta dólares mensuales.

SR. ARIAS —Entonces, los ingresos netos de la pareja son unos setecientos dólares mensuales. Bien, ¿cuáles son sus propiedades?

SRA. PARRA —La casa rodante donde vivimos y los muebles y equipos electrodomésticos.

SR. ARIAS —¿Tienen automóvil?

SRA. PARRA —Ah, sí. Me olvidé de decirle que tenemos un Ford del ochenta y cinco.

SR. ARIAS —Dudo que eso afecte su elegibilidad. Si fuera un coche de mucho valor, la afectaría.

SRA. PARRA —Sí, nuestro coche es muy viejo y vale muy poco.

SR. ARIAS —¿Tienen algunas inversiones? ¿Acciones, bonos, certificados de depósito, fondos mutuos... ?

SRA. PARRA —No, los únicos ahorros que tenemos son ochocientos y pico de dólares que guardamos en el banco para una emergencia.

SR. ARIAS —¿Eso es todo lo que tienen?

SRA. PARRA —Mi esposo tiene una póliza de seguro de vida. ¿Eso cuenta?

SR. ARIAS —En la mayoría de los casos, no. ¿Algo más?

SRA. PARRA —Bueno, a veces recibimos regalos en efectivo de nuestros hijos. ¿Eso cuenta como ingreso?

SR. ARIAS —Sí, pero los primeros sesenta dólares en cada trimestre no se cuentan. Por ejemplo, si sus hijos le enviaran cien dólares, le descontaríamos cuarenta dólares de su pago de ingreso suplementario.

SRA. PARRA —Entonces, si nos mandan doscientos cuarenta dólares por Navidad, nos descuentan ciento ochenta dólares, pero si recibimos la misma cantidad en partidas de sesenta dólares por trimestre no pagamos nada, ¿no es así?

SR. ARIAS —Así es.

SRA. PARRA —¿Qué otras cosas cuentan como ingresos?

SR. ARIAS —Los pagos de las pensiones y retiros públicos o privados, las anualidades, las compensaciones obreras, las herencias, las rentas, los intereses y dividendos, y las pensiones alimenticias, en cases de divorcio.

Now repeat each phrase after the speakers. (Dialogue)

Vocabulario

Repeat each word or phrase after the speaker. After your response, you will hear the same word or phrase again. Repeat after the model once more.

Cognado: la comisión (/) los cosméticos (/)
el dividendo (/) la elegibilidad (/)
la emergencia (/) el interés (/) neto (/)
la pensión (/) privado (/) público (/)
suplementario (/) la suscripción (/)
el trimestre (/)

Nombres: la acción (/) la anualidad (/)
el bono (/) la cantidad (/)
la casa rodante (/)
el certificado de depósito (/)
la compensación obrera (/)
la deuda (/) el fondo mutuo (/)
la herencia (/) el ingreso (/)
la inversión (/) la mayoría (/)
la Navidad (/) la pareja (/)
la pensión alimenticia (/)
el periódico (/) el promedio (/)
la propiedad (/) el rato libre (/)
el tiempo libre (/) el regalo (/)
la revista (/) el seguro de vida (/)

Verbos: afectar (/) descontar (/) dudar (/)
guardar (/) olvidarse (/)
olvidarse de (/) poseer (/) valer (/)
vender (/)

Adjetivo: único (/)
Otras palabras
y expresiones: así (/) las partidas de... dólares (/)
ochocientos y pico (/) por ejemplo (/)
quedarse paralítico (/)

Vocabulario adicional

Más términos relacionados con las finanzas:

la aprobación (/) los bienes raíces (/)
los bienes inmuebles (/) la cantidad fija (/)
conceder un crédito (/) el contribuyente (/)
las deducciones permitidas (/) el dependiente (/)
exento (/) la ganancia (/) pagar a plazos (/)
la pérdida (/) la persona de bajos ingresos (/) el plazo (/)
el término (/) provenir (/) el reembolso (/)
la tarjeta de crédito (/) vencer (/)

Fin de la Lección 20

Lectura 4

Aviso a los solicitantes y beneficiarios de los seguros de salud en grupo

Listen to the following information from a pamphlet about eligibility for health care. Try to guess the meaning of all cognates. Then do the exercise item in your manual.

Como condición de elegibilidad para asistencia pública, los solicitantes y beneficiarios deben solicitar cualquier seguro de salud disponible a través de su empleador actual (o del último patrono para quien trabajaron), o de otras fuentes.

Si usted o cualquier familiar que tiene responsabilidad legal es elegible para beneficios de seguro de salud en grupo, deberá proporcionarnos esta información en su entrevista de solicitud o de recertificación. Si tiene una tarjeta de seguro de salud, debe traerla a su entrevista. Además, su empleador actual o anterior tiene que llenar el reverso de esta planilla.

Si usted se niega a cooperar en la verificación de esta información o rehúsa solicitar cualquier seguro de salud disponible para usted, su asistencia pública y beneficios médicos pueden ser denegados o suspendidos, de acuerdo con las leyes del estado de Nueva York.

Repaso: Lecciones 16–20

Práctica oral

Listen to the following exercise. The speaker will ask you some questions. Answer the questions, using the cues provided. The speaker will confirm the correct answer. Repeat the correct answer.

1. ¿Su padre es elegible para obtener el seguro de hospitalización? (/) sí (/)
   Sí, mi padre es elegible para obtener el seguro de hospitalización. (/)
2. ¿Cuánto tiempo hace que él recibe beneficios por incapacidad? (/) dos años (/)
   Hace dos años que él recibe beneficios por incapacidad. (/)
3. ¿Por qué tiene que operarse él? (/) tiene un tumor (/)
   Él tiene que operarse porque tiene un tumor. (/)
4. ¿Cuánto tiempo tiene que estar hospitalizado? (/) dos semanas (/)
   Tiene que estar hospitalizado dos semanas. (/)
5. ¿Le hicieron radiografías? (/) sí, y análisis también (/)
   Sí, le hicieron radiografías y análisis también. (/)
6. ¿El seguro médico lo paga todo? (/) no, paga el ochenta por ciento (/)
   No, el seguro paga el ochenta por ciento. (/)
7. ¿Su padre ve bien? (/) no, necesita anteojos (/)
   No, no ve bien. Necesita anteojos. (/)
8. ¿Él es miembro de una HMO? (/) no (/)
   No, él no es miembro de una HMO. (/)
9. ¿Su hijo toma drogas? (/) sí, es drogadicto (/)
   Sí, toma drogas. Es drogadicto. (/)
10. ¿Él se emborracha? (/) sí, los fines de semana (/)
    Sí, se emborracha los fines de semana. (/)
11. ¿Le ha pegado a usted alguna vez? (/) sí, muchas veces (/)
    Sí, me ha pegado muchas veces. (/)
12. ¿Ha tenido él problemas con la policía? (/) sí, estaba manejando borracho (/)
    Sí, estaba manejando borracho. (/)
13. ¿Qué le pasó? (/) lo llevaron a la cárcel (/)
    Lo llevaron a la cárcel. (/)
14. ¿Por qué no lo lleva a Alcohólicos Anónimos? (/) él no quiere ir (/)
    Porque él no quiere ir. (/)
15. ¿Sabe usted dónde puede encontrar el número de teléfono de Alcohólicos Anónimos? (/) sí, en la guía telefónica (/)
    Sí, puedo encontrarlo en la guía telefónica. (/)
16. ¿Tiene su hijo alguna enfermedad venérea? (/) no (/)
    No, mi hijo no tiene ninguna enfermedad venérea. (/)
17. ¿Su hija tiene hijos? (/) sí, uno (/)
    Sí, mi hija tiene un hijo. (/)
18. ¿Cuántos años tiene el niño? (/) cumplió un año ayer (/)
    El niño cumplió un año ayer. (/)
19. ¿Ya camina? (/) no, todavía (/)
    No, todavía no camina. (/)
20. ¿Usa andador? (/) no (/)
    No, no usa andador. (/)
21. ¿Por qué no usa andador? (/) puede deformarle las piernas (/)
    Porque puede deformarle las piernas. (/)
22. ¿Trabaja su esposo? (/) sí, vende suscripciones de revistas (/)
    Sí, trabaja. Vende suscripciones de revistas. (/)
23. Y usted, ¿trabaja también? (/) sí, vendo cosméticos (/)
    Sí, yo trabajo. Vendo cosméticos. (/)
24. ¿Cuáles son sus ingresos netos? (/) ochocientos dólares mensuales (/)
    Nuestros ingresos netos son ochocientos dólares mensuales. (/)
25. ¿Tienen ustedes ahorros? (/) no (/)
    No, no tenemos ahorros. (/)

AUDIOSCRIPT
for
SPANISH FOR TEACHERS

Fifth Edition

Ana C. Jarvis
Raquel Lebredo

Introduction to Spanish Sounds

The following guide to Spanish pronunciation is designed to help you do the exercises in this tape program and to enhance your speaking ability. You will find the printed version of this guide in Appendix A of your manual.

You will hear a series of words related to a particular sound. Repeat each word after the speaker, imitating the pronunciation as closely as you can.

The Vowels

1. The Spanish **a** has a sound similar to the English *a* in the word *father*. Repeat:

Ana	casa	banana
mala	dama	mata

2. The Spanish **e** is pronounced like the English *e* in the word *eight*. Repeat:

este	René	teme
déme	entre	bebe

3. The Spanish **i** is pronounced like the English *ee* in the word *see*. Repeat:

sí	difícil	Mimí
ir	dividir	Fifí

4. The Spanish **o** is similar to the English *o* in the word *no,* but without the glide. Repeat:

solo	poco	como
toco	con	monólogo

5. The Spanish **u** is similar to the English *ue* sound in the word *Sue*. Repeat:

Lulú	un	su
universo	murciélago	

The Consonants

1. The Spanish **p** is pronounced like the English *p* in the word *spot*. Repeat:

pan	papá	Pepe
pila	poco	pude

2. The Spanish **c** in front of **a, o, u, l,** or **r** sounds similar to the English *k*. Repeat:

casa	como	cuna
clima	crimen	cromo

3. The Spanish **q** is only used in the combinations **que** and **qui** in which the **u** is silent and also has a sound similar to the English *k*. Repeat:

que	queso	Quique
quinto	quema	quiso

4. The Spanish **t** is pronounced like the English *t* in the word *stop*. Repeat:

toma	mata	tela
tipo	atún	Tito

5. The Spanish **d** at the beginning of an utterance or after **n** or **l** sounds somewhat similar to the English *d* in the word *David*. Repeat:

día	dedo	duelo
anda	Aldo	

   In all other positions, the **d** has a sound similar to the English *th* in the word *they*. Repeat:

medida	todo	nada
Ana dice	Eva duda	

6. The Spanish **g** also has two sounds. At the beginning of an utterance and in all other positions, except before **e** and **i**, the Spanish *g* sounds similar to the English *g* in the word *sugar*. Repeat:

goma	gato	tengo
lago	algo	aguja

   In the combinations **gue** and **gui**, the **u** is silent. Repeat:

Águeda	guineo	guiso
ligue	la guía	

7. The Spanish **j**, and **g** before **e** or **i**, sounds similar to the English *h* in the word *home*. Repeat:

jamás	juego	jota
Julio	gente	Genaro
gime		

8. The Spanish **b** and the **v** have no difference in sound. Both are pronounced alike. At the beginning of the utterance or after **m** or **n**, they sound similar to the English *b* in the word *obey*. Repeat:

Beto	vaga	bote
vela	también	un vaso

   Between vowels, they are pronounced with the lips barely closed. Repeat:

sábado	yo voy	sabe
Ávalos	eso vale	

9. In most Spanish-speaking countries, the **y** and the **ll** are similar to the English *y* in the word *yet*. Repeat:

yo	llama	yema
lleno	ya	lluvia
llega		

10. The Spanish **r** (**ere**) is pronounced like the English *tt* in the word *gutter*. Repeat:

cara	pero	arena
carie	Laredo	Aruba

The Spanish **r** in an initial position and after **l**, **n**, or **s**, and **rr** (**erre**) in the middle of a word are pronounced with a strong trill. Repeat:

Rita	Rosa	torre
ruina	Enrique	Israel
perro	parra	rubio
alrededor	derrama	

11. The Spanish **s** sound is represented in most of the Spanish-speaking world by the letters **s**, **z**, and **c** before **e** or **i**. The sound is very similar to the English sibilant *s* in the word *sink*. Repeat:

sale	sitio	solo
seda	suelo	zapato
cerveza	ciudad	cena

In most of Spain, the **z**, and **c** before **e** or **i**, is pronounced like the English *th* in the word *think*. Repeat:

zarzuela	cielo	docena

12. The letter **h** is silent in Spanish. Repeat:

hilo	Hugo	ahora
Hilda	almohada	hermano

13. The Spanish **ch** is pronounced like the English *ch* in the word *chief*. Repeat:

muchacho	chico	coche
chueco	chaparro	

14. The Spanish **f** is identical in sound to the English *f*. Repeat:

famoso	feo	difícil
fuego	foto	

15. The Spanish **l** is pronounced like the English *l* in the word *lean*. Repeat:

dolor	ángel	fácil
sueldo	salgo	chaval

16. The Spanish **m** is pronounced like the English *m* in the word *mother*. Repeat:

mamá	moda	multa
médico	mima	

17. In most cases, the Spanish **n** has a sound similar to the English *n*. Repeat:

nada	norte	nunca
entra	nene	

The sound of the Spanish **n** is often affected by the sounds that occur around it. When it appears before **b**, **v**, or **p**, it is pronounced like the English *m*. Repeat:

invierno	tan bueno	un vaso
un bebé	un perro	

18. The Spanish **ñ** (**eñe**) has a sound similar to the English *ny* in the word *canyon*. Repeat:

muñeca	leña	año
señorita	piña	señor

19. The Spanish **x** has two pronunciations, depending on its position. Between vowels, the sound is similar to the English *ks*. Repeat:

examen	boxeo
exigente	éxito

Before a consonant, the Spanish **x** sounds like the English *s*. Repeat:

expreso	excusa
exquisito	extraño

Linking

In spoken Spanish, the various words in a phrase or sentence are not pronounced as isolated elements but are combined. This is called *linking*.

1. The final consonant of a word is pronounced together with the initial vowel of the following word. Repeat:

Carlos‿anda	un‿ángel
el‿otoño	unos‿estudiantes

2. The final vowel of a word is pronounced together with the initial vowel of the following word. Repeat:

su‿esposo	la‿hermana
ardua‿empresa	la‿invita

3. When the final vowel of a word and the initial vowel of the following word are identical, they are pronounced slightly longer than one vowel. Repeat:

Ana‿alcanza	me‿espera
mi‿hijo	lo‿olvida

The same rule applies when two identical vowels appear within a word. Repeat:

cooperación	crees
leemos	coordinación

4. When the final consonant of a word and the initial consonant of the following word are the same, they are pronounced as one consonant with slightly longer-than-normal duration. Repeat:

el lado   un novio   Carlos salta
tienes sed   al leer

End of Introduction to Spanish Sounds

Lección preliminar

You will hear several brief dialogues. First they will be read without pauses. Then the speakers will read them again with pauses for you to repeat what you hear. Listen carefully.

Conversaciones breves

A. —Buenos días, señorita Vega. ¿Cómo está usted?
   —Muy bien, gracias, señor Pérez. ¿Y usted?
   —Bien, gracias.
   —Hasta mañana.
   —Adiós.

B. —Buenas tardes, doctora Ramírez. Con permiso.
   —Buenas tardes, señorita Soto. Pase y tome asiento, por favor.
   —Gracias.

C. —Profesora Ortiz: el señor Méndez.
   —Mucho gusto.
   —El gusto es mío.
   —¿De dónde es usted, señor Méndez?
   —Soy de la Ciudad de México. ¿Y usted?
   —Yo soy de Nicaragua.

D. —¿Qué fecha es hoy?
   —Hoy es el cuatro de enero.
   —¿Hoy es martes?
   —No, hoy es lunes.

E. —Hola, ¿qué tal, Pepe?
   —Bien, ¿y tú? ¿Qué hay de nuevo?
   —No mucho.
   —Hasta la vista.
   —Chau.

F. —Hasta luego, Marisa.
   —Adiós, Jorge. Saludos a María Isabel.

Now repeat each phrase after the speakers.
(Dialogues A–F)

Vocabulario

Repeat each word or phrase after the speaker in the pause provided. After your response, you will hear the same word or phrase again. Repeat after the model once more.

Saludos y despedidas: Adiós. (/) Buenas noches. (/)
Buenas tardes. (/) Buenos días. (/)
Chau. (/) ¿Cómo está usted? (/)
Hasta la vista. (/) Hasta luego. (/)
Hasta mañana. (/) Hola. (/)
Muy bien ¿y usted? (/)
¿Qué hay de nuevo? (/) ¿Qué tal? (/)
Saludos a... (/)

Expresiones de cortesía: Con permiso. (/) El gusto es mío. (/)
Gracias. (/) Mucho gusto. (/)
por favor (/)

Palabras y expresiones útiles: bien (/) las conversaciones breves (/)
de (/) ¿De dónde... ? (/) hoy (/)
mucho (/) muy (/) no (/) Pase. (/)
¿Qué fecha es hoy? (/)
el salón de clase (/) el aula (/)
soy (/) Tome asiento. (/) y (/)

Títulos: doctor (/) profesor (/) señor (/)
señora (/) señorita (/)

Vocabulario adicional

Algunas expresiones útiles:

Abre los libros. (/) Cierra los libros. (/)
Entrega la tarea. (/) Entrega los exámenes. (/)
Escribe. (/) Escucha. (/) Estudia la lección _____. (/)
Levanta la mano. (/) No corras. (/) No empujes. (/)
Presta atención. (/) Siéntate. (/) Silencio, por favor. (/)
Ve a la página _____. (/) Ve a la pizarra. (/)
Vuelve a tu asiento. (/) Abran los libros. (/)
Cierren los libros. (/) Entreguen la tarea. (/)
Entreguen los exámenes. (/) Escriban. (/) Escuchen. (/)
Estudien la lección _____. (/) Levanten la mano. (/)
No corran. (/) No empujen. (/) Presten atención. (/)
Siéntense. (/) Vayan a la página _____. (/)
Vayan a la pizarra. (/) Vuelvan a sus asientos. (/)

Fin de la Lección preliminar

Lección 1

Diálogo

You will hear a dialogue. First it will be read without pauses. Then the speakers will read it again with pauses for you to repeat what you hear. Listen carefully.

Conversaciones con la maestra

La maestra habla con la señora Vera.

MAESTRA	—María Inés es una niña muy inteligente, pero necesita estudiar más.
SRA. VERA	—No trabaja mucho, ¿verdad?
MAESTRA	—No, y siempre habla en clase.
SRA. VERA	—¿Participa en clase?
MAESTRA	—Muy poco. Y a veces no presta mucha atención.
SRA. VERA	—¿Qué necesita estudiar?
MAESTRA	—Necesita repasar las tablas de multiplicar. También necesita leer más.
SRA. VERA	—Siempre lleva tarea a casa.
MAESTRA	—Sí, porque nunca termina el trabajo aquí.
SRA. VERA	—Bueno, la niña necesita mejorar.
MAESTRA	—Sí, necesita ayuda.

A las cinco y cuarto de la tarde, la maestra habla con el señor Alba.

SR. ALBA	—¿Hay algún problema con José?
MAESTRA	—No, no hay problemas serios. José trabaja muy bien. Ya suma, resta y multiplica.
SR. ALBA	—¿Y en lectura?
MAESTRA	—Bueno... a veces no escucha las instrucciones y no participa mucho en las actividades de grupo.
SR. ALBA	—José trabaja mejor independientemente.
MAESTRA	—Sí, pero a veces necesita trabajar con los otros niños.
SR. ALBA	—Sí. ¡Ah! ¿Qué significa la *O* en la libreta de calificaciones?
MAESTRA	—La *O* significa "sobresaliente", la *S*, "satisfactorio" y la *N*, "necesita mejorar".
SR. ALBA	—Muy bien. Muchas gracias. ¿Dónde firmo?
MAESTRA	—Aquí, por favor.
SR. ALBA	—¿Qué hora es, señorita?
MAESTRA	—Son las cinco y media. Gracias por venir, señor Alba.

Now repeat each phrase after the speakers. (Dialogue)

Vocabulario

Repeat each word or phrase after the speaker. After your response, you will hear the same word or phrase again. Repeat after the model once more.

Cognados:	la clase (/) independientemente (/) la instrucción (/) inteligente (/) el problema (/) satisfactorio (/) serio (/)
Nombres:	las actividades de grupo (/) la ayuda (/) la lectura (/) la libreta de calificaciones (/) la boleta de calificaciones (/) la tarjeta de notas (/) la materia (/) el niño (/) la tarea (/) el trabajo (/)
Verbos:	escuchar (/) estudiar (/) firmar (/) hablar (/) llevar (/) mejorar (/) multiplicar (/) necesitar (/) participar (/) repasar (/) restar (/) significar (/) sumar (/) terminar (/) acabar (/) trabajar (/)
Adjetivos:	mucho (/) muchos (/) otro (/) sobresaliente (/)
Otras palabras y expresiones:	a (/) a casa (/) a veces (/) algún (/) aquí (/) bueno... (/) con (/) ¿dónde? (/) en (/) Gracias por venir. (/) leer más (/) más (/) mejor (/) mucho (/) muy poco (/) nunca (/) pero (/) porque (/) prestar atención (/) ¿qué? (/) ¿Qué hora es? (/) ¿Qué significa... ? (/) sí (/) siempre (/) Son las... (/) las tablas de multiplicar (/) también (/) ¿verdad? (/) ya (/)

Vocabulario adicional

Lectura:

la comprensión (/) la lectura oral (/) los sonidos (/)

Aritmética, Matemáticas:

la división (/) la multiplicación (/) la resta (/) la suma (/)

Lenguaje:

la gramática (/) la ortografía (/)

Otras materias:

Arte (/) Educación Física (/) Estudios Sociales (/)
Música (/)

Comportamiento:

la conducta (/) la cooperación (/) el esfuerzo (/)

Fin de la Lección 1

Lección 2

Diálogo

You will hear a dialogue. First it will be read without
pauses. Then the speakers will read it again with
pauses for you to repeat what you hear. Listen
carefully.

En la escuela

La señora Soto habla con sus alumnos en la clase.
Primero pasa lista.

SRA. SOTO —Buenos días, niños. ¿Cómo están?
NIÑOS —Buenos días, maestra.
SRA. SOTO —José Flores.
JOSÉ —Presente.
SRA. SOTO —Ana Rodríguez.
CARLOS —Ausente...

Después de pasar lista:

SRA. SOTO —¿Necesitas lápiz y papel?
CARLOS —No, pero necesito el libro de lectura.
SRA. SOTO —Siempre debes traer tu libro de lectura
a la escuela, Carlos.
MARÍA —Maestra, ¿escribo la fecha en la
pizarra?
SRA. SOTO —Sí, María. Raúl, ¿qué fecha es hoy?
RAÚL —Hoy es el veinticinco de septiembre.
LUPE —¿Qué páginas leemos hoy, señora?
SRA. SOTO —Hoy deben leer las páginas trece,
catorce y quince.
LUPE —¿Leemos en voz alta?
SRA. SOTO —No, con la vista... ¡Silencio, niños!
Por favor.

Después de la hora de lectura todos trabajan en
grupos. La maestra ayuda a los niños.

JULIO —Maestra, Alicia y yo necesitamos
lápices de colores.

SRA. SOTO —Muy bien. Aquí hay lápices rojos,
azules, amarillos, anaranjados,
rosados y marrones para colorear.
JULIO —¿Abro la ventana, maestra?
SRA. SOTO —Sí, por favor.
CARMEN —Necesito ir al baño, señora.
SRA. SOTO —Debes esperar un minuto, Carmen.
ROSA —¿Borro las palabras de la pizarra?
SRA. SOTO —No, todavía no. Todos deben copiar el
vocabulario en el cuaderno de
ejercicios.

Entra la secretaria.

SECRETARIA —Buenos días, señora Soto. Soy
Amanda García, la nueva
secretaria; perdone la molestia,
pero necesito saber si algunos de
sus estudiantes no comen en la
cafetería hoy.
SRA. SOTO —Aquí tiene la lista, señora.

La secretaria lleva la lista de la maestra a la
dirección.

Now repeat each phrase after the speakers. (Dialogue)

Vocabulario

Repeat each word or phrase after the speaker. After your
response, you will hear the same word or phrase again.
Repeat after the model once more.

Cognados: la cafetería (/) el comedor (/)
el grupo (/) la lista (/) el minuto (/)
presente (/) el secretario (/)
el silencio (/) el vocabulario (/)
Nombres: el baño (/)
el cuaderno de ejercicios (/)
la dirección (/) la escuela (/)
la fecha (/) la hora de lectura (/)
los lápices de colores (/)
el libro de lectura (/) los niños (/)
la página (/) la palabra (/) el papel (/)

Verbos:	abrir (/) ayudar (/) borrar (/)
	colorear (/) comer (/) copiar (/)
	deber (/) entrar (/) entrar en (/)
	escribir (/) esperar (/) llevar (/)
	saber (/) ser (/) traer (/)
Adjetivos:	amarillo (/) anaranjado (/)
	ausente (/) azul (/) marrón (/)
	café (/) carmelita (/) nuevo (/) rojo (/)
	rosado (/) rosa (/)
Otras palabras	
y expresiones:	a la escuela (/) algunos (/)
	Aquí tiene... (/) ¿Cómo están? (/)
	con la vista (/) en silencio (/)
	después de (/) en (/) en voz alta (/)
	hay (/) ir al baño (/) más tarde (/)
	pasar lista (/) Perdone la molestia. (/)
	primero (/) si (/) todavía no (/)
	todos (/)

Vocabulario adicional

Para hablar de los colores:

azul celeste (/) azul marino (/) beis (/) blanco (/)
claro (/) dorado (/) gris (/) morado (/) violeta (/)
negro (/) oscuro (/) plateado (/) verde (/)

Personas que trabajan en la escuela:

el bibliotecario (/) el conserje (/) el director (/)
el enfermero (/) el psicólogo (/) el subdirector (/)

Más palabras interrogativas:

¿cómo? (/) ¿cuál? (/) ¿cuáles? (/) ¿cuándo? (/)
¿cuánto? (/) ¿cuántos? (/) ¿para qué? (/) ¿por qué? (/)
¿quién? (/) ¿quiénes? (/)

Fin de la Lección 2

Lección 3

Diálogo

You will hear a dialogue. First it will be read without
pauses. Then the speakers will read it again with
pauses for you to repeat what you hear. Listen
carefully.

Una lección

*Los alumnos del señor Mena repasan el material para
el examen de lenguaje.*

MAESTRO —Hoy vamos a repasar las partes de la
oración.

ANTONIO —¿En qué página están los ejercicios,
maestro?

MAESTRO —En la página cuarenta. Deben subrayar
los verbos, los nombres y los
adjetivos.

TERESA —¿Vamos a escribir oraciones con las
palabras nuevas?

MAESTRO —Sí, deben escribir una oración con cada
palabra nueva.

TOMÁS —¿Cómo se escribe "Phoenix", maestro?

MAESTRO —Pe–hache–o–e–ene–i–equis.

TOMÁS —¿Con *P* mayúscula o con *p* minúscula?

MAESTRO —Siempre debes escribir los nombres
propios con letra mayúscula.

JORGE —¿Cuándo es el examen de ortografía?
¿Va a ser fácil o difícil?

MAESTRO —El viernes, y no va a ser muy difícil.
¡Ah, Jorge! ¿Dónde está tu
composición?

JORGE —Está en mi casa. No está terminada
todavía.

ALICIA —¿Cuáles son las palabras que debemos
aprender para el examen de ortografía?

MAESTRO —Todas. También deben dar el
significado de cada una.

TERESA —Aquí están mis oraciones. ¿Están
bien así?

MAESTRO —Sí, muy bien. Tu letra es muy bonita y
muy clara.

ÓSCAR —Mi trabajo está mal, ¿verdad?

MAESTRO —No, tus oraciones están bien, pero
debes escribir con más cuidado.

OLGA —Maestro, necesito usar el sacapuntas.

MAESTRO —Está roto. Debes ir a la oficina para
usar el sacapuntas de la secretaria.

OLGA —¿Voy ahora o después?

MAESTRO —Ahora.

RAFAEL —Señor, ¿cómo se dice "regla" en inglés?

MAESTRO —*Ruler.* Rafael, debes aprender a buscar
las palabras en el diccionario.

Regresa Olga.

OLGA —Disculpe, señor Mena. Llaman a Jorge
Rodríguez por teléfono. ¡Es una
emergencia!

JORGE —¿Adónde debo ir?

MAESTRO —Debes ir a la dirección ahora mismo.

Los alumnos terminan el repaso y guardan los libros.
Es la hora del recreo y todos van al patio.

Now repeat each phrase after the speakers. (Dialogue)

Vocabulario

Repeat each word or phrase after the speaker. After your response, you will hear the same word or phrase again. Repeat after the model once more.

Cognados:	el adjetivo (/) la composición (/) el diccionario (/) el ejercicio (/) la emergencia (/) el examen (/) el material (/) la oficina (/) la parte (/) el verbo (/)
Nombres:	la hora del recreo (/) el inglés (/) la lección (/) la letra (/) el nombre (/) el sustantivo (/) los nombres propios (/) la oración (/) la ortografía (/) el patio (/) el repaso (/) el significado (/)
Verbos:	aprender (/) buscar (/) dar (/) estar (/) guardar (/) ir (/) llamar (/) regresar (/) subrayar (/) usar (/)
Adjetivos:	bonito (/) claro (/) difícil (/) fácil (/) mayúscula (/) minúscula (/) roto (/) terminado (/)

Otras palabras y expresiones:	¿adónde? (/) ahora (/) ahora mismo (/) así (/) cada (/) ¿Cómo se dice... ? (/) ¿Cómo se escribe... ? (/) ¿Cómo se escriben... ? (/) con más cuidado (/) disculpe (/) en mi casa (/) la lección para hoy (/) llamar por teléfono (/) mal (/) para (/) ¿Voy ahora? (/)

Vocabulario adicional

Otras partes de la oración:

el adverbio (/) el artículo definido (/) el artículo indefinido (/) la conjunción (/) la interjección (/) los nombres comunes (/) la preposición (/)

Palabras relacionadas con el lenguaje:

la abreviatura (/) el antónimo (/) el complemento (/) la definición (/) en orden alfabético (/) el futuro (/) el pasado (/) el predicado (/) el presente (/) el sinónimo (/) el sujeto (/) el tiempo (/)

Fin de la Lección 3

Lección 4

Diálogo

You will hear a dialogue. First it will be read without pauses. Then the speakers will read it again with pauses for you to repeat what you hear. Listen carefully.

En la clase de geografía

Hoy la maestra viene a clase con mapas, carteles y láminas. También tiene un globo terráqueo. La lección de hoy es sobre la geografía de los Estados Unidos.

MAESTRA	—¿En qué continente está situado nuestro país?
CÉSAR	—En el continente americano.
MAESTRA	—¿Cuáles son los límites de los Estados Unidos?
LUPE	—Al norte limita con Canadá, al sur con México y con el Golfo de México, al este con el Océano Atlántico, y al oeste con el Océano Pacífico.

MAESTRA	—¡Muy bien! Sabes mucho. Y, ¿cuál es el río más largo de los Estados Unidos?
ROBERTO	—El río Misisipí?
MAESTRA	—No, el río Misuri es más largo que el río Misisipí. Es el más largo de todos.
SARA	—¡Señorita! La montaña más alta es el Monte McKinley, ¿verdad?
MAESTRA	—Sí. ¿Cuántos estados tiene nuestro país y cuál es su población?
JOSÉ	—Tiene cincuenta estados, pero no estoy seguro del número de habitantes.
MAESTRA	—Más o menos doscientos setenta y cinco millones. ¿Cuál es la capital de los Estados Unidos?
EVA	—¿Nueva York?
MARTA	—¡No! Washington, D.C. Allí vive el presidente.
MAESTRA	—Tienes razón, Marta. También tenemos un estado que no está dentro del continente. ¿Cuál es?

RAFAEL	—Hawaii. Mi tío vive allí en la isla de Maui, y viene la semana próxima.
MAESTRA	—¡Qué bien! Y, ¿saben ustedes cuál es el producto principal que tiene Hawaii?
RAFAEL	—El azúcar... Y tiene muchos volcanes.
MAESTRA	—Es verdad. Mario, ¿cuál es la superficie de los Estados Unidos?
MARIO	—¿Un millón de millas cuadradas?
MAESTRA	—No, mucho más. Tiene tres millones, seiscientas ochenta y siete mil, cuatrocientas veintiocho millas cuadradas.
OLGA	—¡Uy! ¿Es el país más grande del mundo?
MAESTRA	—No, pero es uno de los más grandes. Tiene muchas fuentes de riqueza: la agricultura, la ganadería, la industria, la pesca y la minería. Bueno, ahora tenemos que guardar los libros porque tenemos la práctica de incendios.
MARIO	—Y después vamos a la cafetería, ¿verdad? ¡Yo tengo mucha hambre!
MAESTRA	—No, Mario, tenemos que esperar hasta las doce.

Now repeat each phrase after the speakers. (Dialogue)

Vocabulario

Repeat each word or phrase after the speaker. After your response, you will hear the same word or phrase again. Repeat after the model once more.

Cognados:	la agricultura (/) americano (/) Atlántico (/) la capital (/) el continente (/) la geografía (/) la industria (/) inteligente (/) la isla (/) el millón (/) el monte (/) el océano (/) Pacífico (/) el presidente (/) el producto (/)
Nombres:	el azúcar (/) el cartel (/) el estado (/) los Estados Unidos (/) el este (/) la ganadería (/) el globo terráqueo (/) el golfo (/) el habitante (/) el incendio (/) el fuego (/) la lámina (/) la ilustración (/) el límite (/) la milla (/) la minería (/) la montaña (/) el mundo (/)

el norte (/) el número (/) el oeste (/) el país (/) la pesca (/) la población (/) la práctica (/) el simulacro (/) el río (/) la semana (/) la superficie (/) el área (/) el sur (/) la tía (/) el tío (/) el volcán (/)

Verbos:	limitar (/) limitar con (/) colindar (/) colindar con (/) tener (/) venir (/) vivir (/)
Adjetivos:	alto (/) grande (/) largo (/) principal (/) próximo (/) seguro (/) situado (/)
Otras palabras y expresiones:	allí (/) ¿cuántos? (/) dentro (/) después (/) las fuentes de riqueza (/) hasta (/) la semana próxima (/) mañana (/) más o menos (/) Norteamérica (/) América del Norte (/) que (/) ¡qué bien! (/) ¡que contento! (/) sobre (/) tener hambre (/) tener que (/) tener razón (/) ¡Uy! (/)

Vocabulario adicional

Otros lugares:

África (/) Antártida (/) Asia (/) Australia (/) Centroamérica (/) América Central (/) Europa (/) Sudamérica (/) América del Sur (/)

Palabras relacionadas con la geografía:

el archipiélago (/) el cabo (/) la cordillera (/) el desierto (/) el lago (/) el mar (/) el meridiano (/) el paralelo (/) la península (/) el polo (/)

Palabras relacionadas con el clima:

cálido (/) frío (/) templado (/)

Fenómenos naturales:

el ciclón (/) el huracán (/) la inundación (/) la lluvia torrencial (/) el terremoto (/) el temblor (/) la tormenta de nieve (/) el tornado (/)

Fin de la Lección 4

Lección 5

Diálogo

You will hear a dialogue. First it will be read without pauses. Then the speakers will read it again with pauses for you to repeat what you hear. Listen carefully.

En la clase de arte

Hoy los alumnos de segundo grado van a aprender a hacer un árbol de Navidad.

MAESTRA	—Niños, hoy vamos a hacer varias cosas con papeles de colores.
BLANCA	—Señorita, yo no tengo tijeras. ¿Vamos a recortar algo?
MAESTRA	—Sí. Hay tijeras y goma de pegar en el armario que está a la derecha.
SILVIA	—¿Dónde está el estambre, señorita?
MAESTRA	—En el estante de arriba, a la izquierda. Bueno, vamos a empezar.
ELBA	—¿Qué color de papel vamos a usar?
MAESTRA	—Verde. Primero vamos a doblar el papel por la mitad y dibujar el árbol.
JAVIER	—Yo no tengo el modelo.
MAESTRA	—Hay uno en el primer cajón de mi escritorio.
JAVIER	—¿Aquí?
MAESTRA	—Sí. Deben poner el modelo sobre el papel y trazar una línea alrededor del árbol.
HILDA	—Yo no entiendo, maestra.
MAESTRA	—Así, con el papel doblado. Ahora deben cortar, siguiendo la línea del dibujo.
RUBÉN	—¿Ya está listo?
MAESTRA	—No, ahora vamos a recortar círculos pequeños de diferentes colores. ¿Qué colores quieren?
GLORIA	—Yo quiero dorado y rojo.
JAVIER	—Yo prefiero azul y plateado.
MAESTRA	—Vamos a pegar los círculos en el árbol.
YOLANDA	—¡Es un árbol de Navidad! ¡Qué bonito!
MAESTRA	—Ahora vamos a hacer un Santa Claus de fieltro y algodón.

Después del recreo, los niños regresan al salón de clase y continúan la clase de arte. Jaime está mascando chicle.

MAESTRA	—¡Jaime! ¡No debes mascar chicle aquí! ¡Ah, niños, ya son las tres menos veinte!
JAIME	—¿Vamos a terminar el Santa Claus hoy?
MAESTRA	—No, el lunes. Ahora van a recoger todas las cosas y a limpiar las mesas. Es la hora de salida.

Los niños empiezan a recoger las tijeras y los papeles y la maestra cierra la ventana.

Now repeat each phrase after the speakers. (Dialogue)

Vocabulario

Repeat each word or phrase after the speaker. After your response, you will hear the same word or phrase again. Repeat after the model once more.

Cognados: el arte (/) el color (/) el grado (/) la línea (/)

Nombres: el algodón (/) el árbol (/) el armario (/) el gabinete (/) el cajón (/) la gaveta (/) el chicle (/) la goma de mascar (/) el círculo (/) la cosa (/) el dibujo (/) el estambre (/) la lana de tejer (/) el estante (/) el fieltro (/) la goma de pegar (/) la hora de salida (/) la mesa (/) la mitad (/) el modelo (/) el patrón (/) la Navidad (/) las tijeras (/)

Verbos: cerrar (/) continuar (/) cortar (/) dibujar (/) doblar (/) empezar (/) comenzar (/) entender (/) hacer (/) limpiar (/) mascar (/) masticar (/) pegar (/) poner (/) preferir (/) querer (/) recoger (/) recortar (/) tomar (/) trazar (/)

Adjetivos: diferente (/) doblado (/) listo (/) pequeño (/) varios (/)

Otras palabras y expresiones: a la derecha (/) a la izquierda (/) algo (/) alrededor (/) alrededor de (/) de arriba (/) por la mitad (/) ¡qué bonito! (/) siguiendo (/) sobre (/)

Vocabulario adicional

Palabras útiles para la clase de arte:

la acuarela (/) la aguja (/) calcar (/) el cartón (/) la cartulina (/) el compás (/) coser (/) desdoblar (/) el hilo (/) la línea de puntos (/) el pincel (/) pintar (/) la pintura (/) el trabajo manual (/) unir los puntos (/)

abajo (/) adentro (/) afuera (/) arriba (/) debajo de (/)
delante (/) delante de (/) detrás (/) detrás de (/)
encima de (/)

Días festivos:

el Día de Acción de Gracias (/)
el Día de los Enamorados (/)

el Día de la Independencia (/) el Día de la Madre (/)
el Día del Padre (/) el Día de los Trabajadores (/)
el Día de los Veteranos (/) la Nochebuena (/)
la Pascua Florida (/)

Fin de la Lección 5

Lectura 1

Permiso para ir de excursión

Listen to the following information from a permission slip for a field trip. Try to guess the meaning of all cognates. Then do the exercise item in your manual.

DISTRITO ESCOLAR DE LOS ÁNGELES

PERMISO PARA IR DE EXCURSIÓN

He leído la información contenida en este documento, y mi hijo(a) _____
Nombre del (de la) niño(a)

tiene mi permiso para acompañar a la clase de _____ a la excursión a
grado

_____ el _____ de _____ .
lugar   día   mes

De _____ a _____ .
   hora   hora

Yo sé que el seguro del Distrito cubre solamente lesiones causadas por negligencia de los maestros que acompañan a los niños, y que en otras circunstancias, el seguro médico del estudiante es el responsable.

Padre o tutor (Escriba con letra de imprenta)

Nombre y apellido _____
Número de teléfono _____
Dirección _____
_____

Firma del padre o tutor

Repaso: Lecciones 1–5

Práctica oral

Listen to the following exercise. The speaker will ask you some questions. Answer the questions, using the cues provided. The speaker will confirm the correct answer. Repeat the correct answer.

1. ¿Es usted de México? (/) no, de los Estados Unidos (/)
   No, soy de los Estados Unidos. (/)
2. ¿De qué estado es usted? (/) de Colorado (/)
   Soy de Colorado. (/)
3. ¿Trabaja usted mucho? (/) sí (/)
   Sí, trabajo mucho. (/)
4. ¿Cuántas horas trabaja usted? (/) cinco (/)
   Trabajo cinco horas. (/)
5. ¿Trabajan usted y los otros estudiantes en grupos? (/) no (/)
   No, no trabajamos en grupos. (/)
6. ¿Trabaja usted mejor independientemente? (/) sí (/)
   Sí, trabajo mejor independientemente. (/)
7. ¿Qué necesita usted ahora? (/) el libro de español (/)
   Ahora necesito el libro de español. (/)
8. ¿Siempre trae usted el libro de español a la clase? (/) sí (/)
   Sí, siempre traigo el libro de español a la clase. (/)
9. ¿Subraya usted las palabras con un lápiz rojo o amarillo? (/) rojo (/)
   Subrayo las palabras con un lápiz rojo. (/)
10. ¿Pinta usted con acuarela? (/) sí (/)
    Sí, pinto con acuarela. (/)
11. En la clase, ¿escribe usted con pluma o con lápiz? (/) con lápiz (/)
    En la clase escribo con lápiz. (/)
12. ¿Cómo es su letra? (/) muy clara (/)
    Mi letra es muy clara. (/)

13. ¿Dónde copia usted el vocabulario? (/) en el cuaderno de ejercicios (/)
    Copio el vocabulario en el cuaderno de ejercicios. (/)
14. ¿Con qué escribe usted en la pizarra? (/) con tiza (/)
    Escribo con tiza. (/)
15. ¿Cuántas pizarras tiene usted en la clase? (/) dos (/)
    Tengo dos pizarras en la clase. (/)
16. ¿Qué páginas debe leer usted hoy? (/) las páginas doce y trece (/)
    Debo leer las páginas doce y trece. (/)
17. ¿Busca usted muchas palabras en el diccionario? (/) sí (/)
    Sí, busco muchas palabras en el diccionario. (/)
18. ¿Cuándo es el examen de español? (/) la semana próxima (/)
    El examen de español es la semana próxima. (/)
19. ¿Tiene usted mapas en su clase? (/) sí, muchos (/)
    Sí, tengo muchos mapas en la clase. (/)
20. ¿Dónde tiene usted las tijeras? (/) en el cajón (/)
    Tengo las tijeras en el cajón. (/)
21. ¿Dónde guarda usted sus papeles? (/) en el escritorio (/)
    Guardo mis papeles en el escritorio. (/)
22. ¿Hoy tiene usted una práctica de incendios? (/) no, mañana (/)
    No, tengo una práctica de incendios mañana. (/)
23. ¿Come usted en la cafetería de la escuela? (/) no, en mi casa (/)
    No, como en mi casa. (/)
24. ¿Masca usted chicle en la clase? (/) no, nunca (/)
    No, nunca masco chicle en la clase. (/)
25. ¿Debe usted ir a la dirección? (/) sí, ahora mismo (/)
    Sí, debo ir a la dirección ahora mismo. (/)

Lección 6

Diálogo

You will hear a dialogue. First it will be read without pauses. Then the speakers will read it again with pauses for you to repeat what you hear. Listen carefully.

Un repaso de anatomía (primera parte)

La semana próxima los alumnos van a tener varios exámenes. El lunes tienen uno de anatomía y ahora están repasando las lecciones.

MAESTRA	—Hoy vamos a repasar anatomía. ¿Alguien recuerda cómo se llama la armazón que sostiene el cuerpo? ¿Mario?
MARIO	—Se llama esqueleto. El esqueleto está formado por los huesos.
MAESTRA	—¡Muy bien! ¿Qué es una coyuntura?
ESTELA	—Es la unión de dos o más huesos.
MAESTRA	—Muy bien, pero tienes que levantar la mano antes de contestar.
JOSÉ	—¿La rodilla es una articulación?
MAESTRA	—Sí, y también el codo. Bueno, ¿qué mueve los huesos? ¿Rosa?
ROSA	—La sangre los mueve.
MAESTRA	—No es la sangre, Rosa. La sangre lleva el oxígeno por todo el cuerpo. ¿Anita?
ANITA	—Los músculos mueven los huesos.
MAESTRA	—Muy bien, Anita. ¿Y qué cubre todo nuestro cuerpo? ¿Gonzalo? ¿No recuerdas?
GONZALO	—La ropa.
RAQUEL	—No, no... Es la piel.
MAESTRA	—Muy bien. La piel protege nuestro cuerpo de los microbios.
JUAN	—Señorita, ¿por qué hay distintos colores de piel?
MAESTRA	—Porque el color de la piel depende de la cantidad de pigmento. Si una persona tiene mucho pigmento, la piel es oscura. Si tiene poco, es muy clara. Bien, ¿con qué pensamos?
PACO	—Con el cerebro. El cerebro está dentro de la cabeza, protegido por los huesos del cráneo.
MAESTRA	—Muy bien. Cuando comemos, ¿adónde va la comida?
RITA	—Primero masticamos y tragamos. Después la comida va al estómago y de allí a los intestinos, donde termina la digestión.
PACO	—Cuando yo como mucho, siempre quiero dormir porque tengo sueño.
RITA	—Porque tu cuerpo tiene que trabajar mucho para digerir toda la comida.
MAESTRA	—Están contestando muy bien.

Suena el timbre para la salida.

MAESTRA	—Mañana continuamos con la segunda parte. Gonzalo, ¿vas a repasar la primera parte de la lección conmigo?
GONZALO	—Si, señorita, necesito repasarla, pero después tengo que ir a la biblioteca. ¿A qué hora la cierran?
MAESTRA	—La cierran a las cinco. Bueno, podemos empezar.
GONZALO	—¿Puede esperarme un momento, señorita? Vuelvo enseguida.
MAESTRA	—Está bien. Te espero.

Now repeat each phrase after the speakers. (Dialogue)

Vocabulario

Repeat each word or phrase after the speaker. After your response, you will hear the same word or phrase again. Repeat after the model once more.

Cognados:	la anatomía (/) la digestión (/) el intestino (/) el oxígeno (/) la persona (/) el pigmento (/)
Nombres:	la armazón (/) la biblioteca (/) la cabeza (/) la cantidad (/) el cerebro (/) el codo (/) la comida (/) la coyuntura (/) la articulación (/) el cráneo (/) el cuerpo (/) el esqueleto (/) el estómago (/) el hueso (/) el microbio (/) el músculo (/) la piel (/) la rodilla (/) la ropa (/) la salida (/) la sangre (/) el timbre (/) la campana (/) la unión (/)
Verbos:	cerrar (/) contestar (/) cubrir (/) depender (/) digerir (/) dormir (/) mover (/) pensar (/) poder (/) proteger (/) recordar (/) sonar (/) sostener (/) tragar (/) volver (/)
Adjetivos:	distinto (/) oscuro (/) poco (/) protegido (/) segundo (/)
Otras palabras y expresiones:	alguien (/) antes de (/) ¿Cómo se llama... ? (/) conmigo (/) ¿cuándo? (/) enseguida (/) después (/)

está formado (/) levantar la mano (/)
nada (/) para (/) por todo (/)
se llama (/) tener sueño (/) todo (/)
Vuelvo enseguida. (/)

Vocabulario adicional

Para hablar del cuerpo humano:

la boca (/) el brazo (/) la cara (/) el cuello (/) el dedo (/)
el dedo del pie (/) los dientes (/) la espalda (/)

la lengua (/) la nariz (/) el oído (/) el ojo (/) la oreja (/)
el pecho (/) el pelo (/) el cabello (/) el pie (/)
la pierna (/) el tobillo (/)

Fin de la Lección 6

Lección 7

Diálogo

You will hear a dialogue. First it will be read without
pauses. Then the speakers will read it again with
pauses for you to repeat what you hear. Listen
carefully.

Un repaso de anatomía (segunda parte)

*Hoy la maestra sigue hablándoles de anatomía a los
niños.*

MAESTRA —Ustedes están casi listos para el
examen. Cecilia, ¿puedes nombrar
las partes del aparato respiratorio?

CECILIA —No sé cuáles son, señorita.

JOSÉ —Yo lo sé... son la nariz, la tráquea,
los bronquios y los pulmones.

MAESTRA —Muy bien. Como ustedes saben,
necesitamos oxígeno para vivir.
¿Qué pasa cuando respiramos?
¿Alicia?

ALICIA —Los pulmones toman el oxígeno
para purificar la sangre.

MAESTRA —¿Quién puede decirme de qué aparato
forma parte la sangre? Paco, ¿tú lo
sabes?

PACO —Sí, la sangre forma parte del aparato
circulatorio.

MAESTRA —Muy bien. También el corazón, las
arterias, las venas y los vasos
capilares, como pueden ver en esta
lámina...

ANITA —Yo no la veo bien, señorita...

MAESTRA —Puedes venir aquí, al frente. Carlos,
¿por qué es importante el corazón?

CARLOS —Porque es el órgano que envía la
sangre a todo el cuerpo.

RITA —Yo conozco a un hombre que padece
del corazón y ahora van a operarlo.

GERARDO —¿Se puede vivir sin el corazón?

MAESTRA —No. Lo necesitamos para poder
vivir... Margarita, ¿qué elementos
forman la sangre?

MARGARITA —Los glóbulos rojos, los glóbulos
blancos y las plaquetas.

MAESTRA —Muy bien, Margarita. Gonzalo,
¿puedes decirles a tus compañeros
para qué sirven las plaquetas?

GONZALO —Para coagular la sangre.

MAESTRA —Correcto. Bueno, mañana traigo una
lámina para estudiar el sistema
nervioso. Ahora vamos a almorzar.

GERARDO —¿Qué sirven hoy en la cafetería,
señorita?

MAESTRA —No sé, Gerardo.

ALICIA —¿Dónde pongo las láminas, maestra?

MAESTRA —En mi escritorio.

Los niños salen del aula y van a la cafetería.

Now repeat each phrase after the speakers. (Dialogue)

Vocabulario

Repeat each word or phrase after the speaker. After your
response, you will hear the same word or phrase again.
Repeat after the model once more.

Cognados: la arteria (/) el elemento (/)
importante (/) el órgano (/) la vena (/)

Nombres: el aparato circulatorio (/)
el aparato respiratorio (/)
los bronquios (/) el corazón (/)
los glóbulos blancos (/)
los glóbulos rojos (/) el hombre (/)
la nariz (/) la plaqueta (/)
los pulmones (/)
el sistema nervioso (/) la tráquea (/)
los vasos capilares (/)

Verbos:	almorzar (/) coagular (/) conocer (/)
	decir (/) enviar (/) nombrar (/)
	operar (/) padecer (/) pasar (/)
	poner (/) purificar (/) respirar (/)
	salir (/) seguir (/) servir (/) tomar (/)
	ver (/)
Adjetivos:	blanco (/) este (/)
Otras palabras	
y expresiones:	al frente (/) al frente de (/) como (/)
	formar parte de (/)
	padecer del corazón (/)
	¿Para qué sirven... ? (/) sin (/)
	Vamos a almorzar. (/)

Vocabulario adicional

El aparato digestivo:

la boca (/) el esófago (/) el estómago (/)
el intestino delgado (/) el intestino grueso (/)

Las glándulas anexas:

las glándulas salivales (/) el hígado (/) el páncreas (/)

El sistema nervioso:

el cerebelo (/) el cerebro (/) la médula espinal (/)
el nervio (/)

Los sentidos:

el gusto (/) el oído (/) el olfato (/) el tacto (/) la vista (/)

Fin de la Lección 7

Lección 8

Diálogo

You will hear a dialogue. First it will be read without pauses. Then the speakers will read it again with pauses for you to repeat what you hear. Listen carefully.

Una clase de ciencia

Hoy la maestra está explicándoles a los estudiantes las diferentes clases de animales que existen en el mundo.

MAESTRA	—El reino animal está dividido en dos grupos: los vertebrados y los invertebrados.
ÁNGEL	—¿Los peces son invertebrados, señorita?
MAESTRA	—No. Los invertebrados no tienen columna vertebral. Los insectos son invertebrados.
INÉS	—Los mamíferos son vertebrados, ¿verdad, señorita?
MAESTRA	—¡Muy bien, Inés! Las aves, los reptiles, los anfibios y los peces también pertenecen a ese grupo.
MARÍA	—¿Qué es un anfibio?
MAESTRA	—Un animal que en la primera parte de su vida vive en el agua y respira como los peces, y después vive en la tierra y respira como los mamíferos.
DIEGO	—¡Como los renacuajos, que después son ranas! A mí me gustan las ranas. Yo
	tengo dos. Le voy a preguntar a mi mamá si puedo traerlas a la clase para mostrárselas.
MAESTRA	—Puedes traerlas mañana, si quieres. ¿Y los reptiles? ¿Cuáles son?
ANITA	—Las serpientes, las lagartijas, los cocodrilos y las tortugas.
CARMEN	—Las aves también son reptiles.
LUIS	—¡Eso no es verdad! Las aves pueden volar.
MAESTRA	—Muy bien, Luis. ¿Cuáles son las características de las aves?
OLGA	—¡Yo puedo decírselas! Tienen plumas y la boca en forma de pico.
MAESTRA	—¡Eso es! En esta lámina vemos fotografías de diferentes clases de aves.
ANTONIO	—¡Yo sé otra cosa! Las aves nacen de huevos.
MAESTRA	—Sí, y los mamíferos nacen vivos. ¿Qué otras características tienen los mamíferos?
ÓSCAR	—Tienen sangre caliente y el cuerpo cubierto de pelo.
MAESTRA	—¿Y los peces?
TERESA	—Tienen sangre fría, el cuerpo cubierto de escamas y respiran por branquias.
MAESTRA	—¡Muy bien! Ahora debemos ir a la biblioteca de la escuela. Allí hay varios libros sobre animales. Se los pueden pedir a la bibliotecaria.
INÉS	—Señorita, me duele la cabeza.
MAESTRA	—Puedes ir a hablar con la enfermera.

Now repeat each phrase after the speakers. (Dialogue)

Vocabulario

Repeat each word or phrase after the speaker. After your response, you will hear the same word or phrase again. Repeat after the model once more.

Cognados:	el anfibio (/) el animal (/) la característica (/) la ciencia (/) el cocodrilo (/) dividido (/) la fotografía (/) el insecto (/) el invertebrado (/) el reptil (/) el vertebrado (/)
Nombres:	el ave (/) la boca (/) las branquias (/) las agallas (/) la clase (/) la columna vertebral (/) el enfermero (/) la escama (/) el huevo (/) la largartija (/) la mamá (/) la madre (/) el mamífero (/) el pelo (/) el pez (/) el pico (/) la pluma (/) la rana (/) el reino (/) el renacuajo (/) la serpiente (/) la tierra (/) la tortuga (/) la vida (/)
Verbos:	doler (/) existir (/) explicar (/) gustar (/) mostrar (/) enseñar (/) nacer (/) pedir (/) pertenecer (/) preguntar (/) querer (/) volar (/)
Adjetivos:	caliente (/) cubierto (/) cubierto de (/) ese (/) frío (/) vivo (/)
Otras palabras y expresiones:	en forma de (/) eso (/) otra cosa (/)

Vocabulario adicional

Animales de la finca:

el caballo (/) la cabra (/) el chivo (/) el cerdo (/)
el cochino (/) la gallina (/) el gallo (/) el ganso (/)
la oveja (/) el pato (/) el pavo (/) el guajolote (/)
el guanajo (/) el toro (/) la vaca (/)

Animales domésticos:

el conejo (/) el gato (/) el pájaro (/) el perro (/)

Animales salvajes:

el camello (/) la cebra (/) el elefante (/)
el hipopótamo (/) la jirafa (/) el león (/) el mono (/)
el chango (/) el tigre (/)

Insectos:

la abeja (/) la avispa (/) la hormiga (/) la mariposa (/)
la mosca (/) el mosquito (/) el zancudo (/)

Otros animales invertebrados:

la araña (/) el camarón (/) el cangrejo (/) el caracol (/)
la langosta (/)

Fin de la Lección 8

Lección 9

Diálogo

You will hear a dialogue. First it will be read without pauses. Then the speakers will read it again with pauses for you to repeat what you hear. Listen carefully.

Una conferencia

La señora Silvia Gómez habla con el maestro de su hijo Antonio.

MAESTRO	—Siéntese aquí, por favor, señora Gómez. Quiero hablar con usted sobre su hijo Antonio.
SRA. GÓMEZ	—Sé que está atrasado en lectura...
MAESTRO	—Bueno, todavía no lee al nivel del grado, pero está mejorando un poco.
SRA. GÓMEZ	—¿Se porta mal en clase?
MAESTRO	—No, pero muchas veces llega tarde, y eso es un problema. Además, a veces se pelea con los otros niños y les pega.
SRA. GÓMEZ	—Yo no sé qué le pasa...
MAESTRO	—Yo tampoco. No sé por qué no se lleva bien con sus compañeros de clase.
SRA. GÓMEZ	—Castíguelo. Déjelo en la escuela después de clase...
MAESTRO	—Ésa no es la solución. Trate de ayudarlo con la tarea y venga a observarlo en clase de vez en cuando.

SRA. GÓMEZ	—Yo no puedo porque trabajo, pero como mi esposo no trabaja los lunes, puede venir él.
MAESTRO	—Bueno... ¿El niño come bien? ¿Duerme bien? ¿Hay problemas en la casa?
SRA. GÓMEZ	—A veces no come nada por la mañana.
MAESTRO	—Déle un buen desayuno. Eso es muy importante.
SRA. GÓMEZ	—Muy bien. Mire, señor Soto, aunque Antonio está en el grupo de lectura más bajo, yo creo que es inteligente...
MAESTRO	—Sí, tiene habilidad, pero debe esforzarse más.
SRA. GÓMEZ	—Yo creo que también tiene problemas con la vista. Quizás necesita anteojos... Yo necesito ir al oculista para cambiar los míos, así que puedo pedir turno para él también.
MAESTRO	—Buena idea. Si estas medidas no son suficientes, podemos hablar de la posibilidad de hacerle una evaluación para determinar si sus dificultades se deben a una problema de aprendizaje, como dislexia.
SRA. GÓMEZ	—¿Quién hace esas evaluaciones?
MAESTRO	—La psicóloga de la escuela, y son gratis.
SRA. GÓMEZ	—Gracias, señor Soto.
MAESTRO	—De nada, señora Gómez. Gracias por venir. ¡Ah! Ésta es la libreta de calificaciones de Antonio. Fírmela antes de irse, por favor.

Now repeat each phrase after the speakers. (Dialogue)

Vocabulario

Repeat each word or phrase after the speaker. After your response, you will hear the same word or phrase again. Repeat after the model once more.

Cognados: la conferencia (/) la dificultad (/)
la dislexia (/) la evaluación (/)
la habilidad (/) la medida (/)
el psicólogo (/) la solución (/)
suficiente (/)

Nombres: los anteojos (/) los lentes (/)
los espejuelos (/) las gafas (/)
el compañero de clase (/)
el desayuno (/) el esposo (/)
el hijo (/) el nivel (/) el oculista (/)
el problema de aprendizaje (/)
la vista (/)

Verbos: cambiar (/) castigar (/) creer (/)
dejar (/) esforzarse (/) irse (/)
mejorar (/) mejorarse (/) mirar (/)
observar (/) pegar (/) pelearse (/)
portarse (/) sentarse (/) tratar (/)
tratar de (/)

Adjetivos: atrasado (/) bajo (/) gratis (/)

Otras palabras y expresiones: además (/) al nivel del grado (/)
así que (/) aunque (/) como (/)
de vez en cuando (/) llegar tarde (/)
llevarse bien (/) muchas veces (/)
otro (/) pedir turno (/)
hacer una cita (/) portarse mal (/)
que (/) quizá (/) quizás (/)
se debe a... (/) se deben a... (/)
tampoco (/) todavía no (/) un poco (/)

Vocabulario adicional

Para hablar con los padres:

Su hijo está adelantado. (/) Su hijo está progresando. (/)
Su hijo interrumpe la clase. (/)
Su hijo no devuelve los libros. (/)
Su hijo no se siente bien. (/) Su hijo tiene fiebre. (/)
Su hijo tiene calentura. (/) Su hijo vomitó. (/)
Es urgente. (/) No se preocupe. (/)
¿Puede venir a buscar a su hijo? (/)
¿Puede venir a recoger a su hijo? (/) Sea consistente. (/)

Fin de la Lección 9

Lección 10

Diálogo

You will hear a dialogue. First it will be read without pauses. Then the speakers will read it again with pauses for you to repeat what you hear. Listen carefully.

Una excursión al jardín botánico

El señor Ochoa y la señora Pérez, maestros de una escuela primaria, llevan a sus alumnos de segundo y tercer grado de excursión al jardín bótanico para enseñarles algo acerca de las plantas.

SR. OCHOA	—Por favor, bájense del autobús y pónganse en fila. No se separen de nosotros.
SRA. PÉREZ	—Caminen de dos en dos y tómense de la mano.
SR. OCHOA	—Aquí vamos a ver plantas de distintos países y climas.
PACO	—Aquí hay un árbol de Cuba. ¡Qué alto es!
SRA. PÉREZ	—Los árboles son las plantas más grandes. ¿Quién recuerda cuáles son las partes de una planta?
AURORA	—La raíz, el tallo y las hojas.
CARLOS	—¡Y las flores y los frutos! Yo tengo un naranjo en mi patio. Me lo dio mi tío.
SRA. PÉREZ	—¡Muy bien, Aurora y Carlos! ¿Dónde está Raquel?
EVA	—Fue al baño. Allí viene ya.
SR. OCHOA	—Sí. ¿Por qué son importantes los árboles?
RAMÓN	—Porque nos dan madera para hacer muebles y papel.
SRA. PÉREZ	—Muy bien. ¡Y también producen oxígeno! ¿Cómo se alimentan las plantas? ¿Alguien lo sabe?
RAÚL	—¿Con agua?
SRA. PÉREZ	—El agua ayuda, pero la planta toma parte de sus alimentos de la tierra...
ELENA	—¿Y eso sube por el tronco?
SRA. PÉREZ	—Sí, y las hojas usan la luz del sol para transformarlo en alimento para la planta.
JOSÉ	—Yo quiero ir a ver los cactos. El año pasado fuimos a Arizona y vi muchos allí.
SR. OCHOA	—Eso es porque los cactos son plantas del desierto.
TERESA	—Yo encontré una semilla y alguien me la quitó. ¿Quién fue?
SARA	—¡Fue Jorge!
SRA. PÉREZ	—Nadie puede llevarse nada del jardín botánico.

Los niños pasaron toda la mañana en el jardín botánico y aprendieron mucho. Ahora tienen que volver a la escuela.

SRA. PÉREZ	—Apúrense porque hace viento y está empezando a llover.
SR. OCHOA	—Vamos por aquí. Suban al autobús y siéntense.

Now repeat each phrase after the speakers. (Dialogue)

Vocabulario

Repeat each word or phrase after the speaker. After your response, you will hear the same word or phrase again. Repeat after the model once more.

Cognados:	el cacto (/) el desierto (/) la planta (/)
Nombres:	el alimento (/) el año (/)
	el autobús (/) el ómnibus (/)
	la guagua (/) el camión (/)
	la escuela primaria (/)
	la escuela elemental (/)
	la excursión (/) la fila (/) la flor (/)
	el fruto (/) la hoja (/) el jardín (/)
	la luz del sol (/) la madera (/)
	los muebles (/) el naranjo (/)
	el patio (/) la raíz (/) la semilla (/)
	el sol (/) el tallo (/) el tronco (/)
Verbos:	alimentar (/) alimentarse (/)
	apurarse (/) darse prisa (/) bajar (/)
	bajarse (/) caminar (/) encontrar (/)
	enseñar (/) llevarse (/) llover (/)
	pasar (/) quitar (/) quitarse (/)
	separar (/) separarse (/) subir (/)
	subirse (/) transformar (/)
Otras palabras y expresiones:	acerca de (/) allí viene ya (/)
	de dos en dos (/) ponerse en fila (/)
	por aquí (/) tómense de la mano (/)

Vocabulario adicional

Algunas flores:

la camelia (/) el clavel (/) la margarita (/) la orquídea (/) el pensamiento (/) la rosa (/) la violeta (/)

la cereza (/) la fresa (/) el limón (/) la manzana (/)
la naranja (/) la china (/) la pera (/) el plátano (/)
la banana (/) el guineo (/) la toronja (/) la uva (/)

el ají (/) el chile verde (/) el ajo (/) el apio (/)
la cebolla (/) la lechuga (/) la papa (/) la patata (/)
la zanahoria (/)

Las estaciones del año:

la primavera (/) el verano (/) el otoño (/) el invierno (/)

Fin de la Lección 10

Lectura 2

Reglas de la escuela

Listen to the following information from a handout about school rules. Try to guess the meaning of all cognates. Then do the exercise item in your manual.

Reglas de la escuela

En el patio, durante el recreo

1. No se peleen, no se empujen y no tiren piedras ni arena.

2. Obedezcan las instrucciones de los maestros.

3. Jueguen solamente en los lugares designados para jugar.

4. A la hora del almuerzo, pónganse en fila inmediatamente.

5. Antes de comenzar las clases, y a la hora del recreo, párense inmediatamente cuando suena el timbre y luego vayan al lugar donde tienen que hacer fila.

6. No jueguen ni en los baños ni cerca de los baños.

7. No digan malas palabras.

8. No se paren ni en los bancos ni en las mesas.

En la cafetería

1. No griten.

2. Quédense sentados mientras comen.

3. No salgan de la cafetería sin permiso.

4. Pongan la basura en el basurero antes de salir.

5. No se tiren comida ni otros objetos.

En la clase

Obedezcan las reglas de sus maestros. Al comenzar el año escolar, cada maestro les enviará a los padres una copia de las reglas de la clase.

Repaso: Lecciones 6–10

Práctica oral

Listen to the following exercise. The speaker will ask you some questions. Answer the questions, using the cues provided. The speaker will confirm the correct answer. Repeat the correct answer.

1. ¿A qué hora almuerza usted? (/) a las doce (/)
Almuerzo a las doce. (/)
2. ¿Tiene usted sueño después de comer? (/) sí, a veces (/)
Sí, a veces tengo sueño después de comer. (/)
3. ¿Digiere usted bien la comida? (/) sí (/)
Sí, digiero bien la comida. (/)
4. ¿Lo van a operar de algo? (/) no (/)
No, no me van a operar de nada. (/)
5. ¿Padece usted del corazón? (/) no (/)
No, no padezco del corazón. (/)
6. ¿Tiene usted problemas respiratorios? (/) no (/)
No, no tengo problemas respiratorios. (/)
7. ¿Ve usted bien o usa lentes? (/) veo bien (/)
Veo bien. (/)
8. ¿Cuántas horas duerme usted? (/) ocho horas (/)
Duermo ocho horas. (/)
9. ¿Sabe usted mucho de los animales? (/) sí (/)
Sí, sé mucho de los animales. (/)
10. ¿Tiene usted láminas de animales en su clase? (/) sí, muchas (/)
Sí, tengo muchas láminas de animales en mi clase. (/)
11. ¿Qué animales cree usted que son bonitos? (/) las aves (/)
Creo que las aves son bonitas. (/)
12. ¿Cuáles son sus animales favoritos? (/) los perros y los gatos (/)
Los perros y los gatos son mis animales favoritos. (/)
13. ¿Tiene usted algún animal doméstico? (/) sí, dos perros (/)
Sí, tengo dos perros. (/)
14. ¿Tiene usted peces de colores en su casa? (/) no (/)
No, no tengo peces de colores en mi casa. (/)
15. ¿Qué insectos cree usted que son bonitos? (/) las mariposas (/)
Creo que las mariposas son bonitas. (/)
16. ¿Puede usted prestarme algunos libros sobre animales? (/) sí (/)
Sí, puedo prestarle algunos libros sobre animales. (/)
17. ¿Tiene usted un jardín en su casa? (/) sí (/)
Sí, tengo un jardín en mi casa. (/)
18. ¿Qué flores prefiere usted? (/) las rosas (/)
Prefiero las rosas. (/)
19. ¿Tiene usted árboles en su casa? (/) sí, un naranjo (/)
Sí, tengo un naranjo. (/)
20. ¿Qué frutas prefiere usted? (/) las naranjas y las uvas (/)
Prefiero las naranjas y las uvas. (/)
21. ¿En qué grado dio usted clases el año pasado? (/) en segundo grado (/)
El año pasado di clases en segundo grado. (/)
22. ¿Cuántas clases dio usted cada día? (/) cinco (/)
Di cinco clases cada día. (/)
23. ¿Llevó usted a sus alumnos de excursión la semana pasada? (/) sí (/)
Sí, llevé a mis alumnos de excursión la semana pasada. (/)
24. ¿Adónde los llevó? (/) al jardín botánico (/)
Los llevé al jardín botánico. (/)
25. ¿Qué vieron allí? (/) plantas de distintos países (/)
Vieron plantas de distintos países. (/)

Lección 11

Diálogo

You will hear a dialogue. First it will be read without pauses. Then the speakers will read it again with pauses for you to repeat what you hear. Listen carefully.

Algunas reglas de ortografía

Hace dos semanas que los alumnos de la señorita Suárez se preparan para un concurso de ortografía.

Hoy siguen practicando las reglas. Muchos alumnos vinieron muy bien preparados a la clase.

MAESTRA —Ramón, dime las reglas que debemos recordar sobre el sonido de la letra *ce* antes de las vocales *i* o *e*.

RAMÓN —Antes de la *i* o de la *e* la *ce* suena como la *ese*.

DORA —Sí, como en la palabra *cero*.

MAESTRA	—Muy bien, Ramón y Dora. Y, ¿qué sonido tiene la *ce* antes de la *a,* la *o,* o la *u*?
MIGUEL	—Suena como la *ka.* Yo sé una palabra que tiene la *ce* así... ¡*Carro*!
MAESTRA	—¡Muy bien, Miguel! Y, ¿cómo se escribe la palabra *quizás*? Hilda, ve a la pizarra y escríbela.
HILDA	—*Ce – i – zeta – a – ese.*
MAESTRA	—No... ¿Quién recuerda las reglas de la letra *ce*?
DIEGO	—Maestra, yo las sé. La *ce* antes de la *i* o de la *e* suena como *ese.* Deletreamos *quizás* con la letra *cu.*
MAESTRA	—¡Muy bien, Diego! ¿Quién sabe cómo se escribe *que*?
HILDA	—*Cu – u – e,* ¿verdad, señorita?
MAESTRA	—¡Sí! A ver... ¿quién puede decirnos algo sobre la consonante *ge*?
MÓNICA	—¿Como en la palabra *goma*? Tiene el mismo sonido en la palabra *gusto,* por ejemplo.
MAESTRA	—¿Es la única manera de pronunciarla?
MÓNICA	—Yo creo que sí.
SILVIA	—¡No! Hay excepciones. Hace una semana que las estudiamos. Se pronuncia como la letra *jota* cuando está antes de la *e* o de la *i.*
MAESTRA	—¡Excelente! A ver, ¿quién puede deletrear *geografía*? *(Varios estudiantes contestan a la vez.)* Solamente una persona. Monica, deletréala.
MÓNICA	—Eso es fácil. ¡*Ge – e– o – ge – ere – a – efe – i – a*!
MAESTRA	—¡Muy bien! Aprendiste la regla, Mónica. Otra pregunta. ¿Qué lleva la *i* de *geografía*? ¿Sandra?
SANDRA	—Lleva acento, ¿verdad?
MAESTRA	—Sí, *geografía* lleva acento en la penúltima sílaba. Todavía deben repasar cómo se forman los adverbios, y el pasado de los verbos irregulares.
SANDRA	—Maestra, yo hice los ejercicios de los verbos regulares ayer. ¿Usted los corrigió?
MAESTRA	—No, voy a corregirlos mañana. No todos los trajeron ayer.

La maestra repitió algunas de la reglas, les pidió las tareas a los niños, las puso en su escritorio y se despidió de ellos hasta el día siguiente.

Now repeat each phrase after the speakers. (Dialogue)

Vocabulario

Repeat each word or phrase after the speaker. After your response, you will hear the same word or phrase again. Repeat after the model once more.

Cognados:	el acento (/) el adverbio (/) la consonante (/) la excepción (/) irregular (/) preparado (/) regular (/) la sílaba (/)
Nombres:	el concurso (/) el concurso de ortografía (/) la manera (/) el pasado (/) la pregunta (/) la regla (/) el sonido (/) la vocal (/)
Verbos:	corregir (/) deletrear (/) despedirse (/) despedirse de (/) formar (/) ocurrir (/) practicar (/) preparar (/) prepararse (/) pronunciar (/) repetir (/) sonar (/)
Adjetivos:	mismo (/) penúltimo (/) último (/) único (/)
Otras palabras y expresiones:	a la vez (/) a ver... (/) ayer (/) como (/) Creo que sí. (/) entonces (/) excelente (/) llevan dos semanas preparándose (/) por ejemplo (/) siguiente (/) solamente (/) todavía (/) Ud. iba a... (/)

Vocabulario adicional

Los signos de puntuación:

apóstrofo (/) barras (/) coma (/) comillas (/) corchetes (/) dos puntos (/) guión (/) paréntesis (/) punto (/) punto y coma (/) signos de admiración (/) signos de interrogación (/)

Otras palabras y frases relacionadas con la ortografía:

agregar (/) añadir (/) el alfabeto (/) el abecedario (/) la contracción (/) el dictado (/) mudo (/) sin sonido (/) el prefijo (/) la raíz (/) singular (/) el sufijo (/)

Fin de la Lección 11

Lección 12

Diálogo

You will hear a dialogue. First it will be read without pauses. Then the speakers will read it again with pauses for you to repeat what you hear. Listen carefully.

Una clase de historia

Los estudiantes de la señora López estaban haciendo unos ejercicios de matemáticas cuando la maestra los interrumpió para decirles que tenían que repasar la lección de historia. Ahora están hablando de los acontecimientos más importantes en la historia de los Estados Unidos.

MAESTRA	—¿Quién descubrió América?
JOSÉ	—La descubrió Cristóbal Colón en el año 1492.
SILVIA	—Pero Colón nunca vino a los Estados Unidos, ¿verdad?
MAESTRA	—No, los que colonizaron este país fueron principalmente los ingleses, pero hubo gente de otras nacionalidades.
JOSÉ	—¿De qué países eran?
MAESTRA	—De España, Francia, Holanda...
CARLOS	—Pero los peregrinos que llegaron en el Mayflower eran ingleses, ¿no?
MAESTRA	—Sí, mucha gente vino de Inglaterra para librarse de la persecución religiosa.
CARLOS	—¿Pero cuándo se formaron los Estados Unidos?
MAESTRA	—En el siglo XVII y a principios del XVIII, de un grupo de colonias inglesas que estaban establecidas en la costa este.
EDUARDO	—¿Por qué vino la gente a América?
MAESTRA	—Porque había mucha tierra cultivable y barata. ¿Quién sabe qué pasó en el año 1776?
LUISA	—Se declaró la independencia de los Estados Unidos.
MAESTRA	—¿Quién fue el primer presidente y en qué año lo eligieron?
MARIO	—Jorge Washington. Lo eligieron en 1778. Ésas fueron las primeras elecciones bajo la constitución.
MAESTRA	—Muy bien. ¿Cuándo comenzó la Guerra Civil y cuánto tiempo duró?
ANTONIO	—Comenzó en 1861 y duró cuatro años.
MAESTRA	—¿Quién era el presidente en esa época?
EVA	—Abraham Lincoln. Él abolió la esclavitud.
MAESTRA	—¡Correcto! *(Suena el timbre.)* Para mañana, lean la página 231 del libro de historia.

Esta es parte de la información que aparece en la página 231 del libro de historia.

> A fines del siglo XIX y principios del XX, los Estados Unidos eran ya una potencial mundial.
>
> En 1914 estalló la Primera Guerra Mundial. Los Estados Unidos trataron de mantenerse neutrales, pero entraron en la guerra in 1917.
>
> Durante la década de los años 20 hubo prosperidad en los Estados Unidos, pero en 1929 comenzó la depresión.
>
> En 1939 comenzó la Segunda Guerra Mundial. Los Estados Unidos se mantuvieron neutrales hasta el año 1941, cuando los japoneses bombardearon Pearl Harbor y el Congreso declaró guerra contra el Japón. La guerra terminó en 1945.

Now repeat each phrase after the speakers. (Dialogue)

Vocabulario

Repeat each word or phrase after the speaker. After your response, you will hear the same word or phrase again. Repeat after the model once more.

Cognados: América (/) civil (/) la colonia (/) el congreso (/) la constitución (/) la década (/) la depresión (/) la elección (/) establecido (/) Francia (/) la historia (/) Holanda (/) la independencia (/) la información (/) Japón (/) el japonés (/) las matemáticas (/) la nacionalidad (/) el norteamericano (/) neutral (/) la persecución (/) la prosperidad (/) religioso (/)

Nombres: el acontecimiento (/) la costa (/) Cristóbal Colón (/) la esclavitud (/) España (/) la gente (/) la guerra (/) Inglaterra (/) el peregrino (/)

la potencia (/) el siglo (/)
el tiempo (/)

Verbos: abolir (/) aparecer (/)
bombardear (/) colonizar (/)
comenzar (/) declarar (/) descubrir (/)
durar (/) elegir (/) interrumpir (/)
librarse (/) librarse de (/) llegar (/)
mantener (/) mantenerse (/)

Adjetivos: barato (/) mundial (/)

Otras palabras
y expresiones: a fines de (/) a principios de (/)
bajo (/) contra (/) durante (/)
en esa época (/) estalló la guerra (/)
había (/) hubo (/) los que (/)
las que (/) principalmente (/)
tierra cultivable (/)

Vocabulario adicional

Algunas palabras relacionadas con la historia o con el
gobierno:

el alcalde (/) la alcaldesa (/) los aliados (/) la batalla (/)
el capitalismo (/) la ciudad (/) el comunismo (/)
conquistar (/) la democracia (/) los esclavos (/) fundar (/)
el gobernador (/) el gobierno (/) los indios (/) la ley (/)
liberar (/) libre (/) luchar (/) la monarquía (/) la paz (/)
los pioneros (/) los puritanos (/) los representantes (/)
los senadores (/) el territorio (/) vencer (/) derrotar (/)
votar (/)

Fin de la Lección 12

Lección 13

Diálogo

You will hear a dialogue. First it will be read without
pauses. Then the speakers will read it again with
pauses for you to repeat what you hear. Listen
carefully.

En la clase de matemáticas

Los alumnos acaban de llegar al aula y la maestra
empieza la clase de matemáticas.

MAESTRA —Ahora, para repasar lo que ya
sabemos, vamos a resolver un
problema. El señor Pérez nació en
1915 y murió en 1982. ¿Qué edad
tenía cuando murió? Esteban, cuál
es la operación que tenemos que
hacer para resolver el problema? ¿Es
una suma o una resta?

ESTEBAN —Tenemos que restar 1915 de 1982,
¿verdad?

MAESTRA —Muy bien. ¿Es el 5 mayor o menor
que el 2?

GUADALUPE —Es mayor que el 2. ¡Yo sé lo que
tenemos que hacer! Tenemos que
pedirle prestada una decena al 8 y
sumarle las dos unidades.

MAESTRA —¡Perfecto! Ahora, ¿cuántas unidades
hay?

ROBERTO —Ahora hay 12 porque una decena
tiene diez unidades. Ya podemos
quitarle 5 al 12. Y la respuesta es 67
años.

MAESTRA —Muy bien. A ti te gusta mucho
resolver problemas, ¿no?

ROBERTO —Sí, maestra, pero no me gusta
estudiar las tablas.

MAESTRA —¡Necesitas estudiarlas! Bien, pero
ahora vamos a mirar la respuesta.
Carlos, ¿cuántos dígitos tiene el
número 67?

CARLOS —Tiene dos dígitos, señorita. El 6 está
en el lugar de las decenas y el 7 está
en el lugar de las unidades.

MAESTRA —Muy bien, Carlos. ¿Está escrita la
respuesta en números romanos o en
números arábigos?

CARMEN —En números arábigos. Los números
romanos se escriben con letras.

LAURA —Yo no sabía que se escribían con
letras...

AURORA —Sí, se usan siete letras para
escribirlos. La I vale uno, la V vale
cinco, la X vale diez, la L vale
cincuenta, la C vale cien, la D vale
quinientos y la M vale mil.

MAESTRA —Muy bien, Aurora y Carmen.
Ahora... ¿el 67 es un número par o
impar?

ESTELA —Es impar porque no es múltiplo de
dos. También se puede decir que no
es divisible por dos.

ESTEBAN —Maestra, ¿cuándo vamos a estudiar
los quebrados?

MAESTRA —Pronto, Esteban. Primero tenemos
que estudiar los números primos y
las medidas lineales; luego podemos

estudiar los quebrados y los decimales.

CARLOS —Mi primo va a otra escuela y ya hace dos semanas que empezó a estudiar los quebrados.

MAESTRA —Nosotros tuvimos vacaciones... ¡Ah! ¿Alguien sabe por qué no vino José hoy?

ROBERTO —No quiso venir. Se quedó en su casa porque le dolía la cabeza.

Now repeat each phrase after the speakers. (Dialogue)

Vocabulario

Repeat each word or phrase after the speaker. After your response, you will hear the same word or phrase again. Repeat after the model once more.

Cognados: arábigo (/) decimal (/) el dígito (/) divisible (/) lineal (/) el múltiplo (/) la operación (/) perfecto (/) primo (/) romano (/) las vacaciones (/)

Nombres: la casa (/) la decena (/) la edad (/) el lugar (/) la medida (/) el primo (/)

los quebrados (/) las fracciones (/) la resta (/) la suma (/) la unidad (/)

Verbos: contar (/) morir (/) practicar (/) prestar (/) quedarse (/) resolver (/) valer (/)

Adjetivos: impar (/) mayor (/) menor (/) par (/)

Otras palabras y expresiones: acabar de (/) está escrito (/) luego (/) pedir prestado (/) pronto (/)

Vocabulario adicional

Más palabras relacionadas con las matemáticas:

unidad (/) decena (/) centena (/) unidad de millar (/) decena de millar (/) centena de millar (/) unidad de millón (/) sumandos (/) suma (/) total (/) minuendo (/) sustraendo (/) resto (/) diferencia (/) multiplicando (/) multiplicador (/) producto (/) factores (/) cociente (/) dividendo (/) divisor (/) residuo (/) signos (/) más (/) menos (/) entre (/) por (/)

Fin de la Lección 13

Lección 14

Diálogo

You will hear a dialogue. First it will be read without pauses. Then the speakers will read it again with pauses for you to repeat what you hear. Listen carefully.

Un repaso de matemáticas

La señora Martínez les había dicho a los alumnos que hoy iba a darles un examen, pero ellos le han pedido un repaso antes del examen.

MAESTRA —¿Cómo se llaman los términos de las fracciones?

RAFAEL —Numerador y denominador.

MAESTRA —¿Qué son números mixtos?

CARMEN —Los que están formados por un entero y un quebrado.

MAESTRA —¿Cómo se simplifica un quebrado?

ANA —Se dividen el numerador y el denominador entre el mismo número.

MAESTRA —¿Qué se hace para sumar o restar quebrados de distinto denominador?

TERESA —Se reducen a un común denominador y se suman o restan los numeradores.

MAESTRA —¿Cuál es el recíproco de $4/5$ (cuatro quintos)?

CARLOS —$5/4$ (cinco cuartos).

MAESTRA —¿Es ésa una fracción propia o impropia?

EDUARDO —Es una fracción impropia porque el numerador es mayor que el denominador.

MAESTRA —Bueno, veo que han estudiado muy bien los quebrados pero, ¿qué otro tipo de fracciones hay?

RITA —Las fracciones decimales.

MAESTRA —¿Qué usamos para separar los enteros de los decimales?

RAÚL —Usamos el punto decimal.

MAESTRA —¿Cómo se llama el primer lugar después del punto decimal?

ELVIRA —Décima.

MAESTRA —¿Cuál es la equivalencia de $1/2$ (un medio) en decimales?

CARMEN —Es 0.50 (cincuenta centésimas) ó 0.5 (cinco décimas).

MAESTRA —¿Y en tanto por ciento?

CARMEN —Yo lo sé. Es el 50% (cincuenta por ciento).

MAESTRA —¿Qué por ciento de 8 es 2?

ESTELA —Es el 25% (veinticinco por ciento).

CARMEN	—Señorita, usted nos había dicho que no teníamos que estudiar el tanto por ciento para este examen, ¿verdad?
MAESTRA	—No, el tanto por ciento también va a estar en el examen porque ya hace una semana que terminamos esa lección.
MANUEL	—Señorita, ¿cuáles son las medidas de longitud que debemos estudiar?
MAESTRA	—La pulgada, el pie, la yarda y la milla. También deben saber las medidas del sistema métrico.
RICARDO	—¿Todas?
MAESTRA	—No, solamente las medidas de peso.
MARÍA	—¿La libra, la onza y la tonelada?
MAESTRA	—No, el gramo y el kilogramo.

La clase ha terminado y los niños se han ido, pero la maestra se ha quedado en el aula trabajando.

Now repeat each phrase after the speakers. (Dialogue)

Vocabulario

Repeat each word or phrase after the speaker. After your response, you will hear the same word or phrase again. Repeat after the model once more.

Cognados:	el denominador (/) la equivalencia (/) el gramo (/) el kilogramo (/) el numerador (/) el recíproco (/) la yarda (/)
Nombres:	la centésima (/) la décima (/) el entero (/) la libra (/) la longitud (/) la onza (/) el peso (/) el pie (/) la pulgada (/) el punto (/) el sistema métrico (/) el término (/) la tonelada (/)

Verbos:	reducir (/) simplificar (/)
Adjetivos:	impropio (/) mixto (/)
Otras palabras y expresiones:	entre (/) por (/) por ciento (/) el tanto por ciento (/) un cuarto (/) un medio (/) un quinto (/)

Vocabulario adicional

Algunas medidas:

Medidas cuadradas o de superficie:

acre (/) pie cuadrado (/) pulgada cuadrada (/)

Medidas cúbicas o de volumen:

pie cúbico (/) pulgada cúbica (/)

Medidas de capacidad:

el cuarto (/) el cuarto de galón (/) el litro (/) la pinta (/) la taza (/)

Algunas medidas del sistema métrico:

el centímetro (/) el decímetro (/) el kilómetro (/) el metro (/) el milímetro (/)

Lugares decimales:

décima (/) centésima (/) milésima (/) diez milésima (/) cien milésima (/) medio (/) tercios (/) sextos (/) séptimos (/) octavos (/) novenos (/) décimos (/) onceavos (/)

Fin de la Lección 14

Lección 15

Diálogo

You will hear a dialogue. First it will be read without pauses. Then the speakers will read it again with pauses for you to repeat what you hear. Listen carefully.

En la clase de ciencias

Hace una semana que comenzaron las clases y la maestra quiere comprobar cuánto recuerdan los alumnos sobre ciencias. Ahora va a hacerles unas preguntas sobre algunos conocimientos básicos.

MAESTRA	—¿Qué es la Tierra?
ÁNGEL	—La Tierra es el planeta donde vivimos.
MAESTRA	—Bien. ¿De qué sistema forma parte la Tierra?
RAÚL	—Del sistema solar.
MAESTRA	—¿Qué es la luna?
CARMEN	—Es el satélite de nuestro planeta.
DIEGO	—¡A mí me gustaría hacer un viaje a la luna!
MAESTRA	—Supongo que algún día todos podremos viajar en el espacio... Sonia, ¿qué es el sol?
SONIA	—Es una estrella que nos da energía, luz y calor.

MAESTRA	—Muy bien. ¿A qué galaxia pertenece el sistema solar?
ROSA	—A la Vía Láctea.

Física:

MAESTRA	—¿Cuáles son los estados en que aparece la materia en la naturaleza?
RAFAEL	—Son tres, maestra: sólido, líquido y gaseoso.
MAESTRA	—¡Excelente, Rafael! Raúl, ¿puedes darme un ejemplo de algo en estado líquido?
RAÚL	—El agua, señorita.
MAESTRA	—¿Cómo se llama el cambio del estado líquido al estado gaseoso?
CARMEN	—Se llama evaporación.
MAESTRA	—Bien. ¿Qué tipos de máquinas simples conocen ustedes?
GUSTAVO	—La palanca, la polea, el plano inclinado y el torno.
MAESTRA	—Muy bien, Gustavo.

Química:

MAESTRA	—¿La sal de cocina es un cuerpo simple o compuesto?
EDUARDO	—Es un cuerpo compuesto.
MAESTRA	—Pedro, ¿podrías decirme qué elementos componen la sal?
PEDRO	—El cloro y el sodio.
MAESTRA	—Muy bien. ¿Cuál es el nombre científico de la sal de cocina?
CARLOS	—Cloruro de sodio.
MAESTRA	—Bien, Carlos. ¿Cuál es la fórmula del agua?
ESTER	—H_2O.
TERESA	—¿Qué significa eso?
MAESTRA	—Que en cada molécula de agua hay dos átomos del hidrógeno y un átomo de oxígeno.
RITA	—Señorita, ¿cómo están formados los átomos?
MAESTRA	—¿Quién podría contestarle a Rita?
MARIO	—Yo lo sé. Están formados por protones, electrones y neutrones.
MAESTRA	—Muy bien, Mario. Recuerdan mucho sobre la ciencias. ¡Estoy orgullosa de ustedes! Ya no tenemos más tiempo, pero mañana haremos varios experimentos con la electricidad.

Son las tres y media de la tarde. La maestra empieza a recoger las cosas para guardarlas en el armario.

Now repeat each phrase after the speakers. (Dialogue)

Vocabulario

Repeat each word or phrase after the speaker. After your response, you will hear the same word or phrase again. Repeat after the model once more.

Cognados:	la astronomía (/) el átomo (/) básico (/) científico (/) la electricidad (/) el electrón (/) la energía (/) la evaporación (/) el experimento (/) la física (/) la fórmula (/) la galaxia (/) gaseoso (/) el hidrógeno (/) líquido (/) la materia (/) la molécula (/) el neutrón (/) el planeta (/) el protón (/) la sal (/) el satélite (/) simple (/) el sodio (/) solar (/) sólido (/)
Nombres:	el calor (/) el cambio (/) el cloro (/) la cocina (/) el conocimiento (/) el ejemplo (/) el espacio (/) la estrella (/) la luna (/) la máquina (/) la naturaleza (/) la palanca (/) el plano inclinado (/) la polea (/) la química (/) la Tierra (/) el torno (/) la Vía Láctea (/) el viaje (/)
Verbos:	componer (/) comprobar (/) sentirse (/) suponer (/) viajar (/)
Adjetivos:	compuesto (/) orgulloso (/)
Otras palabras y expresiones:	cloruro de sodio (/) hacer un viaje (/)

Vocabulario adicional

Otras palabras relacionadas con las ciencias:

el año luz (/) la condensación (/) disolver (/) filtrar (/) inorgánico (/) medir (/) la mezcla (/) la onda corta (/) la onda larga (/) orgánico (/) la pila (/) la batería (/) las propiedades (/) el símbolo (/) la solidificación (/) la velocidad (/)

Fin de la Lección 15

Lectura 3

Listen to the following information from a letter about required vaccinations for students. Try to guess the meaning of all cognates. Then do the exercise item in your manual.

SERVICIOS DE SALUD

4 de agosto de 1999

Estimados padres:

Queremos informarles que los niños que van a empezar en el jardín de infantes o en el primer grado este año deben tener las siguientes vacunas.

La segunda dosis contra el sarampión, las paperas y la rubeola.

La serie de vacunas contra la hepatitis B. No es necesario completar la serie antes de comenzar las clases, pero es necesario haber comenzado la vacunación.

La ley prohibe que los niños asistan a la escuela sin tener estas vacunas.

Después de que su hijo(a) reciba las vacunas necesarias, traiga el certificado de vacunación. El certificado debe incluir el nombre del niño, la fecha de su nacimiento, la fecha de la vacunación y el nombre del médico.

Sinceramente,

Inés Castro
Coordinadora del Departamento de Salud

Repaso: Lecciones 11–15

Práctica oral

Listen to the following exercise. The speaker will ask you some questions. Answer the questions, using the cues provided. The speaker will confirm the correct answer. Repeat the correct answer.

1. ¿Le gustaría a usted vivir en otro siglo? (/) sí, en el siglo XIII (/)
   Sí, me gustaría vivir en el siglo XIII. (/)
2. ¿De qué nacionalidad es su mamá? (/) inglesa (/)
   Mi mamá es inglesa. (/)
3. ¿Estuvo usted en Inglaterra? (/) sí (/)
   Sí, estuve en Inglaterra. (/)
4. ¿Ha estado usted en otros países? (/) sí, en España y en Francia (/)
   Sí, he estado en España y en Francia. (/)
5. ¿Participa usted en todas las elecciones? (/) sí (/)
   Sí, participo en todas las elecciones. (/)
6. ¿Le gustaría a usted viajar por el espacio? (/) no (/)
   No, no me gustaría viajar por el espacio. (/)
7. ¿Haría usted un viaje a la luna? (/) no, tendría miedo (/)
   No, no haría un viaje a la luna, porque tendría miedo. (/)
8. ¿Le gusta a usted estudiar matemáticas? (/) sí (/)
   Sí, me gusta estudiar matemáticas. (/)
9. ¿Le gusta a usted resolver problemas? (/) sí (/)
   Sí, me gusta resolver problemas. (/)
10. ¿Sabía usted todas las reglas de ortografía cuando estaba en la escuela primaria? (/) no (/)
    No, no sabía todas las reglas de ortografía cuando estaba en la escuela primaria. (/)
11. ¿Cuántas sílabas tiene su nombre? (/) tres (/)
    Mi nombre tiene tres sílabas. (/)
12. ¿Pronuncia usted bien el español? (/) sí, muy bien (/)
    Sí, pronuncio muy bien el español. (/)
13. ¿Sabe usted todas las reglas de gramática del español? (/) no (/)
    No, no sé todas las reglas de gramática del español. (/)
14. ¿Sabe Ud. todos los verbos irregulares del español? (/) no, solamente algunos (/)
    No, solamente sé algunos verbos irregulares del español. (/)
15. Para aprender español, ¿a usted le basta con venir a clase? (/) no, necesito estudiar (/)
    No, para aprender español necesito estudiar. (/)
16. ¿Saben sus estudiantes reducir las fracciones? (/) todavía no (/)
    No, mis estudiantes todavía no saben reducir las fracciones. (/)

17. ¿Cuánto tiempo hace que usted enseña historia? (/) cinco años (/)
Hace cinco años que enseño historia. (/)
18. ¿Qué números saben sus estudiantes? (/) los números arábigos y los números romanos (/)
Mis estudiantes saben los números arábigos y los números romanos. (/)
19. ¿Les enseña usted los números decimales a sus alumnos? (/) sí (/)
Sí, les enseño los números decimales a mis alumnos. (/)
20. ¿Sus estudiantes ya saben sumar y restar quebrados? (/) todavía no (/)
No, mis estudiantes todavía no saben sumar y restar los quebrados. (/)
21. ¿Ya les enseñó usted a sus alumnos el sistema métrico? (/) sí, la semana pasada (/)

Sí, les enseñé el sistema métrico la semana pasada. (/)
22. ¿Cuántos exámenes de química les ha dado usted a sus estudiantes este año? (/) uno (/)
Les he dado un examen de química a mis estudiantes este año. (/)
23. ¿Cuándo corrige usted los exámenes? (/) los sábados (/)
Corrijo los exámenes los sábados. (/)
24. ¿Qué le gusta más a usted: enseñar física o matemáticas? (/) física (/)
Me gusta más enseñar física. (/)
25. ¿Hacen ustedes muchos experimentos en su clase de ciencias? (/) sí (/)
Sí, hacemos muchos experimentos en mi clase de ciencias. (/)

Lección 16

Diálogo

You will hear a dialogue. First it will be read without pauses. Then the speakers will read it again with pauses for you to repeat what you hear. Listen carefully.

Con los niños del jardín de infantes

Los niños entran en la clase corriendo y la maestra se enoja un poco.

MAESTRA —¡Niños! ¡Niños! Siempre les digo que no entren corriendo.

SUSANA —¿Nos sentamos en la alfombra, señorita?

MAESTRA —Sí, pero primero quiero que cuelguen los abrigos.

ROSA —Señorita, yo quiero que se siente al lado mío. ¿Nos va a contar un cuento?

MAESTRA —Sí, si se portan bien. Pero necesito que me ayuden y usen la imaginación.

MIRTA —¡Carlos! La señorita quiere que nos sentemos en un círculo...

La maestra les cuenta un cuento, usando unos títeres muy graciosos. Luego saca una caja donde guarda muchas cosas.

MAESTRA —Ahora vamos a ver si ustedes pueden adivinar lo que tengo en esta caja.

ANTONIO —¡Yo quiero empezar!

MAESTRA —No, Antonio. Tú vas a empezar mañana. Hoy va a empezar María.

María, quiero que te pares aquí y que saques una cosa de esta caja.

ALBERTO —¡Dígale que cierre los ojos! ¡Está mirando, señorita! ¿No le va a vendar los ojos?

MAESTRA —No, no es necesario. Quiero que me digas qué es.

MARÍA —¡Es una muñeca!

MAESTRA —¡Muy bien, María! ¡Niños! ¡Están haciendo demasiado ruido! Quiero que estén callados y presten atención. Hay muchas otras cosas en la caja además de la muñeca.

Los niños sacan muchísimas cosas de la caja: una pelota de tenis, un teléfono, un bloque, una taza para té, etcétera.

MAESTRA —Ahora vamos a cantar. A ver... Hoy le toca elegir a Dora. Dora, ¿qué quieres que cantemos?

Dora sugiere una canción. Los niños la cantan y luego cantan varias canciones más. Después arman unos rompecabezas. Cuando suena el timbre para la salida, algunos saltan y corren hacia la puerta.

MAESTRA —¡Niños! Guarden los rompecabezas en el armario. No se olviden de ponerse el abrigo.

ESTELA —Señorita, no encuentro mi chaqueta.

MAESTRA —¿Es ésta? ¿Quieres que te ayude a abrocharla?

ESTELA —Sí... gracias. ¡Hasta mañana, señorita!

MAESTRA —¡Hasta mañana, Estela!

Los niños se van y la maestra se queda sola, recogiendo algunas cosas del suelo. Luego apaga la luz y cierra la puerta.

Now repeat each phrase after the speakers. (Dialogue)

Vocabulario

Repeat each word or phrase after the speaker. After your response, you will hear the same word or phrase again. Repeat after the model once more.

Cognados:	el bloque (/) el círculo (/) la imaginación (/) necesario (/) el tenis (/)
Nombres:	el abrigo (/) la alfombra (/) la caja (/) la canción (/) el cuento (/) la chaqueta (/) la chamarra (/) el jardín de infantes (/) el jardín de niños (/) el kindergarten (/) la muñeca (/) el ojo (/) la pelota (/) el rompecabezas (/) el ruido (/) el suelo (/) el piso (/) la taza (/) el té (/) el títere (/)
Verbos:	abrochar (/) adivinar (/) apagar (/) armar (/) cantar (/) colgar (/) contar (/) correr (/) enojarse (/) olvidar (/) olvidarse de (/)
Adjetivos:	pararse (/) ponerse (/) sacar (/) saltar (/) sugerir (/) vendar (/) callado (/) demasiado (/) gracioso (/) cómico (/) solo (/)
Otras palabras y expresiones:	además de (/) al lado (/) al lado mío (/) hacia (/) tocarle a uno (/)

Vocabulario adicional

Algunos artículos de ropa:

la blusa (/) la bufanda (/) los calcetines (/) las medias de hombre (/) las tobilleras (/) la camisa (/) la camiseta (/) el cinto (/) el cinturón (/) la falda (/) los guantes (/) el impermeable (/) la capa de agua (/) las medias (/) los pantalones (/) el vestido (/)

Otras palabras y frases útiles:

la cinta (/) ¿Cuáles son diferentes? (/) ¿Cuáles son iguales? (/) encender (/) prender (/) la grabadora (/) la película (/) ¡Qué bien cantan! (/) ¿Qué palabra rima con... ? (/) saludar la bandera (/) el televisor (/) el vídeo (/) la vídeograbadora (/)

Fin de la Lección 16

Lección 17

Diálogo

You will hear a dialogue. First it will be read without pauses. Then the speakers will read it again with pauses for you to repeat what you hear. Listen carefully.

Una clase de geometría

Hoy la señora Álvarez va a comenzar el estudio de algunas figuras geométricas, pero antes es necesario que repase algunos conceptos básicos.
Generalmente, ella les hace muchas preguntas a los niños.

MAESTRA	—Rosa, ¿qué es un ángulo?
ROSA	—Es la abertura que forman dos líneas o dos planos que se encuentran en un punto.
MAESTRA	—Bien. ¿Cómo se llama el punto donde se unen las líneas que forman el ángulo?
MARTA	—Se llama vértice.
MAESTRA	—Bien, Marta. ¿Qué es un ángulo recto?
RAÚL	—Es el ángulo formado por dos líneas perpendiculares.
MAESTRA	—Muy bien. ¿Cuánto mide un ángulo recto?
TERESA	—Mide noventa grados.
MAESTRA	—¡Correcto, Teresa! ¿Qué ángulo forman dos líneas paralelas?
RICARDO	—No forman ningún ángulo, señorita. Las paralelas nunca se encuentran.
MAESTRA	—Muy bien. Me alegro de que sepas tanto. Pedro, ¿cómo se llama la línea que divide el círculo en dos partes iguales?
PEDRO	—Radio, maestra.
TERESA	—No, Pedro. Es el diámetro.
MAESTRA	—¿Cómo encontramos el área de un rectángulo?
AURORA	—Multiplicando el largo por el ancho.
MAESTRA	—¿Y el área de un triángulo?
CARLOS	—Multiplicando la mitad de la base por la altura.

MAESTRA	—¿Cómo encontramos el perímetro de un triángulo?
DIEGO	—Sumando la longitud de sus lados.
MAESTRA	—Bien, Diego. ¿Qué es una circunferencia?
CARMEN	—¡Qué fácil! Es el perímetro del círculo.
MAESTRA	—Muy bien, Carmen, pero es necesario que esperes hasta que te pregunte.
RAÚL	—Señorita, ¿qué es un segmento?
MAESTRA	—Es la parte de una línea entre dos puntos.
MARÍA	—Los segmentos pueden ser rectos o curvos, ¿verdad?
MAESTRA	—Muy bien. Raúl, ¿cómo pueden ser las líneas según su posición?
RAÚL	—Yo no sé, señorita. Falté a clase la semana pasada.
MAESTRA	—Lo sé, Raúl, y quiero hablar de eso contigo después de la clase. Eres un buen alumno, pero es difícil que adelantes si no vienes a clase. Buenos, ¿quién sabe la respuesta?
ANA	—Yo, señorita. Pueden ser verticales, horizontales o inclinadas.
MAESTRA	—Muy bien. Desgraciadamente, no tenemos más tiempo hoy. Continuaremos mañana. Espero que terminen todos los ejercicios.
AURORA	—Ojalá que Eva me preste su libro, porque yo no encuentro el mío.

Now repeat each phrase after the speakers. (Dialogue)

Vocabulario

Repeat each word or phrase after the speaker. After your response, you will hear the same word or phrase again. Repeat after the model once more.

Cognados: la base (/) el centro (/) la circunferencia (/) el concepto (/) el diámetro (/) el estudio (/) la figura (/) generalmente (/) la geometría (/) geométrico (/) horizontal (/) igual (/)

inclinado (/) paralelo (/) el perímetro (/) perpendicular (/) el plano (/) la posición (/) el radio (/) el segmento (/) vertical (/) el vértice (/)

Nombres: la abertura (/) la altura (/) el ancho (/) el ángulo (/) el ángulo recto (/) el grado (/) el lado (/) el largo (/)

Verbos: adelantar (/) alegrarse (/) alegrarse de (/) encontrarse (/) esperar (/) faltar (/) medir (/) unir (/)

Adjetivos: curvo (/) mismo (/) ninguno (/) recto (/)

Otras palabras y expresiones: desgraciadamente (/) entre (/) hacer una pregunta (/) Ojalá (/) ¡Qué fácil! (/) según (/) tanto (/)

Vocabulario adicional

Más palabras relacionadas con la geometría:

Ángulos:

recto (/) agudo (/) obtuso (/)

Triángulos:

equilátero (/) isósceles (/) escaleno (/)

Paralelogramos:

cuadrado (/) rectángulo (/) rombo (/) trapecio (/)

Otros polígonos:

pentágono (/) hexágono (/) octágono (/)

Figuras de tres dimensiones:

cilindro (/) esfera (/) cono (/) pirámide (/) cubo (/)

Fin de la Lección 17

Lección 18

Diálogo

You will hear a dialogue. First it will be read without pauses. Then the speakers will read it again with pauses for you to repeat what you hear. Listen carefully.

¡Es la hora del recreo!

La señorita Paz está vigilando a los niños durante el recreo. Camina por el patio de la escuela para ver si hay alguien que la necesite o algún problema que ella tenga que resolver. Ahora está cerca de los columpios.

SRTA. PAZ	—¡Juancito! No te pares en el columpio. Siéntate.
ROSITA	—¡Ahora me toca a mí! !Bájate, Juancito!
SRTA. PAZ	—Cuenta hasta veinticinco y después deja que otro niño use el columpio.
JUANCITO	—¡No hay nadie que quiera usar este columpio! Todos están en las barras...
ROSITA	—¡Bájate! ¡Yo quiero usarlo! ¿Por qué no saltas a la cuerda?
JUANCITO	—¡Déjame en paz!
SRTA. PAZ	—¡Rosita! ¡Cuidado! ¡No te pares delante del columpio!
ADELA	—¡Señorita Paz! José me empujó y me caí. ¡Me lastimé!
SRTA. PAZ	—¡Ay, no llores! Ve a la oficina ahora mismo y dile a la señora Torres que te ponga una curita.
RAÚL	—Señorita Paz, las niñas están tirando arena.
SRTA. PAZ	—Diles que voy a mandarlas a la oficina de la directora si siguen haciéndolo.

Vienen dos niñas: una está comiendo dulces y la otra está mascando chicle.

SRTA. PAZ	—Teresa, pon ese chicle en le basurero. ¡Carmen! ¡No traigas dulces a la escuela!
CARMEN	—Pero señorita Paz, tengo hambre...
SRTA. PAZ	—No creo que tengas hambre cuando acabas de almorzar...
CARMEN	—Es que... no almorcé. Mamá me preparó un sándwich de atún y a mí no me gusta el atún...

SRTA. PAZ	—Díselo a tu mamá. Ahora ve al aula. Allí en mi escritorio tengo unas galletas. Puedes comerlas.
CARMEN	—¡Gracias, señorita Paz!
SRTA. PAZ	—¿Adónde vas, Teresa?
TERESA	—Al baño.
ADELA	—No vayas a ése. Es el baño de los maestros.
TERESA	—No es verdad que sea sólo para los maestros. Los niños pueden usarlo también.

Ya es hora de volver a la clase. Los estudiantes se ponen en fila delante de sus clases y esperan a sus maestros. Pronto el patio está vacío. "¡Qué paz!", dice la señorita Paz...

Now repeat each phrase after the speakers. (Dialogue)

Vocabulario

Repeat each word or phrase after the speaker. After your response, you will hear the same word or phrase again. Repeat after the model once more.

Nombres:	la arena (/) el atún (/) las barras (/) el basurero (/) el columpio (/) el cuarto (/) la cuerda (/) la curita (/) el dulce (/) la golosina (/) la galleta (/) la galletita (/) el patio (/) la paz (/) el sándwich (/) el bocadillo (/) el emparedado (/) la torta (/)
Verbos:	caer (/) caerse (/) dejar (/) empujar (/) lastimar (/) lastimarse (/) llorar (/) mandar (/) tirar (/) vigilar (/)
Adjetivo:	vacío (/)
Otras palabras y expresiones:	cerca de (/) ¡Cuidado! (/) ¡Déjame en paz! (/) delante de (/) Es que... (/) nadie (/) ¡Qué paz! (/) saltar a la cuerda (/) brincar a la cuerda (/) tener hambre (/)

Vocabulario adicional

Algunas comidas y bebidas:

el batido (/) la hamburguesa (/)
el helado de chocolate (/) el helado de vainilla (/)
el jugo de manzana (/) el jugo de naranja (/)

el jugo de tomate (/) la limonada (/) el refresco (/)
las papas fritas (/) las papitas (/) el pastel (/)
el perro caliente (/) el sándwich de ensalada de huevo (/)
el sándwich de jamón y queso (/)

el sándwich de mantequilla de maní y jalea (/)
el sándwich de pollo (/) la torta (/) el bizcocho (/)

Fin de la Lección 18

Lección 19

Diálogo

You will hear a dialogue. First it will be read without
pauses. Then the speakers will read it again with
pauses for you to repeat what you hear. Listen
carefully.

La clase de educación para la salud

*El señor Chávez, maestro de cuarto grado, está en el
salón de clase. En cuanto los niños vuelvan del
recreo, les va a hablar de algo muy importante: la
salud. ¡Ah! Aquí llegan los niños y se sientan, listos
para escuchar al maestro.*

MAESTRO —Espero que hayan leído el capítulo
diez, como les dije ayer. ¿De qué trata
ese capítulo?

OSCAR —De la nutrición y de los buenos
hábitos de limpieza.

MAESTRO —¡Muy bien, Oscar! Una dieta
balanceada es esencial para la buena
salud. ¿Por qué es eso? ¿Silvia?

SILVIA —Porque necesitamos comer diferentes
clases de alimentos para que nuestro
cuerpo tenga las vitaminas que
necesita.

MAESTRO —Sí, es verdad... pero, ¿qué otros
elementos nutritivos necesita el
cuerpo?

ANA —Proteína, minerales y... y...

MAESTRO —...Y carbohidratos. ¡Muy bien, Ana!
¿Para qué necesitamos proteína?

ESTER —Para el crecimiento, la reparación y el
mantenimiento de los tejidos.

MAESTRO —¡Excelente, Ester! Y los carbohidratos?

HUGO —Los carbohidratos dan energía. Tan
pronto como llegue a casa voy a
comer un pedazo de pastel, porque
estoy muy débil.

MAESTRO —*(Se ríe con los niños.)* Bueno, un
pedazo de pastel de vez en cuando está
bien. Pero... ¿qué pasa cuando se
consumen demasiados carbohidratos y
grasas?

TERESA —El cuerpo retiene lo que no se necesita
y lo convierte en grasa.

ALBERTO —Y entonces la persona engorda...

MAESTRO —¡Exactamente! En realidad, el cuerpo
no necesita mucha grasa. ¿Qué
minerales son importantes para la
salud?

FEBE —El hierro, el calcio y el fósforo.

MAESTRO —Muy bien. Hay catorce minerales que
son esenciales para una buena dieta.

CARLOS —También es importante comer despacio
y masticar bien la comida.

MAESTRO —Me alegro de que te hayas acordado de
eso, Carlos. Es muy importante. ¿Qué
otras cosas son importantes?

RAÚL —Practicar deportes... hacer ejercicio...

NORA —También necesitamos aire puro. Un
cuarto debe tener buena ventilación.

ESTELA —La limpieza es muy importante...

MAESTRO —¡Muy bien! La higiene personal es
importantísima. ¿Qué se debe hacer
todos los días?

MARÍA —¡Bañarse! Y cepillarse los dientes tres
veces al día, y lavarse las manos antes
de comer.

ANA —Mamá no nos permite sentarnos a la
mesa a menos que nos lavemos las
manos...

MAESTRO —¡Muy bien! Mañana vamos a hablar de
algunas enfermedades y de cómo
prevenirlas. Ya saben el dicho: "Es
mejor prevenir que curar".

Now repeat each phrase after the speakers. (Dialogue)

Vocabulario

Repeat each word or phrase after the speaker. After your
response, you will hear the same word or phrase again.
Repeat after the model once more.

Cognados: el aire (/) balanceado (/) el calcio (/)
el carbohidrato (/) la dieta (/)
esencial (/) el fósforo (/) el hábito (/)
la higiene (/) el mineral (/)
la nutrición (/) personal (/)
la proteína (/) la ventilación (/)
la vitamina (/)

265

Nombres:	el capítulo (/) el crecimiento (/)
	el deporte (/) el dicho (/) el diente (/)
	la enfermedad (/) la grasa (/)
	el hierro (/) la limpieza (/)
	el mantenimiento (/) el pastel (/)
	el pedazo (/) el trozo (/)
	la reparación (/) la salud (/)
	el tejido (/) la vez (/)
Verbos:	acordarse (/) bañarse (/) cepillar (/)
	cepillarse (/) consumir (/)
	convertir en (/) curar (/) engordar (/)
	lavar (/) lavarse (/) permitir (/)
	prevenir (/) reír (/) reírse (/)
	retener (/) tratar (/) tratar de (/)
Adjetivos:	débil (/) nutritivo (/) puro (/)
Otras palabras	
y expresiones:	a menos que (/) al día (/)
	de vez en cuando (/) despacio (/)
	en cuanto (/) tan pronto como (/)
	en realidad (/) exactamente (/)
	hacer ejercicios (/) para que (/)
	practicar deportes (/)

Vocabulario adicional

Algunos deportes que practicamos:

el básquetbol (/) el baloncesto (/) el béisbol (/)
el fútbol (/) el fútbol americano (/) la gimnasia (/)
la natación (/) el vólibol (/)

Algunas enfermedades:

la difteria (/) las paperas (/) la polio (/) la rubéola (/)
el sarampión (/) el tétano (/) la tos ferina (/)
la varicela (/) la viruela (/)

Otras palabras útiles:

alérgico (/) contagioso (/) enfermo (/)
estar vacunado contra (/) la medicina (/) los piojos (/)
la vacunación (/)

Fin de la Lección 19

Lección 20

Diálogo

You will hear a dialogue. First it will be read without pauses. Then the speakers will read it again with pauses for you to repeat what you hear. Listen carefully.

¡Trabajemos juntos!

La señorita García, vicedirectora de la escuela, está hablando con un grupo de padres sobre algunas de las reglas de la escuela, y está pidiéndoles su cooperación para que, juntos padres y maestros, puedan hacer que los niños se beneficien y aprovechen bien el año escolar.

SRTA. GARCÍA	—Un problema que tenemos es que algunos niños llegan a la escuela demasiado temprano. Si están aquí una hora antes de que empiecen las clases, no tienen supervisión.
SRA. VARGAS	—Yo tengo que ir a trabajar, y no quiero dejar a mi hija sola en casa.
SRTA. GARCÍA	—Comprendo, pero sería mejor si su hija pudiera quedarse en la casa de alguna amiga o vecina hasta la hora de venir a la escuela.
SR. TORRES	—Señorita García, mi hijo trajo su bicicleta el mes pasado y se la robaron...
SRTA. GARCÍA	—Si los niños vienen en bicicleta, tienen que tener un candado y ponerlas en el lugar donde se guardan las bicicletas.
SRA. GÓMEZ	—Mi hijo viene en el autobús escolar, y el otro día lo perdió y tuvo que quedarse en casa.
SRTA. GARCÍA	—¡Qué lástima! Eso no pasaría si el niño estuviera en la parada de autobuses unos diez minutos antes de la llegada del autobús.
SR. SOTO	—El otro día mi hija llegó tarde porque tuvo que ir al dentista y la maestra la dejó sin recreo.
SRTA. GARCÍA	—Si un niño tiene cita con el médico o con el dentista, hagan el favor de darle una notita para el maestro.
SRA. VARGAS	—¿Y si mis hijos estuvieran enfermos pero no fueran al médico?
SRTA. GARCÍA	—Nosotros les dijimos a los niños que siempre trajeran una nota de los padres al volver a la escuela, explicando la razón de la ausencia.

SR. TORRES	—Bueno, cambiando de tema... yo creo que el almuerzo de la cafetería es muy caro. Yo tengo tres hijos en la escuela, y es mucho dinero para mí.
SRTA. GARCÍA	—Usted puede solicitar un almuerzo más barato o gratis, según el sueldo que reciba... Yo puedo darle una planilla para llenar.
SRA. GÓMEZ	—Mi hijo muchas veces pierde el dinero que le doy para el almuerzo.
SRTA. GARCÍA	—Sería mejor si pusiera el dinero en un sobre cerrado antes de dárselo al niño.
SR. SOTO	—Tenemos una sobrina que está de visita en casa. ¿Puede venir a la escuela con mi hija?
SRTA. GARCÍA	—Lo siento, señor Soto, pero si permitiéramos visitas de niños que no están matriculados en la escuela, los maestros tendrían mucho más trabajo. Además, tendríamos problemas con el seguro.

Al final de la reunión, la señorita García les agradece a los padres que hayan venido y les pide que, si es posible, trabajen como voluntarios para ayudar a los niños de la escuela.

Now repeat each phrase after the speakers. (Dialogue)

Vocabulario

Repeat each word or phrase after the speaker. After your response, you will hear the same word or phrase again. Repeat after the model once more.

Cognado:	la bicicleta (/) la cooperación (/) el dentista (/) posible (/) la supervisión (/) el voluntario (/)
Nombres:	el almuerzo (/) el amigo (/) la ausencia (/) la falta (/) el candado (/) la casa (/) la cita (/) el día (/) el dinero (/) la llegada (/) el médico (/) el mes (/) los padres (/) la parada (/) la planilla (/) la forma (/)
	el formulario (/) la razón (/) la reunión (/) la junta (/) el seguro (/) la aseguranza (/) el sobre (/) la sobrina (/) el sobrino (/) el sueldo (/) el tema (/) el vecino (/) el vicedirector (/)
Verbos:	agradecer (/) aprovechar (/) beneficiarse (/) comprender (/) llenar (/) matricularse (/) perder (/) recibir (/) robar (/) solicitar (/)
Adjetivos:	caro (/) cerrado (/) enfermo (/) escolar (/) gratis (/) juntos (/) matriculado (/)
Otras palabras y expresiones:	de vista (/) haga el favor de (/) haz el favor de (/) llegar temprano (/) Lo siento. (/) ¡Qué lástima! (/)

Vocabulario adicional

Cosas que diría al hablar con un padre:

Su hijo tiene que...

aprender a respetar la propiedad de otros (/)
asistir a clase regularmente (/)
devolver los libros de la biblioteca (/)
repetir el _____ grado (/)
repetir el _____ año (/)
ser más considerado con sus compañeros (/)
terminar el trabajo en el tiempo asignado (/)
volver a tomar el examen (/)

Su hijo...

es muy amistoso (/) es muy inteligente (/)
es muy popular (/) es muy trabajador (/)
está en el grupo más adelantado (/)
ha mejorado mucho (/) pasa al _____ grado (/)
tiene muchas ideas interesantes (/)

Es un placer tener a _____ en mi clase. (/)
Ha sido un placer tener a _____ en mi clase. (/)

Fin de la Lección 20

Lectura 4

¿Cómo pueden los padres participar en las actividades escolares?

Listen to the following information from a handout about parental involvement at school. Try to guess the meaning of all cognates. Then do the exercise item in your manual.

Entrevistas con los maestros

Usted puede pedir una entrevista privada con el maestro de su hijo para hablar sobre cómo le va al niño en la escuela. Los maestros también pueden ponerse en contacto con un padre o un tutor para hablar de cualquier problema relacionado con el niño.

De regreso a la escuela

Todas las escuelas ofrecen anualmente lo que en inglés se llama "Open House". Esta reunión tiene lugar por la noche y allí los padres o tutores tienen la oportunidad de conocer a los maestros de sus hijos, de visitar el aula y de obtener información sobre el programa de estudios.

El Consejo Escolar

El Consejo Escolar está formado por padres, directores, maestros y otros miembros del personal escolar. Está encargado de decidir cuáles serán las metas y los objetivos de la escuela, el presupuesto y los programas para mejorar la educación de los alumnos, así como también supervisar el éxito de los estudiantes. Si usted desea ser miembro del Consejo Escolar, llame a la oficina del director para obtener más información.

Repaso: Lecciones 16–20

Práctica oral

Listen to the following exercise. The speaker will ask you some questions. Answer the questions, using the cues provided. The speaker will confirm the correct answer. Repeat the correct answer.

1. ¿De qué les va a hablar usted a sus alumnos el lunes? (/) de la salud (/)
   Voy a hablarles de la salud. (/)
2. ¿De qué trata el capítulo que usted va a enseñar? (/) de los elementos nutritivos (/)
   Trata de los elementos nutritivos. (/)
3. ¿Qué tipo de dieta debemos tener para tener buena salud? (/) un dieta balanceada (/)
   Debemos tener una dieta balanceada. (/)
4. ¿Qué hace usted cuando uno de sus alumnos se corta un dedo? (/) le pongo una curita (/)
   Cuando uno de mis alumnos se corta un dedo, le pongo una curita. (/)
5. ¿Adónde manda usted a sus alumnos cuando se portan mal? (/) a la oficina de la directora (/)
   Cuando mis alumnos se portan mal, los mando a la oficina de la directora. (/)
6. ¿Le gusta a usted armar rompecabezas a veces? (/) sí (/)
   Sí, me gusta armar rompecabezas. (/)

7. ¿Usa usted títeres cuando les cuenta un cuento a sus alumnos? (/) sí (/)
   Sí, uso títeres cuando les cuento un cuento a mis alumnos. (/)
8. ¿Quiénes vigilan a los niños durante el recreo? (/) los maestros (/)
   Los maestros vigilan a los niños durante el recreo. (/)
9. ¿A sus alumnos les gusta más usar los columpios o las barras? (/) las columpios (/)
   Les gusta más usar los columpios. (/)
10. ¿Puede asistir un niño a su escuela si no está matriculado? (/) no (/)
    No, no puede asistir si no está matriculado. (/)
11. ¿Qué va a hacer usted tan pronto como llegue a su casa? (/) estudiar geometría (/)
    Tan pronto como llegue a mi casa, voy a estudiar geometría. (/)
12. ¿Come usted dulces y pasteles? (/) sí, de vez en cuando (/)
    Sí, como dulces y pasteles de vez en cuando. (/)
13. ¿Qué le gusta comer cuando tiene hambre? (/) sándwiches (/)
    Me gusta comer sándwiches cuando tengo hambre. (/)
14. ¿Es muy caro el almuerzo en la cafetería de la escuela? (/) no (/)
    No, no es muy caro. (/)

15. ¿Cuántas veces por semana hace usted ejercicio? (/) tres veces por semana (/) Hago ejercicio tres veces por semana. (/)

16. ¿Juega usted al tenis, al básquetbol o al vólibol? (/) al tenis (/) Juego al tenis. (/)

17. ¿Usted se baña por la mañana, por la tarde o por la noche? (/) por la mañana (/) Me baño por la mañana. (/)

18. ¿Cuántas veces al día se cepilla usted los dientes? (/) tres veces (/) Me cepillo los dientes tres veces al día. (/)

19. ¿Cuándo fue la última vez que usted tuvo una cita con el médico? (/) el mes pasado (/) La última vez que tuve una cita con el médico fue el mes pasado. (/)

20. ¿Cuándo va a tener usted una reunión con la madre de un estudiante? (/) la semana que viene (/) Voy a tener una reunión con ella la semana que viene. (/)

AUDIOSCRIPT
for
SPANISH FOR COMMUNICATION

Fourth Edition

Ana C. Jarvis
Raquel Lebredo

Introduction to Spanish Sounds

The following guide to Spanish pronunciation is designed to help you do the exercises in this tape program and to enhance your speaking ability. You will find the printed version of this guide in Appendix A of your manual.

You will hear a series of words related to a particular sound. Repeat each word after the speaker, imitating the pronunciation as closely as you can.

The Vowels

1. The Spanish **a** has a sound similar to the English *a* in the word *father.* Repeat:

Ana	casa	banana
mala	dama	mata

2. The Spanish **e** is pronounced like the English *e* in the word *eight.* Repeat:

este	René	teme
déme	entre	bebe

3. The Spanish **i** is pronounced like the English *ee* in the word *see.* Repeat:

sí	difícil	Mimí
ir	dividir	Fifí

4. The Spanish **o** is similar to the English *o* in the word *no,* but without the glide. Repeat:

solo	poco	como
toco	con	monólogo

5. The Spanish **u** is similar to the English *ue* sound in the word *Sue.* Repeat:

Lulú	un	su
universo	murciélago	

The Consonants

1. The Spanish **p** is pronounced like the English *p* in the word *spot.* Repeat:

pan	papá	Pepe
pila	poco	pude

2. The Spanish **c** in front of **a, o, u, l,** or **r** sounds similar to the English *k.* Repeat:

casa	como	cuna
clima	crimen	cromo

3. The Spanish **q** is only used in the combinations **que** and **qui** in which the **u** is silent and also has a sound similar to the English *k.* Repeat:

que	queso	Quique
quinto	quema	quiso

4. The Spanish **t** is pronounced like the English *t* in the word *stop.* Repeat:

toma	mata	tela
tipo	atún	Tito

5. The Spanish **d** at the beginning of an utterance or after **n** or **l** sounds somewhat similar to the English *d* in the word *David.* Repeat:

día	dedo	duelo
anda	Aldo	

In all other positions, the **d** has a sound similar to the English *th* in the word *they.* Repeat:

medida	todo	nada
Ana dice	Eva duda	

6. The Spanish **g** also has two sounds. At the beginning of an utterance and in all other positions, except before **e** and **i,** the Spanish **g** sounds similar to the English *g* in the word *sugar.* Repeat:

goma	gato	tengo
lago	algo	aguja

In the combinations **gue** and **gui,** the **u** is silent. Repeat:

Águeda	guineo	guiso
ligue	la guía	

7. The Spanish **j,** and **g** before **e** or **i,** sounds similar to the English *h* in the word *home.* Repeat:

jamás	juego	jota
Julio	gente	Genaro
gime		

8. The Spanish **b** and the **v** have no difference in sound. Both are pronounced alike. At the beginning of the utterance or after **m** or **n,** they sound similar to the English *b* in the word *obey.* Repeat:

Beto	vaga	bote
vela	también	un vaso

Between vowels, they are pronounced with the lips barely closed. Repeat:

sábado	yo voy	sabe
Ávalos	eso vale	

9. In most Spanish-speaking countries, the **y** and the **ll** are similar to the English *y* in the word *yet.* Repeat:

yo	llama	yema
lleno	ya	lluvia
llega		

10. The Spanish **r** (**ere**) is pronounced like the English *tt* in the word *gutter*. Repeat:

cara	pero	arena
carie	Laredo	Aruba

The Spanish **r** in an initial position and after **l**, **n**, or **s**, and **rr** (**erre**) in the middle of a word are pronounced with a strong trill. Repeat:

Rita	Rosa	torre
ruina	Enrique	Israel
perro	parra	rubio
alrededor	derrama	

11. The Spanish **s** sound is represented in most of the Spanish-speaking world by the letters **s**, **z**, and **c** before **e** or **i**. The sound is very similar to the English sibilant *s* in the word *sink*. Repeat:

sale	sitio	solo
seda	suelo	zapato
cerveza	ciudad	cena

In most of Spain, the **z**, and **c** before **e** or **i**, is pronounced like the English *th* in the word *think*. Repeat:

zarzuela	cielo	docena

12. The letter **h** is silent in Spanish. Repeat:

hilo	Hugo	ahora
Hilda	almohada	hermano

13. The Spanish **ch** is pronounced like the English *ch* in the word *chief*. Repeat:

muchacho	chico	coche
chueco	chaparro	

14. The Spanish **f** is identical in sound to the English *f*. Repeat:

famoso	feo	difícil
fuego	foto	

15. The Spanish **l** is pronounced like the English *l* in the word *lean*. Repeat:

dolor	ángel	fácil
sueldo	salgo	chaval

16. The Spanish **m** is pronounced like the English *m* in the word *mother*. Repeat:

mamá	moda	multa
médico	mima	

17. In most cases, the Spanish **n** has a sound similar to the English *n*. Repeat:

nada	norte	nunca
entra	nene	

The sound of the Spanish **n** is often affected by the sounds that occur around it. When it appears before **b**, **v**, or **p**, it is pronounced like the English *m*. Repeat:

invierno	tan bueno	un vaso
un bebé	un perro	

18. The Spanish **ñ** (**eñe**) has a sound similar to the English *ny* in the word *canyon*. Repeat:

muñeca	leña	año
señorita	piña	señor

19. The Spanish **x** has two pronunciations, depending on its position. Between vowels, the sound is similar to the English *ks*. Repeat:

examen	boxeo
exigente	éxito

Before a consonant, the Spanish **x** sounds like the English *s*. Repeat:

expreso	excusa
exquisito	extraño

Linking

In spoken Spanish, the various words in a phrase or sentence are not pronounced as isolated elements but are combined. This is called *linking*.

1. The final consonant of a word is pronounced together with the initial vowel of the following word. Repeat:

Carlos‿anda	un‿ángel
el‿otoño	unos‿estudiantes

2. The final vowel of a word is pronounced together with the initial vowel of the following word. Repeat:

su‿esposo	la‿hermana
ardua‿empresa	la‿invita

3. When the final vowel of a word and the initial vowel of the following word are identical, they are pronounced slightly longer than one vowel. Repeat:

Ana‿alcanza	me‿espera
mi‿hijo	lo‿olvida

The same rule applies when two identical vowels appear within a word. Repeat:

cooperación	crees
leemos	coordinación

4. When the final consonant of a word and the initial consonant of the following word are the same, they are pronounced as one consonant with slightly longer-than-normal duration. Repeat:

el‿lado   un‿novio   Carlos‿salta
tienes‿sed   al‿leer

End of Introduction to Spanish Sounds

Lección preliminar

You will hear a dialogue. First it will be read without pauses. Then the speakers will read it again with pauses for you to repeat. Listen carefully.

—Buenos días, señor Torres. ¿Cómo está usted?
—Bien, gracias. ¿Y usted?
—No muy bien...
—Lo siento.
—Bueno, hasta mañana.
—Hasta mañana, profesora.

—¿Qué fecha es hoy, Mario?
—El cinco de octubre. ¡Oye! ¿Cuál es tu número de teléfono?
—792-3865.
—¿Y tu dirección?
—Avenida Paz, número 179.
—Gracias. Bueno, hasta luego, Eva.
—Chau, Mario.

—¿Nombre y apellido?
—Carlos Miranda.
—¿Estado civil?
—Soltero.
—¿Edad?
—Diecinueve años.
—¿Nacionalidad?
—Mexicano.
—¿Lugar de nacimiento?
—Guadalajara.
—¿Ocupación?
—Mecánico.

—Dra. Vargas, la señorita Peña.
—Mucho gusto, señorita.
—El gusto es mío, doctora.
—Tome asiento, por favor.
—Gracias.

Now repeat each phrase after the speakers.
(Dialogues)

Vocabulario

Repeat each word or phrase after the speaker in the pause provided. After your response, you will hear the same word or phrase again. Repeat after the model once more.

Cognados: doctor (/) doctora (/) mecánico (/)
mecánica (/) mexicano (/)
nacionalidad (/) ocupación (/)
profesor (/) profesora (/)

Otras palabras
y expresiones: año (/) apellido (/) avenida (/) bien (/)
Buenos días. (/) Buenas tardes. (/)
Buenas noches. (/)
¿Cómo está usted? (/)
¿Cuál es tu número de teléfono? (/)
Chau. (/) dirección (/) domicilio (/)
edad (/) estado civil (/) Gracias. (/)
El gusto es mío. (/) Hasta luego. (/)
Hasta mañana. (/) hoy (/)
Lo siento. (/) lugar de nacimiento (/)
Mucho gusto. (/) muy (/) no (/)
nombre (/) número (/) octubre (/)
ocupación (/) ¡Oye! (/) por favor (/)
¿Qué fecha es hoy? (/) señor (/)
señora (/) señorita (/)
Tome asiento. (/) tu (/) su (/)
usted (/) y (/)

Fin de la Lección preliminar

Lección 1

Diálogo

You will hear a dialogue. First it will be read without pauses. Then the speakers will read it again with pauses for you to repeat. Listen carefully.

El primer día de clases

Dos estudiantes conversan en la clase.

LUPE	—Hola, Roberto. ¿Qué tal?
ROBERTO	—Muy bien. ¿Qué hay de nuevo?
LUPE	—Nada. ¿Qué clases tomas este semestre?
ROBERTO	—Tomo administración de empresas, ciencias económicas y contabilidad.
LUPE	—¿No tomas matemáticas?
ROBERTO	—Este semestre no.

Dos chicas conversan en la cafetería.

CARMEN	—¿Qué deseas comer?
TERESA	—Pollo, sopa y ensalada. ¿Y tú?
CARMEN	—Un sándwich de jamón y queso... y fruta.
TERESA	—¿Deseas tomar café, té o refresco?
CARMEN	—Una taza de café con crema y azúcar.
TERESA	—Yo pago la cuenta. *(A la cajera.)* ¿Cuánto es?
CAJERA	—Ocho dólares, cincuenta centavos.

En la residencia universitaria:

RODOLFO	—¿Tú trabajas mañana?
MARIO	—Sí, trabajo en el laboratorio de lenguas.
RODOLFO	—¿No trabajas en la biblioteca?
MARIO	—Sí, pero sólo los martes y jueves.
RODOLFO	—¿Cuándo estudiamos inglés?
MARIO	—Esta noche, porque yo necesito practicar mucho.

Now repeat each phrase after the speakers. (Dialogue)

Vocabulario

Repeat each word or phrase after the speaker in the pause provided. After your response, you will hear the same word or phrase again. Repeat after the model once more.

Cognados: la cafetería (/) la clase (/) la crema (/) el dólar (/) el estudiante (/) la estudiante (/) la fruta (/) las matemáticas (/) el sándwich (/) el semestre (/) la sopa (/)

Nombres: la administración de empresas (/) el azúcar (/) la biblioteca (/) el café (/) el cajero (/) la cajera (/) el centavo (/) las ciencias económicas (/) la contabilidad (/) la cuenta (/) el chico (/) la chica (/) el muchacho (/) la muchacha (/) la ensalada (/) el inglés (/) el jamón (/) el laboratorio de lenguas (/) la noche (/) el pollo (/) el queso (/) el refresco (/) la residencia universitaria (/) el sándwich de jamón y queso (/) la taza (/) el té (/) tú (/) yo (/)

Verbos: comer (/) conversar (/) desear (/) estudiar (/) necesitar (/) pagar (/) practicar (/) tomar (/) trabajar (/) varios (/)

Adjetivo:
Otras palabras y expresiones: con (/) ¿Cuándo? (/) ¿Cuánto? (/) ¿Cuánta? (/) ¿Cuánto es? (/) en (/) esta noche (/) este semestre (/) Hola. (/) mañana (/) mucho (/) nada (/) o (/) pero (/) porque (/) el primer día de clases (/) ¿Qué? (/) ¿Qué hay de nuevo? (/) ¿Qué tal? (/) sí (/) sólo (/) solamente (/)

Fin de la Lección 1

Lección 2

Diálogo

You will hear a dialogue. First it will be read without pauses. Then the speakers will read it again with pauses for you to repeat. Listen carefully.

En la oficina de turismo

Unos turistas llegan a Madrid y solicitan información. En este momento están en la oficina de turismo, en el aeropuerto de Barajas.

Con una señora mexicana:

EMPLEADO —¿En qué puedo servirle, señora?
SEÑORA —¿Dónde queda el Hotel Recoletos?
EMPLEADO —En la Avenida Recoletos. Debe tomar el ómnibus número cuatro.
SEÑORA —Gracias.

La señora espera el ómnibus en la esquina.

Con un señor argentino:

SEÑOR —¿Dónde venden mapas de Madrid, señor?
EMPLEADO —En los puestos de revistas.
SEÑOR —¿Venden también guías para turistas?
EMPLEADO —Aquí tiene una y también una lista de lugares de interés.
SEÑOR —¿Cuánto es?
EMPLEADO —Son gratis. ¿Algo más?
SEÑOR —No, muchas gracias.

El señor decide ir a un restaurante para comer y beber algo.

Con dos muchachos chilenos:

JORGE —¿Dónde venden tarjetas postales y estampillas?
EMPLEADO —En el primer piso a la derecha, en la oficina de correos.
RAÚL —Necesito cambiar dinero. ¿Dónde queda la oficina de cambio?
EMPLEADO —A la izquierda.
JORGE —¿El centro queda cerca de aquí?
EMPLEADO —No, queda lejos. Debe tomar un ómnibus o un taxi.

Jorge sube al primer piso para comprar las tarjetas postales. Raúl cambia pesos chilenos por pesetas y después espera a Jorge en la puerta.

Now repeat each phrase after the speakers. (Dialogue)

Vocabulario

Repeat each word or phrase after the speaker in the pause provided. After your response, you will hear the same word or phrase again. Repeat after the model once more.

Cognados:
el hotel (/) la información (/)
la lista (/) el mapa (/)
el momento (/) la oficina (/)
el restaurante (/) el taxi (/)
el turista (/) la turista (/)

Nombres:
el aeropuerto (/) algo (/) el centro (/)
el dinero (/) el empleado (/)
la empleada (/) la esquina (/)
la estampilla (/) el sello (/)
el timbre (/)
la guía para turistas (/) el lugar (/)
los lugares de interés (/)
la oficina de cambio (/)
la oficina de correos (/)
la oficina de turismo (/)
el ómnibus (/) el autobús (/)
el piso (/) el primer piso (/)
la puerta (/)
el puesto de revistas (/)
el kiosco (/) la revista (/)
la tarjeta (/) la tarjeta postal (/)

Verbos:
beber (/) cambiar (/) comprar (/)
deber (/) decidir (/) esperar (/) estár (/)
ir (/) llegar (/) quedar (/) solicitar (/)
subir (/) tomar (/) vender (/)

Adjetivos:
argentino (/) chileno (/) gratis (/)
primero (/) unos (/)

Otras palabras
y expresiones:
a (/) al (/) a la derecha (/)
a la izquierda (/) ¿Algo más? (/)
aquí (/) Aquí tiene una. (/)
beber algo (/) cerca de (/)
comer algo (/) de (/) después (/)
¿Dónde? (/) en (/)
en este momento (/)
¿En qué puedo servirle? (/)
lejos de (/) Muchas gracias. (/)
para (/) por (/) Son gratis. (/)
también (/)

Fin de la Lección 2

277

Lección 3

Diálogo

You will hear a dialogue. First it will be read without pauses. Then the speakers will read it again with pauses for you to repeat. Listen carefully.

¡Feliz cumpleaños!

Yolanda va a una fiesta de cumpleaños en la casa de su amiga Carmen. Allí conversa con Miguel, un joven chileno. Miguel es alto, delgado, moreno y muy guapo. Yolanda no es baja; es de estatura mediana, rubia y muy bonita.

MIGUEL —Usted es de Montevideo, ¿no? Yo soy de Chile.

YOLANDA —¿De qué parte de Chile? ¿De Santiago?

MIGUEL —Sí. ¿Usted asiste a la universidad aquí?

YOLANDA —Sí. Carmen y yo somos compañeras de clase. Nuestro profesor de literatura española es de Chile también...

MIGUEL —Sí, el doctor Urbieta... Es mi padre.

YOLANDA —¿Usted es el hijo de mi profesor? ¡Qué casualidad! ¿Está él aquí?

MIGUEL —No, está en casa. Esta noche él y mamá dan una fiesta de Navidad para unos amigos de la universidad.

YOLANDA —¿Y usted está aquí... ?

MIGUEL —Bueno... son amigos de ellos... Yo voy más tarde. ¿Vamos a la sala?

YOLANDA —Bueno. ¿Dónde está Carmen? ¿En la cocina?

MIGUEL —No, está en el comedor. ¿Desea tomar algo? ¿Cerveza..., vino..., un coctel..., champaña... ?

YOLANDA —Una limonada o un refresco, por favor...

MIGUEL —¿Un cigarrillo?

YOLANDA —No, gracias. No fumo.

MIGUEL —Entonces, yo tampoco. ¿Bailamos?

YOLANDA —Con mucho gusto.

Miguel invita a Yolanda a la fiesta de sus padres. La muchacha está un poco cansada, pero acepta la invitación.

MIGUEL —Buenas noches a todos. *(A Carmen.)* ¡Una fiesta magnífica, Carmen! ¡Feliz cumpleaños! ¡Adiós! *(A Yolanda.)* ¿Vamos... ?

Now repeat each phrase after the speakers. (Dialogue)

Vocabulario

Repeat each word or phrase after the speaker in the pause provided. After your response, you will hear the same word or phrase again. Repeat after the model once more.

Cognados: el aniversario (/) el coctel (/) cordialmente (/) el champaña (/) la graduación (/) la invitación (/) la limonada (/) la literatura (/) magnífico (/) la parte (/) próspero (/) la universidad (/)

Nombres: el abrazo (/) el amigo (/) la amiga (/) la casa (/) la cerveza (/) el cigarrillo (/) la cocina (/) el comedor (/) el compañero de clase (/) la compañera de clase (/) el cumpleaños (/) el día (/) la fiesta (/) el hijo (/) la hija (/) el joven (/) la joven (/) la madre (/) la mamá (/) la Navidad (/) el padre (/) el papá (/) los padres (/) la sala (/) todos (/) el vino (/)

Verbos: aceptar (/) asistir a (/) bailar (/) dar (/) estar (/) fumar (/) invitar (/) ser (/)

Adjetivos: alto (/) bajo (/) bonito (/) cansado (/) delgado (/) español (/) feliz (/) guapo (/) mi (/) moreno (/) nuestro (/) nuevo (/) rubio (/)

Otras palabras y expresiones: Adiós. (/) allí (/) /Bailamos? (/) Bueno... (/) cariñosamente (/) Con mucho gusto (/) de (/) en casa (/) entonces (/) de estatura mediana (/) felicidades (/) más tarde (/) ¡Qué casualidad! (/) tampoco (/) un poco (/)

Fin de la Lección 3

Lección 4

Diálogo

You will hear a dialogue. First it will be read without pauses. Then the speakers will read it again with pauses for you to repeat. Listen carefully.

En el hotel

El señor López está en un hotel en San Juan, Puerto Rico. No tiene reservación, pero desea una habitación para él y su esposa. Habla con el gerente.

GERENTE	—¿En qué puedo servirle, señor?
SR. LÓPEZ	—¿Tienen Uds. una habitación libre para dos personas?
GERENTE	—Sí, tenemos dos. ¿Desea una cama matrimonial o dos camas chicas?
SR. LÓPEZ	—Una cama matrimonial. ¿Tiene el cuarto baño privado y agua caliente?
GERENTE	—Sí, señor, agua caliente y fría. También tiene teléfono, televisor y aire acondicionado.
SR. LÓPEZ	—¡Qué bueno, porque tengo mucho calor! ¿Cuánto cobran?
GERENTE	—Ochenta y cinco dólares por noche y cinco dólares extra por cada persona adicional.
SR. LÓPEZ	—¿Es con vista a la calle o interior?
GERENTE	—Es con vista al jardin y a la piscina.
SR. LÓPEZ	—Muy bien. ¿Aceptan tarjetas de crédito... cheques de viajero?
GERENTE	—Sí, señor. *(El señor López paga por dos noches y firma el registro.)* Aquí tiene la llave. El elevador está a la derecha. *(Llama al botones.)* ¡Jorge! Las maletas del señor al cuarto 242. *(El botones lleva las maletas.)*

Dos horas después, el señor López baja al vestíbulo del hotel y habla con el gerente.

SR. LÓPEZ	—Tenemos mucha hambre. ¿Es bueno el restaurante que queda en la esquina?
GERENTE	—¿"El Roma"? Sí, yo creo que la comida es buena allí, pero el restaurante "El Gaucho" es el mejor de todos. Queda a tres cuadras de aquí.
SR. LÓPEZ	—¿Es muy caro?
GERENTE	—No es tan caro como otros restaurantes, y el servicio es estupendo.
SR. LÓPEZ	—¡Ah! ¿Dónde venden diarios y revistas?
GERENTE	—Aquí, en la tienda en el vestíbulo del hotel, señor. También venden objetos de arte nativo. Todo muy bonito y bastante barato.
SR. LÓPEZ	—Muy bien. ¿A qué hora debemos desocupar el cuarto?
GERENTE	—Al mediodía.
SR. LÓPEZ	—Aquí viene mi esposa. Gracias, señor.
GERENTE	—De nada, Sr. López. Ah, aquí tiene una lista de restaurantes y excursiones a lugares de interés.
SRA. LÓPEZ	—¿Tienen Uds. servicio de habitación?
GERENTE	—Sí, señora.
SRA. LÓPEZ	—*(A su esposo.)* Estoy demasiado cansada para ir a un restaurante.

Now repeat each phrase after the speakers. (Dialogue)

Vocabulario

Repeat each word or phrase after the speaker in the pause provided. After your response, you will hear the same word or phrase again. Repeat after the model once more.

Cognados:	adicional (/) el arte (/) el cheque (/) la excursión (/) extra (/) interior (/) nativo (/) el objeto (/) la persona (/) privado (/) el registro (/) la reservación (/) el servicio (/) el teléfono (/)
Nombres:	el agua (/) el aire (/) el aire acondicionado (/) el baño (/) el cuarto de baño (/) el botones (/) la calle (/) la cama (/) la cama chica (/) la cama individual (/) la cama personal (/) la cama matrimonial (/) la cama doble (/) la comida (/) el cheque de viajero (/) el diario (/) el periódico (/) el elevador (/) el ascensor (/) el esposo (/) la esposa (/) el gerente (/) la gerente (/) la habitación (/) el cuarto (/) la hora (/) el jardín (/) la llave (/) la maleta (/) el mediodía (/) la piscina (/) la alberca (/) el servicio de habitación (/)

la tarjeta de crédito (/) el televisor (/)
la tienda (/) todo (/) el vestíbulo (/)

Verbos: bajar (/) cobrar (/) creer (/)
desocupar (/) firmar (/) hablar (/)
llamar (/) llevar (/) tener (/) venir (/)

Adjetivos: barato (/) bueno (/) caliente (/)
caro (/) chico (/) pequeño (/)
estupendo (/) frío (/) libre (/)
mejor (/) otro (/) todos (/)

*Otras palabras
y expresiones:* a... cuadras de (/) ¿A qué hora? (/)
al mediodía (/) bastante (/) cada (/)
con vista a... (/) De nada. (/)
demasiado (/) para (/) por (/) que (/)
¡Qué bueno! (/) tan... como (/)
tener calor (/) tener hambre (/)

Fin de la Lección 4

Lección 5

Diálogo

You will hear a dialogue. First it will be read without
pauses. Then the speakers will read it again with
pauses for you to repeat. Listen carefully.

Un cuarto para dos

*Miguel y Jorge están de vacaciones en Sevilla. Como
no tienen mucho dinero, deciden ir a una pensión.*

Con la dueña de la pensión:

MIGUEL —¿Cuánto cobran por un cuarto?
LA DUEÑA —¿Cuántas personas son?
MIGUEL —Somos dos.
LA DUEÑA —Con comida el precio es veinte mil
pesetas por semana. Eso incluye
desayuno, almuerzo y cena. Sin
comida, cuatro mil quinientas pesetas.
MIGUEL —Queremos un cuarto sin comida porque
vamos a viajar mucho.
LA DUEÑA —¿Cuánto tiempo piensan estar aquí?
MIGUEL —Pensamos estar dos semanas en
Sevilla.
JORGE —¿Los cuartos tienen baño privado?
LA DUEÑA —No. Hay dos cuartos de baño para
todos los huéspedes: uno en el primer
piso y otro en el segundo, al final del
pasillo.
JORGE —¿Tienen bañadera o ducha?
LA DUEÑA —Las dos cosas.
MIGUEL —¿Tienen calefacción los cuartos. Yo
tengo mucho frío...
LA DUEÑA —Sí. Además hay mantas en el cuarto...
JORGE —¿Hay una zona de estacionamiento
cerca de aquí?
LA DUEÑA —Sí, hay una a tres cuadras de aquí.
MIGUEL —Bueno. ¿Debemos pagar por
adelantado?
LA DUEÑA —Sí, deben pagar por adelantado.
JORGE —Muy bien. Vamos a estacionar el
coche y a traer el equipaje.

En la habitación:

JORGE —Oye, tengo hambre. ¿Qué hora es?
MIGUEL —Son las ocho y no empiezan a servir la
cena hasta las nueve.
JORGE —Entonces vamos a hacer unas compras.
Necesito comprar jabón y una toalla.
¿A qué hora cierran las tiendas?
MIGUEL —Creo que cierran a las ocho. Es muy
tarde.
JORGE —¡Paciencia! Oye, ¿por qué no llamamos
a Estela y a Pilar para ir a bailar esta
noche?
MIGUEL —¿Pilar? Yo no entiendo por qué quieres
llevar Pilar. No baila muy bien, sobre
todo los bailes modernos.
JORGE —Pero es inteligente y simpática y no es
nada fea.
MIGUEL —Bueno. Oye, yo tengo mucha sed. ¿Por
qué no vamos a un café a tomar una
cerveza?
JORGE —Buena idea. Y allí hacemos planes para
mañana.

Now repeat each phrase after the speakers. (Dialogue)

Vocabulario

Repeat each word or phrase after the speaker in the
pause provided. After your response, you will hear
the same word or phrase again. Repeat after the model
once more.

Cognados: el café (/) la idea (/) inteligente (/)
el plan (/) las vacaciones (/)
Nombres: el almuerzo (/) el baile (/)
la bañadera (/) la calefacción (/)
la cena (/) el coche (/) el auto (/)
el carro (/) la comida (/) la cosa (/)
el desayuno (/) la ducha (/)
el dueño (/) la dueña (/) el equipaje (/)
el huésped (/) la huéspeda (/)

el jabón (/) la manta (/) la frazada (/)
la cobija (/) la pensión (/)
el precio (/) la semana (/) la toalla (/)
la zona de estacionamiento (/)

Verbos: cerrar (/) empezar (/) entender (/)
estacionar (/) aparcar (/) pensar (/)
querer (/) servir (/) traer (/)
viajar (/)

Adjetivos: feo (/) segundo (/) simpático (/)

Otras palabras
y expresiones: además (/) al final (/) como (/)
¿Cuánto tiempo? (/)

Eso incluye... (/)
estar de vacaciones (/)
hacer unas compras (/)
hacer planes (/) hasta (/) hay (/)
las dos cosas (/) No es nada fea. (/)
Paciencia. (/) pagar por adelantado (/)
¿Qué hora es? (/) ¿Por qué? (/) sin (/)
sobre todo (/) Somos dos. (/)
tener frío (/) tener sed (/)

Fin de la Lección 5

Lección 6

Diálogo

You will hear a dialogue. First it will be read without pauses. Then the speakers will read it again with pauses for you to repeat. Listen carefully.

En una agencia de viajes en México

Marta va a la agencia de viajes porque quiere viajar a Buenos Aires la semana próxima.

AGENTE —Buenos días, señorita. Tome asiento. ¿En qué puedo servirle?

MARTA —Quiero un pasaje de ida y vuelta a Buenos Aires. ¿Cuándo hay vuelos?

AGENTE —Los lunes y viernes. ¿Quiere un pasaje de primera clase?

MARTA —No, de turista. ¿A qué hora son los vuelos?

AGENTE —No recuerdo... Voy a ver... Ah, los lunes y los viernes a las diez...

MARTA —Yo puedo viajar el viernes... ¿Con cuánta anticipación hay que reservar el pasaje?

AGENTE —Hoy mismo, si puede, porque en el verano la gente viaja mucho.

MARTA —Bueno, ¿cuánto cuesta un billete de turista?

AGENTE —Cuesta dos millones, doscientos treinta mil pesos.

MARTA —¿Puedo hacer escala en Río de Janeiro?

AGENTE —Sí, señorita. ¿Va a viajar el viernes?

MARTA —Sí. ¿Necesito algún documento para viajar a Buenos Aires?

AGENTE —Sí, necesita un pasaporte y la visa para Argentina.

MARTA —¿Nada más? Muy bien. Yo tengo mi pasaporte en regla. ¿Cuándo tengo que confirmar la reservación?

AGENTE —¿Qué fecha es hoy? ¿El dos de julio? Entonces, el jueves cuatro...

MARTA —Pasado mañana. Muy bien. ¿Puedo reservar el asiento hoy?

AGENTE —Sí. ¿Ud. prefiere un asiento de ventanilla o de pasillo?

MARTA —Un asiento de pasillo en la sección de no fumar, por favor.

Hoy es viernes. Marta está en el aeropuerto, y habla con el empleado de la aerolínea.

MARTA —Tengo tres maletas y un bolso de mano. ¿Tengo que pagar exceso de equipaje?

EMPLEADO —Sí, señorita. Seis mil pesos.

MARTA —¿Puedo llevar el bolso conmigo?

EMPLEADO —Sí, señorita. Aquí tiene los comprobantes para sus maletas.

MARTA —Gracias. ¿Cuál es la puerta de salida?

EMPLEADO —La puerta número seis. ¡Buen viaje!

En la puerta número seis:

"Última llamada. Pasajeros para el vuelo 304 a Buenos Aires, favor de subir al avión."

Now repeat each phrase after the speakers. (Dialogue)

Vocabulario

Repeat each word or phrase after the speaker in the pause provided. After your response, you will hear the same word or phrase again. Repeat after the model once more.

Cognados: la agencia (/) el agente (/)
la agente (/) el documento (/)
el pasaporte (/) la sección (/)
la visa (/)

Nombres:	la aerolínea (/)
	la agencia de viajes (/)
	el asiento (/)
	el asiento de pasillo (/)
	el asiento de ventanilla (/)
	el avión (/) el bolso de mano (/)
	el comprobante (/) la escala (/)
	la fecha (/) la llamada (/)
	el pasaje (/) el billete (/)
	el boleto (/) el pasajero (/)
	la pasajera (/) el pasillo (/)
	la puerta (/) la puerta de salida (/)
	la salida (/) la ventanilla (/)
	el verano (/) el viaje (/)
	el vuelo (/)
Verbos:	confirmar (/) costar (/) poder (/)
	preferir (/) recordar (/) reservar (/)
	subir (/) ver (/)

Adjetivos:	próximo (/) último (/)
Otras palabras	
y expresiones:	¡Buen viaje! (/)
	¿Con cuánta anticipación? (/)
	conmigo (/) de ida (/)
	de ida y vuelta (/)
	de primera clase (/) en regla (/)
	exceso de equipaje (/) favor de (/)
	hacer escala (/) hay que (/)
	hoy mismo (/) nada más (/)
	pasado mañana (/)
	la sección de fumar (/)
	la sección de no fumar (/)
	la semana próxima (/) si (/)
	tener que (/) Voy a ver. (/)

Fin de la Lección 6

Lección 7

Diálogo

You will hear a dialogue. First it will be read without pauses. Then the speakers will read it again with pauses for you to repeat. Listen carefully.

¡A Buenos Aires!

Marta sube al avión y la auxiliar de vuelo la lleva a su asiento, que está al lado de la ventanilla. Va a ser un vuelo largo, y Marta piensa: "Por suerte traigo una buena novela. Puedo terminarla durante el viaje."

AUXILIAR DE VUELO	—Vamos a despegar dentro de unos minutos. Favor de abrocharse el cinturón de seguridad y no fumar.
MARTA	—(A su compañero de asiento.) ¿Sabe Ud. cuánto tiempo dura el vuelo?
SEÑOR	—No sé... unas quince horas...
MARTA	—Supongo que van a pasar alguna película.
SEÑOR	—Sí, después de la cena.
LA VOZ DEL PILOTO	—Bienvenidos al vuelo trescientos cuatro con destino a Buenos Aires. Vamos a volar a una altura de treinta mil pies. Llegamos a Panamá a las seis de la tarde.

Después de salir de Panamá, los auxiliares de vuelo sirven la cena.

AUXILIAR DE VUELO	—(Al señor.) Perdón, señor. ¿Desea tomar café, té o leche?
SEÑOR	—Una taza de café, por favor.
AUXILIAR DE VUELO	—(A Marta.) ¿Y usted, señorita?
MARTA	—Jugo de naranja. No... jugo de tomate, por favor.

La auxiliar de vuelo trae las bandejas y las pone en las mesitas de los asientos.

SEÑOR	—¿Conoce usted Buenos Aires, señorita?
MARTA	—No, no conozco Buenos Aires. Dicen que es una ciudad muy hermosa.
SEÑOR	—Es verdad. ¿Conoce usted a alguien en Buenos Aires?
MARTA	—Sí, conozco a una muchacha de allí, pero no sé dónde vive.
SEÑOR	—Estoy un poco mareado...
MARTA	—Hay turbulencia. ¿Quiere una pastilla para el mareo?
SEÑOR	—Sí, por favor.

Horas después, el avión aterriza en el aeropuerto internacional de Buenos Aires. Después de pasar por la oficina de inmigración, Marta va a la aduana, donde hace cola.

INSPECTOR	—¿Tiene algo que declarar?
MARTA	—Una cámara fotográfica y una grabadora. Eso es todo.
INSPECTOR	—¿Cuáles son sus maletas, señorita? Debe abrirlas.

Marta las abre y el inspector las revisa.

| INSPECTOR | —Muy bien, señorita. Bienvenida a Buenos Aires. |

Now repeat each phrase after the speakers. (Dialogue)

Vocabulario

Repeat each word or phrase after the speaker in the pause provided. After your response, you will hear the same word or phrase again. Repeat after the model once more.

| *Cognados:* | la inmigración (/) el minuto (/) la novela (/) el piloto (/) la pilota (/) la turbulencia (/) el tomate (/) |
| *Nombres:* | la aduana (/) la altura (/) el auxiliar de vuelo (/) la auxiliar de vuelo (/) la azafata (/) la bandeja (/) la cámara fotográfica (/) |

la grabadora (/) el jugo (/)
el jugo de naranja (/)
el jugo de tomate (/) la leche (/)
el mareo (/) la mesita (/)
la naranja (/) la pastilla (/)
la película (/) el pie (/) la voz (/)

Verbos:	abrir (/) aterrizar (/) conocer (/) declarar (/) despegar (/) durar (/) pasar (por) (/) pensar (/) poner (/) revisar (/) saber (/) salir (/) suponer (/) terminar (/) acabar de (/) vivir (/) volar (/)
Adjetivos:	hermoso (/) largo (/) mareado (/)
Otras palabras y expresiones:	al lado de (/) Bienvenido a... (/) con destino a... (/) ¿Cuáles? (/) cualquier cosa (/) dentro de (/) después de (/) durante (/) Es verdad. (/) Eso es todo. (/) Favor de abrocharse el cinturón de seguridad. (/) hacer cola (/) no fumar (/) pasar una película (/) Perdón. (/) por suerte (/) afortunadamente (/) tener algo que declarar (/) unos... (/)

Fin de la Lección 7

Lección 8

Diálogo

You will hear a dialogue. First it will be read without pauses. Then the speakers will read it again with pauses for you to repeat. Listen carefully.

¿Quién invita... ?

José y Hugo son dos estudiantes latinoamericanos que asisten a la Universidad de California y viven en Los Ángeles. Son compañeros de cuarto y, como la mayoría de los estudiantes, no tienen mucho dinero.

JOSÉ	—Esta noche quiero llevar a Elisa a ese restaurante nuevo que es tan popular, pero no tengo dinero. Voy a pedírselo a mi papá.
HUGO	—¿De qué restaurante estás hablando? ¿De "Mi casita"? Carlos dice que la comida allí es muy sabrosa.
JOSÉ	—¡Ya lo creo! Oye, ¿por qué no invitas a Lidia? Puedes usar tu tarjeta de crédito...
HUGO	—Bueno. Vamos a llamar a las chicas ahora mismo.

Ese sábado en el restaurante "Mi casita":

MOZO	—Por aquí, por favor. *(Los sienta cerca de los músicos.)* Aquí tienen el menú.
JOSÉ	—Voy a pedir chuletas de cordero, bróculi con salsa de queso y una papa al horno o puré de papas.
ELSA	—Yo tengo que cuidar la línea, de modo que solamente voy a pedir una ensalada.
HUGO	—Hoy no debes pensar en las calorías, chica. ¡Un día es un día!
LIDIA	—Tienes razón. Yo quiero sopa de albóndigas, arroz con pollo y ensalada mixta.
HUGO	—Yo voy a pedir sopa de cebollas y biftec con langosta.
ELSA	—*(Todavía leyendo el menú.)* Pues... yo voy a comer una ensalada de camarones.
JOSÉ	—¿Por qué no pedimos una botella de vino tinto?
HUGO	—¡Buena idea! Vamos a preguntarle al mozo qué marca de vino tienen.

El mozo vuelve, anota el pedido y después les trae la comida.

JOSÉ —Mozo, estas chuletas de cordero están casi crudas y yo las quiero bien cocidas.
MOZO —Lo siento, señor. Voy a traerle otras.

Media hora después el mozo trae la bandeja con los postres. Lidia pide torta de chocolate, Hugo pide flan con crema, José un helado de vainilla y Elsa decide no comer postre.

HUGO —Un brindis. ¡Salud!
TODOS —¡Salud, dinero y amor!
JOSÉ —Si no tienen planes para el próximo sábado, podemos ir a un concierto o al cine o al teatro. Yo invito.

Cuando terminan de comer, el mozo les trae la cuenta. Hugo la paga, deja la propina y salen.

Now repeat each phrase after the speakers. (Dialogue)

Vocabulario

Repeat each word or phrase after the speaker in the pause provided. After your response, you will hear the same word or phrase again. Repeat after the model once more.

Cognados: la botella (/) el bróculi (/) el budín (/)
la caloría (/) el coco (/)
el concierto (/) el chocolate (/)
la gelatina (/) la hamburguesa (/)
latinoamericano (/) el menú (/)
el músico (/) popular (/) el salmón (/)
el teatro (/) la vainilla (/)

Nombres: las albóndigas (/) el amor (/)
el arroz (/) el arroz con leche (/)
el arroz con pollo (/) el atún (/)
el bacalao (/) el biftec (/)

el bistéc (/) el brindis (/) el caldo (/)
el camarón (/) el cangrejo (/)
la casita (/) la cebolla (/) el cine (/)
el compañero de cuarto (/)
la compañera de cuarto (/)
el cordero (/) la chuleta (/)
los entremeses (/) la gaseosa (/)
el guisado (/) el guiso (/)
el helado (/) el huevo duro (/)
la langosta (/) el lechón (/)
la lechuga (/) la marca (/)
el marisco (/) la mayoría (/)
la milanesa (/) el mozo (/)
el camarero (/) la camarera (/)
la ostra (/) la papa al horno (/)
las papas fritas (/) el pastel (/)
el pato (/) el pavo (/) el guajalote (/)
el pedido (/) el pescado (/)
el postre (/) la propina (/)
el puré de papas (/) el ron (/)
la salsa (/) la torta (/)
la tortilla a la española (/)
la tortilla a la francesa (/)
la trucha (/) el vino blanco (/)
el vino tinto (/)

Verbos: anotar (/) decir (/) dejar (/) leer (/)
pedir (/) preguntar (/) sentar (/)
usar (/) volver (/)

Adjetivos: asado (/) crudo (/) frito (/) mixto (/)
relleno (/) sabroso (/) rico (/)

Otras palabras
y expresiones: ahora mismo (/) bien cocido (/)
casi (/) casi crudo (/)
cuidar la línea (/) de (/)
de modo que (/) media hora (/)
por aquí (/) pues (/) ¡Salud! (/)
tan (/) Tienes razon. (/) todavía (/)
Un día es un día. (/) ¡Ya lo creo! (/)

Fin de la Lección 8

Lección 9

Diálogo

You will hear a dialogue. First it will be read without pauses. Then the speakers will read it again with pauses for you to repeat. Listen carefully.

Marta va de compras

Marta está en un hotel en Buenos Aires. Se despierta muy temprano. Se levanta, se ducha, se cepilla los dientes, se viste, se peina, se pone maquillaje, se pone los zapatos y sale. Las tiendas se abren a las nueve y Marta no quiere perder un minuto, porque hoy hay una liquidación en la tienda "París."

En una tienda de ropa para damas:

MARTA —Buenos días. ¿Cuánto cuesta ese vestido amarillo que está en la vidriera?

EMPLEADA	—Cien mil australes, señorita. ¿Quiere probárselo?
MARTA	—¿Cuánto es eso en dólares? ¿A cómo está el cambio ahora?
EMPLEADA	—No estoy segura, pero a ese precio es una ganga.
MARTA	—Voy a probármelo. También quiero probarme esta falda blanca y esa blusa azul.
EMPLEADA	—Muy bien, señorita. El probador está a la derecha. ¿Qué talla usa Ud.?
MARTA	—Uso talla treinta y seis.

Marta se prueba el vestido amarillo y le queda un poco chico.

MARTA	—El vestido me queda un poco chico...
EMPLEADA	—Pruébese éste. Es talla treinta y ocho.
MARTA	—*(Se lo prueba y se mira en el espejo.)* ¡Ah, sí! ¡Me lo llevo! Y la falda y la blusa también.

Marta compra también un conjunto de pantalón y chaqueta, una cartera, un par de pantimedias, un camisón y ropa interior.

En la zapatería:

MARTA	—Necesito un par de zapatos negros de vestir... y un par de sandalias blancas muy cómodas... para caminar.
EMPLEADO	—Muy bien, señorita. ¿Qué número calza?
MARTA	—Treinta y siete y medio, pero tráigame un par número treinta y ocho, por si acaso. Y esas botas.

Marta se prueba los zapatos. El siete y medio le aprieta un poco, pero el ocho le queda bien.

EMPLEADO	—¿Se lleva los tres pares, señorita?
MARTA	—Sí, ¿dónde pago?
EMPLEADO	—Pague en la caja.
MARTA	—Muy bien. Dígame, ¿cómo se va a la Avenida de Mayo desde aquí?
EMPLEADO	—Vaya a la esquina y doble a la izquierda. Siga derecho por esa calle hasta llegar a la Calle Belgrano, y allí doble a la derecha. La Avenida de Mayo está a unas doce cuadras de aquí. ¡No me diga que va a ir a pie!
MARTA	—No, creo que voy a tomar un taxi.
EMPLEADO	—*(Ve unos paquetes sobre el mostrador.)* ¡Señorita! ¡Espere! ¿Son suyos estos paquetes?
MARTA	—Sí, son míos. Gracias.

Cuando sale de la tienda, Marta va al salón de belleza para cortarse el pelo.

Now repeat each phrase after the speakers. (Dialogue)

Vocabulario

Repeat each word or phrase after the speaker in the pause provided. After your response, you will hear the same word or phrase again. Repeat after the model once more.

Cognados:	la blusa (/) el par (/) la sandalia (/)
Nombres:	la bota (/) la caja (/) el camisón (/)
	la cartera (/) la bolsa (/)
	el conjunto (/)
	el conjunto de pantalón y chaqueta (/)
	la chaqueta (/) la dama (/) el espejo (/)
	la falda (/) la ganga (/)
	la liquidación (/) la venta (/)
	el maquillaje (/) el mostrador (/)
	los pantalones (/) la pantimedia (/)
	las pantimedias (/) el paquete (/)
	el pelo (/) el probador (/) la ropa (/)
	la ropa interior (/)
	la ropa para damas (/)
	el salón de belleza (/)
	la peluquería (/) la talla (/)
	la medida (/) el vestido (/)
	la vidriera (/) la zapatería (/)
	el zapato (/)
Verbos:	apretar (/) caminar (/) cepillar (/)
	cepillarse (/) despertar (/)
	despertarse (/) doblar (/) ducharse (/)
	levantarse (/) llevarse (/) mirar (/)
	mirarse (/) peinar (/) peinarse (/)
	perder (/) ponerse (/) probarse (/)
	quedar (/) usar (/) llevar (/)
	vestirse (/)
Adjetivos:	amarillo (/) azul (/) blanco (/)
	cómodo (/) negro (/)
Otras palabras y expresiones:	¿A cómo está el cambio? (/) a pie (/)
	caminando (/)
	cepillarse los dientes (/)
	cortarse el pelo (/) de vestir (/)
	desde (/) estar seguro (/)
	hasta llegar (/) ir de compras (/)
	por si acaso (/)
	¿Qué número calza? (/)
	quedarle chico a uno (/)
	quedarle grande a uno (/)
	seguir derecho (/) sobre (/)
	temprano (/)

Fin de la Lección 9

Lección 10

Diálogo

You will hear a dialogue. First it will be read without pauses. Then the speakers will read it again with pauses for you to repeat. Listen carefully.

Los López están muy ocupados

Daniel y Anita López decidieron quedarse en San Juan por dos meses por cuestiones de negocios. Alquilaron un apartamento cerca de la playa y emplearon una criada. Anita se matriculó en un curso de verano en la universidad, de modo que está muy ocupada. Ahora está hablando con doña María, la criada.

ANITA —¿Compró todas las cosas de la lista que le di?

CRIADA —Sí, esta mañana fui al supermercado muy temprano.

ANITA —Entonces tenemos todo lo necesario para una buena cena. Daniel invitó a un amigo a cenar.

CRIADA —Preparé una ensalada de camarones esta mañana. Está en el refrigerador.

ANITA —Bueno, ¡me estoy muriendo de hambre! No comí nada al mediodía.

CRIADA —Voy a hacerle un sándwich de jamón y queso. ¿Quiere un vaso de leche?

ANITA —Gracias. ¡Ah! ¿Planchó las camisas? ¿Y mi vestido rosado? Lo necesito para la fiesta.

CRIADA —Sí, pero no lavé el suéter marrón del señor Daniel...

ANITA —No, tenemos que mandar ese suéter a la tintorería. Hay que lavarlo en seco.

CRIADA —¡Ah! Voy a pasar la aspiradora y a hacer la cama otra vez. El señor Daniel tomó una siesta.

ANITA —Gracias, doña María. Voy a ducharme y después la ayudo a poner la mesa.

CRIADA —Muy bien, señora. *(Mira por la ventana.)* Parece que va a llover. El cielo está nublado...

ANITA —No se preocupe. Si llueve, yo la llevo a su casa en el carro.

CRIADA —Ah, señora, su amiga Elena la llamó por teléfono. Va a venir por Ud. mañana a las nueve.

Now repeat each phrase after the speakers. (Dialogue)

Vocabulario

Repeat each word or phrase after the speaker in the pause provided. After your response, you will hear the same word or phrase again. Repeat after the model once more.

Cognados:	el apartamento (/) el curso (/) el detergente (/) la docena (/) la margarina (/) el refrigerador (/) el suéter (/) el yogur (/)
Nombres:	el ají (/) la aspiradora (/) la camisa (/) el cielo (/) la criada (/) el durazno (/) el melocotón (/) los fideos (/) las fresas (/) la harina (/) el huevo (/) el blanquillo (/) la lejía (/) la libra (/) la mantequilla (/) la manzana (/) el mes (/) el pan (/) la papa (/) la patata (/) el pepino (/) la pera (/) la piña (/) la playa (/) la sandía (/) el melón de agua (/) la siesta (/) el supermercado (/) la tintorería (/) el tocino (/) la toronja (/) las uvas (/) la ventana (/) el vaso (/) la zanahoria (/)
Verbos:	alquilar (/) ayudar (/) cenar (/) emplear (/) lavar (/) llover (/) mandar (/) enviar (/) matricularse (/) parecer (/) planchar (/) preocuparse (/) preparar (/) quedarse (/)
Adjetivos:	marrón (/) café (/) nublado (/) ocupado (/) rosado (/)
Otras palabras y expresiones:	hacer la cama (/) lavar en seco (/) lo necesario (/) llamar por teléfono (/) llevar a alguien en el carro (/) morirse de hambre (/) otra vez (/) pasar la aspiradora (/) poner la mesa (/) por cuestiones de negocios (/)

Fin de la Lección 10

Lección 11

Diálogo

You will hear a dialogue. First it will be read without pauses. Then the speakers will read it again with pauses for you to repeat. Listen carefully.

¿Qué necesitamos... ?

Hace una semana que Miguel y Jorge están en Madrid. Anoche Jorge no pudo dormir muy bien porque tuvo dolor de garganta y mucha tos toda la noche. Esta mañana la dueña de la pensión vino a verlo y le trajo un jarabe para la tos y unas pastillas para el dolor de garganta.

MIGUEL —¿Cómo te sientes? ¿Mejor?

JORGE —Sí, las medicinas me hicieron mucho bien. Dime, ¿quieres ir a la tienda hoy?

MIGUEL —Sí. Tienen una liquidación en El Corte Inglés y quiero comprarme un traje gris y una corbata.

JORGE —Y yo necesito una chaqueta, un par de calcetines, un calzoncillo y una camiseta.

MIGUEL —Bien; voy a vestirme. Levántate, porque la criada va a cambiar las sábanas y las fundas hoy.

JORGE —¿Por qué no cambia también las almohadas y los colchones? ¡Son muy incómodos!

MIGUEL —¡Ja! Oye, ¿dónde pusiste la crema de afeitar y las navajitas?

JORGE —Yo no las usé. Miguel, ¿por qué no compramos un transformador para poder usar la máquina de afeitar eléctrica?

MIGUEL —Bueno. Dame la pasta dentífrica.

JORGE —Aquí está. ¡Caramba, es tarde! ¡Apúrate!

MIGUEL —¡Ten paciencia, hombre! ¡Ya voy! ¡No me grites!

En la tienda:

MIGUEL —*(A una empleada.)* ¿Dónde está el departamento de caballeros?

EMPLEADA —En el tercer piso. Usen la escalera mecánica; el ascensor no funciona.

MIGUEL —Gracias. *(A Jorge)* Quiero comprarle un regalo a Yolanda.

JORGE —Ella me dijo que quería discos de José Luis Perales. Cómprale uno.

MIGUEL —Buena idea. ¡Ah! Yo quería llevar a revelar estos rollos de película.

JORGE —Vamos al departamento de fotografías. Yo tengo que comprar películas en blanco y negro y películas en colores.

MIGUEL —Eres como mi padre. Cuando íbamos de vacaciones tomaba miles de fotos.

JORGE —¡No exageres! Oye, aquí tengo la lista de las cosas que debemos comprar.

Now repeat each phrase after the speakers. (Dialogue)

Vocabulario

Repeat each word or phrase after the speaker in the pause provided. After your response, you will hear the same word or phrase again. Repeat after the model once more.

Cognados: la colonia (/) el champú (/) el departamento (/) el desodorante (/) eléctrico (/) la foto (/) la fotografía (/) ¡Ja! (/) la medicina (/) el pijama (/) el rollo (/) el transformador (/)

Nombres: la almohada (/) los anteojos de sol (/) las gafas de sol (/) los espejuelos de sol (/) el bien (/) el bronceador (/) el caballero (/) los calcetines (/) el calzoncillo (/) la camiseta (/) el cepillo de dientes (/) el cinturón (/) el colchón (/) la corbata (/) la crema de afeitar (/) el disco (/) el dolor (/) el dolor de garganta (/) la escalera mecánica (/) la funda (/) el hombre (/) el jarabe (/) el jarabe para la tos (/) la máquina de afeitar (/) la navajita (/) el pañuelo (/) el papel de carta (/) el papel higiénico (/) la pasta dentífrica (/) el peine (/) la película (/) la película en blanco y negro (/) la película en colores (/) el regalo (/) la sábana (/) el sobre (/) la tos (/) el traje (/)

Verbos: apurarse (/) exagerar (/) gritar (/) revelar (/) sentir (/) sentirse (/)

Adjetivos: gris (/) incómodo (/) tercer (/)

Otras palabras y expresiones: anoche (/) ¡Caramba! (/) darse prisa (/) hacerle bien a uno (/) No funciona. (/) Ten paciencia. (/)

Fin de la Lección 11

Lección 12

Diálogo

You will hear a dialogue. First it will be read without pauses. Then the speakers will read it again with pauses for you to repeat. Listen carefully.

¡Qué mala suerte!

Hoy es martes trece, pero Anita y Daniel no son supersticiosos. Anita va a su clase en la universidad, y Daniel tiene una entrevista con un cliente. Vamos a seguir a Anita, que está en la esquina esperando el ómnibus.

ANITA —*(Grita.)* ¡Policía! ¡Socorro! ¡Ese hombre me robó la cartera!

SEÑOR —¿Qué pasó, señora? ¿Puedo ayudarla en algo?

ANITA —Aquel hombre es un ladrón. Me quitó la cartera y no pude hacer nada...

SEÑOR —Hay un teléfono público en la esquina si Ud. quiere llamar a la policía.

ANITA —¿Sabe Ud. dónde queda la estación de policía?

SEÑOR —Sí, siga derecho hasta llegar al semáforo y doble a la izquierda.

En la estación de policía, Anita habla con el oficial de guardia.

OFICIAL —¿En qué puedo servirle, señora?

ANITA —Vengo a denunciar un robo. Me robaron la cartera. Era una cartera roja, de cuero y con las iniciales A. L.

OFICIAL —Cálmese, señora. Tome asiento y dígame lo que pasó.

ANITA —Yo estaba esperando el ómnibus y un hombre vino y me quitó la cartera de la mano.

OFICIAL —¿Cómo era? ¿Puede describirlo?

ANITA —Sí, era joven, gordo y pelirrojo. Medía unos cinco pies, seis pulgadas.

OFICIAL —¿Llevaba lentes?

ANTA —Sí, y tenía barba y bigote y una cicatriz en la frente. Llevaba puesto un pantalón azul y una camisa blanca.

OFICIAL —Muy bien, señora. Firme aquí.

Mientras tanto, Daniel está hablando con un policía de tránsito.

POLICÍA —Arrime el carro a la acera y pare el motor. Déjeme ver su licencia para conducir.

DANIEL —¿Qué hice? Soy extranjero y no conozco las leyes de tránsito.

POLICÍA —Ud. iba a cincuenta millas por hora. La velocidad máxima en un barrio residencial es de treinta millas por hora.

DANIEL —Yo no sabía que por aquí tenía que manejar tan despacio.

POLICÍA —Iba muy rápido. Además, iba zigzagueando y no paró en la señal de parada.

DANIEL —Iba zigzagueando porque casi atropellé un gato negro...

POLICÍA —Lo siento, pero tengo que ponerle una multa... ¡Maneje con cuidado!

Esa noche Anita y Daniel estaban invitados a una fiesta, pero no quisieron ir.

DANIEL —La fiesta es en casa del presidente de la compañía. Tú lo conociste el mes pasado.

ANITA —Sí, pero para un martes trece ya tuvimos bastante mala suerte. ¡Nos quedamos en casa!

Now repeat each phrase after the speakers. (Dialogue)

Vocabulario

Repeat each word or phrase after the speaker in the pause provided. After your response, you will hear the same word or phrase again. Repeat after the model once more.

Cognados:
el cliente (/) la cliente (/)
la compañía (/) la estación (/)
la inicial (/) máximo(a) (/)
la milla (/) el motor (/)
el presidente (/) la presidenta (/)
público (/) residencial (/)
supersticioso (/)

Señales de tráfico:
puente angosto (/) alto (/)
curva peligrosa (/) peligro (/)
ceda el paso (/) una vía (/)
no tire basura (/)
prohibido estacionar (/)
comienza la autopista (/)
ferrocarril (/) desvío (/)
paso de peatones (/)

Nombres:

la acera (/) la vereda (/)
la banqueta (/) la barba (/)
el barrio (/) el bigote (/)
la cicatriz (/) el cuero (/)
la entrevista (/) el extranjero (/)
la extranjera (/) la frente (/)
el gato (/) la gata (/) el ladrón (/)
la ladrona (/) la ley (/)
la ley de tráfico (/)
la licencia para conducir (/)
la licencia para manejar (/)
la mano (/) la multa (/)
el oficial de guardia (/)
la oficial de guardia (/)
el policía de tránsito (/)
el policía de tráfico (/)
la pulgada (/) el robo (/)
el semáforo (/) la señal de parada (/)
la suerte (/) la velocidad (/)
la velocidad máxima (/)

Verbos: atropellar (/) calmar (/) calmarse (/)
denunciar (/) describir (/) manejar (/)

conducir (/) parar (/) pasar (/)
suceder (/) quitar (/) robar (/)
seguir (/)

Adjetivos: gordo (/) invitado (/) joven (/)
malo (/) pasado (/) pelirrojo (/)
rojo (/) colorado (/)

*Otras palabras
y expresiones:* Arrime el carro a la acera. (/)
bastante (/) suficiente (/)
¿Cómo es? ¿Cuánto mide Ud.? (/)
Déjeme ver. (/) despacio (/)
en casa (/) ir zigzagueando (/)
lo que (/) llevar puesto (/)
¡Maneje con cuidado! (/)
mientras tanto (/) parar el motor (/)
apagar el motor (/)
poner una multa (/) dar una multa (/)
rápido (/) ¡Socorro! (/) ¡Auxilio! (/)

Fin de la Lección 12

Lección 13

Diálogo

You will hear a dialogue. First it will be read without pauses. Then the speakers will read it again with pauses for you to repeat. Listen carefully.

Al volante

Hoy es sábado. Daniel y Anita no durmieron bien anoche, pensando en los problemas del día anterior. La criada les sirvió el desayuno en la terraza. Después decidieron ir de picnic y luego a ver un partido de fútbol. A los dos les gustan mucho los deportes.

DANIEL —Debo ir a una estación de servicio para comprar gasolina. El tanque está casi vacío y nos hace falta aceite. A la vuelta de la esquina hay una gasolinera. ¿Vamos?

En la estación de servicio:

DANIEL —Llene el tanque, por favor. Y deme aceite también.

EMPLEADO —Muy bien, señor. ¿Qué marca de aceite quiere?

DANIEL —Móbil. ¡Ah! Necesito un limpiaparabrisas nuevo. Éste no sirve. ¡Ah! Limpie el parabrisas y póngale agua al radiador, por favor.

Daniel acaba de pagar y se prepara para irse, pero el carro no arranca.

DANIEL —*(Llama al empleado.)* ¡Señor! ¡El motor no arranca! ¿Hay un mecánico aquí?

EMPLEADO —No, señor. ¿Es Ud. socio del club automovilístico? Ellos tienen una grúa para remolcar el carro.

DANIEL —Sí, voy a llamarlos ahora mismo. *(A Anita.)* ¡Acabamos de comprar este carro y ya está descompuesto!

En el taller de mecánica:

MECÁNICO —*(Levanta el capó.)* Bueno, Ud. necesita un batería nueva, señor.

DANIEL —¿Eso era todo?

MECÁNICO —No, también tiene una goma pinchada... Y el carburador está muy sucio.

DANIEL —¡Qué lío! ¡Ah! ¿Por qué no revisa los frenos, por favor? No funcionan bien.

MECÁNICO —*(Después de revisar los frenos.)* Sí, va a tener que dejar el carro aquí, señor. Voy a tener que arreglar los frenos.

DANIEL	—¿Cuándo va a estar listo?
MECÁNICO	—El lunes, si no necesitamos algunas piezas de repuesto.
DANIEL	—Bueno, voy a sacar unos mapas del portaguantes y unas cosas del maletero y se lo dejo. ¡Ah! Me hace falta un gato...
MECÁNICO	—Nosotros no vendemos gatos, señor.
ANITA	—*(A Daniel.)* ¿No pasamos por un parque muy bonito cuando veníamos para acá? ¡Podemos almorzar allí!
DANIEL	—Buena idea, porque me duele el estómago. ¡Me estoy muriendo de hambre!

Empiezan a caminar hacia el parque cuando ven que un carro choca con una motocicleta. Corren a ver qué pasó. Hay un muchacho en el pavimento. Le sangra mucho la cabeza.

DANIEL	—*(Grita.)* ¡Hubo un accidente! ¡Llamen una ambulancia!
ANITA	—Aquí viene un policía de tránsito. *(Al policía.)* El hombre que manejaba el carro tuvo la culpa. Se pasó la luz roja. Yo anote el número de la chapa.
POLICÍA	—¿Cuál es su número de teléfono? Voy a necesitarlos como testigos.

Now repeat each phrase after the speakers. (Dialogue)

Vocabulario

Repeat each word or phrase after the speaker in the pause provided. After your response, you will hear the same word or phrase again. Repeat after the model once more.

Cognados: el accidente (/) la ambulancia (/) la batería (/) el carburador (/)

el estómago (/) el fútbol (/)
la gasolina (/) el mecánico (/)
la mecánica (/) el parque (/)
el picnic (/) el radiador (/)
el tanque (/) la terraza (/)

Nombres: el aceite (/) la cabeza (/) el capó (/)
el club automovilístico (/)
la chapa (/) la placa (/) el deporte (/)
la estación de servicio (/)
la gasolinera (/) el freno (/) el gato (/)
la goma (/) la llanta (/)
el neumático (/) la goma pinchada (/)
la goma ponchada (/) la grúa (/)
el remolcador (/)
el limpiaparabrisas (/) la luz (/)
el maletero (/) la marca (/)
el parabrisas (/) el partido (/)
el pavimento (/)
la pieza de repuesto (/)
el portaguantes (/) el socio (/)
la socia (/) el miembro (/)
la miembra (/)
el taller de mecánica (/) el testigo (/)
la testiga (/) el volante (/)

Verbos: arrancar (/) arreglar (/) chocar (/)
doler (/) funcionar (/) gustar (/)
levantar (/) limpiar (/) llenar (/)
prepararse (/) remolcar (/) sangrar (/)

Adjetivos: anterior (/) descompuesto (/) listo (/)
sucio (/) vacío (/)

Otras palabras y expresiones: a la vuelta de la esquina (/)
acabar de (/) hacer falta (/) hacía (/)
Hubo un accidente. (/) No sirve. (/)
para acá (/) ¡Qué lío! (/)
tener la culpa (/)

Fin de la Lección 13

Lección 14

Diálogo

You will hear a dialogue. First it will be read without pauses. Then the speakers will read it again with pauses for you to repeat. Listen carefully.

Viajando por tren

Hoy hace un mes que Mario y David llegaron a Madrid. Ahora han decidido viajar por el sur de España, pues desean conocer Andalucía. En este momento están en la estación de trenes.

En el despacho de boletos:

MARIO	—¿Cuándo hay trenes para Sevilla?
EMPLEADO	—Hay dos trenes diarios: uno por la mañana y uno por la noche. El tren de la noche es expreso.
MARIO	—*(A David.)* ¿Sacamos pasaje para el rápido?
DAVID	—Sí, pero entonces necesitamos literas. *(Al empleado.)* ¿Lleva el tren coche cama?

EMPLEADO	—Sí, señor. Lleva coche cama y coche comedor.
MARIO	—Queremos dos literas, una alta y una baja.
EMPLEADO	—¿Quieren el pasaje de ida o de ida y vuelta? El pasaje de ida y vuelta tiene una tarifa especial. Les damos un veinte por ciento de descuento.
DAVID	—¿Por cuánto tiempo vale el boleto de ida y vuelta?
EMPLEADO	—Por seis meses, señor.
DAVID	—Bueno, déme dos pasajes de ida y vuelta para el sábado, y un itinerario.
EMPLEADO	—Sí, un momentito. Aquí tiene los boletos y el vuelto.
MARIO	—¡Ah! No tenemos que trasbordar, ¿verdad?
EMPLEADO	—No, señor.

El día del viaje:

DAVID	—¿De qué andén sale el tren?
MARIO	—Del número cuatro, pero el empleado me ha dicho que tiene una hora de atraso.
DAVID	—Bueno, entonces tengo tiempo para comprar una tarjeta postal para Yolanda.
MARIO	—Pero, ¿no le habías escrito ya?
DAVID	—Sí, pero quiero mandarle una tarjeta del Museo del Prado.

Después de un largo viaje, Mario y David han llegado a Sevilla.

DAVID	—¡Uf! Nunca había pasado una noche tan mala. No dormí nada.
MARIO	—Pues yo he dormido bien. Oye, tu maleta tiene la cerradura rota.
DAVID	—Ya lo sé. Voy a comprar una nueva aquí. Ésta está muy vieja.

Alquilando un coche:

DAVID	—Queremos alquilar un coche compacto de dos puertas.
MARIO	—¿Cobran Uds. por los kilómetros?
EMPLEADO	—Depende. Si lo alquila por día, sí; si lo alquila por semana, no. ¿Desea un coche automático o un coche de cambios mecánicos?
DAVID	—Preferimos un coche automático. ¿Aceptan Uds. tarjetas de crédito?
EMPLEADO	—No, señor, tiene que pagar en efectivo. ¿Va a sacar seguro?

MARIO	—Sí, es mejor estar asegurado.
EMPLEADO	—Bueno, llene esta planilla, por favor.
MARIO	—Señor, nosotros somos ciudadanos chilenos. ¿Necesitamos un permiso especial para manejar aquí en España?
EMPLEADO	—No, señor. Su licencia para conducir es suficiente.

Now repeat each phrase after the speakers. (Dialogue)

Vocabulario

Repeat each word or phrase after the speaker in the pause provided. After your response, you will hear the same word or phrase again. Repeat after the model once more.

Cognados:	automático (/) compacto (/) especial (/) expreso (/) el kilómetro (/)
Nombres:	el andén (/) la cerradura (/) el ciudadano (/) la ciudadana (/) el coche cama (/) el coche comedor (/) el cuadro (/) el descuento (/) el despacho de boletos (/) España (/) la estación de trenes (/) el itinerario (/) el horario (/) la litera (/) la litera alta (/) la litera baja (/) la montaña (/) el país (/) el paisaje (/) el permiso (/) el pintor (/) la pintora (/) la planilla (/) el rápido (/) el expreso (/) el río (/) el sur (/) la tarifa (/) el tiempo (/) el tren (/) el vuelto (/) el cambio (/)
Verbos:	depender (/) trasbordar (/)
Adjetivos:	asegurado (/) diario (/) maravilloso (/) roto (/) viejo (/)
Otras palabras y expresiones:	ayer (/) como siempre (/) de cambios mecánicos (/) en efectivo (/) No dormí nada. (/) No hay apuro. (/) No hay prisa. (/) por (/) por ciento (/) ¿Por cuánto tiempo vale? (/) ¿Por cuánto tiempo es válido? (/) pues (/) sacar pasaje (/) sacar seguro (/) tan... (/) tener... de atraso (/) tener... de retraso (/) un momento (/) ¿Verdad? (/) ya (/) Ya lo sé. (/)

Fin de la Lección 14

Lección 15

Diálogo

You will hear a dialogue. First it will be read without pauses. Then the speakers will read it again with pauses for you to repeat. Listen carefully.

¿Qué hacemos este fin de semana?

Diego y Oscar nunca se aburren. Si no van al cine o al teatro, van a esquiar, a patinar, a montar en bicicleta o van a la playa. A veces van a las carreras de automóviles y otras veces van de caza o de pesca, pero siempre se divierten mucho. Este fin de semana van a acampar en la montaña.

DIEGO	—¿Dónde está la tienda de campaña?
OSCAR	—Está en el garaje. Oye, ¿Raúl y Fernando vendrán con nosotros?
DIEGO	—No estoy seguro, porque Raúl dijo que tenía que entregar un coche hoy. Los llamaré por teléfono más tarde.
OSCAR	—*(Doblando las bolsas de dormir.)* ¡Esto es absurdo, ridículo! ¿Tendré que dormir en el suelo cuando tengo una cama tan cómoda!
DIEGO	—Siempre te quejas. ¿Preferirías quedarte en casa este fin de semana?
OSCAR	—No, hombre, lo decía en broma... Lo que no sé es si Raúl querrá ir, porque él siempre dice que la carretera que va a la montaña es muy peligrosa.
DIEGO	—Él siempre está preocupado por algo... ¡Ah! Aquí están las mochilas. ¿Puedes ponerlas en el maletero, por favor?
OSCAR	—Sí.
DIEGO	—Oye, si queremos pescar en el lago, tendremas que llevar las cañas de pescar.
OSCAR	—Sí, pero esta vez tú te encargarás de limpiar los pescados...
DIEGO	—Con una condición: tenemos que ir a montar a caballo.
OSCAR	—Bueno, pero esta vez tienes que escalar la montaña conmigo.

Más tarde, en el coche:

OSCAR	—Oye, si llegamos a casa temprano el domingo, ¿quieres ir al cine? En el Victoria pasan dos películas francesas muy buenas.

DIEGO	—¿Por qué no invitamos a Elisa y a Dora? A ellas les encantaría ir.
OSCAR	—Y después iremos a un restaurante a cenar. ¿"El Madrid" está abierto los domingos?
DIEGO	—Creo que sí. ¡Ah! ¿A qué hora empieza el partido de básquetbol el próximo domingo?
OSCAR	—Carmen dijo que empezaría a las ocho de la noche.
DIEGO	—Hablando de Carmen, ¿fue por fin a ver a sus padres?
OSCAR	—Sí, porque hacía mucho tiempo que no los veía.

Now repeat each phrase after the speakers. (Dialogue)

Vocabulario

Repeat each word or phrase after the speaker in the pause provided. After your response, you will hear the same word or phrase again. Repeat after the model once more.

Cognados:	absurdo (/) el básquetbol (/) la condición (/) el garaje (/) ridículo (/)
Nombres:	la bolsa de dormir (/) la broma (/) la caña de pescar (/) la carrera de automóviles (/) la carretera (/) el fin de semana (/) el lago (/) la mochila (/) el pescado (/) el suelo (/) la tienda de campaña (/)
Verbos:	aburrirse (/) acampar (/) divertirse (/) doblar (/) encargarse (/) entregar (/) escalar (/) esquiar (/) patinar (/) pescar (/) quejarse (/)
Adjetivos:	francés (/) peligroso (/) preocupado (/)
Otras palabras y expresiones:	con una condición (/) decir en broma (/) decir algo en broma (/) encantarle a uno (/) ir de caza (/) ir de pesca (/) por fin (/) quedarse en casa (/) si (/)

Fin de la Lección 15

292

Lección 16

Diálogo

You will hear a dialogue. First it will be read without pauses. Then the speakers will read it again with pauses for you to repeat. Listen carefully.

Buscando piso

Beatriz y Pilar van a asistir a la universidad de Salamanca, pero no quieren vivir en la residencia universitaria. Ahora están buscando un piso y van a la calle Alcalá, donde hay muchos edificios de apartamentos. Las chicas quieren alquilar uno amueblado, pero no pueden porque son demasiado caros.

BEATRIZ —Si alquilamos este piso tendremos que pintarlo y comprar cortinas nuevas.

PILAR —Eso no sería ningún problema. Si queremos pintarlo, el dueño del edificio nos dará toda la pintura necesaria.

BEATRIZ —El hombre que nos dio la llave, ¿es el dueño?

PILAR —No, ése es el encargado. El dueño es el señor con quien hablamos ayer por teléfono.

Beatriz entra en la cocina.

BEATRIZ —La cocina es chica, pero como no nos gusta cocinar, no importa.

PILAR —El piso es lindísimo, pero nos hacen falta muebles...

BEATRIZ —Yo quiero que mis padres me den mi cama, una mesita de noche y mi cómoda...

PILAR —¿Te van a dar tu juego de cuarto?

BEATRIZ —Sí, a pesar de que querían ponerlo en el cuarto de huéspedes...

PILAR —Yo creo que tus padres quieren que te quedes a vivir con ellos.

BEATRIZ —¡Claro que sí! Yo soy su única hija.

PILAR —¡Ellos son buenísimos contigo! ¿No abrieron una cuenta de ahorros y una cuenta corriente a tu nombre?

BEATRIZ —Sí... aquí tengo mi talonario de cheques. Hoy mismo podemos ir a comprar los muebles.

PILAR —Mis padres me van a regalar una mesa y cuatro sillas para el comedor.

BEATRIZ —Yo voy a pedirles a los míos que me regalen una cocina, porque ésta está muy vieja.

PILAR —Para la sala necesitamos un sofá, dos butacas, una mesa de centro y dos lámparas.

BEATRIZ —¡Y un tocadiscos! ¡Así podremos dar fiestas e invitar a todos nuestros amigos!

PILAR —Va a ser muy divertido, pero te aconsejo que no hagas muchos planes porque tenemos que comprar libros y pagar la matrícula, y no queremos deudas...

BEATRIZ —¡Eres una aguafiestas! Podemos solicitar un préstamo en el banco.

PILAR —¿Estás loca? El banco no les va a prestar a dos estudiantes sin trabajo. Además, es mejor no tener deudas.

BEATRIZ —Bueno, debo admitir que, como siempre, tienes razón...

Now repeat each phrase after the speakers. (Dialogue)

Vocabulario

Repeat each word or phrase after the speaker in the pause provided. After your response, you will hear the same word or phrase again. Repeat after the model once more.

Cognados: el banco (/) la lámpara (/) necesario (/) el sofá (/)

Nombres: el aguafiestas (/) la aguafiestas (/) la butaca (/) la cocina (/) la cómoda (/) la cortina (/) el cuarto para huéspedes (/) la cuenta (/) la cuenta corriente (/) la cuenta de ahorros (/) la deuda (/) el edificio (/) el edificio de apartamentos (/) el encargado (/) la encargada (/) el juego de cuarto (/) el juego de dormitorio (/) la matrícula (/) la mesa (/) la mesa de centro (/) la mesa de noche (/) la mesita de noche (/) los muebles (/) el piso (/) el apartamento (/) la pintura (/) el préstamo (/) la silla (/) el talonario de cheques (/) el tocadiscos (/) el trabajo (/) el único hijo (/) la única hija (/)

Verbos: aconsejar (/) admitir (/) buscar (/) cocinar (/) entrar (/) pintar (/) prestar (/) regalar (/) solicitar (/)

293

Adjetivos: amueblado (/) bueno (/)
desocupado (/) divertido (/) lindo (/)
loco (/)

Otras palabras
y expresiones: a pesar de que (/) ¡Claro que sí! (/)
como siempre (/) No importa. (/)

Fin de la Lección 16

Lección 17

Diálogo

You will hear a dialogue. First it will be read without pauses. Then the speakers will read it again with pauses for you to repeat. Listen carefully.

En el hospital

El señor Paz se cayó de un escalera de mano y ahora está en la sala de emergencia, hablando con la enfermera.

ENFERMERA —Quítese la ropa y póngase esta bata, señor. ¿Es usted alérgico a alguna medicina?

SEÑOR PAZ —No, no soy alérgico a ninguna medicina.

Con la doctora:

DOCTORA —¿Qué pasó, señor Paz? ¿Cómo se lastimó?

SR. PAZ —Me caí de una escalera. Me golpeé la cabeza y me corté la frente.

DOCTORA —Bueno, voy a lavar y desinfectar la herida. ¿Cuánto tiempo hace que le pusieron una inyección antitetánica?

SR. PAZ —Hace cinco meses. Me duele el tobillo. Creo que me lo rompí o me lo torcí.

DOCTORA —Vamos a hacerle una radiografía. Temo que haya fractura.

DOCTORA —*(Al rato, después de ver la radiografía.)* Desgraciadamente, Ud. se fracturó el tobillo. Voy a enyesárselo. Es necesario que use muletas por dos semanas.

SR. PAZ —Muy bien, doctora. Ojalá que no me duela mucho. No me gusta tomar calmantes.

Con la recepcionista:

SR. PAZ —Señorita, ¿podría darme un turno para la semana próxima?

RECEPCIONISTA —Sí, señor. El lunes próximo a las tres de la tarde. ¿Tiene Ud. seguro médico?

SR. PAZ —Sí, y espero que el seguro cubra todos los gastos.

Marta Soto vino a ver al médico porque no se sentía bien. Ahora habla con la enfermera.

ENFERMERA —Voy a tomarle la temperatura y la presión. ¿Cuánto hace que está enferma?

SRA. SOTO —Desde anteayer. Me pasó dos días vomitando y tengo diarrea y náusea.

ENFERMERA —Tiene la presión alta y un poco de fiebre. ¿Qué otros síntomas tiene?

SRA. SOTO —Estoy débil y me duele la espalda.

ENFERMERA —¿Hay alguna persona diabética en su familia?

SRA. SOTO —Yo soy diabética, y como estoy embarazada, eso me preocupa mucho.

Con el médico:

MEDICO —Abra la boca y saque la lengua. Ahora respire hondo. Otra vez.

SRA. SOTO —Me duele el pecho cuando respiro y también me duelen los oídos.

MEDICO —Tiene una infección en los oídos. Voy a recetarle unas pastillas. Para la diarrea, tome una cucharada de este líquido cada cuatro horas.

SRA. SOTO —¿Y para el dolor de oído, doctor?

MEDICO —Le voy a recetar un calmante. Vuelva mañana porque necesita unos análisis. Aquí tiene la orden.

Now repeat each phrase after the speakers. (Dialogue)

Vocabulario

Repeat each word or phrase after the speaker in the pause provided. After your response, you will hear the same word or phrase again. Repeat after the model once more.

Cognados: alérgico (/) diabético (/) la diarrea (/) la familia (/) la fractura (/) el hospital (/) la infección (/)

Nombres:

la inyección (/)
la inyección antitetánica (/)
el líquido (/) la náusea (/) la orden (/)
el recepcionista (/) la recepcionista (/)
el síntoma (/) la temperatura (/)
el análisis (/) la bata (/)
el calmante (/) el consultorio (/)
la cucharada (/) el enfermero (/)
la enfermera (/) la escalera (/)
la escalera de mano (/) la fiebre (/)
el gasto (/) la herida (/) el médico (/)
la médica (/) las muletas (/)
el oído (/) el pecho (/) la presión (/)
la radiografía (/)
la sala de emergencia (/)
el seguro médico (/) el tobillo (/)
el turno (/) la cita (/)

Verbos:

caerse (/) cubrir (/) desinfectar (/)
enyesar (/) fracturar (/) fracturarse (/)
golpear (/) golpearse (/) lastimar (/)
lastimarse (/) quitarse (/) recetar (/)
respirar (/) romper (/) romperse (/)
temer (/) torcer (/) vomitar (/)

Adjetivos:

alto (/) débil (/) embarazada (/)
enfermo (/)

Otras palabras
y expresiones:

anteayer (/) desgraciadamente (/)
hacer una radiografía (/)
poner una inyección (/)
respirar hondo (/) sacar la lengua (/)

Fin de la Lección 17

Lección 18

Diálogo

You will hear a dialogue. First it will be read without pauses. Then the speakers will read it again with pauses for you to repeat. Listen carefully.

¡A trabajar!

Doña María, la sirvienta de los López, está enferma y su hija Rosa ha venido a ayudar a Anita.

ROSA —¿Qué van a desayunar, señora? ¿Jamón con huevos?

ANITA —Sí. Por favor, haz jamón con huevos para Daniel, y a mí tráeme una taza de chocolate y dos tostadas con mantequilla y jalea o mermelada.

ROSA —¿Cómo preparo los huevos? ¿Fritos, revueltos o pasados por agua?

ANITA —Revueltos. Y trae una jarra de jugo de naranja. Gracias.

Después del desayuno:

ANITA —*(A Daniel.)* Oye, cariño, necesito que me ayudes. Limpia el garaje, ¿quieres?

DANIEL —Voy a barrer la terraza primero. Dame la escoba y el recogedor.

ANITA —No te olvides de arreglar el televisor.

DANIEL —Dudo que yo pueda arreglarlo, Anita. Para eso necesitamos a alguien que sepa lo que está haciendo. ¡Llama a un técnico!

ANITA —Entonces saca la basura. La lata de la basura está en la cocina, debajo del fregadero.

DANIEL —Bueno.

ANITA —*(Llama a la criada.)* ¡Rosita! Sacude los muebles y limpia los ceniceros... y después friega las ollas y la sartén, por favor.

ROSA —Bueno. ¿No tengo que ir a la panadería y a la carnicería?

ANITA —No, ve al supermercado después. La lista de lo que necesitamos está en la mesita de noche, debajo de la lámpara.

ROSA —Señora, el tocadiscos está encendido. ¿Lo apago?

ANITA —No, no lo apagues. Súbele el volumen. ¡Ah! Enchufa la plancha. Voy a planchar.

ROSA —¿Pongo el pavo en el horno, señora?

ANITA —No, y lo hago después. Oye, ¿conoces a alguien que pueda arreglar el televisor?

ROSA —Sí, mi vecino puede arreglárselo. También puede arreglar la tostadora que está decompuesta.

DANIEL —*(Desde el garaje.)* ¡Anita! ¿Qué hace el extinguidor de incendios en el garaje? ¡Debería estar en la cocina!

ANITA —Bueno, tráelo. Pero no entres ahora porque el piso de la cocina está mojado. Ah, no... ya está seco. Ven.

Más tarde:

ROSA —Señora, ya pelé las papas y las herví. ¿Qué hago ahora?

ANITA —Pon la mesa, por favor.

Now repeat each phrase after the speakers. (Dialogue)

Vocabulario

Repeat each word or phrase after the speaker in the
pause provided. After your response, you will hear
the same word or phrase again. Repeat after the model
once more.

Cognados:	el limón (/) la mayonesa (/)
	la mermelada (/) el volumen (/)
Nombres:	la aceituna (/) el ajo (/) el apio (/)
	la basura (/) la carne picada (/)
	el picadillo (/) la carnicería (/)
	el cenicero (/) la escoba (/)
	la espinaca (/)
	el extinguidor de incendios (/)
	el fregadero (/) el horno (/) la jalea (/)
	la jarra (/) la lata de la basura (/)
	el maní (/) el cacahuate (/) la olla (/)
	la panadería (/) la plancha (/)
	el recogedor (/) la remolacha (/)

la salsa de tomate (/) la sartén (/)
el sirviente (/) la sirvienta (/)
el técnico (/) la técnica (/)
la tostada (/) la tostadora (/)
el vecino (/) la vecina (/)
la verdura (/)

Verbos:	apagar (/) barrer (/) desayunar (/)
	dudar (/) enchufar (/) fregar (/)
	hervir (/) olvidar (/) olvidarse (/)
	pelar (/)
Adjetivos:	congelado (/) encendido (/) mojado (/)
	revuelto (/) seco (/)
Otras palabras	
y expresiones:	cariño (/) amor (/) debajo de (/)
	pasado por agua (/) sacar la basura (/)
	sacudir los muebles (/)
	subir el volumen (/)

Fin de la Lección 18

Lección 19

Diálogo

You will hear a dialogue. First it will be read without
pauses. Then the speakers will read it again with
pauses for you to repeat. Listen carefully.

En el Universidad de Miami

*Magali y Ángel son dos estudiantes universitarios que
viven y estudian en Miami. Magali nació en Cuba y
se crió en la Florida y Ángel es de Nicaragua. Los dos
están tomando juntos una clase de cibernética en la
Universidad de Miami. Ahora están charlando en la
cafetería.*

MAGALI	—Espero que nos haya ido bien en el examen. Yo estudié mucho, pero...
ÁNGEL	—Yo lo encontré bastante difícil... Y mañana tengo un examen parcial en mi clase de estadística.
MAGALI	—Yo pienso tomar esa clase en cuanto termine con todos los requisitos generales.
ÁNGEL	—¿Cuál es tu especialización?
MAGALI	—Ciencias económicas, a menos que cambie de idea...
ÁNGEL	—Tú tienes una beca, ¿no? ¿Qué promedio tienes que mantener?
MAGALI	—Un promedio de B más, por lo menos.
ÁNGEL	—Yo quiero solicitar una beca, pero, para que me la den, voy a tener que mejorar mis notas.

MAGALI	—¿Qué otras clases estás tomando este trimestre?
ÁNGEL	—Contabilidad, química y física. Catorce unidades en total.
MAGALI	—No son asignaturas fáciles. Debe ser difícil sacar buenas notas... ¿Estudias mucho?
ÁNGEL	—¡Sí! Todos los días, en cuanto llego a casa, empiezo a estudiar.
MAGALI	—¡Pobrecito! ¿Y tu vida social? ¡Debe ser un desastre!
ÁNGEL	—¡Y va a ser así hasta que me gradúe!
MAGALI	—Es una lástima que no hayas podido conseguir una beca este año...
ÁNGEL	—Sí, porque mis padres tienen que sacrificarse mucho para que yo pueda estudiar.
MAGALI	—¿Por qué no hablas con tu consejero? A lo mejor pueden darte un préstamo que no tendrás que pagar hasta que termines tu carrera.
ÁNGEL	—Yo ya solicité uno, pero dudo que la solicitud haya llegado a tiempo para que me lo den el próximo trimestre, así que yo voy a tener que pagar la matrícula.
MAGALI	—¡Ojalá que sí! Y me voy, que ya empieza mi clase de arte y no quiero llegar tarde.

Now repeat each phrase after the speakers. (Dialogue)

Vocabulario

Repeat each word or phrase after the speaker in the pause provided. After your response, you will hear the same word or phrase again. Repeat after the model once more.

Cognados: el arte (/) el desastre (/)
la estadística (/) el examen (/)
general (/) social (/)

Nombres: la asignatura (/) la materia (/)
la beca (/) la carrera (/)
la cibernética (/) la informática (/)
el consejero (/) la consejera (/)
la especialización (/)
el examen parcial (/)
el examen de mitad de curso (/)
la física (/) la nota (/) el promedio (/)
la química (/) el requisito (/)
la solicitud (/) el trimestre (/)
la unidad (/) el crédito (/) la vida (/)

Verbos: conseguir (/) criarse (/) charlar (/)
platicar (/) encontrar (/) graduarse (/)
mantener (/) mejorar (/) nacer (/)
sacrificar (/) sacrificarse (/)

Adjetivos: difícil (/) fácil (/) juntos (/)
universitario (/)

Otras palabras
y expresiones: a lo mejor (/) quizás (/)
a menos que (/) a tiempo (/) así (/)
así que (/) cambiar de idea (/)
en cuanto (/) tan pronto como (/)
en total (/) Es una lástima. (/)
irle bien a uno (/) llegar tarde (/)
llegar temprano (/) Me voy. (/)
¡Ojalá que sí! (/) para que (/)
¡pobrecito! (/) por lo menos (/)
sacar una nota (/) todos los días (/)

Fin de la Lección 19

Lección 20

Diálogo

You will hear a dialogue. First it will be read without pauses. Then the speakers will read it again with pauses for you to repeat. Listen carefully.

Un caso perdido

Esta mañana, cuando Pablo se subió en la balanza para pesarse, vio que había aumentado tres kilos. Por eso se decidió a ir a ver a su amiga Sonia, que es dietista.

PABLO —Necesito perder quince kilos y necesito perderlos pronto. Además, quiero convertirme en un hombre atlético para el mes que viene.

SONIA —¡Eres muy optimista, hombre! ¿Qué quieres? ¿Un milagro? ¿Y por qué para el mes que viene?

PABLO —Porque Ariel y yo vamos a ir a Viña del Mar y allí espero conocer a la mujer de mis sueños. Tienes que ayudarme.

SONIA —Si quieres perder peso tienes que hacer ejercicio y ponerte a dieta.

PABLO —¿Dieta? Creo que ya las he probado todas. Si pudiera dejar de comer totalmente lo haría.

SONIA —¡No exageres! Necesitas tener una dieta balanceada que contenga proteínas, carbohidratos, vitaminas y grasas.

PABLO —¿Grasa? ¡No, mujer! Yo ya tengo bastante grasa en el cuerpo. ¡No necesito más!

SONIA —No puedes eliminarla totalmente de tu dieta, pero debes consumir menos calorías y, como te dije, hacer mucho ejercicio.

PABLO —Mi hermana me sugirió que tomara una clase de danza aeróbica.

SONIA —¡Buena idea! Y además puedes caminar o correr diariamente, levantar pesas y practicar algún deporte como la natación o el tenis...

PABLO —¡Caramba! Si yo hiciera todo eso no tendría tiempo para trabajar. ¡Viviría en el gimnasio!

SONIA —Escoge lo que más te guste. Lo importante es que quemes muchas calorías.

PABLO —Mucha gente pierde peso y después engorda otra vez. No me gustaría que eso me pasara a mí.

SONIA —No te preocupes de eso todavía. A ver... Vamos a planear tu dieta y tu programa de ejercicios ahora mismo.

PABLO —¡Buena idea! Pero yo tengo hambre. ¿Por qué no comemos un pedazo de torta mientras hablamos?

SONIA —*(Enojada.)* ¿Torta? ¿Qué pasó con todos tus buenos propósitos?

PABLO —No es fácil cambiar los malos hábitos. ¡Ten paciencia! Ah, ¿tienes helado de chocolate o de vainilla?

SONIA —¡Eres un caso perdido!

Now repeat each phrase after the speakers. (Dialogue)

Vocabulario

Repeat each word or phrase after the speaker in the pause provided. After your response, you will hear the same word or phrase again. Repeat after the model once more.

Cognados:	atlético (/) balanceado (/) el carbohidrato (/) la dieta (/) el dietista (/) la dietista (/) el gimnasio (/) el hábito (/) el kilo (/) el kilogramo (/) optimista (/) el programa (/) la proteína (/) el tenis (/) la vitamina (/)
Nombres:	la balanza (/) el cuerpo (/) la danza aeróbica (/) la grasa (/) el milagro (/) la mujer (/) la natación (/) el pedazo (/) el trozo (/) el propósito (/) el sueño (/)
Verbos:	aumentar (/) conocer (/) consumir (/) contener (/) convertirse (/) eliminar (/) engordar (/) aumentar de peso (/) escoger (/) elegir (/) pesar (/) pesarse (/) planear (/) probar (/) quemar (/) subirse (/) sugerir (/)
Adjetivos:	enojado (/) enfadado (/)
Otras palabras y expresiones:	a ver... (/) como (/) dejar de (/) diariamente (/) el mes que viene (/) hacer ejercicio (/) levantar pesas (/) lo importante (/) mientras (/) perder peso (/) adelgazar (/) ponerse a dieta (/) por eso (/) practicar un deporte (/) pronto (/) totalmente (/) un caso perdido (/)

Fin de la Lección 20

Repaso: Lecciones 1–5

Práctica oral

The speaker will ask you some questions. Answer each question, using the cues provided. The speaker will verify your answer.

1. ¿Qué clases toma Ud. este semestre? (/) español y matemáticas (/)
   Tomo español y matemáticas.
2. ¿Dónde trabaja Ud.? (/) en la universidad (/)
   Trabajo en la universidad.
3. ¿Dónde come Ud.? (/) en la cafetería (/)
   Como en la cafetería.
4. ¿Qué come Ud.? (/) sándwiches de queso y fruta (/)
   Como sándwiches de queso y fruta.
5. ¿Qué desea tomar? (/) una taza de café (/)
   Deseo tomar una taza de café.
6. ¿Dónde queda el hotel Hilton? (/) en la calle Quinta (/)
   Queda en la calle Quinta.
7. ¿Qué ómnibus debo tomar? (/) el número cinco (/)
   Debe tomar el número cinco.
8. ¿Espera Ud. el ómnibus o un taxi? (/) el ómnibus (/)
   Espero el ómnibus.
9. ¿Hay un puesto de revistas aquí? (/) sí, hay dos (/)
   Sí, hay dos puestos de revistas aquí.
10. ¿Hay muchos lugares de interés en su ciudad? (/) sí (/)
    Sí, hay muchos lugares de interés en mi ciudad.
11. ¿El centro queda cerca o lejos de la universidad? (/) lejos (/)
    Queda lejos de la universidad.
12. ¿De dónde es Ud.? (/) de California (/)
    Soy de California.
13. ¿De qué parte de California es Ud.? (/) de San Diego (/)
    Soy de San Diego.
14. ¿Estudia Ud. con sus compañeros de clase? (/) sí (/)
    Sí, estudio con mis compañeros de clase.
15. ¿El profesor de Uds. es español? (/) no (/)
    No, nuestro profesor no es español.
16. ¿Dónde están sus padres? (/) en Arizona (/)
    Mis padres están en Arizona.
17. ¿Desea Ud. tomar algo? (/) sí, un refresco (/)
    Sí, deseo tomar un refresco.
18. ¿Da Ud. muchas fiestas en su casa? (/) no (/)
    No, no doy muchas fiestas en mi casa.

19. Cuando Ud. da fiestas, ¿a quiénes invita? (/) a mis amigos (/)
    Invito a mis amigos cuando doy una fiesta.
20. ¿Cuándo es su cumpleaños? (/) en septiembre (/)
    Mi cumpleaños es en septiembre.
21. Cuando Ud. tiene vacaciones, ¿adónde va? (/) a Miami (/)
    Voy a Miami cuando tengo vacaciones.
22. ¿Prefiere Ud. ir a un hotel o a una pensión? (/) a un hotel (/)
    Prefiero ir a un hotel.
23. ¿Prefire Ud. una cama chica o una matrimonial? (/) una cama chica (/)
    Prefiero una cama chica.
24. ¿Tiene Ud. un televisor en su cuarto? (/) no (/)
    No, no tengo un televisor en mi cuarto.
25. ¿Su casa tiene aire acondicionado? (/) sí (/)
    Sí, mi casa tiene aire acondicionado.
26. ¿Cuántos teléfonos tiene Ud. en su casa? (/) dos (/)
    Tengo dos teléfonos en mi casa.
27. ¿Prefiere Ud. un cuarto interior o con vista a la calle? (/) con vista a la calle (/)
    Prefiero un cuarto con vista a la calle.
28. ¿Paga Ud. con tarjeta de crédito o con cheques de viajero? (/) con tarjeta de crédito (/)
    Pago con tarjeta de crédito.
29. ¿Hay restaurantes buenos en su ciudad? (/) sí, muchos (/)
    Sí, hay muchos restaurantes buenos en mi ciudad.
30. ¿Cuál es el mejor restaurante mexicano? (/) el restaurante México (/)
    El restaurante México es el mejor.
31. ¿Dónde queda el restaurante México? (/) a diez cuadras de la universidad (/)
    Queda a diez cuadras de la universidad.
32. ¿Está Ud. de vacaciones? (/) no (/)
    No, no estoy de vacaciones.
33. ¿A qué hora es el desayuno en su casa? (/) a las siete (/)
    El desayuno es a las siete.
34. ¿A qué hora es el almuerzo? (/) a las doce (/)

El almuerzo es a las doce.
35. ¿A qué hora es la cena? (/) a las seis (/)
    La cena es a las seis.
36. ¿A qué hora empieza su clase de español? (/) a las siete (/)
    Empieza a las siete.
37. ¿Cuánto tiempo piensa estudiar Ud. hoy? (/) dos horas (/)
    Pienso estudiar dos horas hoy.
38. ¿A qué hora cierran las tiendas? (/) a las nueve (/)
    Cierran a las nueve.
39. ¿Cuándo va a hacer Ud. compras? (/) el sábado (/)
    Voy a hacer compras el sábado.
40. ¿Tiene Ud. planes para mañana? (/) sí (/)
    Sí, tengo planes.

Para leer... y entender...

Listen to the following story, paying special attention to pronunciation and intonation. Make sure you understand and remember all the details of the story. After listening to the story, answer the questions that follow in your workbook.

Anita y Teresa son dos chicas españoles que viven en California. Estudian en la universidad y este semestre toman muchas clases. Las dos trabajan en el laboratorio de lenguas de la universidad.

Anita vive con una familia norteamericana y Teresa vive en un apartamento con dos chicas chilenas. Anita vive lejos de la universidad, pero Teresa vive muy cerca.

Anita tiene un cuarto muy bonito, con baño privado, teléfono y televisor. El apartamento de Teresa no es muy moderno y no tiene aire acondicionado ni calefacción.

Anita y Teresa van a dar una fiesta de cumpleaños para Roberto en el apartamento de Teresa. Van a cenar, van a bailar y van a conversar. Roberto baila muy bien, sobre todo los bailes modernos. Van a invitar a sus amigos y a sus compañeros de clase. Las chicas tienen muchos planes.

Repaso: Lecciones 6–10

Práctica oral

The speaker will ask you some questions. Answer each question, using the cues provided. The speaker will verify your answer.

1. ¿Viaja Ud. mucho? (/) no (/)
   No, no viajo mucho.
2. Cuando Ud. viaja, ¿lleva mucho equipaje? (/) no (/)
   No, no llevo mucho equipaje cuando viajo.
3. ¿Cuántas maletas lleva Ud.? (/) dos (/)
   Llevo dos maletas.
4. ¿Prefiere Ud. viajar en tren o en avión? (/) en avión (/)
   Prefiero viajar en avión.

5. ¿Viaja en primera clase o en clase turista? (/)
turista (/)
Viajo en clase turista.

6. En el avión, ¿prefiere Ud. un asiento de pasillo o de ventanilla? (/) de ventanilla (/)
Prefiero un asiento de ventanilla.

7. ¿Tiene Ud. miedo si hay turbulencia? (/) sí (/)
Sí, tengo miedo.

8. ¿Se marea Ud. cuando viaja? (/) no (/)
No, no me mareo cuando viajo.

9. ¿Cuándo piensa Ud. viajar? (/) en el verano (/)
Pienso viajar en el verano.

10. ¿Adónde piensa Ud. viajar? (/) a México (/)
Pienso viajar a México.

11. ¿Conoce Ud. a alguien allí? (/) sí, a una chica (/)
Sí, conozco a una chica.

12. ¿Va Ud. a llevar su cámara fotográfica? (/) sí (/)
Sí, voy a llevar mi cámara fotográfica.

13. ¿Tiene Ud. su pasaporte en regla? (/) sí (/)
Sí, tengo mi pasaporte en regla.

14. ¿Tiene Ud. sed? (/) no, hambre (/)
No, tengo hambre.

15. ¿Qué desea comer? (/) arroz con pollo (/)
Deseo comer arroz con pollo.

16. ¿Prefiere Ud. comer carne o pescado? (/) carne (/)
Prefiero comer carne.

17. ¿Come Ud. mariscos? (/) sí (/)
Sí, como mariscos.

18. ¿Qué mariscos prefiere? (/) langosta y camarones (/)
Prefiero langosta y camarones.

19. ¿Tiene Ud. que cuidar la línea? (/) no (/)
No, no tengo que cuidar la línea.

20. ¿Pide Ud. vino con la comida? (/) sí, tinto (/)
Sí, pido vino tinto.

21. Cuando come carne, ¿la prefiere bien cocida? (/) no, casi cruda (/)
No, la prefiero casi cruda.

22. ¿Come Ud. postre? (/) sí (/)
Sí, como postre.

23. ¿Qué postre prefiere Ud.? (/) flan con crema (/)
Prefiero flan con crema.

24. ¿Desea helado de vainilla o de chocolate? (/) de chocolate (/)
Deseo helado de chocolate.

25. Cuando va a un restaurante, ¿usa su tarjeta de crédito o paga con dinero? (/) con dinero (/)
Pago con dinero cuando voy a un restaurante.

26. ¿Qué tarjeta de crédito tiene Ud.? (/) Visa (/)
Tengo Visa.

27. ¿Tiene Ud. planes para el sábado? (/) no, el domingo (/)
No, tengo planes para el domingo.

28. ¿A dónde va a ir? (/) al teatro (/)
Voy a ir al teatro.

29. El fin de semana, ¿se despierta Ud. temprano? (/) no, tarde (/)

No, me despierto tarde el fin de semana.

30. ¿A qué hora se levanta Ud. el sábado? (/) a las nueve (/)
Me levanto a las nueve el sábado.

31. ¿Se baña por la mañana o por la noche? (/) por la mañana (/)
Me baño por la mañana.

32. ¿Compra Ud. en las liquidaciones? (/) sí (/)
Sí, compro en las liquidaciones.

33. ¿Por qué compra en las liquidaciones? (/) es más barato (/)
Porque es más barato.

34. ¿En el verano usa Ud. sandalias? (/) sí (/)
Sí, uso sandalias.

35. ¿Qué número calza Ud.? (/) el siete y medio (/)
Calzo el siete y medio.

36. ¿Necesita Ud. comprar algo? (/) sí, un vestido (/)
Sí, necesito comprar un vestido.

37. ¿Qué talla usa Ud.? (/) treinta y seis (/)
Uso la talla treinta y seis.

38. ¿Qué colores prefiere Ud.? (/) rojo y azul (/)
Prefiero rojo y azul.

39. ¿Manda Ud. sus vestidos a la tintorería o los lava en su casa? (/) en mi casa (/)
Lavo mis vestidos en mi casa.

40. ¿Cuántas veces pasa Ud. la aspiradora en su casa? (/) cada semana (/)
Paso la aspiradora cada semana.

Para leer... y entender...

Listen to the following story, paying special attention to pronunciation and intonation. Make sure you understand and remember all the details of the story. After listening to the story, answer the questions that follow in your workbook.

Carlos y su esposa Teresa planean hacer un viaje a México durante sus vacaciones y deciden ir a una agencia de viajes para reservar los pasajes. El agente les dicen que deben reservarlos con anticipación porque en el verano la gente viaja mucho. Después de hablar con el agente, compran pasajes de ida y vuelta para el 25 de junio. Van a estar en México dos semanas.

El día del viaje Teresa tiene un poco de miedo porque es la primera vez que va a viajar en avión. Cuando la azafata dice que deben abrocharse los cinturones porque el avión va a despegar, le dice a Carlos que está mareada.

Cuando llegan al aeropuerto de México pasan por la aduana y después toman un taxi para ir al hotel. Por la tarde Teresa quiere ir de compras. Por la noche van a un restaurante en el Paseo de la Reforma con unos amigos y después de la cena van al teatro. Cuando termina el concierto, vuelven al hotel a dormir.

Repaso: Lecciones 11–15

Práctica oral

The speaker will ask you some questions. Answer each question, using the cues provided. The speaker will verify your answer.

1. ¿Cuánto tiempo hace que Ud. vive en este ciudad? (/) cinco años (/)
   Hace cinco años que vivo en esta ciudad.
2. ¿Pudo Ud. dormir bien anoche? (/) sí (/)
   Sí, pude dormir bien anoche.
3. ¿Qué hace Ud. cuando tiene dolor de garganta? (/) voy al médico (/)
   Voy al médico cuando tengo dolor de garganta.
4. ¿Qué hace Ud. cuando tiene dolor de cabeza? (/) tomo aspirinas (/)
   Tomo aspirinas cuando tengo dolor de cabeza.
5. ¿Qué toma Ud. cuando tiene tos? (/) jarabe para la tos (/)
   Tomo jarabe para la tos.
6. ¿Qué hace Ud. cuando no se siente bien? (/) tomo medicina (/)
   Tomo medicina cuando no me siento bien.
7. ¿Cuándo va a ir Ud. a la tienda? (/) el sábado por la tarde (/)
   Voy a ir a la tienda el sábado por la tarde.
8. ¿Qué necesita comprar? (/) pan y mantequilla (/)
   Necesito comprar pan y mantequilla.
9. ¿Qué va a comprar su papá? (/) un traje y una corbata (/)
   Mi papá va a comprar un traje y una corbata.
10. ¿Cuántas veces por semana cambia Ud. las sábanas y las fundas? (/) una vez (/)
    Cambio las sábanas y las fundas una vez por semana.
11. ¿Su colchón es cómodo o incómodo? (/) muy cómodo (/)
    Mi colchón es muy cómodo.
12. ¿Qué marca de pasta dentífrica usa Ud.? (/) Crest (/)
    Uso Crest.
13. ¿Prefiere Ud. usar la escalera mecánica o el ascensor? (/) la escalera mecánica (/)
    Prefiero usar la escalera mecánica.
14. ¿Qué regalo le va a comprar Ud. a su mejor amigo? (/) un disco (/)
    Le voy a comprar un disco.
15. ¿Hizo Ud. una lista de las cosas que debe comprar? (/) sí (/)
    Sí, hice una lista de las cosas que debo comprar.
16. ¿Dónde hay un teléfono público? (/) en la esquina (/)
    Hay un teléfono público en la esquina.
17. ¿Cómo es su mejor amigo? (/) alto y guapo (/)
    Mi mejor amigo es alto y guapo.
18. ¿Cuánto mide Ud.? (/) cinco pies, diez pulgadas (/)
    Mido cinco pies, diez pulgadas.
19. ¿Su papá tiene barba o bigote? (/) ni barba ni bigote (/)
    Mi papá no tiene ni barba ni bigote.
20. ¿Qué lleva puesto el profesor? (/) pantalón gris y camisa rosada (/)
    El profesor lleva puesto un pantalón gris y una camisa rosada.
21. ¿Maneja Ud. sin su licencia de conducir? (/) no (/)
    No, yo no manejo sin mi licencia de conducir.
22. ¿Cuál es la velocidad máxima en un barrio residencial? (/) 35 millas por hora (/)
    La velocidad máxima es 35 millas por hora.
23. ¿Para Ud. siempre en las señales de parada? (/) sí (/)
    Sí, yo siempre paro en las señales de parada.
24. ¿Ud. prefiere ir a un partido de fútbol o ir de picnic? (/) ir de picnic (/)
    Prefiero ir de picnic.
25. ¿Le gustan los deportes? (/) sí, mucho (/)
    Sí, me gustan mucho los deportes.
26. ¿Qué deportes le gustan? (/) el fútbol americano y el básquetbol (/)
    Me gustan el fútbol americano y el básquetbol.
27. ¿Tiene Ud. coche? (/) sí (/)
    Sí, yo tengo coche.
28. ¿Qué hace Ud. cuando su coche no arranca? (/) llamo al club automovilístico (/)
    Llamo al club automovilístico cuando mi coche no arranca.
29. ¿Qué hace Ud. cuando su coche está descompuesto? (/) lo llevo al mecánico (/)
    Cuando mi coche está descompuesto, lo llevo al mecánico.
30. ¿Qué cosas tiene Ud. en el portaguantes? (/) mapas (/)
    Tengo mapas en el portaguantes.
31. ¿Ud. almuerza en la cafetería? (/) sí (/)
    Sí, almuerzo en la cafetería.
32. ¿Se está Ud. muriendo de hambre? (/) sí (/)
    Sí, me estoy muriendo de hambre.
33. ¿Cuánto tiempo hace que Ud. empezó a estudiar español? (/) seis meses (/)
    Hace seis meses que empecé a estudiar español.
34. ¿Ha viajado Ud. por el sur de España alguna vez? (/) no, nunca (/)
    No, nunca he viajado por el sur de España.

35. Cuando uno viaja en tren, ¿es mejor tener una litera o dormir en el asiento? (/) tener una litera (/)
Es mejor tener una litera.

36. ¿Le dan a Ud. algún descuento cuando viaja? (/) no (/)
No, no me dan ningún descuento cuando viajo.

37. ¿Ha estado Ud. en México alguna vez? (/) sí (/)
Sí, he estado en México.

38. ¿Ud. había tomado otra clase de español antes de tomar ésta? (/) sí (/)
Sí, había tomado otra clase antes de tomar ésta.

39. ¿Está rota la ventana de su cuarto? (/) no (/)
No, no está rota la ventana de mi cuarto.

40. ¿Prefiero Ud. un coche compacto de dos puertas o un coche grande de cuatro puertas? (/) un coche compacto de dos puertas (/)
Prefiero un coche compacto de dos puertas.

41. ¿Prefiere Ud. un coche automático o un coche de cambios mecánicos? (/) un coche automático (/)
Prefiero un coche automático.

42. ¿Está asegurado su coche? (/) sí (/)
Sí, mi coche está asegurado.

43. ¿Qué hace Ud. para divertirse? (/) voy al cine o al teatro (/)
Voy al cine o al teatro para divertirme.

44. ¿Prefiere esquiar o patinar? (/) patinar (/)
Prefiero patinar.

45. ¿Prefiere Ud. ir a una carrera de automóviles o ir a acampar? (/) ir a acampar (/)
Prefiero ir a acampar.

46. ¿Qué tendrá que hacer Ud. mañana? (/) trabajar (/)
Tendré que trabajar mañana.

47. ¿Preferiría Ud. ir de pesca o quedarse en casa? (/) quedarme en casa (/)
Preferiría quedarme en casa.

48. ¿Le gustaría ir al cine o preferiría ir a cenar? (/) ir al cine (/)

Me gustaría ir al cine.

49. ¿Le gustaría más montar a caballo o escalar una montaña? (/) montar a caballo (/)
Me gustaría más montar a caballo.

50. Sus amigos han ido a pescar y han traído muchos pescados. ¿Se encargará Ud. de limpiarlos? (/) no (/)
No, no me encargaré de limpiarlos.

Para leer... y entender...

Listen to the following story, paying special attention to pronunciation and intonation. Make sure you understand and remember all the details of the story. After listening to the story, answer the questions that follow in your workbook.

Carmen y su esposo, Roberto, no pueden decidir qué van a hacer este fin de semana. A ella le gustaría ir a acampar y pescar en el lago y después montar a caballo, pero Roberto... quiere ir a ver un partido de fútbol. A Carmen no le gusta el fútbol; prefiere el básquetbol y el tenis.

Roberto tiene una idea: "¿Te gustaría ir a patinar por la mañana?" Pero Carmen no quiere quedarse en casa por la tarde mientras Roberto va al partido con sus amigos.

Bueno... podría ir a patinar con Roberto por la mañana, y luego al cine con su amiga Teresa...

Carmen y Roberto han tomado una decisión... ¡Ah! El teléfono! Roberto contesta.

—Hola. Sí...sí...pero...pero...pero... Bueno, está bien. Sí, yo podré ir a la oficina el sábado...

Roberto tendrá que trabajar el sábado porque su supervisor lo necesita. Carmen empieza a hacer planes para el fin de semana próximo.

Repaso: Lecciones 16–20

Práctica oral

The speaker will ask you some questions. Answer each question, using the cues provided. The speaker will verify your answer.

1. ¿Conoce Ud. a alguien que sea un aguafiestas? (/) sí, una chica (/)
Sí, conozco a una chica que es una aguafiestas.

2. ¿Tiene Ud. una cómoda en su cuarto? (/) sí (/)
Sí, tengo una cómoda en mi cuarto.

3. ¿Qué cuenta va a abrir Ud. en el banco? (/) de ahorros (/)

Voy a abrir una cuenta de ahorros.

4. ¿Vive Ud. en una casa o en un edificio de apartamentos? (/) en una casa (/)
Vivo en una casa.

5. ¿Qué quiere Ud. que le regalen sus padres? (/) un juego de cuarto (/)
Quiero que me regalen un juego de cuarto.

6. ¿Qué le aconsejan sus padres que haga para pagar la matrícula? (/) pedir un préstamo (/)
Mis padres me aconsejan que pida un préstamo.

7. ¿Tienen Uds. un cuarto para huéspedes en su casa? (/) no (/)
No, no tenemos un cuarto para huéspedes.

8. ¿Qué le hace falta a Ud.? (/) un tocadiscos (/)
Me hace falta un tocadiscos.

9. ¿Prefiere Ud. que le regalen muebles o que le paguen la matrícula? (/) muebles (/)
Prefiero que me regalen muebles.

10. ¿Cuándo fue la última vez que le pusieron una inyección antitetánica? (/) hace un año (/)
Hace un año que me pusieron una inyección antitetánica.

11. ¿Qué toma Ud. cuando le duele algo? (/) un calmante (/)
Tomo un calmante.

12. Cuando Ud. va al médico, ¿quién paga los gastos? (/) el seguro (/)
El seguro paga los gastos.

13. ¿A dónde llevaron al muchacho que se lastimó? (/) a la sala de emergencia (/)
Llevaron al muchacho a la sala de emergencia.

14. ¿Se ha fracturado Ud. un brazo alguna vez? (/) no, nunca (/)
No, nunca me he fracturado un brazo.

15. ¿Se ha torcido Ud. el tobillo alguna vez? (/) sí (/)
Sí, me he torcido el tobillo.

16. ¿Qué quiere el médico que haga la enfermera? (/) ponerme una inyección (/)
El médico quiere que la enfermera me ponga una inyección.

17. ¿Hay alguna persona diabética en su familia? (/) no (/)
No, no hay ninguna persona diabética en mi familia.

18. ¿Tiene Ud. la presión alta, baja o normal? (/) normal (/)
Tengo la presión normal.

19. ¿Le duele el pecho cuando respira? (/) no (/)
No, no me duele el pecho cuando respiro.

20. ¿Qué quiere Ud. que le recete el médico? (/) algo para el dolor de oído (/)
Quiero que el médico me recete algo para el dolor de oído.

21. ¿Qué necesita Ud. para poner la mesa? (/) un mantel y seis servilletas (/)
Necesito un mantel y seis servilletas para poner la mesa.

22. ¿Qué le va a poner a la salsa? (/) ajo (/)
Le voy a poner ajo.

23. ¿Qué quiere su mamá que Ud. haga? (/) fregar los platos (/)
Mi mamá quiere que friegue los platos.

24. ¿Qué quiere Ud. que haga su amigo? (/) sacar la basura (/)
Quiero que saque la basura.

25. ¿Qué quiere Ud. que haga yo? (/) pelar las papas (/)
Quiero que pele las papas.

26. ¿Dónde quiere Ud. que ponga la lata de la basura? (/) debajo del fregadero (/)
Quiero que ponga la lata de la basura debajo del fregadero.

27. ¿Adónde va a ir para comprar el pan? (/) a la panadería (/)
Voy a ir a la panadería.

28. ¿Prefiere comer huevos fritos o pasados por agua? (/) fritos (/)
Prefiero comer huevos fritos.

29. ¿Ud. quiere que yo apague el televisor o que le suba el volumen? (/) apagarlo (/)
Quiero que lo apague.

30. ¿Prefiere Ud. que le sirvan carne picada o bistec? (/) bistec (/)
Prefiero que me sirvan bistec.

31. ¿Qué quiere el profesor que hagan los estudiantes? (/) estudiar para el examen (/)
El profesor quiere que los estudiantes estudien para el examen.

32. ¿Cuál es su asignatura favorita? (/) la física (/)
Mi asignatura favorita es la física.

33. ¿Qué clase le dijo su consejero que tomara? (/) cibernética (/)
Me dijo que tomara cibernética.

34. ¿Qué promedio tiene Ud. en sus clases? (/) una B más (/)
Tengo una B más.

35. ¿Qué requisitos está Ud. tomando este semestre? (/) matemáticas y química (/)
Estoy tomando matemáticas y química.

36. ¿Qué nota espera Ud. sacar en esta clase? (/) una A (/)
Espero sacar una A.

37. ¿Cuántas unidades está Ud. tomando este semestre? (/) quince (/)
Estoy tomando quince unidades.

38. ¿Qué va a hacer Ud. tan pronto como llegue a su casa? (/) llamar a mi amigo (/)
Voy a llamar a mi amigo tan pronto como llegue a mi casa.

39. ¿Ud. cree que esta clase es fácil o difícil? (/) fácil (/)
Creo que es fácil.

40. ¿Sus padres se sacrificaban para que Ud. estudiara? (/) sí (/)
Sí, mis padres se sacrificaban para que yo estudiara.

41. ¿Cómo le fue en el examen de español? (/) bien (/)
Me fui bien.

42. ¿Cuándo fue la última vez que Ud. se pesó? (/) la semana pasada (/)
Fue la semana pasada.

43. ¿Ha conocido Ud. a la mujer o al hombre de sus sueños? (/) sí (/)
Sí, lo he conocido. (/) Sí, la he conocido.

44. ¿Piensa Ud. ponerse a dieta? (/) sí (/)
Sí, pienso ponerme a dieta.

45. ¿Hace Ud. ejercicio todas los días? (/) no (/)
No, no hago ejercicio todos los días.

46. Si Ud. pudiera dejar de comer totalmente, ¿lo
haría? (/) ¡no! (/)
¡No! No lo haría.

47. ¿Tiene Ud. una dieta balanceada? (/) sí (/)
Sí, tengo una dieta balanceada.

48. ¿Qué le sugirió su amigo que hiciera? (/) tomar
una clase de danza aeróbica (/)
Me sugirió que tomara aun clase de danza
aeróbica.

49. ¿Tendría Ud. tiempo para ir al gimnasio todos los
días? (/) no (/)
No, no tendría tiempo para ir al gimnasio todos
los días.

50. ¿Cree Ud. que es fácil cambiar los malos
hábitos? (/) no (/)
No, no creo que sea fácil.

Para leer... y entender...

Listen to the following story, paying special attention
to pronunciation and intonation. Make sure you
understand and remember all the details of the story.

After listening to the story, answer the questions that
follow in your workbook.

Marisa y Elena son dos amigas que asisten a la
Universidad de California. Los padres de Marisa querían
que ella viviera con ellos, pero ella prefirió vivir en un
edificio de apartamentos que está cerca de la universidad.
Elena y Marisa decidieron alquilar juntas un
apartamento amueblado. Compraron solamente una
butaca muy linda para la sala y pintaron la cocina.

Ayer Elena se cayó y se torció el tobillo. Marisa
la llevó a la sala de emergencia y el doctor le hizo una
radiografía. No le enyesó la pierna, pero le recetó un
calmante para el dolor. Cuando volvieron a casa,
Marisa tuvo que ayudar a Elena porque a la pobre chica
le dolía mucho el tobillo.

Elena se acostó y durmió por dos horas. Marisa
fregó los platos, barrió la cocina, sacudió los muebles
y después preparó unos sándwiches de mantequilla de
maní y jalea para las dos. Elena comió dos sándwiches
porque tenía mucha hambre, pero después dijo que
quería perder peso y que se pondría a dieta... empezando
mañana... o la semana próxima... o el mes que viene...

Fin de los Repasos